2021年交通运输职业资格考试辅导丛书

公路水运工程试验检测人员应试题解
道路工程

张爱勤　张　旭　王彦敏　孙华东　主编

人民交通出版社股份有限公司

北京

内 容 提 要

本书主要包括"考试说明及参考资料""习题、参考答案及解析""模拟试卷及参考答案"三部分内容，紧扣2021年度《道路工程》科目考试大纲及考试用书进行编写。"考试说明及参考资料"包括考试大纲、考试题型、考试科目和考试内容比例；"习题、参考答案及解析"包括公路基础、工程质量检测与技术状况评定、土工与土工合成材料、集料、水泥与水泥混凝土、路面基层与底基层材料、沥青与沥青混合料、路基路面现场测试7章内容；结尾配有3套模拟试卷。

本书可作为公路水运工程试验检测专业技术人员职业资格考试参考用书，也可供公路工程试验检测从业人员专业技术水平和业务能力培训及高等院校相关专业师生阅读使用。

图书在版编目(CIP)数据

公路水运工程试验检测人员应试题解. 道路工程／张爱勤等主编. — 北京：人民交通出版社股份有限公司，2021.8
ISBN 978-7-114-17399-8

Ⅰ. ①公… Ⅱ. ①张… Ⅲ. ①道路工程—试验—资格考试—题解②道路工程—检测—资格考试—题解 Ⅳ. ①U41-44②U61-44

中国版本图书馆 CIP 数据核字(2021)第 112983 号

书　　名：	公路水运工程试验检测人员应试题解　道路工程
著 作 者：	张爱勤　张　旭　王彦敏　孙华东
责任编辑：	朱伟康
责任校对：	孙国靖　龙　雪
责任印制：	刘高彤
出版发行：	人民交通出版社股份有限公司
地　　址：	(100011)北京市朝阳区安定门外外馆斜街3号
网　　址：	http://www.ccpcl.com.cn
销售电话：	(010)59757973
总 经 销：	人民交通出版社股份有限公司发行部
经　　销：	各地新华书店
印　　刷：	北京市密东印刷有限公司
开　　本：	787×1092　1/16
印　　张：	19.25
字　　数：	460 千
版　　次：	2021年8月　第1版
印　　次：	2021年8月　第2次印刷
书　　号：	ISBN 978-7-114-17399-8
定　　价：	65.00 元

(有印刷、装订质量问题的图书，由本公司负责调换)

前 言
Preface

2007年,为了帮助考生复习备考原交通部开展的公路工程试验检测人员业务考试,我们精心编写了考前复习用书《公路工程试验检测人员业务考试模拟练习与题解》,共三个分册:(一)《材料》;(二)《公共基础》《公路》;(三)《桥梁》《隧道》。该考试用书自第一版发行以来,受到了广大考生的喜爱,随后多次修订一直沿用至2014年。

2015年6月23日,人力资源社会保障部、交通运输部联合印发了《关于印发〈公路水运工程试验检测专业技术人员职业资格制度规定〉和〈公路水运工程试验检测专业技术人员职业资格考试实施办法〉的通知》(人社部发〔2015〕59号),标志着公路水运工程试验检测专业技术人员水平评价类国家职业资格制度正式设立。为了贯彻公路水运工程试验检测专业技术人员职业资格考试相关精神,我们对原有《公路工程试验检测人员业务考试模拟练习与题解》进行了修订整合,并重新命名为《公路水运工程试验检测人员应试题解》。对应于考试科目,新版丛书包括《公共基础》《道路工程》《桥梁隧道工程》三个分册。

本书为其中一册,在内容和形式上紧扣2021年度《道路工程》科目考试大纲及考试用书,考试题型有单选题、判断题、多选题和综合题四种类型,并配有答案与解析,同时辅以三套考试模拟练习题,系统地帮助应考者学习和自测。本书在内容上以适度的基本理论知识为基础,注重实际操作和实际应用知识的训练,以提高应考者分析和解决工程试验中实际问题的能力。相信通过本书的学习,能够有效地提高应考者的学习效率,积极地促进试验检测从业人员专业技术水平和整体素质的提升,以适应日益发展的公路工程建设需求。

本书由山东交通学院张爱勤、张旭、王彦敏、孙华东主编,孔珍珍、乔红、王晓龙、周晓静、阚涛、贾坚、刘芝敏参与编写及整理工作。在编写过程中,参考了大量资料,在此向原作者表示感谢。由于时间紧迫,书中难免有疏漏和不当之处,恳请读者批评指正。

预祝广大应考者取得好的考试成绩!

编 者
2021年6月

目 录
Contents

第一部分 考试说明及参考资料

一、考试说明 …………………………………………………………………………… 1
二、参考资料 …………………………………………………………………………… 2

第二部分 习题、参考答案及解析

第一章 公路基础、工程质量检测与技术状况评定 ……………………………………… 4
第二章 土工与土工合成材料 …………………………………………………………… 39
第三章 集料 ……………………………………………………………………………… 69
第四章 水泥与水泥混凝土 ……………………………………………………………… 94
第五章 路面基层与底基层材料 ………………………………………………………… 140
第六章 沥青与沥青混合料 ……………………………………………………………… 174
第七章 路基路面现场测试 ……………………………………………………………… 214

第三部分 模拟试卷及参考答案

模拟试卷(一) …………………………………………………………………………… 265
模拟试卷(一)参考答案 ………………………………………………………………… 276
模拟试卷(二) …………………………………………………………………………… 277
模拟试卷(二)参考答案 ………………………………………………………………… 288
模拟试卷(三) …………………………………………………………………………… 289
模拟试卷(三)参考答案 ………………………………………………………………… 299

【第一部分】考试说明及参考资料

一、考试说明

(一) 考试大纲

具体内容请查阅《2021年度公路水运工程试验检测专业技术人员职业资格考试大纲》。

(二) 考试题型

《道路工程》考试题型共有四种形式:单选题、判断题、多选题和综合题。

1. 单选题:每道题目有四个备选项,要求考生通过对题干的审查理解,从四个备选项中选出唯一的正确答案。每题1分。

2. 判断题:每道题目列出一个可能的事实,通过审题给出该事实是正确还是错误的判断。每题1分。

3. 多选题:每道题目所列备选项中,有两个或两个以上正确答案,每小题2分。选项全部正确得满分,选项部分正确按比例得分,出现错误选项该题不得分。

4. 综合题:设5大题25小题,内容包括试验检测原理、试验操作、案例分析及计算题等。每小题有四个备选项,要求考生从中选出一个或一个以上正确答案,每小题2分,选项部分正确按比例得分,出现错误选项该题不得分。

(三) 考试科目

公路水运工程试验检测师、助理试验检测师均设《公共基础》科目和专业科目,《道路工程》为专业科目之一,每套试卷设置单选题30道、判断题30道、多选题20道、综合题5道,总计150分,考试时间150分钟。

二、参 考 资 料

1. 中华人民共和国行业标准. 公路工程质量检验评定标准 第一册 土建工程（JTG F80/1—2017）. 北京：人民交通出版社股份有限公司，2018
2. 中华人民共和国行业标准. 公路技术状况评定标准（JTG 5210—2018）. 北京：人民交通出版社股份有限公司，2018
3. 中华人民共和国行业推荐性标准. 公路路面技术状况自动化检测规程（JTG/T E61—2014）. 北京：人民交通出版社股份有限公司，2014
4. 公路工程竣（交）工验收办法（2004年3月31日 交通部令2004年第3号）
5. 公路工程竣（交）工验收办法实施细则（2010年2月25日 交通运输部 交公路发〔2010〕65号）
6. 中华人民共和国行业标准. 公路土工试验规程（JTG 3430—2020）. 北京：人民交通出版社股份有限公司，2020
7. 中华人民共和国行业标准. 公路路基施工技术规范（JTG/T 3610—2019）. 北京：人民交通出版社股份有限公司，2019
8. 中华人民共和国行业标准. 公路土工合成材料试验规程（JTG E50—2006）. 北京：人民交通出版社，2006
9. 中华人民共和国行业推荐性标准. 公路土工合成材料应用技术规范（JTG/T D32—2012）. 北京：人民交通出版社，2012
10. 中华人民共和国行业标准. 公路工程集料试验规程（JTG E42—2005）. 北京：人民交通出版社，2005
11. 中华人民共和国行业标准. 公路工程无机结合料稳定材料试验规程（JTG E51—2009）. 北京：人民交通出版社，2009
12. 中华人民共和国行业推荐性标准. 公路路面基层施工技术细则（JTG/T F20—2015）. 北京：人民交通出版社股份有限公司，2015
13. 中华人民共和国行业标准. 公路工程水泥及水泥混凝土试验规程（JTG 3420—2020）. 北京：人民交通出版社股份有限公司，2020
14. 中华人民共和国国家标准. 通用硅酸盐水泥（GB 175—2007）. 北京：中国标准出版社，2007
15. 中华人民共和国行业推荐性标准. 公路水泥混凝土路面施工技术细则（JTG/T F30—2014）. 北京：人民交通出版社股份有限公司，2014
16. 中华人民共和国行业标准. 公路水泥混凝土路面设计规范（JTG D40—2011）. 北京：人民交通出版社，2011

17. 中华人民共和国行业标准.普通混凝土配合比设计规程(JGJ 55—2011).北京:中国建筑工业出版社,2011

18. 中华人民共和国国家标准.混凝土外加剂(GB 8076—2008).北京:中国标准出版社,2008

19. 中华人民共和国国家标准.混凝土外加剂应用技术规范(GB 50119—2013).北京:中国标准出版社,2013

20. 中华人民共和国行业推荐性标准.公路桥涵施工技术规范(JTG/T 3650—2020).北京:人民交通出版社股份有限公司,2020

21. 中华人民共和国国家标准.水泥比表面积测定方法 勃氏法(GB/T 8074—2008).北京:中国标准出版社,2008

22. 中华人民共和国国家标准.水泥密度测定方法(GB/T 208—2014).北京:中国标准出版社,2014

23. 中华人民共和国国家标准.水泥化学分析方法(GB/T 176—2008).北京:中国标准出版社,2008

24. 中华人民共和国行业标准.公路沥青及沥青混合料试验规程(JTG E20—2011).北京:人民交通出版社,2011

25. 中华人民共和国行业标准.公路沥青路面施工技术规范(JTG F40—2004).北京:人民交通出版社,2004

26. 中华人民共和国行业标准.公路沥青路面设计规范(JTG D50—2017).北京:人民交通出版社股份有限公司,2017

27. 中华人民共和国行业标准.公路路基路面现场测试规程(JTG 3450—2019).北京:人民交通出版社股份有限公司,2019

28. 中华人民共和国国家标准.工程测量规范(GB 50026—2007).北京:中国计划出版社,2007

29. 中华人民共和国行业标准.公路沥青路面再生技术规范(JTG/T 5521—2019).北京:人民交通出版社股份有限公司,2019

【第二部分】
习题、参考答案及解析

第一章 公路基础、工程质量检测与技术状况评定

一、单项选择题(四个备选项中只有一个正确答案,每题1分)

1.《公路工程质量检验评定标准 第一册 土建工程》可作为下列( )评定的依据。
   A. 合格　　　　B. 交工验收　　　　C. 竣工验收　　　　D. 合格与评分

2. 根据设计任务、施工管理和质量检验评定的需要,应在( )阶段将建设项目划分为单位工程、分部工程和分项工程。
   A. 施工　　　　B. 施工准备　　　　C. 竣工验收　　　　D. 质量检验评定

3. 在合同段中,具有独立施工条件和结构功能的工程可划分为( )。
   A. 单位工程　　B. 分部工程　　　　C. 单项工程　　　　D. 分项工程

4. 在( )中,按路段长度、结构部位及施工特点等划分的工程称为分部工程。
   A. 建设项目　　B. 合同段　　　　　C. 单位工程　　　　D. 工序

5. 在公路工程质量检验评定中,水泥混凝土面层属于( )。
   A. 分项工程　　B. 分部工程　　　　C. 单位工程　　　　D. 单项工程

6. 根据《公路工程质量检验评定标准 第一册 土建工程》,1~3km沥青路面应按( )工程进行质量评定。
   A. 分项　　　　B. 分部　　　　　　C. 单位　　　　　　D. 独立

7. 水泥稳定级配碎石基层应按( )进行质量评定。
   A. 单位工程　　B. 单项工程　　　　C. 分部工程　　　　D. 分项工程

8.《公路工程质量检验评定标准 第一册 土建工程》不适用于下列( )工程评定。
   A. 新建二级公路　　　　　　　　　B. 改建三级公路
   C. 改建一级公路　　　　　　　　　D. 高速公路大修

9. 评定为不合格的分项工程,经返工、加固、补强或调测,满足设计要求后,可以重新进行检验评定,直至( )。
   A. 合格率达到80%　B. 合格率达到90%　C. 合格率达到95%　D. 合格

10. 涉及结构安全、耐久性和使用功能的重要检查项目为( )。
    A. 关键项目　　B. 重要项目　　　　C. 重点项目　　　　D. 特殊项目

11. 分项工程质量检验评定中,要求实测项目中,关键项目的合格率应不低于( )。
    A. 85%　　　　　　B. 90%　　　　　　C. 95%　　　　　　D. 100%

12. 对于机电工程的检查项目,合格率要求为( )。
    A. 85%　　　　　　B. 90%　　　　　　C. 95%　　　　　　D. 100%

13. 下列检查项目中,( )不属于分项工程实测项目中的关键项目。
    A. 土方路基弯沉　　　　　　　　B. 沥青路面压实度
    C. 沥青路面结构层厚度　　　　　D. 沥青路面横向力系数

14. 稳定土(粒料)基层和底基层实测项目中,不是关键项目是( )。
    A. 压实度　　　　　　　　　　　B. 厚度
    C. 弯沉　　　　　　　　　　　　D. 无侧限抗压强度

15. 采用袋装砂井或塑料排水板进行软土地基处置时,实测项目中( )是关键检查项目。
    A. 井(板)距　　　B. 井(板)长　　　C. 井径　　　　　D. 灌砂率

16. 在排水工程中,管节预制实测关键项目是( )。
    A. 混凝土强度　　　B. 内径　　　　　C. 外径　　　　　D. 顺直度

17. 固体体积率是( )实测项目的一项关键检验评定指标。
    A. 填石路基　　　　　　　　　　B. 墙背填土
    C. 级配碎石基层和底基层　　　　D. 填隙碎石基层和底基层

18. ( )为水泥混凝土面层实测项目中的关键项目。
    A. 弯拉强度、平整度　　　　　　B. 抗压强度、弯沉
    C. 弯拉强度、板厚度　　　　　　D. 板厚度、平整度

19. 填石路基检验评定中,下列( )一般不作为压实质量的评定指标。
    A. 压实度　　　　B. 孔隙率　　　　C. 固体体积率　　　D. 沉降差

20. 二级公路沥青面层压实度按试验室标准密度评定的规定值应为( )。
    A. ≥92%　　　　　B. ≥94%　　　　　C. ≥96%　　　　　D. ≥98%

21. 根据《公路工程质量检验评定标准 第一册 土建工程》,土方路基压实度的检测频率为每200m每压实层测2处,对于双向6车道每压实层应测( )处。
    A. 4　　　　　　　B. 6　　　　　　　C. 12　　　　　　　D. 8

22. 土方路基施工段落较短时,分层压实度应全部符合要求,此要求为( )。
    A. 大于规定值　　　　　　　　　B. 大于规定极值
    C. 大于规定值 -2 个百分点　　　D. 大于规定值 -1 个百分点

23. 路基压实度评定中,压实度代表值 $K \geq K_0$,且全部的单点压实度 $K_i \geq$ 规定极值,应按测定值不低于规定值 -( )个百分点的测点数计算合格率。
    A. 1　　　　　　　B. 2　　　　　　　C. 3　　　　　　　D. 4

24. 某土方路基上路床的压实度标准为95%,计算测点合格率的压实度标准应不小于( )。
    A. 88%　　　　　　B. 90%　　　　　　C. 93%　　　　　　D. 95%

25. 某一级公路水泥稳定碎石的压实度标准为98%,其极值为( )。

A.97%   B.95%   C.94%   D.93%

26. 高等级沥青面层压实度评定,若其代表值 $K \geq K_0$,关于合格评定下列说法正确的是( )。
   A. 全部测点大于或等于规定值减 1 个百分点时,评定路段的压实度合格率为 100%
   B. 按测定值不低于规定值减 2 个百分点的测点数计算合格率
   C. 单点压实度 K_i 全部大于或等于规定极值时,按测定值不低于规定值减 1 个百分点的测点数计算合格率
   D. 如某一单点压实度 K_i 小于规定极值时,该评定路段压实度为不合格

27. 高速公路土基上路床压实度的规定值是 96%,其极值是( )。
   A.96%   B.94%   C.92%   D.91%

28. 公路工程质量鉴定工作不包括以下( )内容。
   A. 工程实体检测   B. 安全检查
   C. 外观检查   D. 内业资料审查

29. 目前对于土方路基压实度,标准密度的测定方法是( )。
   A. 重型击实试验法   B. 振动试验法
   C. 环刀法   D. 灌砂法

30. 填石路基进行压实项目检测应采用( )方法。
   A. 重型击实法   B. 核子仪检测
   C. 灌砂法   D. 试验路确定沉降差

31. 为定量检验填石路堤的压实质量,可采用 20t 以上压路机振压两遍,沉降差不大于( )。
   A.1mm   B.2mm   C.3mm   D.5mm

32. 公路工程质量检验评定时,检测级配碎石基层压实度应优先采用( )。
   A. 灌砂法   B. 水袋法
   C. 钻芯取样法   D. 核子密度仪法

33. 在混凝土排水工程质量鉴定中,对于麻面缺陷的规定是总面积超过所在面面积的( )。
   A.2%   B.3%   C.≤5%   D.2% 或 3%

34. 采用横向力系数进行沥青路面抗滑性质量评定,当代表值 SFC_r 小于( )时,该路段应评为不合格。
   A. 设计值   B. 验收值
   C. 设计或验收标准值   D. 规定值或极值

35. 高速公路和一级公路水泥混凝土路面弯拉强度评定,取样频率要求每工作班制作( )组试件。
   A.1~2   B.1~3   C.2~4   D.4~6

36. 混凝土路面标准小梁 f_{cs}、f_{min} 和 C_v 中有一个不符合要求时,应在不合格路段每车道每 1km 钻取( )φ150mm 的芯样进行检测评定;若 f_{cs} 和 f_{min} 不合格,应返工重铺。
   A.3 个   B.3 个以上   C.3 组   D. 不低于 10 个

37. 水泥稳定碎石基层碾压质量,要求表面连续离析不得超过( ),累计离析不得超过( )。
    A. 5m;10m　　　　B. 5m;30m　　　　C. 10m;20m　　　　D. 10m;50m

38. 无机结合料稳定材料基层完工后应及时洒布透层油并铺筑封层,透油层透入深度宜不小于( )mm。
    A. 2　　　　　　　B. 3　　　　　　　C. 5　　　　　　　D. 10

39. 关于水泥砂浆强度评定,下列说法错误的是( )。
    A. 按照数理统计方法,同强度等级的水泥砂浆强度试件不少于9组
    B. 试件的平均强度应不低于设计强度等级的1.1倍
    C. 任意一组的强度不低于设计强度等级的85%
    D. 水泥砂浆强度评为不合格时,相应分项工程应为不合格

40. 下列( )不作为水泥混凝土路面板厚的检验评定指标。
    A. 代表值　　　　B. 平均值　　　　C. 合格值　　　　D. 极值

41. 沥青路面压实度可以采用无核密度仪检测,每200m检查1处,每处测( )点,取其平均值。
    A. 2　　　　　　　B. 3　　　　　　　C. 5　　　　　　　D. 10

42. 浆砌挡土墙外观质量评定中,浆砌缝开裂、勾缝不密实和脱落的累计换算面积应按缺陷缝长度乘以( )计算。
    A. 0.1m　　　　　B. 0.2m　　　　　C. 0.5m　　　　　D. 1.0m

43. 高速公路沥青混凝土面层实测项目中,要求总厚度代表值不小于设计值 -( )。
    A. 20%　　　　　B. 10%　　　　　C. 8%　　　　　D. 5%

44. 某一级公路沥青混凝土面层结构为:上面层、中面层和下面层分别为4cm、5cm和6cm,总厚度实测代表值为14.5cm,上面层实测厚度代表值为3.8cm,该面层厚度( )。
    A. 不合格　　　B. 合格　　　C. 应计算合格率　　　D. 无法判定

45. 路面结构层厚度的评定采用( )作为否决指标。
    A. 平均值
    B. 平均值的置信下限值
    C. 平均值的置信上限
    D. 单点极值

46. 沥青混凝土路面施工过程中,下列( )不是评定沥青混合料质量的控制指标。
    A. 马歇尔稳定度
    B. 流值
    C. 矿料级配
    D. 沥青含量

47. 公路工程质量评定,( )需检测弯沉、平整度、抗滑性能等项目。
    A. 沥青混凝土面层
    B. 水泥混凝土面层
    C. 半刚性基层
    D. 土方路基

48. 沥青路面面层质量鉴定中,规定权值最小的指标是( )。
    A. 压实度　　　　B. 平整度　　　　C. 车辙　　　　D. 抗滑

49. 下列( )不属于无机结合料稳定材料基层质量评定的实测项目。
    A. 压实度　　　　B. 平整度　　　　C. 相邻板高差　　　　D. 横坡

50. 工程质量评定中,不属于水泥混凝土路面实测项目的是( )。

A. 压实度　　　　B. 平整度　　　　C. 相邻板高差　　　D. 横坡

51. 不能用于工程质量与验收依据的压实度检测方法有（　　）。
A. 核子密度仪法　　B. 环刀法　　　　C. 灌砂法　　　　D. 无核密度仪法

52. 路基边坡坡面平顺、稳定，不得亏坡，曲线圆滑。不符合要求时，单向累计长度（　　）。
A. 每50m扣1~2分　　　　　　B. 每100m扣2分
C. 每50m扣2~3分　　　　　　D. 每100m扣2~3分

53. 路基沉陷、开裂，每处扣（　　）分。
A. 1~3　　　　　B. 2~3　　　　　C. 2~5　　　　　D. 3~5

54. 公路工程质量鉴定要求，路基工程压实度、边坡每公里抽查不少于（　　）处。
A. 1　　　　　　B. 2　　　　　　C. 3　　　　　　D. 5

55. 所含合同段均合格，且得分大于或等于90分，建设项目应评为（　　）。
A. 优质　　　　　B. 优良　　　　　C. 合格　　　　　D. 无法判定

56. 公路工程竣工验收工程质量评分采取加权平均值法计算，其中，交工验收工程质量得分权值、质量监督机构鉴定得分权值及竣工验收委员会对工程质量的评分权值分别为（　　）。
A. 0.4,0.3,0.3　　　　　　　B. 0.5,0.2,0.3
C. 0.6,0.1,0.3　　　　　　　D. 0.2,0.6,0.2

57. 高速公路路面损坏状况指数"优"等的划分标准为（　　）。
A. PCI≥88　　B. PCI≥90　　　C. PCI≥92　　　D. PCI≥95

58. MQI表示（　　）。
A. 路面技术状况指数　　　　　B. 路面损坏状况指数
C. 路面行驶质量指数　　　　　D. 公路技术状况指数

59. 沥青路面的龟裂、块状裂缝、坑槽、松散、沉陷、泛油、波浪拥包损坏应按（　　）计算。
A. 宽度　　　　　B. 长度　　　　　C. 面积　　　　　D. 当量面积

60. 沥青路面车辙损害按长度计算，检测结果应用影响宽度（　　）换算成面积。
A. 0.2m　　　　B. 0.4m　　　　C. 0.5m　　　　D. 1m

61. 沥青路面横向裂缝或纵向裂缝，其轻度与重度均以裂缝宽度（　　）为评价界限。
A. 2mm　　　　B. 3mm　　　　C. 5mm　　　　D. 10mm

62. 沥青路面轻度车辙表示车辙深度为（　　）。
A. 10~15mm　　B. <15mm　　　C. >15mm　　　D. <25mm

63. 沥青路面出现波浪拥包，应按波峰波谷高差计算，高差为（　　）的为重度损害。
A. 10~15mm　　B. 10~25mm　　C. 大于10mm　　D. 大于25mm

64. 水泥混凝土路面坑洞损坏是指（　　）的坑槽。
A. 直径大于10mm、深度大于30mm　　B. 直径大于10mm、深度大于10mm
C. 直径大于30mm、深度大于30mm　　D. 直径大于30mm、深度大于10mm

65. 重度错台是指水泥混凝土路面接缝两边出现的高差大于（　　）的损坏。
A. 3mm　　　　B. 5mm　　　　C. 10mm　　　　D. 15mm

66. 路基沉降深度大于( )、长度在 5~10m 的,属于中度沉降。
    A. 10mm   B. 20mm   C. 30mm   D. 50mm

67. 公路技术状况指数计算中,路面行驶质量指数(PQI)和路基技术状况指数(SCI)的计算权重分别为( )。
    A. 0.70,0.08   B. 0.08,0.70   C. 0.12,0.10   D. 0.12,0.12

68. 沥青路面技术状况评定中,( )应依据抽检数据单独计算与评定。
    A. 路面跳车指数   B. 路面结构强度指数
    C. 路面平整度指数   D. 路面车辙深度指数

69. 路面损坏状况指数 $PCI = 100 - a_0 DR^{a_1}$,其中,路面破损率 DR 为第 i 类路面损坏的( )与路面检测或调查面积的百分比。
    A. 累计面积   B. 面积   C. 包络面积   D. 影响面积

70. 路面结构强度采用( )指标评价。
    A. PSSI   B. SRI   C. RQI   D. SSI

71. PBI 表示( )指数。
    A. 路面行驶质量   B. 路面跳车
    C. 路面磨耗   D. 路面车辙深度

72. 路面结构强度系数 SSR 为( )与路面实测代表弯沉之比。
    A. 路面实测弯沉   B. 路面标准弯沉
    C. 路面设计弯沉   D. 路面评价弯沉

73. 高速公路技术状况评定,对路面抗滑性能的最低检测与调查频率要求为( )。
    A. 1年2次   B. 1年1次   C. 2年1次   D. 5年2次

74. 热拌沥青混合料路面摊铺后,自然冷却到表面温度低于( )℃方可开放交通。
    A. 20   B. 30   C. 50   D. 60

75. 路堤通常分层铺筑,分层压实,每层压实厚度一般不超过( )m。
    A. 0.1   B. 0.2   C. 0.3   D. 0.4

二、判断题(正确的划"√",错误的划"×",请填在题后的括号里,每题1分)

1. 土质路肩工程可作为路面工程的一个分项工程进行检查评定。   (   )
2. 土方路基与填石路基压实度的规定值可按高速和一级公路、其他公路分两档确定。
                                                                            (   )
3. 在公路工程质量评定中,应抽查检查工程外观质量缺陷,对于检查合格但影响工程质量明显的较严重外观缺陷,应采取措施进行整修处理。   (   )
4. 对于按路段长度划分的分部工程,高速公路、一级公路宜取 1km 路段进行质量评定,二级及二级以下公路宜取 3km 进行评定。   (   )
5. 所含分项工程及实测项目应合格,则分部工程合格。   (   )
6. 挡土墙底面高程可由顶面高程和墙身断面尺寸控制,因此可不进行底面高程检查。
                                                                            (   )

7. 收费广场及服务区道路、停车场的土方工程压实标准可按土方路基要求进行检验。（　　）

8. 土方路基压实度和弯沉仅要求检测上路床，并按数理统计方法及相关规定评定。（　　）

9. 路堤沉降速率是软土地基处置实测项目的关键项目。（　　）

10. 公路工程实测项目中，多项检验评定指标服从正态分布或 t 分布规律，其代表值即为按数理统计方法计算的平均值的置信下限值或者平均值的置信上限值。（　　）

11. 公路沥青混凝土面层的弯沉评定，对于任何等级公路弯沉值应不大于设计弯沉值。（　　）

12. 二级公路沥青面层的厚度代表值和合格值允许偏差按总厚度计，当 $H≤60mm$ 时，允许偏差分别为 $-5mm$ 和 $-10mm$；当 $H>60mm$ 时，允许偏差分别为 $-8\%H$ 和 $-15\%H$。（　　）

13. 公路沥青面层厚度仅规定负允许偏差。（　　）

14. 沥青面层宜按沥青铺筑层总厚度进行评定，高速公路和一级公路分2～3层铺筑时，还应进行上面层厚度检查和评定。（　　）

15. 评定路段内的抗滑摩擦系数采用摆式仪进行检验，检测频率规定每200m测1处。（　　）

16. 水泥混凝土路面弯拉强度评定，标准养生时间应控制在28～56d以内。（　　）

17. 水泥稳定碎石基层进行强度评定时，要求每2000m²或每工作班制备1组试件。（　　）

18. 半刚性基层与底基层施工，要求石灰类材料应处于最佳含水率状况下碾压，水泥类材料碾压终了的时间不应超过水泥的终凝时间。（　　）

19. 水泥混凝土上加铺沥青面层的复合式路面，只要求检验评定沥青面层，但可以不检查弯沉。（　　）

20. 水泥混凝土抗压强度评定，试件强度标准差最低取2.5MPa。（　　）

21. 由于抗弯拉强度、板厚和平整度是水泥混凝土路面的重要指标，因此作为质量评定的关键项目。（　　）

22. 为提高公路路面抗滑性，水泥混凝土路面路表构造深度越大越好。（　　）

23. 混凝土路面的断板率就是合格率，质量评定时不应重复计算合格率。（　　）

24. 工程交工验收质量等级评定分为优良、合格与不合格三级，工程质量评分值大于或等于90分的为优良，大于或等于75分且小于90分的为合格，小于75分的为不合格。（　　）

25. 公路工程交工验收和竣工验收质量等级均评定为合格与不合格两级。（　　）

26. 工程质量竣工验收委员会对项目法人及设计、施工、监理单位工作进行综合评价，评定的得分大于或等于90分且工程质量等级优良的为好，小于90分且大于或等于70分为中，小于75分为差。（　　）

27. 公路工程质量鉴定进行外观检查，累计扣分值不得超过15分。对于内业资料审查的累计扣分值不得超过5分。（　　）

28. 公路工程外观质量检查评分标准规定，路基路面工程按每公里累计扣分的平均值扣分。（　　）

29. 混凝土表面蜂窝麻面面积不得超过该部位面积的0.5%，不符合要求时，每超过0.5%

扣 3 分。（ ）

30. 路面工程检查项目抽样,要求每公里不少于 1 处。（ ）

31. 高速公路特重交通荷载土基压实度标准为 96%,检测路段某测点压实度最低为 92%,判定该路段合格。（ ）

32. 实测项目的规定极值是指任一单个检测值都不能突破的极限值,不符合要求时该实测项目为不合格。（ ）

33. 施工单位应对各分项工程按《公路工程质量检验评定标准 第一册 土建工程》所列基本要求和实测项目进行自检,但不包括内业资料和外观质量。（ ）

34. 公路工程质量鉴定抽查项目中,对于路基土石方工程,每评定单元检测不少于 40 点,且各车道交替检测。（ ）

35. 公路工程竣工质量鉴定中,按路段长度评定的分部工程,其外观质量检查评定应按每公里累计扣分的平均值扣分。（ ）

36. 盲沟的实测项目只有沟底高程和断面尺寸。（ ）

37. 浆砌水沟的沟底高程规定值的原则是只低不高。（ ）

38. 对于高速公路,水泥混凝土面层质量评定可以用 3m 直尺法检测路面平整度,沥青混凝土面层不允许采用 3m 直尺法检测路面平整度。（ ）

39. 沥青路面压实度评定中,保证率的取值与公路等级有关。（ ）

40. 对于连续配筋的混凝土路面和钢筋混凝土路面,因干缩、温缩产生的裂缝,外观质量鉴定不扣分。（ ）

41. 对沥青混凝土面层进行外观鉴定时,半刚性基层的反射裂缝可不计作施工缺陷,但应及时进行灌缝处理。（ ）

42. 某沥青混凝土面层采用无机结合料稳定材料基层结构,交工验收时需进行基层检验。（ ）

43. 检查项目中,水泥混凝土抗压强度为不合格时,相应分项工程为不合格。（ ）

44. 三、四级公路铺筑沥青混凝土或水泥混凝土路面时,其路基压实度应采用二级公路标准。（ ）

45. 公路工程质量鉴定抽查项目中,沥青路面压实度检查应每处不少于 3 点。（ ）

46. 回弹模量或者动态压缩模量作为路面结构设计参数,弯沉值作为公路验收评价指标。（ ）

47. 道路工程要求路基路面应具有足够的强度、稳定性和耐久性。（ ）

48. 《公路技术状况评定标准》适用于各等级公路。（ ）

49. 公路技术状况分为优、良、中、差四个等级。（ ）

50. 公路技术状况评定工作,应积极采用先进的检测和评价手段,保证检测与评定结果准确可靠。（ ）

51. 公路路面技术状况评定主要针对沥青路面和水泥混凝土路面。（ ）

52. 沥青路面块状裂缝应按面积计算,损坏程度按主要裂缝宽度根据小于或大于 3mm 分为轻度和重度两个等级。（ ）

53. 沥青路面沉陷深度在 10～25mm 之间,行车无明显颠簸感的路面局部下沉为轻度沉

陷;沉陷深度大于25mm,行车有明显颠簸感的路面局部下沉为重度沉陷。( )

54. 对于沥青路面和水泥混凝土路面的修补损坏均按损坏修补面积计算,影响宽度均为0.2m。长度大于5m的整车道修复不计为路面修补损坏。( )

55. 水泥混凝土路面拱起是指横缝两侧的板体发生明显抬高,高度大于10mm,损坏按拱起垂直高度计算。( )

56. 路基排水不畅应为路基边沟、排水沟、截水沟等排水系统淤塞,按处计算。损坏程度分为轻度和重度两级。( )

57. 水泥混凝土裂缝应为板块上只有一条裂缝的情况,按长度计算,其检测结果应乘以影响宽度(0.2m)换算成损坏面积。( )

58. 路基构造物损坏应为挡墙等圬工体出现的表面、局部和结构等损坏,包括圬工体断裂、沉陷、倾斜、局部坍塌。( )

59. 水泥混凝土路面技术状况评定应包括路面损坏、平整度和抗滑性能三项技术内容。( )

60. 公路技术状况评定应以1000m路段长度为基本评定单元。对于长度小于或大于1000m的非整千米评定单元,除PQR外,SCI、BCI、TCI三项指标的实际扣分应换算成基本评定单元的扣分,即为实际扣分×基本评定单元长度(1000m)/实际评定单元长度。( )

61. 路面抗滑性能采用路面抗滑性能指数(SRI)评价,主要检测指标为构造深度。( )

62. 路面损坏采用人工调查时,应包含所有行车道。( )

63. 水泥混凝土路面破碎板是指板块被裂缝分为4块以上。( )

64. 沥青路面设计采用轴重为60kN的单轴-双轮组轴载作为设计轴载。( )

65. 路基高度是指路堤的填筑高度或路堑的开挖深度,为路基设计高程与原地面高程差。( )

三、多项选择题(每题所列的备选项中,有两个或两个以上正确答案,选项全部正确得满分,选项部分正确按比例得分,出现错误选项本题不得分,每题2分)

1. 公路工程竣(交)工验收的依据为( )。
   A.《公路工程竣(交)工验收办法》 B.《公路工程竣(交)工验收办法实施细则》
   C.《公路工程质量检验评定标准》   D.《公路工程竣工质量鉴定工作规定》

2. 下列工程中( )为单位工程。
   A. 10km路基工程   B. 一个标段的路基工程
   C. 一个合同段的排水工程   D. 一个标段的交通安全设施

3. 下列工程中( )为分部工程。
   A. 10km路面工程   B. 3km路基工程
   C. 一个合同段的支挡防护工程 D. 一个合同段的所有小桥

4. 下列( )属于分项工程。
   A. 排水工程   B. 涵洞   C. 抗滑桩   D. 软土地基

5. 在分部工程中,按( )可划分为若干个分项工程。
   A. 施工工艺   B. 材料   C. 施工工序   D. 结构部位

6. 下列项目中属于分项工程的有( )。
   A. 排水工程　　B. 通道　　C. 垫层　　D. 路肩

7. 路基单位工程包含( )等分部工程。
   A. 路基土石方工程　B. 小桥工程　C. 大型挡土墙　D. 防护支挡工程

8. 分项工程质量评定中,检查项目合格判定的规定有( )。
   A. 关键项目的合格率应不低于95%,一般项目的合格率应不低于80%
   B. 有规定极值的检查项目,任一单个检测值不应突破规定极值
   C. 检查项目采用代表值评定,且必须满足相应规范要求
   D. 实测项目合格则分项工程合格

9. 分项工程质量检验的基本条件有( )。
   A. 符合基本要求的规定　　　　B. 无严重外观缺陷
   C. 质量保证资料应齐全　　　　D. 质量保证资料真实并基本齐全

10. 属于工程项目质量保证资料的有( )。
    A. 原材料质量检验结果
    B. 隐蔽工程施工记录
    C. 材料配合比试验数据
    D. 各项质量控制指标的试验记录和质量检验汇总图表

11. 分项工程质量检验评定为合格,必须满足的规定条件是( )。
    A. 检验记录应完整　　　　B. 评定资料应完整
    C. 实测项目应合格　　　　D. 外观质量应满足要求

12. 加固土桩(如粉喷桩)实测项目中的关键项目有( )。
    A. 桩径　　B. 桩长　　C. 单桩喷粉量　　D. 强度

13. 以下( )检查项目中,要求采用有关数理统计方法进行评定。
    A. 横向力系数　　　　B. 弯沉值
    C. 路面厚度　　　　　D. 混凝土强度

14. 分部工程质量等级分为( )。
    A. 合格　　B. 良好　　C. 不合格　　D. 优秀

15. 高速公路沥青面层压实度评定可以选择( )作为标准。
    A. 试验室标准密度　　　　B. 最大理论密度
    C. 实测密度　　　　　　　D. 试验段密度

16. 锚杆、锚定板和加筋土挡土墙的墙背填土,规定了距面板1m范围以内压实度,主要原因是( )。
    A. 保证填土压实　　　　　B. 与土基的压实度一致
    C. 避免碾压施工对挡土墙的损害　　D. 保证反滤层滤水时土颗粒不流失

17. 高速公路、一级公路平整度可依据下列( )指标进行评定。
    A. σ　　B. IRI　　C. 最大间隙 h　　D. $\bar{x}$

18. 沥青混凝土面层实测项目中,厚度检验评定采用( )指标控制。
    A. 代表值　　B. 平均值　　C. 合格值　　D. 单点极值

19. 进行沥青路面施工,需对生产的沥青混合料进行抽验评定,以下说法正确的是( )。
    A. 抽检频率按每台班1次
    B. 试验方法依据《公路工程沥青及沥青混合料试验规程》
    C. 检测指标应满足生产配合比要求
    D. 合格率应不低于95%

20. 路面工程质量鉴定中,路面面层的抽查项目中( )的权值最大,为3分。
    A. 沥青路面压实度   B. 沥青路面弯沉
    C. 结构层厚度   D. 混凝土路面强度

21. 水泥混凝土路面的弯拉强度试验方法应使用( )。
    A. 标准小梁法   B. 棱柱体法
    C. 立方体法   D. 钻芯劈裂法

22. 水泥混凝土面层的外观质量要求有( )。
    A. 不应出现标准规定的结构混凝土外观限制缺陷
    B. 面板表面不应有坑穴、鼓包和掉角
    C. 接缝填注不得漏填、松脱,不污染路面
    D. 路面应无积水

23. 路基路面弯沉代表值与( )参数有关。
    A. 目标可靠指标   B. 温度影响系数
    C. 弯沉平均值   D. 湿度影响系数

24. 沥青混凝土面层抗滑性的评定指标有( )。
    A. 摩擦摆值   B. 横向力系数   C. 平整度   D. 构造深度

25. 高速公路和一级公路沥青下面层厚度变异性较大,验收时不作特殊要求,但是控制好基层( )指标对沥青层厚度控制有利。
    A. 压实度   B. 厚度   C. 平整度   D. 纵断高程

26. 工合成材料处置层的基本要求包括( )。
    A. 土工合成材料无老化,外观应无破损,无污染
    B. 土工合成材料应紧贴下承层,按设计和施工要求铺设、张拉、固定
    C. 土工合成材料的接缝搭接、粘接强度和长度应符合设计要求,上、下层土工合成材料搭接缝应交替错开
    D. 土工合成材料无重叠和皱折

27. 填石路基实测项目中的关键项目是( )。
    A. 压实度   B. 中线偏位   C. 弯沉   D. 无关键项目

28. 填石路基工程实测项目包括( )等。
    A. 压实   B. 弯沉   C. 平整度   D. 强度

29. 土方路基实测项目包括( )等。
    A. 压实度   B. 平整度   C. 强度   D. 弯沉

30. 对于土方路基工程质量评定,以下( )是外观质量的规定。
    A. 填方路基分层压实表面平整,不得有明显碾压轮迹,不得亏坡

B. 应设置临时排水系统,避免冲刷边坡,路床顶面不得积水
C. 路基边线与边坡不应出现单向累计长度超过 50m 的弯折
D. 路基边坡、护坡道、碎落台不得有滑坡、塌方或深度超过 100mm 的冲沟

31. 对于砌体挡土墙工程质量评定,以下说法正确的是( )。
    A. 地基承载力、基础埋置深度应满足设计要求
    B. 砌体挡土墙实测项目中的关键项目为砂浆强度和断面尺寸
    C. 勾缝砂浆强度不得小于砌筑砂浆强度
    D. 砌体挡墙不应出现限制缺陷,墙体不应出现外鼓变形

32. 对于沥青路面工程质量评定,以下描述正确的是( )。
    A. 面层有修补现象,每处扣 1~3 分
    B. 高速公路和一级公路,泛油、松散、裂缝和明显离析等缺陷的面积之和不得超过受检面积的 0.03%,不符合要求时,每超过 0.03% 扣 2 分
    C. 对于高速公路和一级公路,沥青混凝土面层的纵断高程允许偏差为 ±15mm
    D. 7d 无侧限抗压强度作为检测指标

33. 路基工程鉴定抽查中,权值为 3 的项目有( )。
    A. 压实度   B. 铺砌厚度   C. 弯沉   D. 混凝土强度

34. 沥青混凝土路面厚度的质量评定与( )有关。
    A. 检测点的数量   B. 公路等级
    C. 检测点厚度的平均值   D. 检测点厚度的均匀性

35. 下列实测项目中,( )的代表值计算按照 t 分布公式。
    A. 纵断高程   B. 压实度   C. 横向力系数   D. 路面厚度

36. 根据现行《公路工程质量检验评定标准 第一册 土建工程》,( )是沥青混凝土面层的实测项目。
    A. 回弹模量   B. 压实度   C. 中线平面偏位   D. 弯沉

37. 我国高速、一级公路水泥混凝土路面,一般路段的抗滑构造深度规定为( ),沥青混凝土路面为( )。
    A. 不大于设计值   B. 满足设计要求
    C. 0.7~1.1mm   D. 0.8~1.2mm

38. 关于沥青路面弯沉值评定,以下说法正确的是( )。
    A. 采用贝克曼梁、落锤式弯沉仪或自动弯沉仪测量
    B. 弯沉代表值大于设计验收弯沉值时,相应分项工程为不合格
    C. 当沥青层厚度大于或等于 50mm 时,或路表温度在 20℃±2℃ 范围内,可不进行温度修正
    D. 每一双车道评定路段(不超过 1km)检查 80 个点

39. 关于公路工程质量等级鉴定,以下说法正确的是( )。
    A. 应按分项工程、分部工程、单位工程、合同段、建设项目逐级进行评定
    B. 分部工程质量等级分为合格、不合格两个等级
    C. 单位工程、合同段、建设项目工程质量等级分为优良、合格、不合格三个等级

D. 所含各分部工程均合格,且75≤得分<90分,则单位工程良好

40. 公路工程交工验收,合同段工程质量评分值与下列单位工程的(　　)内容有关。
   A. 质量评分值　　　　　　　　B. 投资额
   C. 内业资料扣分　　　　　　　D. 权值

41. 关于竣工验收建设项目综合评分,下列(　　)说法正确。
   A. 竣工验收建设项目综合评分分为优良、合格和不合格三级
   B. 竣工验收工程质量得分权值为0.7,参建单位工作评价得分权值为0.3
   C. 参建单位包括项目法人及设计、施工、监理单位,其中项目法人占0.15,其他单位各占0.05
   D. 发生过重大及以上生产安全事故的建设项目,综合评定等级不得评为优良

42. 公路工程应满足以下(　　)要求,方可对工程质量进行鉴定。
   A. 路基整体稳定
   B. 路面无严重缺陷
   C. 桥梁、隧道等构造物结构安全稳定,混凝土强度、桩基检测、预应力构件的张拉应力、桥梁承载力等均符合设计要求
   D. 工程质量经施工自检和监理评定均合格,并经项目法人确认

43. 沥青路面质量鉴定的抽检项目均应在合同段交工验收前完成检测。但竣工验收前,应对(　　)的抽检项目进行复测,检测结果作为竣工验收质量评定的依据。
   A. 压实度　　　B. 弯沉　　　C. 渗水系数　　　D. 平整度

44. 公路技术状况评定结果可用于(　　)。
   A. 公路全资产管理　　　　　　B. 公路养护科学决策
   C. 提高服务水平　　　　　　　D. 公路养护全寿命设计

45. 路面车辙采用路面车辙深度指数(RDI)评定,RDI的计算与(　　)有关。
   A. 车辙深度参数　　　　　　　B. 车辙深度限值
   C. 车辙深度　　　　　　　　　D. 模型参数a_0、a_1

46. 公路技术状况评定包括(　　)的损坏程度和技术性能。
   A. 路面　　　B. 路基　　　C. 桥隧结构物　　　D. 沿线设施

47. 沥青路面的(　　)损坏应用影响宽度换算成损坏面积。
   A. 横向裂缝　　　B. 纵向裂缝　　　C. 车辙　　　D. 修补

48. 关于沥青路面龟裂损坏程度评定,下列说法正确的是(　　)。
   A. 按照裂区变化、散落程度分为轻度、中度、重度三级
   B. 按照主要裂缝块度、平均裂缝宽度分为轻度、中度、重度三级
   C. 主要裂缝块度在0.2~0.5m之间,平均裂缝宽度小于2mm的为轻度龟裂
   D. 主要裂缝宽度大于3mm,大部分裂缝块度小于0.2m的为重度龟裂

49. 水泥混凝土路面的(　　)损坏,检测结果应用影响宽度(1.0m)换算成损坏面积。
   A. 错台　　　B. 唧泥　　　C. 边角剥落　　　D. 修补

50. 水泥混凝土路面损坏人工调查中,(　　)损坏的权重占1.0。
   A. 重度破碎板　　　B. 重度裂缝　　　C. 错台　　　D. 坑洞

51. 沥青路面自动化检测换算系数为1.0的路面损坏类型有( )。
    A. 龟裂   B. 块状裂缝   C. 沉陷   D. 坑槽
52. 以下( )破坏类型属于路基损坏。
    A. 排水不畅   B. 路基构造物损坏
    C. 水毁冲沟   D. 边坡坍塌
53. 路面技术状况评定的分项指标包括( )。
    A. PSSI   B. RDI   C. PBI   D. SCI
54. 计算路面技术状况指数PQI,各分项指标的权重与( )有关。
    A. 公路等级   B. 相应分项指标
    C. 结构强度   D. 路面类型
55. $RQI = \dfrac{100}{1 + a_0 e^{a_1 IRI}}$,下列说法正确的是( )。
    A. IRI是国际平整度指数
    B. IRI是国际平整度标准差指数
    C. a_0、a_1是与公路等级有关的系数
    D. RQI是路面行驶质量指数,用于评价路面平整度
56. 一级公路技术状况评定时,( )的检测与调查频率为每年1次。
    A. 路基   B. 路面抗滑性能
    C. 路面损坏   D. 路面结构强度
57. 公路中线的平面线形由( )等组成。
    A. 直线   B. 圆曲线   C. 缓和曲线   D. 竖曲线
58. 路面设计要求,用于基层和底基层的无机结合料稳定材料应满足( )要求。
    A. 温度   B. 最佳含水率
    C. 公称最大粒径   D. 7d无侧限抗压强度

四、综合题[根据所列资料,以选择题的形式(单选或多选)选出正确的选项。每道大题10分,包括5道小题,每小题2分,选项部分正确按比例得分,出现错误选项该题不得分]

1. 某等级公路路基压实质量检验,经检测各点的干密度记录见下表,试验室给出的最大干密度为$1.82g/cm^3$,压实度的规定值为95%,$t_{0.95}/\sqrt{13}$为0.494。请回答以下问题。

序号	1	2	3	4	5	6	7
干密度(g/cm^3)	1.76	1.70	1.76	1.75	1.77	1.73	1.68
序号	8	9	10	11	12	13	
干密度(g/cm^3)	1.73	1.74	1.76	1.76	1.75	1.76	

(1)该路段的平均压实度为( )。
    A. 95.9%   B. 96.0%   C. 95.7%   D. 94.9%
(2)该路段的压实度极值为( )。

A.90% B.91% C.94% D.93%

(3)该路段的压实度被评为( )。
　　A.合格　　B.不合格　　C.优秀　　D.良好

(4)该路段的压实度合格率为( )。
　　A.70%　　B.92%　　C.90%　　D.95%

(5)对土方路基的基本要求包括( )。
　　A.在路基用地和取土坑范围内,认真清除地表植被、杂物、积水、淤泥和表土,处理坑塘,并按施工技术规范和设计要求对基底进行压实。表土应充分利用
　　B.填方路基应分层填筑压实,每层表面平整,路拱合适,排水良好,不得有明显碾压轮迹,不得亏坡
　　C.应设置施工临时排水系统,避免冲刷边坡,路床顶面不得有积水
　　D.在设定取土区内合理取土,不得滥开滥挖。完工后应按要求对取土坑和弃土场进行修整

2.某高速公路建设单位组织路面的交工验收,其中 K12+300~K15+300 段的路面检测数据如下表,请回答以下问题。

检查项目(权值)	压实度(3)	平整度(2)	弯沉值(3)	渗水系数(2)
合格率(%)	96	95	100	89
检查项目(权值)	厚度(3)	车辙(1)	摩擦系数(2)	横坡(1)
合格率(%)	92	98	97	92

(1)分部工程质量检验内容包括( )。
　　A.基本要求　　　　　　B.抽查实测项目
　　C.外观检查　　　　　　D.内业资料审查

(2)分部工程得分计算正确的是( )。
　　A.分部工程实测得分值满分为100分,按抽查实测项目采用加权平均法计算
　　B.分部工程实测得分 = $\frac{\sum(抽检项目合格率 \times 权值)}{\sum 权值} \times 100$
　　C.分部工程的得分值满分为100分,按抽查实测项目采用算术平均值法计算
　　D.分部工程得分 = $\frac{\sum 检查项目得分}{\sum 检查项目数}$

(3)该分部工程实测得分为( )。
　　A.89.9　　B.96.0　　C.95.9　　D.94.9

(4)检查时发现路表面有泛油、离析等缺陷,扣1.4分,则分部工程得分为( )。
　　A.94.5　　B.88.5　　C.93.9　　D.89.5

(5)该分部工程被评为( )。
　　A.优秀　　B.优良　　C.合格　　D.不合格

3.对某一级公路水泥稳定碎石基层进行质量评定,请回答以下问题:
(1)按照质量评定标准要求,实测项目包括( ),其中关键项目为( )。
　　A.压实度　　B.厚度　　C.平整度　　D.强度

(2)水泥稳定碎石基层施工的基本要求包括(　　)。
　A. 粒料应符合设计和施工规范要求,水泥用量和矿料级配按设计控制准确
　B. 摊铺时要注意消除离析现象
　C. 水泥稳定碎石处于最佳含水率状况下,用重型压路机碾压至要求的压实度。从加水拌和到碾压终了的时间不应超过1h,并应等于水泥的终凝时间
　D. 碾压检查合格后立即覆盖或洒水养生,养生期要符合规范要求
(3)控制水泥稳定碎石基层的施工质量,应进行(　　)试验。
　A. 强度指标:CBR、无侧限抗压强度
　B. 延迟时间
　C. 重型击实
　D. EDTA 标准曲线
(4)水泥稳定碎石基层施工过程检测要求(　　)。
　A. 施工过程压实度检测以当天现场取样击实试验确定的最大干密度为标准,与设计阶段确定的最大干密度差值应不大于 $0.02g/cm^3$;测定的含水率与规定含水率的绝对误差应不大于2%
　B. 采用随机取样方法对水泥稳定碎石基层进行钻芯取样,芯样直径为200mm,芯样高度应不小于实际摊铺厚度的90%
　C. 取芯龄期为7d,也可以延长至 7~14d
　D. 设计强度大于3MPa时,芯样应切割成径高比为1:1的标准试件,样本数量不小于9个,且强度变异系数应不大于15%
(5)关于施工质量评定与控制,下列正确的说法是(　　)。
　A. 采用 t 分布进行厚度评定: $\bar{X}_L = \bar{X} - t_\alpha S/\sqrt{n}$
　B. 采用正态分布进行弯沉评定: $l_r = \bar{l} + Z_\alpha S$
　C. 质量控制的每个环节应包括工作内容、责任人、检测频率、记录表格等内容
　D. 水泥稳定碎石基层养生7d结束后的工作内容包括弯沉、回弹模量、芯样描述与厚度、裂缝、外观与平整度项目
4. 评定某沥青混凝土路面技术状况,公路等级为一级,请回答以下问题。
(1)下列属于沥青混凝土路面损坏的是(　　)。
　A. 沉陷　　　　B. 坑槽　　　　C. 错台　　　　D. 车辙
(2)路面技术状况指数 PQI 包含以下(　　)分项指标。
　A. SCI　　　　B. RQI　　　　C. PCI　　　　D. TCI
(3)路面抗滑性能应采用横向力系数指标 SFC 评定,且每(　　)应计算一个统计值。
　A. 10m　　　　B. 20m　　　　C. 100m　　　　D. 1000m
(4)公路技术状况评定应计算(　　)统计指标。
　A. 优等路率　　B. 优良路率　　C. 中等路率　　D. 次差路率
(5)人工调查沥青路面损坏时,主要横向裂缝(　　)者评定为重度裂缝。
　A. ≥3mm　　　B. >3mm　　　C. ≥5mm　　　D. >5mm

习题参考答案及解析

一、单项选择题

1. A

【解析】《公路工程质量检验评定标准 第一册 土建工程》(JTG F80/1—2017)仅评定工程质量合格与不合格。

2. B

【解析】《公路工程质量检验评定标准 第一册 土建工程》(JTG F80/1—2017)规定,根据建设任务、施工管理和质量检验评定的需要,应在施工准备阶段将建设项目划分为单位工程、分部工程和分项工程。

3. A

4. C

5. A

6. B

7. D

【第3~7题解析】建设项目中,根据签订的合同,在合同段中具有独立施工条件和结构功能的工程称为单位工程。在单位工程中,按路段长度、结构部位及施工特点等划分的工程称为分部工程。在分部工程中,根据施工工序、工艺或材料等划分的工程称为分项工程。建设项目中,路基工程、路面工程、桥梁工程(大、中桥)、互通立交工程、隧道工程、交通工程、环保工程和房屋建筑工程等属于单位工程。路基与路面工程的级别划分方法见下表。

单位工程	分部工程	分项工程
路基工程 (每10km或每标段)	路基土石方工程 (1~3km路段)①	土方路基,填石路基,软土地基,土工合成材料处置层等
路基工程 (每10km或每标段)	排水工程 (1~3km路段)①	管道预制,混凝土排水管施工,检查(雨水)井砌筑,土沟,浆砌排水沟,盲沟,跌水,急流槽,水簸箕,排水泵站沉井、沉淀池等
	小桥及符合小桥标准的通道,人行天桥,渡槽(每座)	钢筋加工及安装,砌体,混凝土扩大基础,钻孔灌注桩,混凝土墩、台,墩、台身安装,台背填土,就地浇筑梁,预制安装梁、板,就地浇筑拱圈,混凝土桥面板桥面防水层,支座垫石和挡块,支座安装,伸缩装置安装,栏杆安装,混凝土护栏,桥头搭板,砌体坡面护坡,混凝土构件表面防护,桥梁总体等
	涵洞、通道 (1~3km路段)①	钢筋加工及安装,涵台,管节预制,管座及涵管安装,波形钢涵管安装,盖板预制,盖板安装,箱涵浇筑,拱涵浇(砌)筑,倒虹吸竖井,集水井砌筑,一字墙和八字墙,涵洞填土,顶进施工的涵洞,砌体坡面防护,涵洞总体等
	防护支挡工程 (1~3km路段)①	砌体挡土墙,墙背填土,边坡锚固防护,土钉支护,砌体坡面护坡,石笼防护,导流工程等
	大型挡土墙,组合式挡土墙(每处)	钢筋加工及安装,砌体挡土墙,悬臂式挡土墙,扶壁式挡土墙,锚杆、锚定板和加筋土挡土墙,墙背填土等
路面工程 (每10km或每标段)	路面工程 (1~3km路段)①	垫层,底基层,基层,面层,路缘石,路肩等

注:①按路段长度划分的分部工程,高速公路、一级公路宜取低值,二级及二级以下公路可取高值。

8. D

【解析】《公路工程质量检验评定标准 第一册 土建工程》(JTG F80/1—2017)适用于各等级公路新建与改扩建工程质量的检验评定。

9. D

【解析】《公路工程质量检验评定标准 第一册 土建工程》(JTG F80/1—2017)规定,检验项目评为不合格的,应进行整修或返工处理直至合格。

10. A

11. C

12. D

13. D

14. C

15. B

16. A

17. D

18. C

【第10~18题解析】 分项工程中对结构安全、耐久性和主要使用功能起决定性作用的检查项目称为关键项目,以"△"标识(见下表)。关键项目的合格率应不低于95%(机电工程为100%),否则该检查项目不合格;一般项目的合格率应不低于80%,否则该检查项目不合格。

单位工程	分部工程	分项工程	关键项目
路基工程（每10km或每标段）	路基土石方工程（1~3km路段）	土方路基	压实度、弯沉
		填石路基	压实、弯沉
		软土地基处置	袋装砂井、塑料排水板:井(板)长 碎石桩、加固土桩:桩长、强度 粒料桩:桩长 刚性桩:混凝土强度、桩长
	排水工程（1~3km路段）	管节预制	混凝土强度
		混凝土排水管安装（管道基础及管节安装）	混凝土强度或砂浆强度
		检查(雨水)井砌筑、浆砌水沟	砂浆强度
		排水泵站、沉淀池	混凝土强度
	挡土墙、防护及砌筑防护工程（1~3km路段）	砌体挡土墙	浆砌挡土墙:砂浆强度、断面尺寸 干砌挡土墙:断面尺寸
		片石混凝土挡土墙	混凝土强度、断面尺寸
		悬臂式和扶壁式挡土墙	混凝土强度、断面尺寸
		锚杆、锚定板和加筋土挡土墙	拉杆:长度 锚杆:注浆强度、锚杆抗拔力 面板预制:混凝土强度、厚度 墙背填土:(距面板1m范围以内)压实度

续上表

单位工程	分部工程	分项工程	关 键 项 目
路基工程 (每10km 或每标段)	挡土墙、防护 及砌筑防护工程 (1~3km路段)	边坡锚固防护	锚杆、锚索:注浆强度、锚杆、锚索抗拔力、张拉力 坡面结构:混凝土强度
		土钉支护	注浆强度、土钉抗拔力
		砌体坡面防护	砂浆强度、厚度或断面尺寸
		浆砌砌体构筑物 (砌石工程)	砂浆强度、断面尺寸
		导流工程	砂浆和混凝土强度、堤(坝)体压实度
路面工程 (每10km 或每标段)	路面工程 (1~3km路段)	基层和底基层	稳定土(粒料)基层和底基层:压实度、厚度、抗压强度 级配碎石基层和底基层:压实度、厚度 填隙碎石基层和底基层:固体体积率、厚度
		面层	水泥混凝土路面:弯拉强度、板厚度 沥青混凝土面层:压实度、厚度、矿料级配、沥青含量 沥青贯入式面层:厚度、矿料级配、沥青含量 沥青表面处置面层:厚度

19. A

【解析】 评定填石路基压实质量的关键项目为压实,可采用孔隙率和沉降差两个指标评定,只有当上下路床填土时或者土石混填路基时,可用压实度指标评价。

20. C

【解析】 沥青混凝土面层和沥青碎(砾)石面层实测项目规定,高速公路、一级公路及其他公路的压实度规定值相同(见下表),但表内的压实度,对于高速公路、一级公路应选2个标准评定,以合格率低的作为评定结果;其他公路选用1个标准评定。

检 查 项 目	沥青混凝土面层和沥青碎(砾)石面层	SMA 面 层
压实度	≥试验室标准密度的96% ≥最大理论密度的92% ≥试验段密度的98%	≥试验室标准密度的98% ≥最大理论密度的94% ≥试验段密度的99%

21. B

【解析】 实测项目检验,以路段长度规定的检查频率为双车道路段的最低检查频率,对多车道应按车道数与双车道之比相应增加检查数量。

22. A

【解析】 路堤压实的施工检查常碰到小样本数问题,当样本数小于10时,按数理统计的一定保证率时的系数可能偏大,分层压实质量控制可采用全部测点符合要求,且实际样本数不小于6个。

23. B

24. C

25. C

26. A

27. D

【第 23~27 题解析】路基、路面基层与底基层压实度评定：采用压实度代表值(K)和单点极值作为否决指标，当 $K \geq K_0$(规定值)，且单点压实度 K_i 全部大于或等于规定值减 2 个百分点时，评定路段的压实度合格率为 100%；当 $K \geq K_0$，且单点压实度 K_i 全部大于或等于规定极值时，按测定值不低于规定值减 2 个百分点的测点数计算合格率。当 $K < K_0$ 或某一单点压实度 K_i 小于规定极值时，该评定路段压实度为不合格，相应分项工程评为不合格。

路基施工路段短时，分层压实度应全部符合要求，且样本数不少于 6 个。

沥青面层：当 $K \geq K_0$ 且全部测点大于或等于规定值减 1 个百分点时，评定路段的压实度合格率为 100%；当 $K \geq K_0$ 时，按测定值不低于规定值减 1 个百分点的测点数计算合格率。当 $K < K_0$ 时，评定路段的压实度为不合格，相应分项工程评为不合格。

土方路基的压实度，极值为规定值减 5 个百分点；无机结合料稳定材料基层和底基层的压实度，根据不同公路等级对压实度的极值有不同规定；沥青面层无极值要求。

28. B

【解析】依据《公路工程竣(交)工验收办法实施细则》，公路工程质量鉴定工作包括工程实体检测、外观检查和内业资料审查。

29. A

【解析】路基和路面基层、底基层的压实度以重型击实标准为准。细粒土现场压实度检查可以采用灌砂法或环刀法；粗粒土及路面结构层压实度检查可以采用灌砂法、水袋法或钻孔取样蜡封法。应用核子密度仪时，须经对比试验检验，确认其可靠性。

30. D

31. B

【第 30、31 题解析】为定量检验填石路堤的压实质量，压实检测应通过试验路确定沉降差标准，在施工过程中应严格控制。结合工程实践，也可以采用 20t 以上压路机振压两遍沉降差不大于 2mm 控制。

32. B

【解析】对于路基和半刚性基层，灌砂法是最准确的方法，但是不适用有大孔洞或大孔隙的材料压实层，水袋法较为合适。

33. D

【解析】管节预制的外观质量应遵照结构混凝土的外观质量限制缺陷，对于预制构件：麻面的总面积超过所在面面积的 2%；其他结构或构件：麻面的总面积超过所在面面积的 3%。

34. C

【解析】当 SFC 的代表值 SFC_r 不小于设计或验收标准时，应以所有单个 SFC 值统计合格率；当代表值 SFC_r 小于设计或验收标准值时，该路段应为不合格。

35. C

【解析】公路水泥混凝土弯拉强度评定，高速公路和一级公路，每工作班制作 2~4 组，日进度 <500m 取 2 组，≥500m 取 3 组，≥1000m 取 4 组。其他公路，每工作班制作 1~3 组，日进度 <500m 取 1 组，≥500m 取 2 组，≥1000m 取 3 组。

36. B

【解析】 合格判定平均弯拉强度 f_{cs}、最小弯拉强度 f_{min} 和统计变异系数 C_v 值中有一个不符合要求时,应在不合格路段每车道每 1km 钻取 3 个以上 $\phi150mm$ 的芯样,实测劈裂强度,通过各自工程的经验统计公式换算弯拉强度,其合格判定平均弯拉强度 f_{cs} 和最小值 f_{min} 必须合格;否则,应返工重铺。

37. D

【解析】 稳定粒料基层和底基层外观质量规定:表面应无松散、无坑洼、无碾压轮迹;表面连续离析不得超过 10m,累计离析不得超过 50m。

38. B

【解析】 粒料基层完工后应及时洒布透层油并铺筑封层,透油层透入深度应不小于 5mm,无机结合料稳定材料基层透油层透入深度宜不小于 3mm。

39. A

【解析】 同强度等级的水泥砂浆强度试件不少于 3 组。

40. B

【解析】 为防止混凝土板厚不足造成严重破坏,控制板厚的负偏差,代表值、合格值、极值的控制标准分别为 -5mm、-10mm、-15mm。

41. C

【解析】 沥青路面压实度可以采用核子密度仪或无核密度仪检测,每 200m 检查 1 处,每处测 5 点,取 5 点平均值。

42. A

【解析】 浆砌挡土墙外观质量评定规定:浆砌缝开裂、勾缝不密实和脱落的累计换算面积不得超过该面积的 1.5%,且单个最大换算面积不应大于 0.08m²。换算面积应按缺陷缝长度乘以 0.1m 计算。

43. D

44. B

【第 43、44 题解析】公路沥青混凝土面层厚度评定依据见下表。

检查项目		规定值或允许偏差	
		高速公路、一级公路	其他公路
厚度(mm)	代表值	总厚度:-5%H 上面层:-10%h	-8%H
	合格值	总厚度:-10%H 上面层:-20%h	-15%H

厚度代表值应不小于设计厚度减去代表值允许偏差。当厚度代表值大于或等于设计厚度减去代表值允许偏差时,则按单个检查值的偏差不超过单点合格值来计算合格率;当厚度代表值小于设计厚度减去代表值允许偏差时,该评定路段厚度不合格,相应分项工程应评为不合格。本题总厚度实测代表值为 14.5cm > 14.25cm(计算规定值),上面层实测厚度代表值为 3.8cm > 3.6cm(计算规定值),沥青面层厚度应评定为合格。

45. B

【解析】厚度代表值为厚度的算术平均值的下置信界限值,公式:$X_L = \overline{X} - \dfrac{t_\alpha}{\sqrt{n}}S$。

46. B

【解析】《公路工程质量检验评定标准 第一册 土建工程》(JTG F80/1—2017)中,沥青混凝土面层实测项目中增加了矿料级配、沥青含量、马歇尔稳定度三项控制沥青混合料质量的评定指标。

47. A

【解析】路基和基层均不检测抗滑性,水泥混凝土面层不检测弯沉值。沥青混凝土面层则需要检测压实度、厚度、弯沉、平整度、抗滑性能、渗水性、中线偏位、纵断高程、横坡、宽度。

48. C

【解析】《公路工程竣(交)工验收办法实施细则》规定,沥青路面面层质量鉴定抽查项目中,压实度、弯沉、厚度权值为3,平整度、抗滑权值为2,车辙、横坡权值为1。

49. C

【解析】稳定土(粒料)基层、底基层实测项目为强度、压实度、平整度、厚度、纵断高程、宽度、横坡;相邻板高差是水泥混凝土面层的实测项目。

50. A

【解析】水泥混凝土路面实测项目为弯拉强度、板厚度、平整度、相邻板高差、抗滑构造深度、纵断高程、中线平面偏位、宽度、横坡、断板率和纵、横缝顺直度。

51. D

【解析】无核密度仪用于快速测定沥青路面各层的密度,但检测结果不宜用于评定验收或仲裁。

52. A

53. C

【第52、53题解析】《公路工程竣(交)工验收办法实施细则》规定,路基土石方工程的质量鉴定外观检查评分标准:路基边坡坡面平顺、稳定,曲线圆滑,无亏坡,不符合要求时,单向累计长度每50m扣1~2分。路基沉陷、开裂:按相应部位的标准,局部不均匀沉陷、开裂,每处扣2~5分。

54. A

【解析】路基工程压实度、边坡每公里抽查不少于1处,每个合同段路基压实度检查点数不少于10个。

55. B

【解析】建设项目工程质量等级评定方法见下表。

优 良	合 格	不 合 格
所含合同段均合格 且得分≥90分	所含合同段均合格 且75≤得分<90分	所含各合同段均合格但<75分 或所含任一合同段不合格

56. D

【解析】《公路工程竣(交)工验收办法实施细则》规定,交工验收工程质量得分权值为0.2,质量监督机构鉴定得分权值为0.6,竣工验收委员会对工程质量的评分权值为0.2;对于交工和竣工验收合并进行的小型项目,质量监督机构鉴定得分权值为0.6,监理单位对工程质量评定得分权值为0.1,竣工验收委员会对工程质量的评分权值为0.3。

57. C

【解析】公路路面损坏状况指数PCI等级划分标准:≥92为"优",但高速公路路面损坏状况指数PCI等级划分标准为:"优"≥92,"良"在80~92之间。

58. D

【解析】MQI(Highway Maintenance Quality Indicator)指公路技术状况指数,PQI(Pavement Maintenace Quality Index)指路面技术状况指数,PCI(Pavement Surface Condition Index)指路面损坏状况指数,RQI(Pavement Riding Quality Index)指路面行驶质量指数。

59. C

【解析】龟裂、块状裂缝、坑槽、松散、沉陷、泛油、波浪拥包路面损坏应按面积计算;纵向裂缝、横向裂缝、车辙损坏按长度计算,检测结果应用影响宽度换算成面积。

60. B

【解析】沥青路面车辙损害按长度计算,检测结果应用影响宽度0.4m换算成损坏面积。

61. B

【解析】沥青路面横向裂缝或纵向裂缝,其轻度与重度均以裂缝宽度3mm分界。裂缝宽度≤3mm为轻度;>3mm为重度。损坏按长度(m)计算,检测结果应用影响宽度(0.2m)换算成损坏面积。

62. A

【解析】沥青路面轻度车辙指车辙深度在10~15mm之间,重度车辙指车辙深度大于15mm。

63. D

【解析】波浪拥包轻度指波峰波谷高差在10~25mm之间,重度指波峰波谷高差大于25mm。

64. D

【解析】水泥混凝土路面坑洞指板面出现直径大于30mm、深度大于10mm的坑槽,损坏应按坑洞或坑洞群的包络面积计算。

65. C

【解析】错台指接缝两边出现的高差。轻度:高差在5~10mm之间,重度:高差大于10mm。损坏按长度计算,检测结果应用影响宽度(1.0m)换算成面积。

66. C

【解析】路基沉降指深度大于30mm的沉降。损坏程度:轻度为路基沉降长度<5m;中度为5~10m;重度为>10m。

67. A

【解析】路面行驶质量指数(PQI)的计算权重占0.70,路基技术状况指数(SCI)的计算权重占 0.08。

68. B

【解析】沥青路面技术状况评定包含路面损坏、路面平整度、路面车辙、路面跳车、路面磨耗、路面抗滑性能和路面结构强度等 7 项内容。其中，路面结构强度指数应依据抽检数据单独评定，不参与 PQI 计算。

69. A

【解析】路面破损率 $DR = 100 \times \sum_{i_0}^{i=1} w_i A_i / A$，其中 A_i 为第 i 类路面损坏的累计面积，A 为路面检测或调查面积。

70. A

【解析】PSSI 为路面结构强度指数，SRI 为路面防滑性能指数，RQI 为路面行驶质量指数，SSI 为路面结构强度比。

71. B

【解析】RQI 为路面行驶质量指数；PBI 为路面跳车指数；PWI 为路面磨耗指数；RDI 为路面车辙深度指数。

72. B

【解析】路面结构强度系数 SSR 为路面标准弯沉与路面实测代表弯沉之比。

73. C

【解析】高速公路技术状况评定，对沥青路面和水泥混凝土路面的抗滑性能均要求最低检测与调查频率为每 2 年 1 次。

74. C

【解析】沥青混合料施工与质量控制要求。

75. C

【解析】路基施工要求每层压实厚度一般不超过 0.3m，应在最佳含水率下压实，并符合压实度要求。

二、判断题

1. √

2. ×

【解析】填石路基实测项目的规定值按高速公路和一级公路、其他公路两档确定；土方路基压实度按高速公路和一级公路、二级公路、三级和四级公路三档确定。

3. ×

【解析】应全面检查工程外观质量缺陷，而非抽查。

4. √

5. ×

【解析】分部工程合格应满足三个条件：评定资料应完整、所含分项工程及实测项目应合格、外观质量应满足要求。

6. √

7. √

8. ×

【解析】土方路基压实度应分层检测,其他检查项目应在上路床进行检验。

9. ×

【解析】软土地基处置方式包括砂垫层、袋装砂井和塑料排水板、粒料桩、加固土桩、水泥粉煤灰碎石桩、刚性桩等,桩长或者桩长和(混凝土)强度作为实测项目中的关键项目,而路堤沉降速率是软土路基施工中较为有效的一项重要监控指标。

10. √

11. ×

【解析】对于任何等级公路弯沉值应不大于设计验收弯沉值。

12. √

13. √

14. √

15. √

16. ×

【解析】水泥混凝土路面使用标准小梁试件应标准养生时间28d,采用钻芯劈裂试件宜控制在28~56d以内,不掺粉煤灰时宜用28d,掺粉煤灰时宜用28~56d。

17. √

18. √

19. ×

【解析】水泥混凝土上加铺沥青面层的复合式路面,两种结构均应进行检验。其中,水泥混凝土路面结构可不检查抗滑构造深度,平整度应符合相应等级公路标准;沥青面层可不检查弯沉。

20. √

21. ×

【解析】虽然3个指标均为水泥混凝土路面的重要指标,但只有抗弯拉强度、板厚是质量评定的关键项目。

22. ×

【解析】水泥混凝土路面构造深度(D)并不是越大越好。高速公路、一级公路:一般路段,$0.7mm \leq D \leq 1.1mm$,特殊路段,$0.8mm \leq D \leq 1.2mm$;其他公路,一般路段,$0.5mm \leq D \leq 1.0mm$,特殊路段,$0.6mm \leq D \leq 1.1mm$。

23. √

24. ×

25. ×

【第24、25题解析】对于工程交工验收,质量等级评定分为合格与不合格两级,工程质量评分值大于或等于75分的为合格,小于75分的为不合格;对于工程竣工验收,质量等级评定分为优良、合格与不合格三级,工程质量评分值大于或等于90分为优良,小于90分且大于或等于75分为合格,小于75分为不合格。

26. √
27. √
28. √
29. √
30. ×

【解析】 路面工程检查项目抽样,弯沉、平整度检测,高速、一级公路以每半幅每公里为评定单元,其他等级公路以每公里为评定单元。其他抽查项目每公里不少于1处。

31. ×

【解析】 土基最低压实度大于极值91%,还应采用压实度代表值判定是否大于94%。

32. √
33. ×

【解析】 施工单位应对各分项工程的基本要求、实测项目和外观质量进行自检,提交真实、完整的自检资料,对工程质量进行自我评定。

34. √
35. √
36. √
37. ×

【解析】 浆砌水沟实测项目沟底高程的允许偏差为±15mm。

38. ×

【解析】 对于高速公路,水泥混凝土面层和沥青混凝土面层均不允许采用3m直尺法检测路面平整度。

39. √
40. √
41. √
42. ×

【解析】 沥青混凝土路面交工验收时仅对面层进行抽检。

43. √
44. √
45. ×

【解析】 沥青路面压实度鉴定抽查,每处不少于1点。

46. √
47. ×

【解析】 道路工程要求路基应具有足够的强度、稳定性和耐久性;要求路面应具有足够的强度和刚度,良好的水稳定性、耐久性、表面平整度和抗滑性。

48. √
49. ×

【解析】公路技术状况按 MQI 和相应分项指标分为优、良、中、次、差五个等级,如下表所示。

评价等级	优	良	中	次	差
MQI 及各级分项指标	≥90	≥80,<90	≥70,<80	≥60,<70	<60

50. √

51. √

52. ×

【解析】沥青路面块状裂缝损坏程度判断标准:主要裂缝块度大于 1.0m,平均裂缝宽度在 1~2mm 之间的为轻度;主要裂缝块度在 0.5~1.0m 之间,平均裂缝宽度大于 2mm 的为重度。

53. √

54. ×

【解析】对于沥青路面和水泥混凝土路面的修补损坏:块状修补应按面积计算,沥青路面条状修补、水泥混凝土路面裂缝类条状修补应按长度乘以 0.2m 影响宽度计算面积。长度大于 5m 的整车道修复不计为路面修补损坏。

55. ×

【解析】水泥混凝土路面拱起为横缝两侧板体高度大于 10mm 的抬高,损坏应按拱起涉及板块的面积计算。

56. ×

【解析】路基排水不畅的损坏程度分为轻度、中度和重度三级。轻度和中度排水不畅,每 10m 计 1 处,不足 10m 按 1 处计算。

57. ×

【解析】水泥混凝土裂缝换算面积的影响宽度为 1.0m。

58. ×

【解析】路基构造物损坏应为挡墙等圬工体出现的表面、局部和结构等损坏。轻度为勾缝损坏、沉降缝损坏、表面破损、钢筋外露和锈蚀等;中度为局部基础淘空、墙体脱空、轻度裂缝、鼓肚、下沉;重度为整体开裂、倾斜、滑移、倒塌等。

59. ×

【解析】水泥混凝土路面技术状况评定应包括路面损坏、路面平整度、路面跳车、路面磨耗和路面抗滑性能等 5 项内容。

60. √

61. ×

【解析】路面抗滑性能指数,主要采用横向力系数指标、标定参数、模型参数计算评定。

62. √

63. ×

【解析】3 块及以上为破碎板。

64. ×

【解析】沥青路面设计采用轴重为 100kN 的单轴-双轮组轴载作为设计轴载。

65. √

三、多项选择题

1. ABCD

【解析】《公路工程质量检验评定标准》仅为公路工程质量检验评定依据,而公路工程竣(交)工验收则应以四个选项为依据。

2. ABD
3. BCD
4. CD
5. ABC
6. CD
7. ABCD

【第 2~7 题解析】参见单选题第 3~7 题解析。

8. AB

【解析】采用数理统计方法进行检验评定的检查项目(如压实度、弯沉值、路面结构层厚度、水泥混凝土抗压强度与抗弯拉强度、水泥砂浆强度、无机结合料稳定材料强度、路面横向力系数等),应计算其代表值;如不满足相应规范要求时,该检查项目为不合格。实测项目合格仅为分项工程合格的条件之一。

9. ABD

【解析】《公路工程质量检验评定标准 第一册 土建工程》(JTG F80/1—2017)明确了分项工程质量检验的基本条件,包括基本要求、实测项目、外观鉴定和质量保证资料四项内容。分项工程检查应在符合基本要求的规定,无外观质量限制缺陷且质量保证资料真实齐全时,方可进行检验评定。

10. ABCD

【解析】质量保证资料应包括以下内容:(1)所用原材料、半成品和成品质量检验结果;(2)材料配比、拌和加工控制检验和试验数据;(3)地基处理、隐蔽工程施工记录和桥梁、隧道施工监控资料;(4)质量控制指标的试验记录和质量检验汇总图表;(5)施工过程中遇到的非正常情况记录及其对工程质量影响分析评价资料;(6)施工过程中如发生质量事故,经处理补救后达到设计要求的认可证明文件等。

11. ACD

【解析】分项工程仅对实测项目进行检验评定,并无上一级评定资料。只有分部工程和单位工程评定才具有分项工程或分部工程的评定资料,故 B 选项不正确。

12. BD

【解析】参见单选题第 10~18 题解析。

13. ABCD

【解析】采用数理统计方法评定的项目包括:压实度、路面结构层厚度、弯沉值、横向力系数、无机结合料稳定材料强度、水泥混凝土弯拉强度、抗压强度、喷射混凝土抗压强度、水泥砂浆强度。

14. AC

【解析】公路工程检验评定的质量等级分为合格与不合格两级。

15. ABD

【解析】参见单选题第20题解析。

16. AC

【解析】为保证保证填土压实,同时避免碾压施工对挡土墙的损害,规定了距面板1m范围以内压实度不小于90%。

17. AB

【解析】沥青路面平整度评定依据见下表。

检查项目		规定值或允许偏差	
		高速公路、一级公路	其他公路
平整度	σ(mm)	≤1.2	≤2.5
	IRI(m/km)	≤2.0	≤4.2
	最大间隙 h(mm)	—	≤5

18. AC

【解析】参见单选题第43、44题解析。

19. ABC

【解析】《公路工程质量检验评定标准 第一册 土建工程》(JTG F80/1—2017)中,沥青混凝土面层和沥青碎(砾)石面层实测项目,规定沥青混合料施工抽验评定见下表。其中,仅矿料级配、沥青含量为关键项目。

检查项目	规定值或允许偏差		检查方法和频率
	高速公路、一级公路	其他公路	
矿料级配(△)	满足生产配合比要求		T 0725,每台班1次
沥青含量(△)	满足生产配合比要求		T 0721、T 0722、T 0735,每台班1次
马歇尔稳定度	满足生产配合比要求		T 0709,每台班1次

20. ABCD

【解析】《公路工程竣(交)工验收办法实施细则》规定,路面面层质量鉴定抽查项目中沥青路面压实度、弯沉、混凝土路面强度、厚度的权值均为3。

21. AD

【解析】进行水泥混凝土路面质量评定,混凝土抗弯拉强度试验方法应使用标准小梁法或钻芯劈裂法。

22. ABCD

【解析】《公路工程质量检验评定标准 第一册 土建工程》(JTG F80/1—2017)规定的水泥混凝土面层外观质量要求。

23. ABCD

【解析】弯沉代表值为弯沉测量值的上波动界限,计算公式为 $l_r = (\bar{l} + \beta \cdot S) \cdot K_1 \cdot K_3$。其中,$\bar{l}$ 为实测弯沉的平均值,S 为标准差,β 为目标可靠指标,K_1 为湿度影响系数,K_3 为温度影响系数。

24. ABD

【解析】沥青混凝土面层抗滑性的评定指标有摩擦系数和构造深度,其中摩擦系数包括摩擦摆值和横向力系数。

25. CD

【解析】高速公路和一级公路的沥青面层一般按 2~3 层铺筑,沥青下面层厚度变异性较大,验收时不作特殊要求,但严格控制。基层的平整度和纵断高程控制得越好,沥青层厚度就越易得到合理控制。

26. ABC

【解析】工合成材料处置层的基本要求为前三项,D 选项是外观质量规定。

27. AC

【解析】参见单选题第 10~18 题解析。

28. AC

【解析】填石路基实测项目包括压实、纵断高程、中线偏位、宽度、平整度、横坡、边坡。

29. ABD

【解析】土方路基实测项目包括压实度、弯沉、纵断高程、中线偏位、宽度、平整度、横坡、边坡。

30. CD

【解析】选项 A、B 为土方路基质量评定的基本要求,选项 C、D 为外观质量规定。

31. ACD

【解析】正确选项 A、C 为基本要求,选项 D 为外观质量规定。选项 B 不完全,砌体挡土墙分为浆砌、干砌和片石混凝土挡土墙,关键项目不同,参见单选题第 10~18 题解析。

32. ABC

【解析】选项 A、B 为外观质量鉴定扣分规定,C 为沥青混凝土面层的质量评定指标。选项 D 为无机结合料稳定材料(底)基层的质量评定检测指标。

33. ABCD

【解析】路基工程鉴定抽查项目权值见下表。

单位工程	分部工程类别	抽查项目	权值
路基工程	路基土石方	压实度	3
		弯沉	3
		边坡	1
	排水工程	断面尺寸	1
		铺砌厚度	3
	小桥	混凝土强度	3
		主要结构尺寸	1

续上表

单位工程	分部工程类别	抽查项目	权值
路基工程	涵洞	混凝土强度	3
		结构尺寸	2
	支挡工程	混凝土强度	3
		断面尺寸	3

34. ABCD

【解析】路面厚度的质量评定代表值的计算公式:$X_L = \bar{X} - \frac{t_\alpha}{\sqrt{n}} S$,其中:$\bar{X}$ 为厚度平均值;S 为标准差,与测点的离散性有关(D);n 为检测点数;t_α 为 t 分布表中随测点数和保证率而变的系数,与公路等级有关。

35. BCD

【解析】压实度评定公式:$K = \bar{k} - \frac{t_\alpha}{\sqrt{n}} S \geq K_0$;厚度评定公式:$X_L = \bar{X} - \frac{t_\alpha}{\sqrt{n}} S$;横向力系数评定公式 $SFC_r = \overline{SFC} - \frac{t_\alpha}{\sqrt{n}} S$;其中,$\frac{t_\alpha}{\sqrt{n}}$ 为 t 分布系数。

36. BCD

【解析】沥青混凝土面层和沥青碎(砾)石面层实测项目见下表,回弹模量不作为评定指标。

项次	检查项目		规定值或允许偏差		检查方法和频率
			高速公路、一级公路	其他公路	
1△	压实度(%)		≥试验室标准密度的96%(*98%) ≥最大理论密度的92%(*94%) ≥试验段密度的98%(*99%)		按有关方法检查,每200m测1点;核子(无核)密度仪:每200m测1处,每处5点
2	平整度	σ(mm)	≤1.2	≤2.5	平整度仪:全线每车道连续检测,按每100m计算IRI或σ
		IRI(m/km)	≤2.0	≤4.2	
		最大间隙h(mm)	—	≤5	3m直尺:每200m测2处×5尺
3	弯沉(0.01mm)		不大于设计验收弯沉值		按有关方法检查
4	渗水系数(mL/min)		SMA路面,其他沥青混凝土路面	—	渗水试验仪:每200m测1处
5	抗滑	摩擦系数	满足设计要求	—	摆式仪:每200m测1处;横向力系数测定车:全线连续检测,按有关方法评定
		构造深度(mm)			铺砂法:每200m测1处
6△	厚度(mm)	代表值	总厚度:-5%H 上面层:-10%h	-8%H	按有关方法检查
		合格值	总厚度:-10%H 上面层:-20%h	-15%H	

续上表

项次	检查项目		规定值或允许偏差		检查方法和频率
			高速公路、一级公路	其他公路	
7	中线平面偏位(mm)		20	30	全站仪:每200m测2点
8	纵断高程(mm)		±15	±20	水准仪:每200m测2个断面
9	宽度(mm)	有侧石	±20	±30	尺量:每200m测4个断面
		无侧石	不小于设计值		
10	横坡(%)		±0.3	±0.5	水准仪:每200m测2个断面
11△	矿料级配		满足生产配合比要求		T 0725,每台班1次
12△	沥青含量		满足生产配合比要求		T 0721、T 0722、T 0735,每台班1次
13	马歇尔稳定度		满足生产配合比要求		T 0709,每台班1次

37. CB

【解析】对于水泥混凝土面层,一般路段的抗滑构造深度应为0.7~1.1mm,特殊路段为0.8~1.2mm;对于沥青混凝土面层应符合设计要求。

38. AB

【解析】当沥青层厚度大于或等于50mm时,只要路表温度不在20℃±2℃范围内必须进行温度修正;采用贝克曼梁或自动弯沉仪测量,每一双车道评定路段(不超过1km)检查80个点,落锤式弯沉仪测量,则为40个点。

39. BC

【解析】依据《公路工程竣(交)工验收办法实施细则》,公路工程质量等级应按分部工程、单位工程、合同段、建设项目逐级进行鉴定。其中,分部工程质量等级分为合格、不合格两个等级;单位工程、合同段、建设项目工程质量等级分为优良、合格、不合格三个等级。单位工程质量等级划分见下表。

优 良	合 格	不 合 格
所含各分部工程均合格且得分≥90分	所含各分部工程均合格且75≤得分<90分	所含各分部工程均合格但<75分或所含任一分部工程不合格

40. AB

【解析】合同段工程质量评分值 = $\dfrac{\sum(单位工程评分值 \times 该单位工程投资额)}{\sum 单位工程投资额}$。

41. ABCD

【解析】竣工验收建设项目综合评分采取加权平均值法计算,所占权重参见选项[《公路工程竣(交)工验收办法》]。评定等级大于或等于90分且工程质量等级优良的为优良,小于90分且大于或等于75分为合格,小于75分为不合格。发生过重大及以上生产安全事故的建设项目综合评定等级不得评为优良[《公路工程竣(交)工验收办法实施细则》]。

42. ABCD

【解析】依据《公路工程竣(交)工验收办法实施细则》,以上选项是对工程质量进行鉴定必需的四项要求。

43. BD

【解析】公路工程竣工验收前,应对带"＊"的抽检项目进行复测,沥青路面带"＊"项目有弯沉、车辙、平整度、抗滑。

44. ABD

【解析】公路技术状况评定可以客观评定公路技术状况,促进公路技术状况检测评定工作的科学化和规范化。其评定结果可用于公路全资产管理、公路养护科学决策和公路养护全寿命设计。

45. ACD

【解析】路面车辙深度指数 $RDI = 100 - a_0 RD (RD \leq RD_a)$;$RDI = 90 - a_1 (RD - RD_a)$ $(RD_a < RD \leq RD_b)$;$RDI = 0 (RD > RD_b)$。其中,RD 为车辙深度,车辙深度参数 $RD_a = 10.0$、$RD_b = 40.0$,模型参数 $a_0 = 1.0$、$a_1 = 3.0$。

46. ABCD

【解析】公路技术状况评定包含路面、路基、桥隧构造物和沿线设施四部分内容。

47. ABC

【解析】沥青路面的横向裂缝、纵向裂缝、条状修补损坏应用影响宽度 0.2m 换算成损坏面积;车辙损坏应用影响宽度 0.4m 换算成损坏面积。

48. BC

【解析】沥青路面龟裂损坏程度评定依据主要裂缝块度、平均裂缝宽度分为轻度、中度、重度三级。主要裂缝块度在 0.2~0.5m 之间,平均裂缝宽度小于 2mm 的为轻度龟裂;主要裂缝块度小于 0.2m,平均裂缝宽度在 2~5mm 之间的为中度龟裂;主要裂缝块度小于 0.2m,平均裂缝宽度大于 5mm 的为重度龟裂。

49. ABC

【解析】水泥混凝土路面的裂缝、错台、唧泥、边角剥落、接缝料损坏的检测结果应用影响宽度(1.0m)换算成损坏面积。裂缝类条状修补的影响宽度则为 0.2m。

50. ABD

【解析】水泥混凝土路面损坏人工调查中,重度破碎板、重度裂缝、重度板角断裂、重度错台、重度边角剥落、唧泥、坑洞、拱起损害的权重占 1.0。

51. ABCD

【解析】沥青路面自动化检测换算系数为 1.0 的路面损坏类型有:龟裂、块状裂缝、沉陷、坑槽、波浪拥包、松散。

52. ABCD

【解析】路基损坏类型包括边坡坍塌、水毁冲沟、路基构造物损坏、路基沉降、排水不畅等。

53. ABC

【解析】路面技术状况评定的分项指标包括路面损坏状况指数 PCI、路面行驶质量指数 RQI、路面车辙深度指数 RDI、路面跳车指数 PBI、路面磨耗指数 PWI、路面抗滑性能指数

SRI、路面结构强度指数 PSSI 等 7 项。SCI 为路基技术状况指数。

54. ABD

【解析】计算路面技术状况指数 PQI，各分项指标的权重与相应分项指标、公路等级和路面类型(沥青路面、水泥混凝土路面)有关。

55. AC

【解析】路面平整度用路面行驶质量指数 RQI 表示，用于计算路面技术状况指数并参与评定。计算式中，IRI 为国际平整度指数；a_0、a_1 为与公路等级有关的系数，公路等级不同，取值不同。

56. AC

【解析】一级公路技术状况评定时，除路面抗滑性能检测与调查频率为 2 年 1 次、路面结构强度为抽样检测、桥隧构造物执行现行相关规范外，其他项目的检测与调查频率均为 1 年 1 次。

57. ABC

【解析】公路中线的平面线形由直线、圆曲线与缓和曲线等基本线形要素组成。

58. CD

【解析】路面设计要求，对用于基层和底基层的无机结合料稳定材料，应满足公称最大粒径和 7d 无侧限抗压强度的要求。

四、综合题

1. (1) C　　　(2) A　　　(3) A　　　(4) B　　　(5) ABCD

【解析】

(1) 单点压实度见下表。

序号	1	2	3	4	5	6	7
压实度(%)	96.7	93.4	96.7	96.2	97.3	95.1	92.3
序号	8	9	10	11	12	13	
压实度(%)	95.1	95.6	96.7	96.7	96.2	96.7	

平均压实度为：$\bar{k} = \sum_{1}^{13} K_i / 13 = 95.7\%$；压实度代表值为：$K = \bar{k} - \frac{t_\alpha}{\sqrt{n}} S = 95.6\%$。

(2) 该路段的压实度极值为规定值减 5 个百分点，为 90%。

(3) 代表值大于规定值，且测点全部大于极限值，故判定为合格。

(4) 该路段的压实度合格点数为 12 个点，合格率为 92%。

(5) 对土方路基的基本要求包括以上 4 个要求。

2. (1) ABC　　　(2) AB　　　(3) A　　　(4) B　　　(5) C

【解析】

(1) 分部工程质量检验内容包括基本要求、抽查实测项目、外观质量检查。内业资料审查与合同段工程质量鉴定得分有关。

(2)按照工程交竣工验收办法,分部工程实测得分 = $\dfrac{\Sigma(抽检项目合格率 \times 权值)}{\Sigma 权值} \times 100$,得分值满分为100分。

(3)按上式计算分部工程实测得分为89.9分。

(4)分部工程得分 = 89.9 - 1.4 = 88.5分。

(5)该分部工程得分值大于75分但小于90分,为合格。

3.(1)ABCD,ABD　　(2)ABCD　　(3)ABCD　　(4)AD　　(5)ABC

【解析】

(1)依据《公路工程质量检验评定标准　第一册　土建工程》(JTG F80/1—2017),水泥稳定碎石基层的实测项目有压实度、厚度、平整度、强度、断面高程、宽度、横坡,其中压实度、厚度和强度是关键项目。

(2)依据《公路路面基层施工技术细则》(JTG/T F20—2015),水泥稳定碎石基层的基本要求中A、B、D选项正确。水泥稳定碎石基层施工时,应在混合料处于或略大于最佳含水率状况下,按压实顺序进行碾压,且宜在2h之内完成碾压成型,应取混合料的初凝时间与容许延迟时间较短的时间作为施工控制时间。

(3)依据《公路路面基层施工技术细则》(JTG/T F20—2015),水泥稳定碎石基层施工质量控制的试验项目包括:重型击实试验、承载比CBR试验、抗压强度试验、延迟时间试验和绘制EDTA标准曲线。

(4)水泥稳定碎石基层施工过程检测要求中A、D选项正确。采用随机取样方法对水泥稳定碎石基层进行钻芯取样,芯样直径为150mm,芯样高度应不小于实际摊铺厚度的90%;水泥稳定碎石基层取芯龄期为7d,对于水泥粉煤灰稳定中(粗)粒材料基层,以及水泥稳定材料或水泥粉煤灰稳定材料底基层取芯龄期为7~14d。

(5)关于施工质量评定与控制,A、B、C选项正确。水泥稳定碎石基层养生7d结束后的工作内容包括室外与室内检测,室外检测内容有弯沉、回弹模量、芯样描述与厚度、裂缝、外观、平整度;室内检测内容有标样与芯样强度。

4.(1)ABD　　(2)BC　　(3)A　　(4)ABD　　(5)B

【解析】

(1)沥青路面损坏包括龟裂、块状裂缝、纵向裂缝、横向裂缝、沉陷、车辙、波浪拥包、坑槽、松散、泛油、修补;错台属于水泥混凝土路面损坏。

(2)PQI包含RQI、PCI、RDI、PBI、PWI、SRI、PSSI;SCI、TCI分别评定路基技术状况和沿线设施技术状况。

(3)路面横向力系数SFC为自动化检测,规定每10m应计算一个统计值。

(4)公路技术状况评定应计算优等路率、优良路率、次差路率三项统计指标。

(5)人工调查沥青路面损坏时,主要横向裂缝>3mm者为重度裂缝;≤3mm者为轻度裂缝。

第二章 土工与土工合成材料

一、单项选择题(四个备选项中只有一个正确答案,每题1分)

1. （　　）土的颗粒分析试验宜采用干筛分法。
   A. 粒径>0.075mm　　B. 无凝聚性土
   C. 粒径>0.075mm 无凝聚性土　　D. 含黏粒砂砾

2. 土的液塑限试验备样时,土应先通过(　　)筛。
   A. 5mm　　B. 2mm　　C. 0.5mm　　D. 0.25mm

3. 土的重型击实试验,击实锤的质量为(　　)。
   A. 2.5kg　　B. 4.5kg　　C. 5kg　　D. 5.5kg

4. 含粗粒越多的土,其最大干密度(　　)。
   A. 越大　　B. 越小　　C. 无规律　　D. 二者无关

5. 土的塑限试验要求土中有机质含量不大于试样总质量的(　　)。
   A. 5%　　B. 2%　　C. 1%　　D. 0.5%

6. 压缩试验土样侧向(　　)。
   A. 无变形　　B. 有变形　　C. 无限制　　D. 不一定

7. 杠杆压力仪法测土的回弹模量时,每次加载时间为(　　)。
   A. 1h　　B. 10min　　C. 5min　　D. 1min

8. 土颗粒分析采用筛分法或沉降分析法,取决于土的分界粒径(　　)。
   A. 0.075mm　　B. 0.5mm　　C. 2mm　　D. 5mm

9. 土的液塑限试验中,规定试验锥重与锥入时间分别为(　　)。
   A. 76g,8s　　B. 76g,10s　　C. 100g,5s　　D. 100g,10s

10. 烘干法作为土的含水率标准测定方法,烘箱烘干温度应为(　　)。
    A. 100~105℃　　B. 105~110℃　　C. 100~110℃　　D. 105℃

11. 当土中粗、细粒组含量相同时,土定名为(　　)。
    A. 粗粒土　　B. 细粒土　　C. 中粒土　　D. 砂

12. 已知某土的不均匀系数 $C_u = 3$,曲率系数 $C_c = 2$,则该土的级配(　　)。
    A. 无法判定　　B. 良好　　C. 不良　　D. 合格

13. 土的最佳含水率与(　　)比较接近。
    A. 天然含水率　　B. 饱和含水率　　C. 塑限　　D. 液限

14. 直剪试验试件饱和时,较易透水的黏性土可采用毛细管饱和法或浸水饱和法。较易透水的黏性土是指渗透系数(　　)的土。

  A. $=10^{-4}$cm/s   B. $>10^{-4}$cm/s   C. $<10^{-4}$cm/s   D. $\geqslant 10^{-4}$cm/s

15. 下列不宜采用环刀法测定密度的土是( )。
  A. 黏质土   B. 细粒土   C. 粗粒土   D. 粉质土

16. 同一种土,其密度ρ、土颗粒密度ρ_s、干密度ρ_d三者之间的关系是( )。
  A. $\rho>\rho_s>\rho_d$ B. $\rho_s>\rho>\rho_d$ C. $\rho_d>\rho_s>\rho$ D. $\rho>\rho_d>\rho_s$

17. 土的比重在数值上等于( )。
  A. 土颗粒密度   B. 土的密度   C. 土的干密度   D. 土的饱和密度

18. 砂土处于最疏松状态时,其孔隙比为( )。
  A. e_{max} B. e_{min} C. e D. D_r

19. 当水的密度$\rho_{wt}=1$g/cm³时,蜡封试件空中质量与水中质量之差等于( )。
  A. 封蜡质量   B. 封蜡体积
  C. 试件(不包括蜡)体积   D. 蜡封试件体积

20. 已知某砂土$e_{max}=1.40, e_{min}=0.70, e_0=1.10$,则相对密实度$D_r$为( )。
  A. 0.56   B. 0.43   C. 0.48   D. 0.40

21. 土颗粒的级配分析中,计算不均匀系数的参数d_{60}指( )。
  A. 通过率是40%所对应的粒径   B. 通过率是60%所对应的粒径
  C. 通过率是30%所对应的粒径   D. 60mm粒径

22. 黏土中掺加砂土,则土的最佳含水率将( )。
  A. 升高   B. 降低   C. 不变   D. 无法确定

23. 下列关于缩限的说法,正确的是( )。
  A. 土的含水率达缩限后再提高,土强度不变
  B. 土的含水率达缩限后再提高,土体积不变
  C. 土的含水率达缩限后再降低,土强度不变
  D. 土的含水率达缩限后再降低,土体积不变

24. 土作为三相体,当受到外荷载作用时,( )相承担的力为有效应力。
  A. 水   B. 气体   C. 土颗粒   D. 土颗粒+气体

25. 司笃克斯定理认为,土粒粒径增大则土粒在水中沉降速度( )。
  A. 不变   B. 减慢   C. 加快   D. 不定

26. 反映土的可塑性大小的指标是( )。
  A. 液性指数   B. 塑性指数   C. 塑限   D. 液限

27. 反映土中水充满孔隙程度的指标是( )。
  A. 含水率   B. 孔隙率   C. 孔隙比   D. 饱和度

28. 当土的饱和度为( )时,称为完全饱和土。
  A. 1   B. 0.5   C. 0.33   D. 0

29. ( )指标反映土的级配曲线土粒分布范围。
  A. 粒径   B. 不均匀系数   C. 塑性指数   D. 曲率系数

30. 手捻试验主要测定细粒土的( )。
  A. 强度   B. 塑性   C. 粒度成分   D. 密实度

31. 土的滚搓法试验中,接近塑限的土条搓得越细且不断裂,则说明土的塑性( )。
   A. 不变   B. 可变   C. 越高   D. 越低

32. 采用蜡封法测土的密度,已知试件质量为62.59g,蜡封试件质量为65.86g,蜡封试件水中质量为27.84g,蜡体积为3.56cm³,水密度取1g/cm³,则该土的密度为( )。
   A. 1.84g/cm³   B. 1.79g/cm³   C. 1.82g/cm³   D. 1.81g/cm³

33. 灌砂法测定土的密度,已知试洞中湿土质量为4031g,试洞内灌进砂质量为2233.6g,标准砂密度为1.28g/cm³,则该土密度为( )。
   A. 2.12g/cm³   B. 2.29g/cm³   C. 2.31g/cm³   D. 2.35g/cm³

34. 土的承载比试验中,5mm贯入量时的CBR大于2.5mm时的CBR,则试验结果应取( )。
   A. CBR_5 B. $CBR_{2.5}$ C. 二者平均值   D. 无效

35. 土的筛分试验,取总土质量300g,筛完后各级筛(包括筛底)筛余量之和为293g,则该试验结果为( )。
   A. 2.3%   B. 满足要求   C. 有效   D. 无效

36. 通过手捻试验结果,下列( )的土其塑性高。
   A. 稍有滑腻感,有砂粒,捻面稍有光泽   B. 手感滑腻,无砂,捻面光滑
   C. 稍有黏性,砂感强,捻面粗糙   D. 手感滑腻,有光泽

37. 搓条试验,将含水率略大于塑限的湿土块揉捏并搓成土条,能搓成直径( )土条的塑性高。
   A. 3mm   B. 2mm   C. 1mm   D. 1~3mm

38. 用100g锥测定土的界限含水率时,应按( )确定土的塑限锥入深度。
   A. 5mm
   B. 10mm
   C. 由液限查 $h_p\text{-}w_L$ 曲线
   D. 查 $h\text{-}w$ 曲线

39. 滚搓法测土的塑限时,土条搓至直径( )产生裂缝并开始断裂时,土的含水率为塑限。
   A. 1mm   B. 2mm   C. 3mm   D. 5mm

40. 土的液塑限联合测定试验,由塑限锥入深度 h_p 在 $h\text{-}w$ 图上 ab、ac 两条直线上查得两个含水率,其数值分别为8%与12%,则该土的塑限为( )。
   A. 10%   B. 8%   C. 12%   D. 试验重做

41. 土的压缩指数采用 C_c 表示,其表达式为( )。
   A. $C_c = \dfrac{e_1 - e_2}{p_2 - p_1}$ B. $C_c = \dfrac{e_1 - e_2}{\lg p_2 - \lg p_1}$ C. $C_c = \dfrac{1 + e_1}{E_s}$ D. $C_c = \dfrac{1 + e_1}{a}$

42. 土的固结速度与( )指标有关。
   A. 黏聚力   B. 内摩擦角   C. 渗透系数   D. 承载比

43. 土的液限 $w_L = 40\%$,塑限 $w_P = 20\%$,则该土的塑性指数为( )。
   A. 15   B. 20   C. 20%   D. 30

44. 土的含水率试验,已知铝盒质量为45g,铝盒与湿土质量为200g,烘干后铝盒与干土质量为150g,该土的含水率为( )。

A.32%   B.33.3%   C.47.6%   D.48%

45.环刀法测土密度,称量环刀质量为100g,环刀与土的合质量为205g,环刀容积为100cm³,则土的密度为(　　)。
　　A.1.0g/cm³   B.1.05g/cm³   C.1.1g/cm³   D.2.05g/cm³

46.已知土的 $d_{10}=0.02$mm, $d_{30}=0.25$mm, $d_{60}=0.35$mm,该土的不均匀系数和曲率系数分别为(　　)。
　　A.25,11.3   B.17.5,8.9   C.15,10.6   D.8.9,17.5

47.测定土液限的试验方法是(　　)。
　　A.滚搓法   B.搓条法
　　C.液塑限联合测定法   D.缩限试验

48.下列(　　)关系曲线可确定土的先期固结压力。
　　A. e-p B. e-$\lg p$ C. p-s D. p-l

49.下列(　　)指标用于判定黏土所处的稠度状态。
　　A.塑限   B.缩限   C.塑性指数   D.液性指数

50.用100g锥测定土的界限含水率,土达液限时的入土深度为(　　)。
　　A.25mm   B.10mm   C.15mm   D.20mm

51.土的CBR值指试料贯入量达2.5mm时,单位压力与(　　)压入相同贯入量时标准荷载强度的比值。
　　A.标准碎石   B.标准砂   C.标准材料   D.相同材料

52.进行土的CBR试验,应先采用(　　)击实试验方法求得土的最大干密度和最佳含水率。
　　A.普通   B.轻型   C.重型   D.重型或轻型

53.固结试验土的预压荷载为(　　)。
　　A.25kPa   B.10kPa   C.1.0kPa   D.0.5kPa

54.土的直剪试验慢剪速度为(　　)。
　　A.0.02mm/min   B.0.06mm/min   C.0.2mm/min   D.0.8mm/min

55.土的固结试验,如测定沉降速率时,应将最后1h变形量不超过(　　)作为固结稳定的标准。
　　A.0.05mm   B.0.03mm   C.0.02mm   D.0.01mm

56.灵敏度表示黏土对扰动重塑作用敏感的一种特征量度,(　　)为低灵敏饱和黏性土。
　　A.0<S_t<1   B.1<S_t<2   C.2<S_t<4   D.S_t>4

57.土的无侧限抗压强度试验,要求在规定的试验速度下(　　)内完成试验。
　　A.8min   B.20min   C.1~10min   D.8~20min

58.酸碱度试验要求土悬液配制的土水比为(　　)。
　　A.1:3   B.1:4   C.1:5   D.1:6

59.测定土烧失量的试验温度为(　　)。
　　A.900℃
　　C.1000℃
　　B.950℃
　　D.1300℃

60. 土的渗透试验目的是测定土的( )指标。
   A. 渗透流量　　B. 水头梯度　　C. 渗透系数　　D. 水头差

61. 常水头渗透试验,500s 渗透水量为 100cm³,两测压孔间试样高度为 10cm,水位差为 2.0cm,土样断面积为 70cm²,则渗透系数为( )。
   A. 0.014cm/s　　B. 0.0143cm/s　　C. 0.025cm/s　　D. 7.14cm/s

62. 土被击实时,土被压密,土体积缩小,是因为( )。
   A. 土中水和气体排出　　B. 气体排出
   C. 水排出　　D. 土颗粒被压小

63. 土抵抗垂直荷载作用下变形能力的指标是( )。
   A. 回弹模量　　B. 压缩模量　　C. 压缩系数　　D. 压缩指数

64. 某土黏聚力 c = 10kPa,内摩擦角 φ = 30°,在 100kPa 压力作用下,其抗剪强度为( )。
   A. 75.36kPa　　B. 80.56kPa　　C. 69.56kPa　　D. 67.74kPa

65. 黄土湿陷试验中,( )试验可以采用单线法与双线法测定。
   A. 湿陷系数　　B. 下沉系数　　C. 自重湿陷系数　　D. 溶滤变形系数

66. 下列( )可以用常水头渗透试验方法测其渗透系数。
   A. 黏土　　B. 粉土　　C. 亚黏土　　D. 砂类土

67. 测定土工织物厚度时,试样加压( )后读数。
   A. 5s　　B. 10s　　C. 20s　　D. 30s

68. 下列( )指标表征土工织物的孔径特征。
   A. 通过率　　B. 孔径　　C. 渗透系数　　D. 有效孔径

69. 透水率是垂直于土工织物平面流动的水,在水位差等于( )时的渗透流速。
   A. 50　　B. 20　　C. 10　　D. 1

70. 土工合成材料的有效孔径试验采用( )方法。
   A. 水筛分　　B. 干筛分　　C. 渗透试验　　D. 沉降分析试验

71. 下列关于土工合成材料接头/接缝效率,表达正确的是( )。
   A. 接头/接缝强度与在同方向上所测定的土工合成材料的强度之比
   B. 由缝合或接合两块或多块土工合成材料所形成的连接处的最大抗拉力
   C. 两块或多块土工合成材料缝合起来的连续缝迹
   D. 两块或多块土工合成材料,除缝合外的其他方法接合起来的连接处

72. 下列( )试验属于土工合成材料的力学性能试验。
   A. 厚度　　B. 有效孔径　　C. 单位面积质量　　D. 直剪摩擦特性

73. 土工织物刺破强力试验时的加载速率要求为( )。
   A. 50mm/min ± 10mm　　B. 100mm/min ± 10mm
   C. 200mm/min ± 10mm　　D. 300mm/min ± 10mm

74. 土工合成材料的常规厚度是指在( )压力下的试样厚度。
   A. 20kPa　　B. 2kPa　　C. 200kPa　　D. 100kPa

二、判断题(正确的划"√",错误的划"×",请填在题后的括号里,每题1分)

1. 土的击实曲线可与饱和曲线相交。　　　　　　　　　　　　　　　　(　　)
2. 土条在任何含水率下始终搓不到直径3mm即开始断裂,则认为该土无塑性。(　　)
3. 土的天然稠度指液限与天然含水率之差和塑性指数之比。　　　　　　(　　)
4. 击实试验大筒按三层法击实时,每层击数98次。　　　　　　　　　　(　　)
5. 击实法可用于原状土试件制备。　　　　　　　　　　　　　　　　　(　　)
6. 土的有机质含量试验适用于有机质含量不超过15%的土。　　　　　　(　　)
7. 细粒土分类可用塑性图分类。　　　　　　　　　　　　　　　　　　(　　)
8. 小击实筒击实后,土样不宜高出筒顶6mm。　　　　　　　　　　　　(　　)
9. 土的承载比试验制件应采用击实法。　　　　　　　　　　　　　　　(　　)
10. 土的筛分试验取样时,粒径越大取样数量越多。　　　　　　　　　　(　　)
11. 密度计法是土颗粒沉降分析的一种方法。　　　　　　　　　　　　　(　　)
12. 有机质土指土中有机质含量不少于总量的5%且少于总质量的10%的土。(　　)
13. 杠杆压力仪法测土的回弹模量适用于粒径不大于5mm的土。　　　　(　　)
14. 烘干法不适用于测定有机质土和含石膏土的含水率。　　　　　　　　(　　)
15. 扰动土样试件制备时,高度小的采用击实法,高度大的采用压样法。　(　　)
16. 蜡封法测土的密度适用于易破裂、难以切削和形态不规则的坚硬土。　(　　)
17. 灌砂法适用于现场测定路基土的密度,试样最大粒径不得超过60mm,测定密度层的厚度为150~200mm。　　　　　　　　　　　　　　　　　　　　　　　　(　　)
18. 土的含水率试验,当两次平行试验的算术平均值小于40%时,允许平行差不大于1%。
　　　　　　　　　　　　　　　　　　　　　　　　　　　　　　　　(　　)
19. 塑限指黏土从液体状态向塑性状态过渡的界限含水率。　　　　　　　(　　)
20. 粗粒土和巨粒土最大干密度试验方法采用表面振动仪法。　　　　　　(　　)
21. 击实试验试样可以采用干土法土样重复使用。　　　　　　　　　　　(　　)
22. 黄土湿陷系数试验采用双线法时,两个试样施加的最大压力一般取300kPa。(　　)
23. 土的塑限是锥重100g、锥入深度5mm时土的含水率。　　　　　　　　(　　)
24. 直剪试验,当剪切过程中测力计百分表无峰值时,剪切至剪切位移达6mm时停止。
　　　　　　　　　　　　　　　　　　　　　　　　　　　　　　　　(　　)
25. 土的直剪试验结果为一直线,纵坐标上的截距为黏聚力,直线倾角为内摩擦角。
　　　　　　　　　　　　　　　　　　　　　　　　　　　　　　　　(　　)
26. 土的无侧限抗压强度是试件在无侧向压力的条件下,抵抗轴向压力的极限强度。
　　　　　　　　　　　　　　　　　　　　　　　　　　　　　　　　(　　)
27. 土的CBR试验试件泡水时,水面应高出试筒顶面30cm。　　　　　　(　　)
28. 土的CBR试验膨胀量=泡水后试件高度变化/原试件高度。　　　　　(　　)
29. 土的CBR试件泡水应满足水面在试件顶面上25mm,且需泡水24h。　(　　)
30. 土的CBR试验根据三个平行试验结果计算的承载比变异系数大于12%,则去掉一个偏离大的值,取其余两个结果的平均值。　　　　　　　　　　　　　　　　(　　)

31. 杠杆压力仪法测定土的回弹模量时,应先进行1~2次预压,每次预压1min。（   ）
32. 土的回弹模量试验试样按最佳含水率制备。（   ）
33. 土的酸碱度测定时,应进行温度补偿操作。（   ）
34. 土的烧失量试验应至少做一次平行试验。（   ）
35. 做土的烧失量试验时,采用天然含水率的土。（   ）
36. 常水头渗透试验适用于黏质土、砂类土和含少量砾石的无凝聚性土。（   ）
37. 渗透试验开始前应使土样先饱和。（   ）
38. 土达到饱和状态时,饱和度为0。（   ）
39. 最大、最小孔隙比的测定方法不适用于黏土。（   ）
40. 土中黏粒含量越多,土的可塑性越高,塑性指数越小。（   ）
41. 当土的含水率为0或孔隙中充满水时,土均为二相土。（   ）
42. 土的缩限是扰动的黏质土在饱和状态下,因干燥收缩至体积不变时的含水率。（   ）
43. 土中粗颗粒含量越多,则最佳含水率越低,最大干密度越大。（   ）
44. 增加击实功,可提高土的最大干密度。（   ）
45. 测定土的渗透系数时,标准温度为10℃。（   ）
46. 土的无侧限抗压强度即其所受的最大轴向应力。（   ）
47. 当不均匀系数不小于5且曲率系数为1~3时,土为级配良好的土。（   ）
48. 塑性图将土分为高、低液限土,其分界液限为50%。（   ）
49. 土的干密度越大,土越密实。（   ）
50. 土的无侧限抗压强度试验主要适用于原状土试件。（   ）
51. 饱和度为1时,土的含水率为100%。（   ）
52. 现场抽水试验可测定土的渗透系数。（   ）
53. 土的有效应力是指土颗粒所承担的力。（   ）
54. 土的强度指土的抗压强度。（   ）
55. 粗粒土的最大干密度取值,当湿土法结果比干土法高时,采用湿土法试验结果的平均值。（   ）
56. 土工合成材料特定伸长率下的拉伸力是指试样被拉伸至某一特定伸长率时每单位宽度的拉伸力。（   ）
57. 土工合成材料的接缝是指两块或多块土工合成材料缝合起来的连续缝迹。（   ）
58. 砂类土试件饱和时,可直接在仪器内浸水饱和。（   ）
59. 虹吸筒法可测定土的密度。（   ）
60. 直剪试验不能控制排水条件,而三轴试验可控制排水条件。（   ）
61. 土条搓成直径3mm时仍未产生裂缝及断裂,表示土样的含水率高于塑限。（   ）
62. 土工合成材料的单位面积质量指单位面积的试样在标准大气条件下的质量。（   ）
63. 土工合成材料单位面积质量的单位是g/cm^2。（   ）
64. 流速指数是试样两侧50mm水头差下的流速。（   ）
65. 垂直渗透系数是指单位水力梯度下,垂直于土工织物平面流动的水的流速。（   ）

66. 孔径是土工织物水力学特性的一项重要指标。（　）
67. 土工合成材料的拉伸强度是试验中试样被拉伸直至断裂时每单位宽度的最大拉力。（　）
68. 土工合成材料的伸长率是对应于最大拉力时的应变量。（　）
69. 接头/接缝效率是接头/接缝强度与在同方向上所测定土工合成材料的强度之比。（　）
70. 公路土工合成材料的宽条拉伸试验，规定试样宽度为50mm。（　）
71. 土工合成材料的直剪摩擦试验所用土为标准砂土。（　）
72. 公路土工合成材料垂直渗透性能试验采用的是恒水头法。（　）
73. 土工织物有效孔径分布曲线为半对数坐标。（　）
74. 土工织物的刺破强力是顶杆顶压试样时的最大压力值。（　）
75. 土工格栅、土工网尺寸较大，采用当量孔径表示，即其网孔尺寸通过换算折合成与其面积相当的圆形孔的孔径表示。当量孔径 $D_e = \sqrt{A/\pi}$。（　）

三、多项选择题（每题所列的备选项中，有两个或两个以上正确答案，选项全部正确得满分，选项部分正确按比例得分，出现错误选项本题不得分，每题2分）

1. 下列（　　）试验，土样制备时需要闷料。
   A. 界限含水率　　B. 击实　　C. 颗粒分析　　D. 密度
2. 关于土的固结状态，说法正确的是（　　）。
   A. 土层的自重力等于土层历史上受到过的固结压力，为正常固结状态
   B. 土层的自重力大于土层历史上受到过的固结压力，为超固结状态
   C. 土层历史上受到过的固结压力小于土层的自重力，为欠固结状态
   D. 土层的自重力小于土层历史上受到过的固结压力，为超固结状态
3. 土的三轴压缩试验有（　　）方法。
   A. 固结排水剪　　　　　　　B. 固结不排水剪
   C. 不固结不排水剪　　　　　D. 固结慢剪
4. 关于土的压缩性指标，下列说法正确的是（　　）。
   A. 压缩系数是反映土压缩性高低的指标
   B. 压缩模量是反映土抵抗压缩变形能力的指标
   C. 压缩系数越大，土的压缩性越低
   D. 工程上常用 a_{1-2} 反映土的压缩性高低
5. 土的密度测试可用（　　）方法。
   A. 环刀法　　B. 蜡封法　　C. 水中重法　　D. 灌水法
6. 土的三相物理性质指标中可直接测试的指标有（　　）。
   A. 天然密度　　B. 含水率　　C. 比重　　D. 压缩系数
7. 土的粒组包括（　　）。
   A. 巨粒组　　B. 粗粒组　　C. 中粒组　　D. 细粒组
8. 测定土的含水率主要有（　　）。

A.烘干法　　　　　B.酒精燃烧法　　　C.烘箱法　　　　　D.电磁炉法
9. 已知(　　)条件,可以计算土的比重。
A.瓶、水、土总质量　B.瓶、水总质量　　C.干土质量　　　　D.瓶质量
10. CBR试验需制备三组不同干密度的试件,这三组试件每层击数分别为(　　)次。
A.30　　　　　　　B.59　　　　　　　C.50　　　　　　　D.98
11. 固结试验荷载等级为(　　)。
A.50kPa　　　　　B.100kPa　　　　　C.200kPa　　　　　D.300kPa
12. 根据土的压缩试验结果,可整理出(　　)曲线。
A.e-p　　　　　　　B.p-s　　　　　　C.e-$\lg p$　　　　　D.p-τ_f
13. 土的沉降分析方法有(　　)。
A.水筛法　　　　　B.密度计法　　　　C.灌水法　　　　　D.移液管法
14. 土的压缩特性为(　　)。
A.压缩模量大,压缩性高　　　　　　B.压缩系数大,压缩性低
C.压缩指数大,压缩性高　　　　　　D.压缩系数大,压缩性高
15. 土的直接剪切试验方法有(　　)。
A.固结快剪　　　　B.快剪　　　　　　C.慢剪　　　　　　D.固结慢剪
16. 下列(　　)试验方法可以测定土的比重。
A.比重瓶法　　　　B.浮称法　　　　　C.灌水法　　　　　D.虹吸筒法
17. 关于土的固结过程,下列说法正确的是(　　)。
A.孔隙水压力不断消散　　　　　　　B.有效应力不断增大
C.孔隙水压力不变　　　　　　　　　D.有效应力不变
18. 土固结快剪的特征为(　　)。
A.法向力作用下,土样不排水固结　　B.剪切力作用下,土样不排水固结
C.法向力作用下,土样排水固结　　　D.剪切力作用下,土样排水固结
19. 土的液塑限试验适用范围包括(　　)。
A.$D \leqslant 0.5$mm　　　　　　　　B.$D \leqslant 5$mm
C.有机质含量不大于总质量的5%　　D.有机质含量不大于总质量的10%
20. 土的压缩试验,计算天然孔隙比e_0需要(　　)物理指标。
A.土的密度　　　　B.饱和度　　　　　C.含水率　　　　　D.土的比重
21. 击实功对土的最大干密度与最佳含水率有影响,以下说法错误的是(　　)。
A.增大击实功,最大干密度增大　　　B.增大击实功,最大干密度减小
C.增大击实功,最佳含水率增大　　　D.增大击实功,最佳含水率减小
22. 土的颗粒分析试验,对于含黏粒的砂砾土采用(　　)方法。
A.水筛法
B.干筛法
C.负压筛法
D.当≥0.075mm的颗粒超过15%时,应联合沉降分析试验
23. 黏质土的物理状态有(　　)。

A. 坚硬状态　　　　B. 可塑状态　　　　C. 流塑状态　　　　D. 紧密状态

24. 土的分类主要依据( )特征。
    A. 土颗粒组成特征　　　　　　B. 土的塑性指标
    C. 土中有机质存在情况　　　　D. 不均匀系数

25. 土的回弹模量测定方法有( )。
    A. 杠杆压力仪法　B. 贯入法　　C. 振动仪法　　D. 强度仪法

26. 反映土的密实程度指标有( )。
    A. 干密度　　　　B. 孔隙比　　C. 比重　　　　D. 饱和度

27. 土的慢剪试验适用于测定( )的抗剪强度指标。
    A. 细粒土　　　　　　　　　　B. 砂类土
    C. 粒径2mm以下的砂类土　　　D. 粒径2mm以上的砂类土

28. 采用( )措施可以提高土的最大干密度。
    A. 增加土中粗颗粒含量　　　　B. 增大击实功
    C. 减小含水率　　　　　　　　D. 增大含水率

29. 土的化学性质试验包括( )试验。
    A. 渗透试验　　　B. 酸碱度试验　C. 烧失量试验　D. 有机质含量试验

30. 用于现场测定细粒土密度的试验方法有( )。
    A. 灌砂法　　　　B. 灌水法　　C. 环刀法　　　D. 蜡封法

31. 用击实法对扰动土样进行试件制备时,应根据( )要求制备。
    A. 干密度　　　　B. 含水率　　C. 孔隙比　　　D. 湿密度

32. 关于界限含水率试验土样制备,下列叙述正确的是( )。
    A. 将风干土样过0.5mm筛
    B. 3个土样含水率分别控制在液限(a点),略大于塑限(c点)和两者中间状态(b点)
    C. a点的锥入深度应为20mm±2mm
    D. 闷料18h以上

33. 关于整理土的液塑限试验结果,下列说法正确的是( )。
    A. h-w坐标系为二级双对数坐标
    B. a、b、c三点应为一条直线,否则,应过a点与b、c两点分别连成两条直线
    C. 100g锥,锥入深度5s,入土深度h=20mm所对应的含水率为液限
    D. 入土深度h=2mm所对应的含水率为液限

34. ( )方法可以测得土的渗透系数。
    A. 常水头渗透试验　　　　　　B. 变水头渗透试验
    C. 现场抽水试验　　　　　　　D. 固结试验

35. 土的无侧限抗压强度试验,以下叙述正确的有( )。
    A. 无侧限抗压强度是试件在无侧向压力条件下,抵抗轴向压力的极限强度
    B. 试件直径取上、中、下三个不同直径的平均值
    C. 当百分表达到峰值或读数达到稳定,再继续剪3%~5%应变值即可停止试验
    D. 轴向应变以每分钟1%~3%应变值的速度转动手轮,使试验在8~20min内完成

36. 土的回弹模量,下列说法正确的是( )。
   A. 表示土在垂直荷载作用下抵抗垂直变形的能力
   B. p-l 关系曲线一定是直线
   C. 可以采用杠杆压力仪法测定
   D. 回弹模量试件采用击实法制备

37. 对砂土密实度的评价,下列说法错误的是( )。
   A. 砂土的密实度用相对密实度评价
   B. 砂土相对密实度 D_r<0.33 时,为松散状态
   C. 砂土相对密实度 D_r>0.67 时,为密实状态
   D. 以上说法均不正确

38. ( )土质不宜采用酒精燃烧法测定其含水率。
   A. 含有机质土   B. 细粒土   C. 巨粒土   D. 含石膏土

39. 关于三轴压缩试验,下列说法正确的是( )。
   A. 能控制排水条件   B. 破裂面不是人为固定
   C. 土样所受力为侧向压力和竖向压力   D. 土样所受围压力为 σ_1

40. 以下关于土的最大承载比试验,说法正确的有( )。
   A. CBR_{max} 试验适用于细粒土
   B. 按含水率由高到低逐个进行 CBR 试验,且含水率依据 I_p 选择
   C. 采用重型击实法Ⅱ-2 规定的击实层数和每层击数,采用干土法或湿土法击实
   D. 绘制含水率-CBR 曲线,确定最大承载比和最大承载比含水率

41. 评价盐渍土的盐胀与溶陷试验,采用以下( )指标。
   A. 盐胀系数   B. 溶陷系数   C. 湿陷系数   D. 自重湿陷系数

42. 以下( )试验需要采用三轴仪。
   A. 回弹模量   B. 冻融环境下土的回弹模量
   C. 动态回弹模量   D. 固结排水试验

43. 单位面积质量反映土工合成材料的( )性能。
   A. 原材料质量   B. 抗拉强度   C. 质量的稳定性   D. 生产的均匀性

44. 土工合成材料分类包括( )。
   A. 土工织物   B. 土工膜   C. 土工复合材料   D. 土工特种材料

45. 测定土工织物厚度时,压力等级可选择( )。
   A. 2kPa   B. 20kPa   C. 100kPa   D. 200kPa

46. ( )材料不适宜采用恒水头法测定其垂直渗透性能。
   A. 土工膜   B. 土工格栅   C. 复合排水材料   D. 土工织物

47. 土工织物用作反滤材料时,要求( )。
   A. 能阻止土颗粒随水流失
   B. 具有一定的透水性
   C. 不能既透水又能阻止土颗粒随水流失
   D. 具有高强度

48. 关于土工织物的孔径,下列说法正确的是( )。
    A. 是水力学特性的一项重要指标
    B. 反映土工织物的过滤性能
    C. 评价土工织物阻止土颗粒通过的能力
    D. 反映土工织物透水性

49. 土工合成材料的拉伸试验主要有( )方法。
    A. 宽条拉伸   B. 单筋、单条拉伸
    C. 窄条拉伸   D. 接头/接缝宽条拉伸

50. 下列土工合成材料不适合用条带拉伸方法测定拉伸性能的是( )。
    A. 土工格栅   B. 土工织物   C. 复合土工织物   D. 土工加筋带

51. 土工合成材料的直剪摩擦试验所用直剪仪的种类有( )。
    A. 接触面积不变   B. 接触面积可变   C. 接触面积递增   D. 接触面积递减

52. CBR 顶破强力试验,可以测定土工织物、土工膜及其复合产品的( )指标。
    A. 刺破强力   B. 顶破强力   C. 顶破位移   D. 变形率

四、综合题[根据所列资料,以选择题的形式(单选或多选)选出正确的选项。每道大题10分,包括5道小题,每小题2分,选项部分正确按比例得分,出现错误选项该题不得分]

1. 下表为 a、b 两组不同土的颗粒组成、击实与承载比试验结果,请回答下列问题。

土样	>0.05mm (%)	0.05~0.005mm (%)	<0.005mm (%)	ρ_{dmax} (g/cm³)	w_{op} (%)	$CBR_{2.5}$ (%)	CBR_5 (%)
a	9	58	33	1.72	17.3	17.8	16.2
b	54	29	17	1.92	11.5	18.2	18.5

(1) 根据上表数据可知,a 与 b 两种土中( )细颗粒含量多。
    A. a 土   B. b 土   C. 一样多   D. 不确定

(2) 随着土中细颗粒含量增多,土的击实试验数据变化规律为( )。
    A. 最佳含水率增大   B. 最大干密度减小
    C. 最大干密度增大   D. 最佳含水率减小

(3) 土的击实曲线具有( )特点。
    A. 有峰值   B. 左陡右缓
    C. 与饱和曲线有交叉点   D. 与饱和曲线无交叉点

(4) a 土、b 土的承载比可选择( )。
    A. 17.8%   B. 18.2%   C. 16.2%   D. 18.5%

(5) 土的颗粒分析可采用下列( )试验方法。
    A. 筛分法   B. 移液管法   C. 密度计法   D. 灌砂法

2. 下表为土的 CBR 试验部分试验数据,请回答以下问题。

某试件的 CBR 试验数据

单位压力(kPa)	贯入量(mm)	单位压力(kPa)	贯入量(mm)
489	1.94	684	4.88
586	2.41	690	5.00
611	2.50		

一组 3 个试件测得的 CBR 值

试件编号	$CBR_{2.5}$(%)	CBR_5(%)
1	7.1	7.0
2	8.7	6.6
3	9.9	6.8

(1) 贯入量为 2.5mm、5mm 时，CBR 值分别为(　　)。
 A.8.7%、6.6%　　B.9.6%、8.7%　　C.6.5%、6.6%　　D.7.8%、6.5%

(2) 该土样的承载比应取(　　)。
 A.8.6%　　B.6.8%　　C.9.3%　　D.8.7%

(3) 某试件泡水后的终了高度为 131.5mm，则试件的膨胀率为(　　)。
 A.9.58%　　B.9.6%　　C.8.75%　　D.8.6%

(4) 关于土的 CBR 试验，下列说法正确的是(　　)。
 A. 若制备三种干密度的 CBR 试件，需制件 9 个，每层击数分别为 30 次、50 次、98 次
 B. 若制备一种干密度的 CBR 试件，需制件 3 个，每层击数为 98 次
 C. 承载比是指土样在规定贯入量时的单位压力与标准压力之比
 D. 如贯入量为 5mm 的承载比大于 2.5mm 时的承载比，应采用 5mm 时的承载比

(5) CBR 试验泡水测膨胀量试验时，下列说法正确的是(　　)。
 A. 泡水期间槽内水面应保持在试件顶面以上大约 25mm
 B. 试件要泡水 4 个昼夜
 C. 制备试件时应采用击实试验的重型 II-2 试验方法
 D. 试件泡水后，应计算试件的湿度与密度的变化

3. 下表中数据为颗粒分析试验的部分试验数据，取土总质量为 3000g，请回答以下问题。

孔径(mm)	累积留筛土质量(g)	孔径(mm)	累积留筛土质量(g)
20	350	5	1600
10	920	2	2190

(1) 根据以上试验数据，计算孔径为 5mm 筛的通过率为(　　)。
 A.46.7%　　B.58.2%　　C.67.5%　　D.51.3%

(2) 公路土工试验规程规定，粒组分为(　　)。
 A. 巨粒组　　B. 粗粒组　　C. 细粒组　　D. 中粒组

(3) 根据下列(　　)选项，可以判别土的级配是否良好。
 A. 是否满足 $C_u \geq 5$ 　　　　　　B. 是否满足 $C_c = 1 \sim 3$

— 51 —

C. 是否满足 $C_u \geq 10$ 且 $C_c = 1 \sim 5$　　　D. 以上说法均有可能发生

(4) 筛分法适用于(　　)。
A. 任何土　　　　　　　　　　B. 含黏土粒的砂砾土
C. 无凝聚性土　　　　　　　　D. 土样应采用风干土

(5) 风干土指下列(　　)。
A. 含水率为零的土　　　　　　B. $w = 20\%$ 的土
C. 含水率与大气含水率相同的土　　D. $w = 10\%$ 的土

◆ 习题参考答案及解析 ◆

一、单项选择题

1. C

【解析】土颗粒分析试验规定,筛分法适用于分析粒径为 0.075~60mm 土的颗粒组成。对于无凝聚性的土采用干筛法,对于含有黏土粒的砂砾土采用水筛法。

2. C

【解析】土样和试样制备方法规定,土的液塑限试验备样需要过 0.5mm 筛。

3. B

【解析】土的击实试验规定,重型击实法规定击实锤质量为 4.5kg。

4. A

【解析】依据土的分类与特性,因粗粒自身的密度较大,所以随着粗粒增多,土的最大干密度会增大。

5. A

【解析】土的界限含水率试验规定,液限和塑限联合测定法适应范围是粒径不大于 0.5mm、有机质含量不大于试样总质量 5% 的土。

6. A

【解析】土的压缩试验四种方法中均施加围压,使压缩试验土样侧向不变形。

7. D

【解析】杠杆压力仪法测土的回弹模量时,预压和每级加载时间均为 1min。

8. A

【解析】土颗粒分析试验规定,筛分法适用于分析粒径大于 0.075mm 的土;密度计法、移液管法适用于分析粒径小于 0.075mm 的细粒土,沉降分析法包括密度计法及移液管法。

9. C

【解析】土的液限和塑限联合测定法规定,液塑限联合测定仪锥质量为 100g 或 76g,试验时锥体下沉时间为 5s。

10. B

【解析】土中的水是指土颗粒表面的水,包括弱结合水及自由水,烘干温度宜在 100℃ 以上。烘干法测定土的含水率要求烘箱应在 105~110℃ 温度下将土烘至恒量。

11. B

【解析】依据土的工程分类,土按粒组分为巨粒土、粗粒土、细粒土和特殊土,其中细粒土是指细粒组土粒质量≥总质量50%的土。

12. C

【解析】不均匀系数C_u和曲率系数C_c是判定土的级配情况的指标,不能仅采用C_u反映土的级配,应同时考虑C_u和C_c两个指标。对于砾(或砂)类土,级配良好的条件为同时满足$C_u \geq 5, C_c = 1 \sim 3$。

13. C

【解析】分析塑限与最佳含水率的概念及其之间的关系,塑限为土由可塑性状态向半固体状态过渡的界限含水率,按土的击实特性应接近达到最大干密度时的最佳含水率。一般来说,土的最佳含水率大约比塑限高2%,因此,土的最佳含水率与塑限较接近。

14. B

【解析】直剪试验试件饱和时,对于较易透水的黏性土(即渗透系数大于10^{-4}cm/s)采用毛细管饱和法或浸水饱和法;对于不易透水的黏性土(即渗透系数小于10^{-4}cm/s)采用真空饱和法,若土的结构性较弱则不宜采用。

15. C

【解析】环刀法测定土的密度试验,仅适用于细粒土,细粒土包括黏质土、粉质土和有机质土。

16. B

【解析】分析三者的定义,土的密度指湿密度,是土的总质量m与总体积V之比,即土的单位体积的质量,$\rho = \dfrac{m}{V} = \dfrac{m_s + m_w}{V_s + V_w + V_a}$。土颗粒密度是指固体颗粒的质量$m_s$与其体积$V_s$之比,即土粒的单位体积质量,$\rho_s = \dfrac{m_s}{V_s}$。土的干密度是指土的孔隙中完全没有水时的密度,即固体颗粒的质量与土的总体积之比值(土单位体积中土粒的质量),$\rho_d = \dfrac{m_s}{V}$。故三者之间的大小关系为$\rho_s > \rho > \rho_d$。

17. A

【解析】土的比重(即相对密度)是指土的固体颗粒单位体积的质量与水在4℃时单位体积的质量之比。水在4℃时的密度为1g/cm^3,故土的比重在数值上等于土颗粒密度。

18. A

【解析】孔隙比指土中孔隙体积与土粒体积之比,$e = \dfrac{V_v}{V_s}$,故土所能达到最密实时的孔隙比是e_{min},最松时的孔隙比是e_{max}。

19. D

【解析】根据浮力原理,采用水中重法可以获得蜡封试件体积$V = \dfrac{m_1 - m_2}{\rho_{wt}}$。其中,$m$为试件质量;$m_1$为蜡封试件质量;$m_2$为蜡封试件水中质量。当试验温度($t$℃)下水的密度为

$\rho_{wt}=1\mathrm{g/cm^3}$ 时，$V=m_1-m_2$，即蜡封试件空中质量与水中质量之差等于蜡封试件体积。

20. B

【解析】砂土的相对密实度 $D_r=\dfrac{e_{\max}-e_0}{e_{\max}-e_{\min}}$。其中，$e_0$ 为天然孔隙比或填土的相应孔隙比；$e_{\min}$ 为土所能达到最密实时的孔隙比；$e_{\max}$ 为土所能达到最松时的孔隙比。

21. B

【解析】土的不均匀系数 $C_u=\dfrac{d_{60}}{d_{10}}$，曲率系数 $C_c=\dfrac{d_{30}^2}{d_{10}d_{60}}$。其中，$d_{10}$、$d_{30}$、$d_{60}$ 指小于某粒径的土粒含量分别为 10%、30% 和 60% 时所对应的粒径。

22. B

【解析】不同的土类其最佳含水率和最大干密度不同。一般粉粒和黏粒含量多，土的塑性指数愈大，土的最佳含水率也愈大，最大干密度愈小。因此，一般砂性土的最佳含水率小于黏性土，而最大干密度大于黏性土。

23. D

【解析】黏性土界限含水率的定义，当土达到塑限后继续变干，土的体积随含水率的减少而收缩，但达某一含水率后，土体积不再收缩，这个处于半固态—固态之间的界限含水率称为缩限。

24. C

【解析】土体的压缩变形主要是由于孔隙的减小所引起的。饱和土体所受的总应力包括有效应力和孔隙水压力，有效应力指土颗粒承担的力。

25. C

【解析】司笃克斯（Stokes）定理为 $d=1.126\sqrt{v}$，据此可以确定土粒在液体中的沉降速度与粒径的关系：土粒越大，在静水中沉降速度越快；反之，土粒越小则沉降速度越慢。

26. B

【解析】塑性指数的意义，可塑性的大小可用土处在塑性状态的含水率变化范围（即塑性指数）来衡量，从液限到塑限含水率的变化范围越大，土的可塑性越好。

27. D

【解析】饱和度是表征土的含水性指标，为土中孔隙水的体积与孔隙体积的比值，在 0~100% 之间变化。饱和度越大，表明土的孔隙中充水越多。

28. A

【解析】饱和度指标的意义，当土的饱和度为 0 时为完全干燥土，饱和度为 1 时为完全饱和土。

29. B

【解析】土的不均匀系数描述土颗粒级配的不均匀程度，反映土在级配曲线上的土粒分布范围。曲率系数则是描述颗粒级配曲线的整体形态，表明某粒组是否缺失。

30. B

【解析】手捻试验可以根据手感和土片光滑度反映土的塑性。

31. C

【解析】 土的塑限搓滚法试验,将天然湿度的土体在毛玻璃上搓成直径为3mm土条时,土条恰好产生裂缝并开始断裂时的含水率作为塑限。含水率略大于塑限时搓成的土条越细且不断裂说明土的塑性越高。

32. C

【解析】 依据蜡封法测土的密度试验原理,土的湿密度计算公式为 $\rho = \dfrac{m}{\dfrac{m_1-m_2}{\rho_{wt}} - \dfrac{m_1-m}{\rho_n}}$,蜡封试件的体积为 $\dfrac{m_1-m_2}{\rho_{wt}}$,蜡的体积为 $\dfrac{m_1-m}{\rho_n}$(题干已知)。其中,m 为试件质量;m_1 为蜡封试件质量;m_2 为蜡封试件水中质量;ρ_{wt} 为蒸馏水试验温度时的密度;ρ_n 为石蜡密度。

33. C

【解析】 依据灌砂法测定土的密度原理,试洞内灌砂的体积为试洞体积,即试洞内挖出湿土体积,该体积为 $V_s = \dfrac{m_b}{\rho_s}$,故湿土密度为 $\rho = \dfrac{m_t}{V_s}$,或直接按照公式 $\rho = \dfrac{m_t}{m_b} \times \rho_s$ 计算。其中,m_b 为填满试洞的砂质量;m_t 为试洞中挖出的全部土样的质量;ρ_s 为量砂的密度。

34. A

【解析】 土的承载比(CBR)试验,贯入量为2.5mm和5mm时的承载比,取二者的较大值作为该土的承载比。

35. D

【解析】 土的筛分试验结果精密度与允许误差要求:各级筛上和筛底土总质量与筛前试样质量之差不应大于1%,否则应重新试验。

36. B

【解析】 手捻试验可以根据手感和土片光滑度反映土的塑性高低。手感滑腻,无砂,捻面光滑者为塑性高;稍有滑腻感,有砂粒,捻面稍有光泽者为塑性中等;稍有黏性,砂感强,捻面粗糙者为塑性低。

37. C

【解析】 土条能搓成直径1mm者为塑性高,能搓成直径1~3mm者为塑性中等,能搓成直径大于3mm土条即断裂者为塑性低。

38. C

【解析】 液限和塑限联合测定法测定土的界限含水率试验,根据液限(a 点含水率)在 h_p-w_L 图上查得塑限锥入深度 h_p。以此 h_p 再在 h-w 直线上求出相应的含水率获得土的塑限 w_p。

39. C

【解析】 土的塑限为黏性土处于塑态至半固态的界限含水率。采用滚搓法将天然湿度的土体在毛玻璃上搓成直径为3mm土条时,土条恰好产生裂缝并开始断裂时的含水率作为塑限。

40. D

【解析】 土的液塑限联合测定试验结果整理规定,在双对数坐标上,如 a、b、c 三点不在同一直线上,要通过 a 点与 b、c 两点连成两条直线,根据查得的 h_p 在 h-w 的 ab 及 ac 两直线上求出相应的两个含水率。当两个含水率的差值小于 2% 时,以该两点含水率的平均值与 a 点连成一直线。当两个含水率的差值不小于 2% 时,应重做试验。

41. B

【解析】根据土的固结试验得出 e-p 和 e-lgp 曲线,可计算压缩系数、压缩指数、体积压缩系数、压缩模量、变形模量等压缩性指标。压缩指数为 $c_c = \dfrac{e_1 - e_2}{\lg p_2 - \lg p_1}$,压缩系数为 $a = \dfrac{e_1 - e_2}{p_2 - p_1}$。

42. C

【解析】固结系数是固结理论中反映土体固结速度的指标,主要取决于土的渗透系数、天然孔隙比、水的重力密度、土的压缩系数。固结系数越大,土体的固结速度越快。

43. B

【解析】塑性指数 $I_p = w_1 - w_p$,习惯上采用不带%的数值表示。

44. C

【解析】土的含水率计算公式为 $w = \dfrac{m - m_s}{m_s} \times 100\%$。其中,m 为湿土质量;$m_s$ 为干土质量,结果计算准确至 0.1%。

45. B

【解析】环刀法测土的密度,湿密度为 $\rho = \dfrac{m_1 - m_2}{V}$。其中,$m_1$ 为环刀与土的合质量;m_2 为环刀质量,V 为环刀的体积,结果计算准确至 0.01g/cm³;干密度为 $\rho_d = \rho / (1 + 0.01w)$。

46. B

【解析】土的不均匀系数计算公式为 $C_u = \dfrac{d_{60}}{d_{10}}$,曲率系数计算公式为 $C_c = \dfrac{d_{30}^2}{d_{10} d_{60}}$。

47. C

【解析】液塑限联合测定法测定土的液限和塑限,液限碟式仪测定法测定土的液限,搓滚法测定土的塑限。

48. B

【解析】根据原状土的侧限压缩试验,即固结试验得出 e-lgp 曲线,在该曲线上通过作图可以确定土的先期固结压力。对应于曲线过渡到直线段的拐弯点的压力值是土层历史上所曾经承受过的最大固结压力,称为先期固结压力。

49. D

【解析】液性指数为 $I_L = \dfrac{w - w_P}{I_P}$,该指标能够表征土的天然含水率与界限含水率的相对关系,用于描述土的状态。当 $I_L < 0$ 时土呈坚硬状态(固态、半固态),$I_L = 0 \sim 1$ 时土为可塑状态,$I_L > 1$ 时土处于流动状态。

50. D

【解析】 土的液限和塑限联合测定法规定,采用100g锥试验,在 h-w 图上查得纵坐标入土深度 $h=20\mathrm{mm}$ 所对应的横坐标的含水率,即为该土的液限。

51. A

【解析】 土的 CBR 值定义,CBR 值指试料贯入量达 2.5mm 时,单位压力 P 对标准碎石压入相同贯入量时标准荷载强度的比值,即 $\mathrm{CBR}_{2.5}(\%) = \dfrac{P}{7000} \times 100$。

52. C

【解析】 土的承载比(CBR)试验规定,制备 CBR 试件应按重型击实法Ⅱ-2规定的层数和每层击数进行。

53. C

【解析】 土的固结试验中,单轴固结仪法规定土的预压压力为 1.0kPa。

54. A

【解析】 土的直剪试验中,慢剪试验速度为 0.02mm/min,快剪试验速度为 0.8mm/min。

55. D

【解析】 土的固结试验规定,如需要测定沉降速率、固结系数等指标,一般按规定的时间间隔记录变形量至稳定为止。固结稳定的标准是最后1h变形量不超过 0.01mm。

56. B

【解析】 灵敏度指黏土在未扰动状态下的无侧限抗压强度与其重塑后立即进行试验的无侧限抗压强度之比值,反映黏性土结构性的强弱。根据灵敏度可将饱和黏性土分为:低灵敏 $1<S_\mathrm{t}<2$、中灵敏 $2<S_\mathrm{t}<4$ 和高灵敏 $S_\mathrm{t}>4$。土的灵敏度越高,结构性越强,受扰动后土的强度降低就多。

57. D

【解析】 土的无侧限抗压强度试验规定,以轴向应变(1%~3%)/min 的速度转动手轮,使试验在 8~20min 内完成。

58. C

【解析】 土的酸碱度试验规定土悬液的制备:称取通过1mm筛的风干土样10g,放入带塞的广口瓶中,加水50mL,即土水比为 1∶5。在振荡器振荡 3min,静置 30min。

59. B

【解析】 土的烧失量试验规定,空坩埚加热与放入试样的坩埚加热,其试验温度均保持在 950℃。

60. C

【解析】 土的渗透试验目的是测定土的渗透系数。

61. B

【解析】 土常水头渗透试验,渗透系数 $k_\mathrm{t} = \dfrac{QL}{AHt}$。其中,$Q$ 为时间 t 内的渗透水量;L 为两测压孔中心之间的试样高度(即两测压孔中心间距10cm);A 为试样断面积;H 为平均水位差。k_t 要求计算至三位有效数字。

62. B

【解析】土的压实原理与压缩原理不同,击实时使土颗粒重新排列紧密,增强了颗粒表面摩擦力和颗粒之间嵌挤形成的咬合力,在击实的过程中,由于击实功系瞬时作用土体,土体内的气体部分排除,而所含的水量则基本不变。

63. A

【解析】回弹模量是表征土抵抗垂直荷载作用下变形能力的指标,压缩模量、压缩系数、压缩指数则是表征土的固结特性的指标。

64. D

【解析】抗剪强度库仑定律对于黏性土有 $\tau_f = c + \sigma \cdot \tan\varphi$。其中,$c$ 为黏聚力;φ 为内摩擦角;σ 为剪切滑动面上法向应力。

65. A

【解析】新版《公路土工试验规程》修正了黄土相对下沉系数试验,变更为湿陷系数试验,可以采用单线法与双线法,自重湿陷系数试验只采用单线法。

66. D

【解析】常水头渗透试验适用于测定砂类土和含少量砾石的无凝聚性土的渗透系数。

67. D

【解析】土工织物厚度测定规定,在测厚度时,应提起 5N 的压块,将试样自然平放在基准板与压块之间,轻轻放下压块,使试样受到的压力为 (2 ± 0.01) kPa,放下测量装置的百分表触头,接触后开始计时,30s 时读数,精确至 0.01mm。

68. D

【解析】土工织物有效孔径试验中,干筛法采用有效孔径表征孔径特征。

69. D

【解析】土工合成材料垂直渗透性能试验中恒水头法,定义透水率为垂直于土工织物平面流动的水,在水位差等于1时的渗透流速(1/s)。

70. B

【解析】土工织物有效孔径试验规定采用干筛法。

71. A

【解析】接头/接缝宽条拉伸试验定义,土工合成材料接头/接缝效率指接头/接缝强度与在同方向上所测定的土工合成材料的强度之比,以%表示。

72. D

【解析】土工合成材料的力学性能试验包括宽条拉伸、接头/接缝宽条拉伸、条带拉伸、黏焊点极限剥离力、梯形撕破强力、CBR顶破强力、刺破强力、落锤穿透、直剪摩擦特性、拉拔摩擦特性、拉伸蠕变及其断裂性能试验。

73. D

【解析】土工织物刺破强力试验时的加载速率要求为 300mm/min±10mm,3min 内顶压试样时的最大压力值为刺破强力。

74. B

【解析】土工合成材料厚度测定方法规定,厚度指土工织物在承受规定的压力下,正反两面之间的距离。常规厚度是在2kPa压力下测得的试样厚度。

二、判断题

1. ×

【解析】土的击实曲线必位于饱和曲线的左下侧,不会相交。因击实作用不能将土中封闭的气体排出,击实土不可能达到完全饱和状态。

2. √
3. √
4. √
5. ×

【解析】击实法可用于扰动土试件制备。

6. √
7. √
8. ×

【解析】小击实筒击实后,土样不宜高出筒顶5mm。

9. ×

【解析】承载比试验制件可以击实成型或静压成型。

10. √
11. √
12. √
13. √
14. ×

【解析】烘干法适用于测定有机质土和含石膏土的含水率,但应将温度控制在60~70℃的恒温下烘至恒量,需要烘12~15h。

15. √
16. √
17. √
18. ×

【解析】土的含水率试验,当两次平行试验的算术平均值小于40%时有两种规定:当含水率 $w \leqslant 5.0\%$ 时,允许平行差不大于0.3%;当含水率 $5.0\% < w \leqslant 40.0\%$ 时,允许平行差不大于1.0%。

19. ×

【解析】塑限指黏土从塑性体状态向固体状态过渡的界限含水率。

20. √
21. √
22. √
23. ×

【解析】采用100g锥,测塑限时锥入深度没有具体数值规定;若采用76g锥,塑限为对应 h-w 的关系曲线上锥入土深度为 2mm 所对应的含水率。

24. √
25. √
26. √
27. ×

【解析】CBR 试验试件泡水时,水面应高出试筒顶面 25mm。

28. √
29. ×

【解析】CBR 试件泡水应满足水面在试筒顶面上 25mm,且需泡水 4 昼夜。

30. √
31. √
32. √
33. √
34. √
35. ×

【解析】做土的烧失量试验时,土为烘干土。

36. √
37. √
38. ×

【解析】土达到饱和状态时,饱和度为 1。

39. √
40. ×

【解析】土中黏粒含量越多,土的可塑性越高,塑性指数越大。

41. √
42. √
43. √
44. √
45. ×

【解析】测定土的渗透系数时,标准温度为 20℃。

46. √
47. √
48. √
49. √
50. ×

【解析】土的无侧限抗压强度试验适用于黏聚性土的无侧限抗压强度和饱和软黏土灵敏度,即适用于原状土和重塑土。

51. ×

【解析】饱和度为 1 时,土的含水率不定,二者之间没有比例关系。

52. √
53. √
54. ×

【解析】土的强度指土的抗剪强度。

55. √
56. √
57. √
58. √
59. ×

【解析】虹吸筒法可测定土的比重。

60. √
61. √
62. √
63. ×

【解析】土工合成材料单位面积质量的单位是 g/m^2。

64. √
65. √
66. √
67. √
68. √
69. √
70. ×

【解析】公路土工合成材料的宽条拉伸试验规定,宽条拉伸试验试样宽度为200mm。

71. √
72. √
73. √
74. √
75. ×

【解析】当量孔径 $D_e = 2\sqrt{A/\pi}$。

三、多项选择题

1. AB

【解析】土样制备时,需要闷料的试验有土的界限含水率和击实试验,而土的密度与颗粒分析试验采用烘干试样。

2. ACD

【解析】先期固结压力 P_c 为土层历史上所经受到的最大压力,可用其与土层自重压力 P_0 之间的关系$\left(\text{超固结比 OCR} = \dfrac{p_c}{p_0}\right)$将土层划分为三类固结状态:当 $P_c = P_0$(或 OCR = 1)时为正常固结土，$P_c > P_0$（或 OCR > 1）时为超固结土；$P_c < P_0$（或 OCR < 1）时为欠固结土。

3. ABC

【解析】 土的三轴试验包括不固结不排水、固结不排水、固结排水和一个试样多级加载试验方法。

4. ABD

【解析】 压缩系数 a 和压缩模量 E_s 是土的重要压缩性指标。压缩系数反映土压缩性的大小，a 值越大，土的压缩性越高。工程上常用压力间隔 $P_1 = 100\text{kPa}$ 至 $P_2 = 200\text{kPa}$ 时对应的压缩系数 a_{1-2} 评价土的压缩性：$a_{1-2} < 0.1\text{MPa}^{-1}$ 时，属于低压缩性土，$0.1 \leq a_{1-2} < 0.5\text{MPa}^{-1}$ 时，属于中压缩性土，$a_{1-2} \geq 0.5\text{MPa}^{-1}$ 时，属于高压缩性土。压缩模量是反映土抵抗压缩变形能力的指标。

5. ABD

【解析】 土的密度试验方法较多，有环刀法、蜡封法灌砂法、灌水法。

6. ABC

【解析】 土的三相物理性质指标包括：三相基本物理指标，有土的密度（即天然密度或湿密度）、含水率、土粒密度、土颗粒比重（土粒相对密度），换算指标，有干密度、饱和密度、浮密度、饱和度、孔隙比、孔隙率。其中，三相基本物理指标可直接测试。

7. ABD

【解析】 土的工程分类将大小相近的土粒合并为组，并根据土颗粒的粒组范围，将其划分为巨粒组、粗粒组和细粒组。

8. AB

【解析】 土的含水率试验常用的方法有烘干法、酒精燃烧法，此外，还有碳化钙气压法、炒干法、红外线照射法等。

9. ABC

【解析】 比重瓶法测定土的比重：$G_s = \dfrac{m_s}{m_1 + m_s - m_2} \times G_{wt}$。其中，$m_s$ 为干土质量；m_1 为瓶、水总质量；m_2 为瓶、土、水总质量；G_{wt} 为 t℃蒸馏水的比重。

10. ACD

【解析】 土的 CBR 试验规定，需要制备从低于95%到等于100%的最大干密度的三种干密度试件，每层击数分别为30次、50次、98次。每个干密度制备3个试件，共9个。

11. ABCD

【解析】 土的标准固结试验规定，试验时预加1.0kPa压力，使固结仪各部分紧密接触，装好并调整百分表读数至零。然后，去掉预压荷载，立即加第一级荷载。荷载等级一般规定为50kPa、100kPa、200kPa、300kPa 和 400kPa。有时根据土的软硬程度，第一级荷载可考虑用25kPa。

12. AC

【解析】 土的压缩试验可以绘出 e-p、e-$\lg p$ 两条曲线。e-p 曲线主要确定土的压缩系数 a 和压缩模量 E_s；e-$\lg p$ 曲线主要确定压缩指数 C_c 和土层的先期固结压力 P_c。

13. BD

【解析】土的沉降分析方法有密度计法(比重计法)、移液管法,适用于细颗粒<0.075mm且比重大的土。

14. CD

【解析】压缩系数和压缩指数是反映土的压缩性指标,压缩系数(或压缩指数)越大,土的压缩性越高;压缩模量则是反映土抵抗压缩变形能力的指标,与压缩系数一样均不是常数,二者呈反比关系:$E_s = \dfrac{1+e_1}{a}$。

15. ABC

【解析】土的直剪试验方法有:慢剪、快剪、固结快剪、排水反复直接剪切法。

16. ABD

【解析】土的比重试验方法有比重瓶法、浮称法、虹吸筒法和浮力法。其中,比重瓶法适用于粒径<5mm的土,其他方法适用于粒径≥5mm的土。

17. AB

【解析】土的固结是三相土体受外力引起的压缩变形,主要是由于孔隙的减小所引起的,包括三部分:土粒固体部分的压缩、土体内孔隙中水的压缩、水和空气从孔隙中被挤出以及封闭气体被压缩。对于饱和土,只有当孔隙水挤出后才能产生变形。随着孔隙水被挤出,孔隙水压力逐步转变为由土骨架承受的有效应力。有效应力原理表示研究平面上的总应力 = 有效应力 + 孔隙水压力。因此,土的固结过程,实际是孔隙水压力不断消散,有效应力不断增长的过程,从而形成土的抗剪强度。

18. BC

【解析】土的固结快剪试验原理是在剪切力作用下土样不排水固结,在法向力作用下土样排水固结。而土的慢剪试验特征是在剪切力作用下土样排水固结,在法向力作用下土样排水固结。

19. AC

【解析】土的液塑限试验适用于适用于粒径不大于0.5mm、有机质含量不大于试样总量5%的土。

20. ACD

【解析】土的基本物理性质指标间的相互关系:天然孔隙比$e_0 = \dfrac{G_s \cdot \rho_w}{\rho_d} - 1$,干密度与湿密度和含水率的关系式为$\rho_d = \dfrac{\rho}{1+0.01w}$。其中,$G_s$为土的比重;$\rho$为土的密度(湿密度);$\rho_w$为4℃时水的密度。

21. AD

【解析】击实功对土的压实有影响。击实功越大,土的最大干密度越大,而土的最佳含水率则越小。但是,如果增大击实功超过一定限度,再增加击实功,土的干密度增加也不明显。

22. AD

【解析】土的颗粒分析试验规定,对于含有黏土粒的砂砾土采用水筛法。当大于

0.075mm 的颗粒超过试样总质量的 15% 时,应先进行筛分试验。经过洗筛,再用沉降分析试验(密度计或移液管法)进行试验。

23. ABC

【解析】界限含水率与土的状态关系如下图。

24. ABC

【解析】按土的工程分类,依据土颗粒组成特征、土的塑性指标和土中有机质存在情况这三项特征将土分为巨粒土、粗粒土、细粒土和特殊土。

25. AD

【解析】土的回弹模量试验有杠杆压力仪法和强度仪法两种。

26. ABC

【解析】反映土的密实程度的指标包括密度常数和孔隙性指标,干密度、比重是密度常数,孔隙比是孔隙性指标,而饱和度是含水性指标,反映土中含水情况,表明土的干湿程度。

27. AB

【解析】土的直接剪切慢剪试验适用于测定细粒土和砂类土的抗剪强度指标;固结快剪试验、快剪试验适用于细粒土或粒径 2mm 以下的砂类土。

28. AB

【解析】依据土的击实特点,不同土类的击实特性不同,含粗粒越多的土,其最大干密度值越大,而最佳含水率越小;击实功越大,土的最大干密度越大,最佳含水率越小。而增大或减小含水率,根据击实曲线的变化规律,其最大干密度不会随之变化。

29. BCD

【解析】土的化学性质对其工程性质的影响很大,土的化学性质试验包括土的酸碱度、烧失量、有机质含量试验及其易溶盐离子的相关化学测定。

30. AC

【解析】土的密度试验方法有环刀法、蜡封法、灌砂法、灌水法。其中,环刀法适用于细粒土,操作简便、准确,室内和野外普遍采用;灌砂法是现场最常用的方法,适用于各类路基土;蜡封法主要适用于易碎、难切削和形态不规则的坚硬土;灌水法适用于现场测定粗粒土和巨粒土。

31. AB

【解析】土样和试样制备可采用击实法和压样法,用击实法对扰动土样进行试件制备,应对代表性试样测定其含水率、干密度,计算制备扰动土样所需总土质量 $m = (1 + 0.01 w_h)\rho_d V$。

32. ABCD

【解析】依据土样和试样制备、土的界限含水率试验,题目中的四个答案均为正确。

33. ABC

【解析】土的界限含水率试验关于结果整理：①采用 h-w 双对数坐标系；②连接 a、b、c 三点应为一条直线，否则，应过 a 点与 b、c 两点分别连成两条直线；③液限：若用 100g 锥，查得入土深度 $h=20$mm 所对应的含水率为液限；若 76g 锥，则应查得入土深度 $h=17$mm 所对应的含水率为液限。④塑限：若用 100g 锥，根据液限在 h_p-w_L 图上查得 h_p，再由 h-w 图查出 h_p 时所对应的含水率为塑限；若用 76g 锥，在 h-w 曲线，查得锥入土深度为 2mm 所对应的含水率即为塑限。

34. ABC

【解析】测土的渗透系数的室内方法有常水头渗透试验和变水头渗透试验；现场测定渗透系数的方法常用注水试验和抽水试验。

35. ACD

【解析】土的无侧限抗压强度试验规定，试件直径取上、中、下三个不同直径，按 $D_0=(D_1+2D_2+D_3)/4$ 计算平均值。

36. ACD

【解析】土的回弹模量试验有杠杆压力仪法和强度仪法。土的回弹模量试验目的是绘制单位压力 p 与回弹变形 l 的关系曲线 p-l，计算回弹模量。该曲线不一定为直线，但每个试样的回弹模量由 p-l 曲线上直线段的数值确定。

37. ABC

【解析】砂土的相对密实度即相对密度 D_r，用于砂土分类：$0<D_r\leq0.33$ 为疏松状态；$0.33<D_r\leq0.66$ 为中密状态；$0.66<D_r\leq1$ 为密实状态。

38. ACD

【解析】土的含水率试验中酒精燃烧法是一种快速简易测定细粒土的含水率的方法，适用于无黏性和一般黏性细粒土，不适用于含有机质土、含盐量较多的土和重黏土。

39. ABC

【解析】土的三轴压缩试验与直剪试验相比，能控制试验排水条件；受力状态明确，可以控制大小主应力，剪切面不固定，能准确地测定土的孔隙压力及体积变化；土样所受力为周围压力和竖向压力，所受围压力为 σ_3。

40. BD

【解析】土的最大承载比（CBR_{max}）试验适用于测定红黏土、高液限土、膨胀土等塑性指数较高的细粒土的最大承载比和最大承载比含水率；按含水率由高到低逐个进行 CBR 试验，试样制件的含水率已选在 $w_0+0.3I_P$、$w_0+0.2I_P$、$w_0+0.1I_P$、w_0、$w_0-0.1I_P$ 等附近，I_P 宜取 20~30；采用重型击实法 Ⅱ-2 规定的击实层数和每层击数，且按湿土法击实；绘制含水率-CBR 曲线，确定土的最大承载比和最大承载比含水率，如无明显峰值点，应进行补点或重做。

41. AB

【解析】盐胀系数评价盐渍土的盐胀性，溶陷（压缩）系数评价盐渍土的溶陷性，而湿陷系数、自重湿陷系数是评价黄土的湿陷性指标。

42. CD

【解析】 回弹模量、干湿环境下土的回弹模量、冻融环境下土的回弹模量均为静态回弹模量,可采用杠杆压力仪、强度仪方法测定;动态回弹模量采用动三轴试验仪,三轴压缩仪可以进行不固结不排水、固结不排水、固结排水等试验。

43. ABCD

【解析】 单位面积质量是土工合成材料重要的物理性能,与其原材料的密度、合成材料的厚度、含水率、外加剂等有关,反映土工合成材料的物理、力学、水力和生产等多方面的性能。

44. ABCD

【解析】 按照现行规范,目前将土工合成材料分为土工织物、土工膜、土工复合材料和土工特种材料四大类。

45. ABD

【解析】 土工织物厚度测定规定了土工织物在承受一定的压力下的厚度。常规厚度是测定(2±0.01)kPa压力下的厚度,根据需要可以测定压力(20±0.1)kPa下的试样厚度、压力(200±1)kPa下的试样厚度。

46. ABC

【解析】 恒水头法测定其垂直渗透性能试验不适用于土工织物、复合土工织物的测定。

47. AB

【解析】 土工织物用作反滤材料时必须符合反滤原则,要具有保水性、透水性和防堵性。

48. ABCD

【解析】 土工织物的孔径是反映其水力性能的指标,可采用孔径或有效孔径(O_{90}、O_{95})表示,其大小能够反映与水有关的水力性能。

49. ABD

【解析】 土工合成材料的力学性能试验规定其拉伸试验有宽条拉伸、条带拉伸和接头/接缝宽条拉伸三种。

50. BC

【解析】 土工合成材料的条带拉伸试验适用于土工格栅和土工加筋带。

51. AD

【解析】 土工合成材料的直剪摩擦试验规定,试验所用直剪仪接触面积不变和接触面积递减两种类型。

52. BCD

【解析】 土工合成材料CBR顶破强度试验指标为:顶破强力、顶破位移和变形率;刺破强力试验指标为刺破强力。

四、综合题

1.(1)A　　　(2)AB　　　(3)ABD　　　(4)AD　　　(5)ABC

【解析】

(1) 由表中试验数据可知,a 土粒径大的含量少,粒径小的含量多,所以 a 土细颗粒含量多。

(2) 对于细颗粒含量多的土,密度较小,而最佳含水率则相对高,所以随着土中细颗粒含量增多,最大干密度减小,最佳含水率提高。

(3) 击实曲线为一抛物线形状,有峰值,峰值点为最佳含水率与最大干密度,偏干状态的土含水率变化对干密度影响较大,所以左陡右缓。

(4) 土的承载比试验,$CBR_{2.5}$ 与 CBR_5 相比取较大值作为最终试验结果。因此,a 土承载比为 17.8%,b 土承载比为 18.5%。

(5) 土的颗粒分析试验,对于粒径大于 0.075mm 的颗粒用筛分法进行颗粒分析,对于粒径小于 0.075mm 的土颗粒用沉降分析法。

2. (1) A　　(2) C　　(3) B　　(4) ABCD　　(5) ABCD

【解析】

(1) $CBR_{2.5} = \dfrac{P}{7000} \times 100\% = \dfrac{611}{7000} \times 100\% = 8.7\%$; $CBR_5 = \dfrac{P}{10500} \times 100\% = \dfrac{690}{10500} \times 100\% = 6.6\%$。

(2) 一组 3 个试件测得的 CBR 值如下:

试件编号	$CBR_{2.5}$(%)	CBR_5(%)
1	7.1	7.0
2	8.7	6.6
3	9.9	6.8
平均值	8.6	6.8

现行试验规程规定:计算 3 个平行试验承载比的变异系数 C_V,若 C_V 小于 12%,则取 3 个结果的平均值;若 C_V 大于 12%,则去掉一个偏离大的值,取其余 2 个结果的平均值。依此,计算变异系数:$C_V = (S/\bar{X}) \times 100\%$,故当标准差 $S > 8.6\% \times 0.12 = 1.03\%$ 时,应进行数据取舍;经计算,$CBR_{2.5}$ 的标准差 $S = 1.41\%$,故舍弃 7.1%,试验结果应为 9.3%。

(3) 膨胀量计算:膨胀量 = 泡水后试件高度变化/原试件高(120mm),且计算结果应保留一位小数。

(4) 规范规定,制备三种不同干密度试件,每组干密度试件制备 3 个,共制 9 个试件,并采用不同的击数;关于 CBR 定义和取值,选项 C、D 均正确。

(5) 试验规程规定,制备 CBR 试件的最佳含水率应按重型击实 II-2 进行击实试验,泡水测膨胀量试验,四个选项均属于规范要求,所以是正确选项。

3. (1) A　　(2) ABC　　(3) AB　　(4) BCD　　(5) C

【解析】

(1) 通过率是指小于某粒径的土质量百分比,该土 5mm 的通过率为 (3000 − 1600)/3000 = 46.7%。

(2)粒组划分为三大粒组。

(3)土级配是否良好应同时满足不均匀系数 C_u 及曲率系数 C_c 两个指标的要求。

(4)土颗粒分析试验规定,筛分法适用于 B、C、D 选项的三种土。

(5)风干土是指在干净阴凉和通风的房间中,将采回的土样放在牛皮纸或塑料薄膜上,摊成薄薄的一层,置于室内通风晾干,所以含水率与大气相同。

第三章 集 料

一、单项选择题(四个备选项中只有一个正确答案,每题1分)

1. 粗集料的磨耗率取两次平行试验结果的算术平均值作为测定值。两次试验的误差应不大于( ),否则须重做试验。
   A.1% B.2% C.3% D.5%

2. 集料的含水率是石料在( )温度下烘至恒重时所失去水的质量与石料干质量的比值百分率。
   A.105℃ B.105℃±5℃ C.105~110℃ D.100℃±5℃

3. 沥青混合料中,粗细集料的分界粒径是( )mm,水泥混凝土集料中,粗细集料的分界粒径是( )。
   A.2.36mm,2.36mm B.4.75mm,4.75mm
   C.2.36mm,4.75mm D.4.75mm,2.36mm

4. 粗集料各项试验所需要的试样最小质量与( )粒径有关。
   A.最大粒径 B.公称最大粒径
   C.4.75mm粒径 D.2.36mm粒径

5. 粗集料在混合料中起( )作用。
   A.骨架 B.填充 C.堆积 D.分散

6. 粗集料压碎值试验,应将试样分两层装入圆模内,每装完一层试样后,在底盘下面垫放一直径为10mm的圆钢,按住筒左右交替颠击地面各( )下。
   A.20 B.25 C.50 D.75

7. 采用静水天平测定粗集料的表观密度,要求试验温度应为( )。
   A.10~25℃ B.15~25℃ C.20~25℃ D.20℃±2℃

8. SMA沥青混合料的配合比设计的关键参数之一是VCA_{DRC},VCA_{DRC}需采用( )参数计算。
   A.毛体积密度,振实密度 B.表观密度,捣实密度
   C.表观密度,振实密度 D.毛体积密度,捣实密度

9. 粗集料坚固性试验,从第二次循环开始,浸泡与烘干时间均为4h,共循环( )次。
   A.4 B.5 C.7 D.10

10. 粗集料针、片状颗粒含量试验,对于粒径大于( )的碎石或卵石可用卡尺检测。
    A.40mm B.37.5mm C.31.5mm D.25mm

11. 细度模数是用细集料的( )参数计算的。

A. 筛余质量　　　B. 分计筛余　　　C. 累计筛余　　　D. 通过率

12. 某粗集料经筛分试验,53mm、37.5mm 筛上的通过量均为 100%,31.5mm 筛上的筛余量为 15%,则该粗集料的最大粒径和公称最大粒径分别为(　　)。
A. 37.5mm、37.5mm　　　　　　　B. 53mm、31.5mm
C. 37.5mm、31.5mm　　　　　　　D. 31.5mm、31.5mm

13. 洛杉矶磨耗试验对于粒度类别为 B 级的试样,使用钢球的数量和总质量分别为(　　)。
A. 12 个,5000g ± 25g　　　　　　B. 11 个,4850g ± 25g
C. 8 个,3330g ± 20g　　　　　　　D. 11 个,5000g ± 10g

14. 细度模数为 3.0 ~ 2.3 的砂为(　　)。
A. 粗砂　　　B. 中砂　　　C. 细砂　　　D. 特细砂

15. 开级配沥青混凝土按连续级配原则设计,但其粒径递减系数与密级配设计原则相比(　　)。
A. 较大　　　B. 较小　　　C. 相等　　　D. 无变化规律

16. 配制混凝土用砂要求尽量采用(　　)的砂。
A. 空隙率小　　　　　　　　　B. 总表面积小
C. 总表面积大　　　　　　　　D. 空隙率和总表面积均较小

17. Ⅰ区砂宜提高砂率以配制(　　)混凝土。
A. 低流动性　　　　　　　　　B. 大流动性
C. 黏聚性好的　　　　　　　　D. 保水性好的

18. 细度模数相同的两种砂,其级配(　　)。
A. 一定相同　　　B. 一定不同　　　C. 不一定相同　　　D. 无法比较

19. 普通混凝土用砂的细度模数范围一般在(　　),其中以中砂为宜。
A. 3.7 ~ 3.1　　　B. 3.0 ~ 2.3　　　C. 2.2 ~ 1.6　　　D. 3.7 ~ 1.6

20. 标准套筛的筛孔是按(　　)递减的方式设置的。
A. 1/2　　　B. 1/3　　　C. 1/4　　　D. 1/5

21. 填料指粒径小于(　　)的矿物质粉末,在矿质混合料中起填充作用。
A. 0.6mm　　　B. 0.3mm　　　C. 0.15mm　　　D. 0.075mm

22. 同一种粗集料,测得的密度 ρ、视密度 ρ_a 和自然堆积密度 ρ_f 存在的关系为(　　)。
A. $\rho_a > \rho > \rho_f$　　B. $\rho_f > \rho_a > \rho$　　C. $\rho > \rho_a > \rho_f$　　D. $\rho_a = \rho = \rho_f$

23. 为保证沥青混合料的强度,在选择石料时应优先考虑(　　)。
A. 酸性石料　　　B. 碱性石料　　　C. 中性石料　　　D. 以上均可

24. 最大密度曲线 n 幂公式解决了矿质混合料在实际配制过程中的(　　)问题。
A. 连续级配　　　B. 间断级配　　　C. 级配曲线　　　D. 级配范围

25. 最大密度曲线理论提出了一种理想的(　　)曲线。
A. 连续级配　　　B. 间断级配　　　C. 开级配　　　D. 密级配

26. 细集料的筛分试验应进行两次平行试验,以平均值作为测定值。如两次试验所得的细度模数之差大于(　　),应重新进行试验。

A.0.02　　　　B.0.01　　　　C.0.2　　　　D.0.3

27.现称量500g砂样进行筛分试验,应要求所有各筛的分计筛余质量和筛底的总质量与500g砂样之差不得超过(　　),否则,应重新进行试验。

A.0.5g　　　　B.1g　　　　C.2g　　　　D.5g

28.矿粉的密度试验通常采用(　　)法测定。

A.李氏比重瓶　　B.容量瓶　　C.比重计　　D.静水天平

29.细集料的水洗法筛分试验,通过水洗的0.075mm筛余质量应为(　　)。

A.试验前砂样烘干质量－水洗后砂样烘干质量

B.水洗后砂样烘干质量

C.水洗后砂样烘干质量－筛底试样质量

D.筛底试样质量

30.高速行驶的车辆对路面抗滑性提出了较高的要求,粗集料(　　)越高,抗滑性越好。

A.压碎值　　B.磨光值　　C.磨耗值　　D.冲击值

31.下列(　　)的磨光值最高。

A.石灰岩　　B.花岗岩　　C.砂岩　　D.玄武岩

32.级配是集料大小颗粒的搭配情况,它是影响集料(　　)的重要指标。

A.粒径　　B.压碎性　　C.粒级　　D.空隙率

33.矿粉的筛分试验应采用(　　)试验方法。

A.负压筛　　B.干筛　　C.水洗　　D.手筛

34.测定矿粉的密度及相对密度,用于检验矿粉的质量,为(　　)配合比设计提供必要的参数。

A.沥青混合料　　　　B.水泥混凝土

C.水泥稳定碎石　　　　D.二灰稳定碎石

35.矿粉的密度及相对密度试验,同一试样应平行试验两次,取平均值作为试验结果。两次试验结果的差值不得大于(　　)。

A.0.01g/cm³　　B.0.02g/cm³　　C.0.05g/cm³　　D.0.1g/cm³

36.粗集料表观密度试验中,将试样浸水24h,是为了消除(　　)的影响。

A.空隙　　B.孔隙　　C.开口孔隙　　D.闭口孔隙

37.集料含泥量中的泥是指集料中粒径小于或等于(　　)的尘屑、淤泥、黏土的总含量。

A.0.3mm　　B.0.15mm　　C.0.08mm　　D.0.075mm

38.粗集料洛杉矶磨耗试验,通常要求磨耗机以30~33r/min的转速转动(　　)转后停止。

A.350　　B.400　　C.450　　D.500

39.粗集料压碎值试验应做平行试验(　　)次。

A.2　　B.3　　C.4　　D.5

40.砂浆长度法是比较常用的集料活性检验方法,其目的是(　　)。

A.鉴别集料中碱活性集料的种类与数量

B.用于鉴定水泥中的碱与活性集料反应所引起的膨胀

C. 鉴定集料中活性玻璃质颗粒含量
D. 是对掺加抑制材料效果的检验

41. 关于亚甲蓝值(MBV)的单位(g/kg),下列说法正确的是( )。
   A. 表示每千克0~2.36mm粒级试样所消耗的亚甲蓝质量
   B. 表示每千克小于0.075mm试样所消耗的亚甲蓝质量
   C. 表示色晕持续5min时所加入的亚甲蓝溶液总体积的单位质量
   D. 表示用于每千克试样消耗的亚甲蓝溶液体积换算成亚甲蓝质量

42. 砂当量试验时,需要根据测定的含水率 w 按照( )公式计算相当于120g干燥试样的样品湿重 m_1。

   A. $m_1 = 120 \times (100 + w)$ B. $m_1 = \dfrac{120}{100 + w}$

   C. $m_1 = 120 \times (1 + 0.01w)$ D. $m_1 = \dfrac{120}{1 + 0.01w}$

二、判断题(正确的划"√",错误的划"×",请填在题后的括号里,每题1分)

1. 集料的毛体积密度是在规定试验条件下,单位体积颗粒的干质量或湿质量。( )
2. 岩石以CaO的含量划分酸性、中性和碱性石料。( )
3. 细集料的棱角性是测定一定体积的细集料全部通过标准漏斗所需要的流动时间。( )
4. 洛杉矶磨耗试验的目的是测定标准条件下粗集料抵抗摩擦、撞击的能力,以磨耗损失(%)表示。( )
5. 粗集料洛杉矶磨耗试验,需要加入15个钢球,总质量为5000g±10g。( )
6. 粗集料压碎值试验,对压力机的要求是500kN,能在10min内达到400kN。( )
7. 粗集料在混合料中起骨架作用,细集料则起填充作用。( )
8. 沥青混合料所用填料,主要采用磨细石灰石等碱性矿粉,也可用消石灰粉、水泥、粉煤灰等矿物质粉末。( )
9. 粗集料的表观密度和毛体积密度的重复性试验精密度要求两次试验结果之差不得超过0.01;对吸水率不得超过0.2%。( )
10. 测定粗集料的堆积密度,可以计算粗集料的空隙率,亦可以评价其质量。( )
11. 粗集料的力学性质试验主要包括各种密度、空隙率、吸水率、含水率、级配、针片状颗粒含量、坚固性等技术指标的试验检测。( )
12. 粗集料的筛分试验有水洗法和干筛法。对水泥混凝土用粗集料必须采用干筛法。( )
13. 水煮法试验,同一试样应平行试验10个集料颗粒,并由两名以上经验丰富的试验人员分别评定后,取平均等级作为试验结果。( )
14. 矿粉的密度试验应采用蒸馏水作为介质。( )
15. 容量筒应根据集料的公称最大粒径选择,大一级的粒径也可选用小一级的容量筒。( )

16. 通过干筛法可以测定水泥混凝土用砂的颗粒级配,并确定砂的粗细程度。（   ）
17. 压碎值不能代表粗集料的强度。（   ）
18. 碎石的公称最大粒径通常比最大粒径小一个粒级。（   ）
19. 砂的筛分曲线既可以表示砂的颗粒粒径分布情况,也可以表示砂的细度模数。（   ）
20. 矿料的组成设计有多种方法,但常用的方法有试算法和图解法两类。（   ）
21. 矿质混合料的组成设计应满足混合料具有较高的密实度和较大的内摩擦力的要求。
（   ）
22. 各种集料按照一定比例搭配,为达到较高的密实度,必须采用连续级配类型混合料。
（   ）
23. 混凝土用中砂主要为Ⅱ区砂。（   ）
24. 集料的吸水率就是含水率。（   ）
25. 集料的孔隙率又称作空隙率。（   ）
26. 细度模数越大,表示细集料越粗。（   ）
27. 卵石、碎石中针状颗粒指长度大于其所属粒级平均粒径2.5倍的颗粒；片状颗粒指厚度小于平均粒径0.5倍的颗粒。（   ）
28. 矿粉与沥青黏附性的试验方法采用亲水系数法。沥青混合料选用矿粉主要采用亲水系数大于1的碱性石灰岩矿粉。（   ）
29. 矿质混合料组成设计的图解设计法中,相邻的两条级配曲线的相接位置关系最常见。
（   ）
30. 细度模数在一定程度上能反映砂的粗细概念,但并不能全面反映砂的粒径分布情况。
（   ）
31. 采用水洗法进行砂的筛分试验,应先直接通过0.075mm筛仔细洗除细粉悬浮液。
（   ）
32. 粗细集料是按照4.75mm粒径划分的,大于4.75mm的称为粗集料,小于4.75mm的称为细集料。（   ）
33. 矿粉筛分试验,应选择0.6mm、0.3mm、0.15mm、0.075mm组成的套筛进行水洗筛分。
（   ）
34. 沥青混合料用粗集料的质量标准中,要求针片状颗粒含量:高速公路、一级公路表面层不大于15%,其他层次不大于20%；其他等级公路不大于20%。（   ）
35. 水泥混凝土用卵石、碎石的针片状颗粒含量不得大于:5%（Ⅰ类）、10%（Ⅱ类）,15%（Ⅲ类）。（   ）
36. 粗集料压碎值试验结果计算及精度要求:单次试验结果计算精确至0.1%,取3次平行试验结果的算术平均值,精确至1%。（   ）
37. 亚甲蓝值是用于评定机制砂中粒径小于75μm的颗粒的吸附能力指标。若沉淀物周围出现明显色晕,则判定亚甲蓝快速试验合格,反之,判定为不合格。（   ）
38. 含泥量与石粉含量的共性都是指粒径小于0.075mm的颗粒含量。区别是含泥量是评价天然砂洁净程度的指标,石粉含量是评价机制砂的指标。（   ）
39. 细集料亚甲蓝试验结束的标准是,用玻璃棒蘸取一滴含有亚甲蓝的试样悬浮液,滴于

滤纸上观察,直至沉淀物(直径在8~12mm内)周围出现约1mm的稳定浅蓝色色晕,并可持续4min不消失。（　　）

40.粗集料软弱颗粒试验,通过加荷确定破碎的软弱颗粒并称其质量,计算软弱颗粒含量。（　　）

41.砂当量试验可以计算砂当量SE或目测砂当量SEV,应平行测定两次,取砂当量的平均值,以活塞测得砂当量为准,并以整数表示。（　　）

42.采用间隙率法测定细集料的棱角性,松装间隙率即为细集料的棱角性。（　　）

三、多项选择题(每题所列的备选项中,有两个或两个以上正确答案,选项全部正确得满分,选项部分正确按比例得分,出现错误选项本题不得分,每题2分)

1. 为提高高速公路、一级公路路面的抗滑性,所选石料时应该考虑(　　)力学指标。
   A. 磨光值　　　B. 抗压强度　　　C. 道瑞磨耗值　　　D. 冲击值

2. 石料的化学性质对其路用性能影响较大,通常按SiO_2的含量将石料划分为(　　)。
   A. 酸性石料　　　B. 中性石料　　　C. 碱性石料　　　D. 基性石料

3. 粗集料的物理性质指标主要包括(　　)。
   A. 表观密度
   B. 毛体积密度
   C. 级配
   D. 针片状颗粒含量

4. 粗集料的表观体积包括(　　)。
   A. 矿质实体体积
   B. 空隙体积
   C. 开口孔隙体积
   D. 闭口孔隙体积

5. 粗集料的坚固性试验,配制硫酸钠溶液可加入(　　)。
   A. 结晶硫酸钠
   B. 无水硫酸钠
   C. 氯化钡
   D. 氢氧化钠

6. 粗集料的力学性质通常用(　　)指标表示。
   A. 压碎值
   B. 坚固性
   C. 软石含量
   D. 洛杉矶磨耗损失

7. 粗集料的毛体积密度是在规定条件下单位毛体积的质量,其中毛体积包括(　　)体积。
   A. 矿质实体　　　B. 闭口孔隙　　　C. 开口孔隙　　　D. 颗粒间空隙

8. 高速公路、一级公路抗滑层用粗集料除应满足基本质量要求外,还需要检测(　　)指标。
   A. 含泥量
   B. 与沥青的黏附性
   C. 针片状颗粒含量
   D. 磨光值

9. 常用细集料主要有(　　)。
   A. 天然砂　　　B. 人工砂　　　C. 石屑　　　D. 矿粉

10. 集料的磨耗性可以采用(　　)磨耗试验测定。
    A. 洛杉矶　　　B. 狄法尔　　　C. 道瑞　　　D. 肯塔堡

11. 粗集料中对水泥混凝土能够带来危害的有害杂质主要包括(　　)。

A. 泥或泥块　　　B. 有机质　　　C. 轻物质　　　D. 三氧化硫

12. 细集料的表观密度试验,需要测定(　　)。
   A. 烘干后试样的质量　　　　　B. 水和容量瓶的总质量
   C. 试样、水和容量瓶的总质量　　D. 水的试验温度

13. 细集料的棱角性试验,说法正确的是(　　)。
   A. 一种试样需平行试验 5 次
   B. 棱角性仅适用于机制砂
   C. 评定细集料颗粒的表面构造和粗糙度
   D. 预测细集料对沥青混合料的内摩擦角和抗流动变形性能的影响

14. 粗集料不同堆积状态下的密度包括(　　),用以确定粗集料的空隙率或间隙率。
   A. 堆积密度　　B. 振实密度　　C. 毛体积密度　　D. 捣实密度

15. 集料的堆积密度试验是将集料按规定的方法装填于密度筒中,集料的堆积体积由(　　)体积组成。
   A. 矿质实体　　B. 颗粒间隙　　C. 开口孔隙　　D. 闭口孔隙

16. 细集料棱角性试验有(　　)方法。
   A. 流动时间法　　B. 筛分法　　C. 间隙率法　　D. 四分法

17. 测定细集料中含泥量的试验方法有(　　)。
   A. 筛洗法　　B. 砂当量法　　C. 比色法　　D. 亚甲蓝法

18. 关于细集料砂当量试验,以下说法正确的是(　　)。
   A. 测定细集料中的黏性土或杂质
   B. 测定细集料中 <0.075mm 颗粒含量
   C. 目前沥青混合料用细集料对砂当量指标做了具体要求
   D. 砂当量 = 试筒中用活塞测定的集料沉淀物高度/(试筒中絮凝物 + 沉淀物的总高度),以百分率表示

19. 与石油沥青黏附性较好的石料有(　　)。
   A. 闪长岩　　B. 花岗岩　　C. 石灰岩　　D. 玄武岩

20. 下列岩石中(　　)为酸性石料。
   A. 花岗岩　　B. 辉绿岩　　C. 玄武岩　　D. 石英岩

21. 粗集料的碱活性试验主要有(　　)方法。
   A. 砂浆长度法　　　　　　B. 岩相法
   C. 比长法　　　　　　　　D. 抑制集料碱活性效能试验法

22. 各种集料按照一定比例搭配,为了达到密级配要求,可以采用(　　)类型。
   A. 连续级配　　B. 间断级配　　C. 开级配　　D. 半开级配

23. 为设计方便,绘制矿质混合料的级配曲线通常可以采用(　　)坐标系。
   A. 对数　　B. 半对数　　C. 指数　　D. 常数

24. 矿质混合料有多种组成设计方法,目前一般习惯于采用(　　)。
   A. 试算法　　B. 正规方程法　　C. 图解法　　D. 电子表格法

25. 用于细粒式沥青混合料的粗集料,检验其级配最常选用的方孔筛筛孔尺寸有(　　)。

A. 16mm　　　　B. 13.2mm　　　　C. 9.5mm　　　　D. 4.75mm

26. 沥青路面用粗集料在混合料中起骨架作用,(　　)材料可以用作粗集料。
    A. 碎石　　　　B. 石屑　　　　C. 砾石　　　　D. 矿渣

27. 不同水温条件下测量的粗集料表观密度需要进行水温修正,修正时与(　　)参数有关系。
    A. 试验温度下水的密度　　　　B. 粗集料水中质量
    C. 水的温度修正系数　　　　D. 粗集料干质量

28. (　　)所用粗集料的筛分试验必须采用水筛法试验。
    A. 水泥混凝土　　B. 沥青混合料　　C. 路面基层　　D. 路基

29. 沥青混合料用粗集料的质量要求中,按交通等级分别对(　　)的针片状颗粒含量做了要求。
    A. 总的混合料　　　　B. 9.5mm 以上颗粒
    C. 9.5mm 以下颗粒　　D. 16mm 以上颗粒

30. 关于砂当量试验步骤中,正确的做法是(　　)。
    A. 将冲洗液吸入至试筒最下面的 100mm 刻度处
    B. 将试筒水平固定在振荡机上,振荡 10min
    C. 冲洗管从试筒底部慢慢转动冲洗并匀速缓慢提高,直至溶液达到 380mm 刻度线为止
    D. 静置 20min 后,插入配重活塞并量取沉淀高度 h_2

31. 粗集料软弱颗粒试验,应将一定质量的试样筛分成(　　)粒级,然后分别施加不同荷载,破碎的颗粒即属于软弱颗粒。
    A. 4.75～9.5mm　　　　　　　B. 9.5～16mm
    C. 16～19.5mm　　　　　　　D. ＞16mm

32. 砂当量试验需要配制(　　)。
    A. 高浓度氯化钙溶液
    B. 浓溶液(高浓度 $CaCl_2$ 溶液 + 丙三醇 + 甲醛,并按要求稀释)
    C. 高浓度氢氧化钙溶液
    D. 冲洗液(浓溶液按要求稀释)

四、综合题[根据所列资料,以选择题的形式(单选或多选)选出正确的选项。每道大题 10 分,包括 5 道小题,每小题 2 分,选项部分正确按比例得分,出现错误选项该题不得分]

1. 水泥混凝土用石灰岩碎石(10～20mm)各项指标的试验结果如下表,根据表中数据回答下列相关问题。

检测指标	实测值	Ⅰ类标准
压碎值	12%	≤10%
表观密度	2680kg/m³	≥2600kg/m³
针片状颗粒含量	4.3%	≤5%

续上表

检测指标	实测值	Ⅰ类标准
质量损失(坚固性)	3%	≤5%
含泥量	0.29%	≤0.5%
碱-集料反应	—	试验后试件应无裂缝、酥裂、胶体外溢等现象,在规定的试验龄期膨胀率应小于0.10%

(1)该碎石试验依据标准是( )。
　　A.《建设用砂》(GB/T 14684—2011)
　　B.《建设用卵石、碎石》(GB/T 14685—2011)
　　C.《公路工程集料试验规程》(JTG E42—2005)
　　D.《公路工程岩石试验规程》(JTG E41—2005)

(2)测定石灰岩碎石(10~20mm)表观密度的目的是( )。
　　A.计算碎石的空隙率　　　　　B.计算碎石压实度
　　C.用于水泥混凝土配合比设计　　D.评价碎石质量

(3)碎石指标实测值表达错误的有( )。
　　A.压碎值　　　　　　　　　　B.针片状颗粒含量
　　C.质量损失　　　　　　　　　D.含泥量

(4)该碎石碱-集料活性检验可采用( )方法评价。
　　A.岩相法　　　　　　　　　　B.砂浆长度法
　　C.抑制集料碱活性效能试验　　D.膨胀率试验

(5)关于该碎石,下列说法正确的是( )。
　　A.该碎石属Ⅱ类碎石
　　B.该碎石不符合Ⅰ类碎石标准
　　C.评价该碎石性能,还需该检测岩石抗压强度、吸水率、堆积密度、有机物、硫化物及硫酸盐等指标
　　D.10~20mm规格碎石为连续粒级

2.依据《公路工程集料试验规程》(JTG E42—2005),粗集料密度试验记录表如下(水温22℃,$\rho_T = 0.99779 g/cm^3$,水温修正系数$\alpha_T = 0.006$),请回答下列问题。

试验次数	干质量m_a(g)	表干质量m_f(g)	水中质量m_w(g)	表观密度(g/cm³)	毛体积密度(g/cm³)	吸水率(%)
1	1010.4	1016.6	628.2	2.638	2.595	0.61
2	1011.9	1017.7	627.4	2.626	2.587	0.57
平均值	—	—	—	2.63	2.59	0.6

(1)粗集料密度试验,下列说法错误的是( )。
　　A.本试验采用的网篮法
　　B.粗集料密度试验还可以采用容量瓶法、广口瓶法

C. 网篮法测定粗集料的密度不适用于仲裁及沥青混合料配合比设计使用

D. 粗集料密度试验可以采用试验温度下水的密度或水温修正系数进行修正

(2)测定碎石表观密度、毛体积密度(或表观相对密度、毛体积相对密度)的目的是( )。

  A. 用于计算碎石的空隙率或间隙率

  B. 为水泥混凝土或沥青混合料配合比设计提供原始数据

  C. 评价碎石的工程适用性

  D. 计算沥青混合料用粗骨料骨架捣实状态下的间隙率,还需要测其堆积密度

(3)本试验记录错误之处有( )。

  A. 单次试验的表观密度和毛体积密度的精确度

  B. 表观密度、毛体积密度平均值的精确度

  C. 吸水率计算方法与精确度

  D. 吸水率平均值的精确度

(4)关于本次试验下列说法正确的是( )。

  A. 表观密度、毛体积密度两次试验之差均超出 0.002,故试验无效

  B. 两次试验的表观相对密度分别为 2.644、2.632,均值为 2.638

  C. 两次试验的毛体积相对密度分别为 2.601、2.593,均值为 2.597

  D. 两次吸水率试验结果未超出 0.2% 的精密度要求,吸水率应为 0.59%

(5)关于粗集料试验步骤,下列说法正确的是( )。

  A. 试验环境,要求水温调节至 20℃ ±2℃

  B. 将粗集料试样漂洗干净后,室温下保持浸水 24h

  C. 饱和面干状态是用拧干的湿毛巾轻轻擦去浸泡后集料表面的水至表面无发亮的水迹

  D. 立即称取集料表干质量后,将其置于浅盘并烘至恒重,一般烘干时间不少于 4~6h

3. 混凝土用砂样筛分结果如下表,请回答下列问题。

筛孔尺寸(mm)	4.75	2.35	1.18	0.6	0.3	0.15	筛底
筛余质量(g)	45	95	120	105	75	55	5

(1)下列说法正确的是( )。

  A. 细度模数评价砂的粗细程度

  B. 细度模数与级配参数共同评价砂的级配

  C. 某粒径的累计筛余是指砂中大于该粒径的颗粒含量百分率

  D. 该砂筛分试验,各筛余质量和筛底质量总和应不超过试样总量的 1%,即 5g

(2)该砂样细度模数与粗度的关系为( )。

  A. 细度模数为 3.24,属于粗砂   B. 细度模数为 2.60,属于中砂

  C. 该砂属于粗砂,为Ⅰ区砂   D. 细度模数为 3.2,属于Ⅰ区砂

(3)砂的级配曲线,正确的绘制方法是( )。

  A. 筛孔作为横坐标,采用常数   B. 筛孔的对数作为横坐标

C. 通过率作为纵坐标,采用常数　　　　D. 通过率的对数作为纵坐标

(4)该砂配制混凝土有可能出现(　　)现象。
　　A. 黏性略大　　　　　　　　　　B. 保水性差
　　C. 流动性小　　　　　　　　　　D. 不易捣实

(5)关于砂样级配,说法正确的是(　　)。
　　A. 配制混凝土,该砂宜选择较大的砂率
　　B. 细度模数范围为 1.6~3.7 的砂均可配制混凝土
　　C. 机制砂应遵照天然砂的级配标准
　　D. 用于混凝土的砂样,筛分试验应选择水筛法

4. 关于细集料的表观密度与表观相对密度试验,请回答下列问题。

(1)细集料的表观密度与表观相对密度的含义,解释正确的选项有(　　)。
　　A. 细集料的表观密度是指其单位表观体积的干质量,也称为视密度
　　B. 细集料的表观相对密度是指细集料的表观密度与同温度水的密度之比,以方便计算和在工程中的应用
　　C. 细集料表观密度试验采用标准法(即容量瓶法),测得的表观体积不包括其开口孔隙体积
　　D. 细集料表观密度的试验目的是为鉴定其品质,也为水泥混凝土和沥青混合料的组成设计提供原始数据

(2)关于建筑用砂的表观密度试验,对于样品数量与样品处理,正确的说法是(　　)。
　　A. 取砂样缩分至约 660g,烘干,冷却,分为大致相等的两份备用
　　B. 试样应在 105℃ 的干燥箱中烘干至恒量,并在干燥器中冷却至室温
　　C. 一次试验应称取 300g 的烘干试样,精确至 1g
　　D. 应一次准备好平行试验所需的试样数量

(3)建筑用砂表观密度试验的要点为(　　)。
　　A. 将称取的试样装入容量瓶,注入自来水至接近 500mL 刻度处,用手摇转容量瓶,使砂样充分摇动,排除气泡
　　B. 塞紧瓶塞,静置 48h 左右,然后用滴管小心加水至容量瓶 500mL 刻度处
　　C. 塞紧瓶塞,擦干瓶外水分,称出瓶、砂与水的总质量
　　D. 倒出瓶中的水和试样,洗净容量瓶,再向瓶中注水至 500mL 刻度处,塞紧瓶塞,擦干瓶外水分,称出瓶与水的质量

(4)建筑用砂表观密度试验,对试验用水的要求有(　　)。
　　A. 应使用冷开水
　　B. 使用冷开水与自来水均可
　　C. 试验中两次注入容量瓶中的水,以及从试样加水静置的最后 2h 起直至试验结束,其温度相差不应超过 2℃
　　D. 整个试验过程中,水温应控制在 15~25℃ 的范围内

(5)砂的表观密度试验结果如下表,试验结果表达错误之处是(　　)。

试验次数	砂的质量(g)	砂+瓶+水总质量(g)	瓶+水质量(g)	水温修正系数(水温=22℃)	砂的表观密度(kg/m³)	
					单个值	平均值
1	300.0	860.6	674.2	0.005	2640	2650
2	300.0	864.3	677.1	0.005	2655	

结论:依据《建设用砂》(GB/T 14684—2011),该砂的表观密度满足规定要求

  A. 质量称量,数据记录的精确度
  B. 第2次试验中,计算砂的表观密度单个值的精确度与两次试验平均值的计算值
  C. 第1次试验中,计算砂的表观密度单个值的精确度
  D. 结论

5. 某试验室对水泥混凝土用砂进行筛分试验,以检测砂样的级配情况。试验结果如下表。

筛孔尺寸(mm)		4.75	2.36	1.18	0.6	0.3	0.15	筛底
筛余质量(g)		30	60	90	120	110	80	10
分计筛余百分率(%)		6	12	18	24	22	16	2
累计筛余百分率(%)		6	18	36	60	82	98	100
通过百分率(%)		94	82	64	40	18	2	0
混凝土用砂级配(通过率)范围(%)	粗砂:$M_x=3.7\sim3.1$	90~100	65~95	35~65	15~29	5~20	0~10	—
	中砂:$M_x=3.0\sim2.3$	90~100	75~100	50~90	30~59	8~30	0~10	—
	细砂:$M_x=2.2\sim1.6$	90~100	85~100	75~100	60~84	15~45	0~10	—

  根据以上试验记录,回答下列问题。
  (1)表达砂的级配参数有( )。
   A. 细度模数   B. 分计筛余百分率
   C. 累计筛余百分率   D. 通过百分率
  (2)该砂样为( )。
   A. 粗砂   B. 中砂   C. 细砂   D. 特细砂
  (3)该砂的细度模数为( )。
   A. 2.9   B. 2.8   C. 2.81   D. 2.94
  (4)通常评价砂样级配的工程适用性,采用以下( )指标。
   A. 压碎值   B. 针、片状颗粒含量
   C. 级配   D. 细度模数
  (5)关于该砂的筛分试验,以下说法正确的是( )。
   A. 该砂满足配制混凝土的级配要求
   B. 用于配制混凝土的砂可以选用粗砂、中砂、细砂和特细砂
   C. 混凝土用砂的筛分试验,应依据《建设用砂》(GB/T 14684—2011)
   D. 装有500g砂样的套筛应在摇筛机上摇筛10min,并取下套筛逐个手筛至每分钟通过量小于试样总量的0.1%为止

习题参考答案及解析

一、单项选择题

1. B

【解析】《公路工程集料试验规程》(JTG E42—2005)粗集料洛杉矶磨耗试验(T0317)对平行试验误差的要求为:两次试验的误差应不大2%。

2. B

【解析】粗、细集料含水率试验(JTG E42—2005 T0305、T0332)规定,集料的烘干温度为105℃±5℃。

3. C

【解析】依据粗细集料的分类与定义(JTG E42—2005),在沥青混合料中,粗集料是指粒径大于2.36mm的碎石、破碎砾石、筛选砾石和矿渣等;在水泥混凝土中,粗集料是指粒径大于4.75mm的碎石、砾石和破碎砾石。

4. B

【解析】依据粗集料取样法(JTG E42—2005 T0301),粗集料各项试验所需要的试样最小质量根据公称最大粒径确定。

5. A

【解析】公路工程中粗细集料主要组配成混合料使用,通过组配获得较高的密实度和强度,因此,在混合料中粗集料主要承担骨架作用,细集料起填充作用。

6. B

【解析】依据《建设用卵石、碎石》(GB/T 14685—2011)要求粗集料压碎值试验,每装完一层试样后,在底盘下面垫放一直径为10mm的圆钢,按住筒左右交替颠击地面各25下。

7. B

【解析】采用网篮法测定粗集料密度及吸水率试验(JTG E42—2005 T0304),要求试验时调节水温在15~25℃范围内。

8. D

【解析】SMA初试级配在捣实状态下粗集料的松装间隙率 $VCA_{DRC} = \left(1 - \dfrac{\gamma_s}{\gamma_{CA}}\right)$。其中,$\gamma_s$ 为用捣实法测定的粗集料骨架的松方毛体积相对密度(JTG E42—2005 T0309),γ_{CA} 为粗集料骨架混合料的平均毛体积相对密度。

9. B

【解析】粗集料坚固性试验(GB/T 14685—2011)规定,将试样浸入盛有硫酸钠溶液的容器中浸泡20h后,取出试样放在干燥箱中于105℃±5℃烘干4h,完成了第一次试验循环,待试样冷却至20~25℃后,再重复进行第二次循环。从第二次循环开始,浸泡与烘干时间均为4h,共循环5次。

10. B

【解析】 粗集料针、片状颗粒含量试验(GB/T 14685—2011)规定采用规准仪法,若有粒径大于37.5mm的碎石或卵石可用卡尺检测。

11. C

【解析】 细度模数是指细集料各级粒径的累计筛余之和除以100的商,因砂中常含有大于4.75mm的砾石,故计算公式为 $M_x = \dfrac{(A_{0.15} + A_{0.3} + A_{0.6} + A_{1.18} + A_{2.36}) - 5A_{4.75}}{100 - A_{4.75}}$。

12. A

【解析】 最大粒径和公称最大粒径的定义(JTG E42—2005),最大粒径是指集料100%都要求通过的最小标准筛筛孔尺寸;公称最大粒径是指集料可能全部通过或允许有少量筛余(不超过10%)的最小标准筛筛孔尺寸。依定义知,公称最大粒径往往是最大粒径的下一级筛孔,但31.5mm筛上的筛余量为15% > 10%,故37.5mm即是最大粒径又是公称最大粒径。

13. B

【解析】 粗集料洛杉矶磨耗试验(JTG E42—2005 T0317)将集料分为七个粒度类别,常用规格粗集料的试验条件如下表。

粒度类别	粒级组成 (mm)	试样质量 (g)	试样总量 (g)	钢球个数 (个)	钢球总量 (g)	规 格
A	26.5~37.5 19.0~26.5 16.0~19.0 9.5~16.0	1250±25 1250±25 1250±10 1250±10	5000±10	12	5000±25	—
B	19.0~26.5 16.0~19.0	2500±10 2500±10	5000±10	11	4850±25	S6、S7、S8
C	9.5~16.0 4.75~9.5	2500±10 2500±10	5000±10	8	3330±20	S9、S10、S11、S12
D	2.36~4.75	5000±10	5000±10	6	2500±15	S13、S14

14. B

【解析】 细度模数是用于评价细集料粗细程度的指标,按细度模数大小可将砂划分为粗砂、中砂、细砂和特细砂四类。混凝土可使用粗砂($M_x = 3.7 \sim 3.1$)、中砂($M_x = 3.0 \sim 2.3$)、细砂($M_x = 2.2 \sim 1.6$)。

15. A

【解析】 开级配沥青混合料矿料的级配主要由粗集料嵌挤组成,细集料及填料较少,因此粒径递减系数较大,设计空隙率较大。

16. D

【解析】 配制混凝土用砂原则是希望砂具有高的密度和小的比表面,这样才能达到混凝土有适宜的工作性、强度和耐久性,又达到节约水泥的目的。

17. A

【解析】 Ⅰ区砂属于粗砂范畴,用Ⅰ区砂配制混凝土应较Ⅱ区砂采用较大的砂率,否则,新拌混凝土的内摩擦阻力较大、保水差、不易捣实成型。

18. C

【解析】细度模数的计算与小于0.15mm的颗粒含量无关,虽然细度模数在一定程度上能反映砂的粗细程度,但并不能全面反映砂的粒径分布情况,因为,不同级配的砂可以具有相同的细度模数。

19. D

【解析】混凝土用砂可选用粗砂、中砂、细砂三类,因此,细度模数的变化范围为3.7~1.6。

20. A

【解析】目前集料的标准筛主要使用方孔筛,一般组成标准套筛是按1/2粒径递减的。

21. D

【解析】填料的定义(JTG E42—2005),填料是指在沥青混合料中起填充作用的粒径小于0.075mm矿物质粉末。通常是石灰岩等碱性岩石加工磨细得到的矿粉,也可以使用水泥、消石灰、粉煤灰等。

22. C

【解析】集料密度是指在规定条件下其单位实体体积的质量,$\rho = \dfrac{m}{V_s}$;视密度(即表观密度)是指在规定条件下集料单位表观体积(实体+闭口孔隙体积)的质量,$\rho_a = \dfrac{m}{V_s + V_n}$;堆积密度是采用容量筒测定的集料单位堆积体积(筒体积)的质量,$\rho_f = \dfrac{m}{V_f}$,故 $\rho > \rho_a > \rho_f$。

23. B

【解析】因碱性石料与石油沥青的黏附性较酸性石料的强,故沥青混合料选择石料时应优先选用碱性石料。

24. D

【解析】最大密度曲线 n 幂公式即泰波理论:$p = 100\left(\dfrac{d}{D}\right)^n$。其中,$n$ 为试验指数,通常使用的矿质混合料的级配范围是 $n = 0.3 \sim 0.7$,即允许连续级配可以在一定的范围内波动,主要解决了级配范围问题。

25. A

【解析】最大密度曲线理论:$P = \sqrt{d/D}$,认为矿质混合料的级配曲线愈接近抛物线其密度愈大,当级配曲线为抛物线时,组配的矿质混合料具有最大的密实度,是一种理想的连续级配曲线。

26. C

【解析】细集料的筛分试验(JTG E42—2005 T0327)对试验结果误差要求:两次平行试验所得的细度模数之差大于0.2,应重新进行试验。

27. D

【解析】 细集料的筛分试验(JTG E42—2005 T0327)对筛分称量精密度做了规定:所有各筛的分计筛余量和底盘中剩余的剩余量的总量与筛分前试样总量的差值不得超过后者的1%。砂样总量500g,故称量误差不得超出5g。

28. A

【解析】 矿粉的密度试验(JTG E42—2005 T0352)规定采用李氏比重瓶法。

29. A

【解析】 细集料的筛分试验(JTG E42—2005 T0327)规定先采用0.075mm筛水洗筛分,然后对烘干试样进行干筛法,水洗去掉的小于0.075mm筛余质量=试验前砂样烘干质量-水洗后砂样烘干质量。由于水洗后烘干试样中仍含有少部分小于0.075mm颗粒,因此,试样总量中所含小于0.075mm颗粒的全部质量=(试验前砂样烘干质量-水洗后砂样烘干质量)+水洗后烘干试样中小于0.075mm筛余质量。

30. B

【解析】 路面抗滑性主要要求检测粗集料的磨光值(PSV)、道瑞磨耗值(AAV)和冲击值(AIV)。冲击值越小,抗冲击能力越好;道瑞磨耗值越小,抗磨性越好;磨光值越高,抗滑性越好。

31. C

【解析】 几种岩石中砂岩的硬度最大、强度最高、磨光性最高。

32. D

【解析】 集料大小颗粒搭配的级配有多种形式,采用不同级配类型可以获得不同的空隙率。

33. C

【解析】 矿粉的筛分试验(JTG E42—2005 T0351)规定采用水洗法。

34. A

【解析】 矿粉作为填料主要用于沥青混合料。

35. A

【解析】 矿粉的密度及相对密度试验(JTG E42—2005 T0352)对试验结果的精密度和允许误差的要求:同一试样两次试验结果的差值不得大于$0.01g/cm^3$。

36. C

【解析】 粗集料表观密度试验采用网篮法(JTG E42—2005 T0304)的试验原理是根据试样的干质量、水中质量和表干质量计算出试样的表观体积和毛体积,进一步计算其表观密度和毛体积密度,所以必须充分浸水,使水完全进入试样的开口孔隙。将试样浸水24h,就是为了消除开口孔隙。

37. D

【解析】 含泥量的定义,是指集料中粒径≤0.075mm的尘屑、淤泥、黏土的总含量占集料试样总质量的百分率。

38. D

【解析】 粗集料洛杉矶磨耗试验(JTG E42—2005 T0317)规定,对于常用粗集料,要求以30~33r/min的转速转动500转后停止。

39. B

【解析】粗集料压碎值试验(JTG E42—2005 T0316)的精密度要求做3次平行试验。

40. B

【解析】集料碱活性检验(JTG E42—2005)有三种方法:砂浆长度法,用于鉴定水泥中的碱与活性集料反应所引起的膨胀;岩相法,用于鉴别集料中碱活性集料的种类与数量;抑制集料碱活性效能试验,是对掺加抑制材料效果的检验。

41. A

【解析】亚甲蓝值$(MBV) = \frac{V}{G} \times 10$。其中,MBV指每千克0～2.36mm粒级试样所消耗的亚甲蓝质量(g/kg);G为试样质量(g);V为所加入的亚甲蓝溶液的总量(mL);10为用于每千克试样消耗的亚甲蓝溶液体积换算成亚甲蓝质量。

42. C

【解析】根据含水率的定义,湿料质量m_1与干料质量m_2的换算式为:$m_1 = m_2(1 + 0.01w)$。

二、判断题

1. ×

【解析】集料的毛体积密度是指在规定条件下,单位毛体积颗粒的干质量。

2. ×

【解析】岩石的化学性质是以酸性氧化物SiO_2分类的。

3. √
4. √
5. ×

【解析】粗集料粒级类别不同需要加入的钢球数量与总质量也不同,钢球一般是6～12个。但粗集料试样总质量均为5000g±10g。

6. ×

【解析】粗集料压碎值试验(GB/T 14685—2011)要求压力机量程为300kN,示值相对误差为2%,按1kN/s的速率均匀加荷至200kN。

7. √
8. √
9. ×

【解析】粗集料的表观密度和毛体积密度重复性试验的精密度要求两次试验结果之差不得超过0.02;对吸水率不得超过0.2%。

10. √
11. ×

【解析】这些指标属于粗集料的物理性质指标。

12. ×

【解析】对水泥混凝土用粗集料可采用干筛法,如需要也可以采用水洗法筛分。

13. ×

【解析】水煮法试验要求,同一试样应平行试验 5 个集料颗粒,并由两名以上经验丰富的试验人员分别评定后,取平均等级作为试验结果。

14. ×

【解析】对亲水性矿粉应采用煤油作介质。

15. ×

【解析】大一级的粒径不可以选择小一级的容量筒,否则,试样用量少,缺乏代表性。

16. √

17. ×

【解析】压碎值是衡量粗集料的力学性能指标,能够代表粗集料的强度。

18. √

19. ×

【解析】砂的筛分曲线只能表示砂的颗粒粒径分布情况,不能表示砂的细度模数,细度模数是通过计算得到的一个反映砂的粗度的指标。

20. √
21. √
22. ×

【解析】矿质混合料按照连续级配和间断级配搭配均能够达到较高的密实度,故两种级配都可以选用。

23. √
24. ×

【解析】吸水率和含水率的含水状态不同。吸水率是集料在饱水状态下的最大吸水程度,而含水率则是集料在自然状态下的含水程度。

25. ×

【解析】孔隙指集料自身的开口孔隙和闭口孔隙,空隙指集料颗粒之间的空隙,包括集料的开口孔隙和集料之间的间隙。

26. √
27. ×

【解析】卵石、碎石中针状颗粒含量试验(GB/T 14685—2011)规定,针状颗粒指长度大于其所属粒级平均粒径2.4倍的颗粒;片状颗粒指厚度小于平均粒径0.4倍的颗粒。

28. ×

【解析】碱性石灰岩矿粉的亲水系数小于1。

29. ×

【解析】图解设计法中,相邻的两条级配曲线的重叠位置关系是最常见的。

30. √
31. ×

【解析】不能直接通过 0.075mm 筛水洗,应用 1.18mm、0.075mm 组成套筛,否则 0.075mm 筛面易损坏。

32. ×

【解析】水泥混凝土与沥青混合料中粗细集料的划分方法不同。水泥混凝土中,粗细集料是按 4.75mm 划分的,而沥青混合料中,粗集料和细集料的分界粒径则是 2.36mm。

33. √

34. ×

【解析】沥青混合料用粗集料的针片状颗粒含量(混合料中总含量)为:高速公路、一级公路表面层不大于 15%,其他层次不大于 18%;其他等级公路不大于 20%。

35. √
36. √
37. √
38. √
39. ×

【解析】砂的亚甲蓝值(MBV)试验(JTG E42—2005 T0349)和 GB/T 14684—2011 规定试验结束的标准是,滴于滤纸上的沉淀物周围出现约 1mm 的稳定浅蓝色色晕,并可持续 5min 不消失。

40. ×

【解析】粗集料软弱颗粒试验(JTG E42—2005 T0320),应称出未破碎颗粒的质量 m_2,然后计算软弱颗粒含量 $P(\%) = \dfrac{m_1 - m_2}{m_1} \times 100$,其中 m_1 为试样总量。

41. √
42. √

三、多项选择题

1. ACD

【解析】《公路沥青路面施工技术规范》(JTG F40—2004)对沥青路面用粗集料的力学性质做了规定,通常要求压碎值和磨耗值指标,对于有抗滑要求的高速公路、一级公路路面,还应测定磨光值、道瑞磨耗值和冲击值三项力学指标。

2. ABC

【解析】石料通常按 SiO_2 的含量将其划分酸性(SiO_2 含量 > 65%)、中性(SiO_2 含量 52% ~ 65%)、碱性(SiO_2 含量 < 52%)三种石料。地质学也将石料按 SiO_2 含量分为酸性、中性、基性和超基性四种石料。

3. ABCD

【解析】粗集料的物理性质主要有物理常数、级配、颗粒形状、与水和温度有关的性质,表观密度、毛体积密度、级配、针片状颗粒含量均属于物理性质指标。

4. AD

【解析】按照粗集料表观密度的定义,其表观体积是指不包括开口孔隙在内的体积,由固体体积和闭口孔隙体积构成。

5. AB

【解析】 粗集料坚固性试验(GB/T 14685—2011)采用硫酸钠坚固性法,选用试剂无水硫酸钠或结晶硫酸钠配制硫酸钠溶液。

6. AD

【解析】 粗集料的力学性质通常用石料压碎值和洛杉矶磨耗损失指标表征,坚固性表征抗冻性。

7. ABC

【解析】 依据粗集料毛体积的定义,毛体积是包括集料矿质实体、闭口孔隙和开口孔隙的全部体积,而颗粒间空隙应计入堆积体积。

8. BD

【解析】 依据JTG F40—2004用于沥青路面的粗集料应满足基本质量和规格级配要求,对于高速公路、一级公路沥青路面的表面层(或磨耗值)还有与沥青的黏附性和磨光值的技术要求。

9. ABC

【解析】 依据JTG E42—2005细集料的定义,在沥青混合料中常用的细集料有天然砂、人工砂(机制砂)、石屑;在水泥混凝土中常用的细集料有天然砂、人工砂。

10. ABC

【解析】 集料的磨耗性试验(JTG E42—2005 T0317、T0323)主要有洛杉矶法、道瑞法,也可以使用狄法尔试验方法。

11. ABD

【解析】《公路水泥混凝土路面施工技术细则》(JTG/T F30—2014)及《建设用砂》(GB/T 14684—2011)、《建设用卵石、碎石》(GB/T 14685—2011)对粗细集料的技术要求做出规定,粗集料有害杂质主要有泥及泥块、有机质、硫化物及硫酸盐(按SO_3计),细集料有害杂质主要有泥及泥块、有机质、硫化物及硫酸盐(按SO_3计)、轻物质、云母等。

12. ABCD

【解析】 细集料的表观密度试验(容量瓶法)(JTG E42—2005 T0328),试验结果计算:表观相对密度$\gamma_a = \dfrac{m_0}{m_0 + m_1 - m_2}$,表观密度$\rho_a = \gamma_a \times \rho_T$或$\rho_a = (\gamma_a - \alpha_T) \times \rho_w$。其中,$m_0$为试样的烘干质量;$m_1$为水和容量瓶的总质量;$m_2$为试样、水和容量瓶的总质量;$\rho_w$为水在4℃时的密度(1.000g/cm³);$\rho_T$为试验温度$T$时水的密度;$\alpha_T$为试验温度$T$时水的温度修正系数;$\rho_T$、$\alpha_T$均为与温度有关的常数,可根据水的试验温度查出。

13. ACD

【解析】 细集料的棱角性试验(JTG E42—2005 T0345)采用流动时间法,适用于测定细集料(机制砂、石屑、天然砂)的棱角性,其作用可以评定细集料颗粒的表面构造和粗糙度,可预测细集料对沥青混合料的内摩擦角和抗流动变形性能的影响。一种试样需平行试验5次,以流动时间的平均值计。

14. ABD

【解析】 粗集料堆积密度及空隙率试验(JTG E42—2005 T0309),可以确定三种不同堆积状态下的堆积密度:自然堆积密度、振实密度和捣实密度。自然堆积密度可用于计算料场的用料量,振实密度用于计算水泥混凝土用粗集料振实状态下的空隙率,捣实密度用于计算沥青混合料用粗集料捣实状态下的骨架间隙率。

15. ABCD

【解析】 集料的堆积密度是将集料装填于密度筒中,包括粗集料物质颗粒和颗粒间隙在内的单位堆积体积的质量,即堆积体积包含物质颗粒固体及其闭口、开口孔隙体积、颗粒间隙体积。

16. AC

【解析】 细集料棱角性试验(JTG E42—2005 T0344、T0345)规定有两种方法:间隙率法和流动时间法。

17. ABD

【解析】 细集料含泥量的试验方法(JTG E42—2005)有筛洗法、砂当量法、亚甲蓝法。含泥量试验测定的是细集料中小于 0.075mm 的颗粒含量,用%表示;砂当量适用于测定细集料中所含的黏性土或杂质的含量,计作 SE;亚甲蓝值适用于确定细集料中是否存在膨胀性黏土矿物,以 MBV 表示。比色法则是检测砂中有机质的试验方法。

18. ACD

【解析】 细集料砂当量试验(JTG E42—2005 T0334)测定的是细集料中所含的黏性土或杂质的含量,不是<0.075mm 颗粒含量;筛洗法试验测定的是细集料中小于 0.075mm 的颗粒含量,即含有泥也含有小于 0.075mm 的细砂,所以不够准确。沥青混合料中应严格控制细集料的含泥量,故采用对砂当量指标。砂当量的计算式正确。

19. CD

【解析】 闪长岩属中性岩石,花岗岩属酸性岩,石灰岩、玄武岩属于碱性岩石。碱性岩石与石油沥青黏附性较好。

20. AD

【解析】 花岗岩、砂岩属于酸性岩石,辉绿岩是中性岩石,玄武岩是碱性岩石。

21. ABD

【解析】 粗集料碱活性试验(JTG E42—2005 T0324、T0325、T0326)有砂浆长度法、岩相法、抑制集料碱活性效能法。砂浆长度法用于鉴定水泥中的碱与活性集料反应所引起的膨胀;岩相法用于鉴别集料中碱活性集料的种类与数量;抑制集料碱活性效能试验是对掺加抑制材料效果的检验。

22. AB

【解析】 连续级配和间断级配都可以设计出空隙率为 3%～6% 的密级配沥青混合料,而开级配和半开级配的空隙率则较大,依据 JTG F40—2004,一般开级配的设计空隙率>18%,半开级配的设计空隙率为 6%～12%。

23. BC

【解析】 矿质混合料的级配曲线为绘制、图解方便一般不采用常坐标系,而最常采用半对数和指数坐标进行曲线的绘制、表示和图解设计。

24. ACD

【解析】 矿质混合料的组成设计方法一般习惯于采用试算法和图解法,随着计算机软件的开发,电算法也广泛应用。

25. ABCD

【解析】 细粒式沥青混合料有 AC-10、AC-13 两种类型,最大粒径分别为 13.2mm、16mm,检验其级配最常选用的方孔筛筛孔尺寸有 16mm、13.2mm、9.5mm、4.75mm。

26. ACD

【解析】 在沥青混合料中,粗集料是指粒径大于 2.36mm 的石料,包括碎石、破碎砾石、筛选砾石和矿渣等。

27. ABCD

【解析】 根据粗集料的表观密度试验(网篮法)(JTG E42—2005 T0304),可知试验结果计算式:表观相对密度 $\gamma_a = \dfrac{m_a}{m_a + m_w}$,表观密度 $\rho_a = \gamma_a \times \rho_T$ 或 $\rho_a = (\gamma_a - \alpha_T) \times \rho_w$。其中,$m_a$ 为试样的烘干质量;m_w 为试样的水中质量,试验结果的温度修正方法同细集料的表观密度试验。

28. BC

【解析】 粗集料的筛分试验(JTG E42—2005 T0302)规定,对水泥混凝土用粗集料可采用干筛法,如需要也可以采用水洗法筛分;对沥青混合料和基层用细集料必须用水洗法筛分。

29. ABC

【解析】 沥青混合料用粗集料的质量要求(JTG F40—2004),对总的混合料中针片状颗粒含量做了要求,其中对大于 9.5mm 颗粒和小于 9.5mm 颗粒中针片状颗粒含量也做了规定。

30. AC

【解析】 细集料砂当量试验(JTG E42—2005 T0334)正确步骤是:将冲洗液吸入至试筒最下面的 100mm 刻度处;将试样倒入竖立的试筒中,用手掌反复敲打试筒下部除去气泡,放置 10min;将试筒水平固定在振荡机上,在 30s±1s 的时间内振荡 90 次;将冲洗管从试筒底部慢慢转动冲洗并匀速缓慢提高,直至溶液达到 380mm 刻度线为止;切断冲洗后静置 20min±15s;先量测从试筒底部到絮状凝结物上液面的高度 h_1,再插入配重活塞并量测沉淀高度 h_2。

31. ABD

【解析】 粗集料软弱颗粒试验(JTG E42—2005 T0317)规定,称取 2kg 试样(对于粒径 31.5mm 以上的称取 4kg),将其筛分成 4.75~9.5mm、9.5~16mm、16mm 以上粒级各一份,依次分别加以 0.15kN、0.25kN、0.34kN 荷载,破碎的颗粒即属于软弱颗粒。

32. ABD

【解析】 细集料砂当量试验(JTG E42—2005 T0334)需要用化学试剂配制试液:高浓度氯化钙溶液(无水氯化钙:蒸馏水 =1g:2mL)、浓溶液(高浓度 $CaCl_2$ 溶液 + 丙三醇 + 甲醛,并按要求稀释)、冲洗液(浓溶液按要求稀释)。

四、综合题

1. (1) BC   (2) ACD   (3) BD   (4) B   (5) ABC

【解析】

（1）表观密度、碱-集料反应试验依据《公路工程集料试验规程》（JTG E42—2005）进行；压碎值、针片状颗粒含量、质量损失（坚固性）、含泥量试验依据《建设用卵石、碎石》（GB/T 14685—2011）进行。

（2）粗集料振实空隙率 $V_c = (1 - \rho/\rho_a) \times 100\%$。其中，$\rho_a$ 为粗集料表观密度；ρ 为粗集料振实堆积密度。水泥混凝土配合比设计，采用体积法计算单位砂石材料用量时需要粗细集料的表观密度；表观密度是评价碎石质量的指标之一；碎石室内试验无压实度评价指标。

（3）针片状颗粒含量计算结果精确至 1%，实测值应为 4%；含泥量计算结果精确至 0.1%，实测值应为 0.3%。

（4）砂浆长度法用于鉴定水泥中的碱与活性集料反应所引起的膨胀；岩相法鉴别集料中碱活性集料的种类与数量；抑制集料碱活性效能试验是对掺加抑制材料效果的检验；膨胀率试验用于评价砂的含水率在一定变化范围内体积变化情况。

（5）A、C 选项符合《建设用卵石、碎石》（GB/T 14685—2011）技术指标要求；10～20mm 规格碎石为单粒级。

2. (1) C   (2) AB   (3) BD   (4) BCD   (5) BCD

【解析】

（1）粗集料密度试验通常采用网篮法，也可以采用容量瓶法、广口瓶法，但不适于仲裁及沥青混合料配合比设计使用。粗集料表观密度、毛体积密度采用试验温度下水的密度修正 $\rho_a = \gamma_a \cdot \rho_T$，$\rho_b = \gamma_b \cdot \rho_T$；水温修正系数修正 $\rho_a = (\gamma_a - \alpha_T) \cdot \rho_w$，$\rho_b = (\gamma_b - \alpha_T) \cdot \rho_w$。其中，$\gamma_a$、$\gamma_b$ 分别为粗集料表观相对密度、毛体积相对密度，ρ_w 为 4℃水的密度（1.000g/cm³）。

（2）水泥混凝土用粗集料振实空隙率 $V_c = (1 - \rho/\rho_a) \times 100\%$。其中，$\rho_a$、$\rho$ 分别为粗集料的表观密度和振实堆积密度。沥青混合料用粗集料骨架捣实间隙率 $VCA_{DRC} = (1 - \rho/\rho_b) \times 100\%$。其中，$\rho_b$、$\rho$ 分别为粗集料的毛体积密度和捣实状态下的堆积密度。水泥混凝土用粗集料以表观密度作为评价指标，沥青混合料用粗集料以表观相对密度作为评价指标。

（3）粗集料表观密度和毛体积密度的单个值与平均值计算均准确值 3 位小数；吸水率计算方法正确：$w_x = \dfrac{m_f - m_a}{m_a} \times 100\%$，单个值与平均值均应精确至 0.01%，吸水率平均值应为 0.59%。

（4）依据《公路工程集料试验规程》（JTG E42—2005），粗集料表观密度、毛体积密度精密度要求两次试验结果相差不得超过 0.02，两次吸水率结果相差不得超过 0.2%，本试验均满足要求。粗集料的表观相对密度 $\gamma_a = m_a/(m_a - m_w)$、毛体积相对密度 $\gamma_b = m_a/(m_f - m_w)$，计算结果均准确值 3 位小数。

（5）试验环境，要求水温调节至 15～25℃；B、C、D 选项符合试验规程要求。

3. (1) ABCD   (2) AC   (3) BC   (4) BD   (5) AB

【解析】

（1）细度模数是评价砂粗细程度指标；砂的级配需要采用细度模数与级配参数（分计筛余、累计筛余、通过百分率）共同评价；累计筛余是砂中大于某粒径颗粒含量的含义；该砂样质量为 500g，按筛分试验各筛余质量和筛底质量总和应不超过试样总量的 1% 的要求计算，试验精度上限应为5g。

(2) $M_x = [(28+52+73+88+99) - 5\times9]/(100-9) = 3.24$(精确至0.01),粗砂细度模数3.7~3.1,为Ⅰ区砂。

(3)绘制集料级配曲线通常采用半对数坐标,即筛孔的对数作为横坐标,通过率的常数作为纵坐标。

(4)该砂为粗砂,表面积较小,内摩擦力较大,因而配制的混凝土有可能保水性差,不易捣实;细砂配制混凝土会出现黏性略大,较细软,易插捣成型,但对工作性影响较敏感。

(5)粗砂的表面积小,配制混凝土应选较中砂大的砂率,否则会出现保水性不良或离析现象;细度模数为1.6~3.7的砂包括粗砂、中砂与细砂,均可以用于配制水泥混凝土;机制砂应遵照机制砂的级配标准,与天然砂的级配标准有差异;用于混凝土的砂样筛分试验一般采用干筛法,沥青混合料及路面基层混合料用砂级配则采用水筛法。

4.(1)ABCD   (2)AD   (3)CD   (4)ACD   (5)B

【解析】

(1)细集料的表观密度与表观相对密度的定义为:表观密度是指细集料单位表观体积(矿质实体+闭口孔隙体积)的干质量,也称为视密度,采用标准法(即容量瓶法)测定;表观相对密度是指细集料的表观密度与同温度水的密度之比。试验目的:鉴定其品质,为水泥混凝土和沥青混合料的组成设计提供原始数据。

(2)依据《建设用砂》(GB/T 14684—2011),砂的表观密度试验试样准备应一次准备平行试验所需试样数量,应将砂样缩分至约660g,烘干,冷却,分为大致相等的两份备用。

(3)依据《建设用砂》(GB/T 14684—2011)砂的表观密度试验要点:称取300g砂样(精确至0.1g)装入容量瓶,注入冷开水至接近500mL刻度处,用手摇转容量瓶,使砂样充分摇动,排除气泡;塞紧瓶塞,静置24h,然后用滴管小心加水至容量瓶500mL刻度处;塞紧瓶塞,擦干瓶外水分,称出瓶、砂与水的总质量;倒出瓶中的水和试样,洗净容量瓶,再向瓶中注水至500mL刻度处,塞紧瓶塞,擦干瓶外水分,称出瓶与水的质量;计算。

(4)砂表观密度试验要求试验用水为冷开水;试验中两次注入容量瓶中的水,以及从试样加水静置的最后2h起直至试验结束,其温度相差不应超过2℃;整个试验过程的水温应控制在15~25℃的范围内。

(5)《建设用砂》(GB/T 14684—2011)要求试样称量精确至0.1g;表观密度取2次试验结果的算术平均值,精确至10kg/m³,如2次试验结果之差大于20kg/m³,应重新试验。可见,以上试验记录表中第2次试验砂的表观密度单个值的精确度不正确,应为2650kg/m³,按照《数值修约规则与极限数值的表示和判定》(GB/T 8170—2008),表观密度平均值应为2660kg/m³。

5.(1)BCD   (2)B   (3)C   (4)CD   (5)ACD

【解析】

(1)砂的级配采用筛分试验获得,表征参数有分计筛余百分率、累计筛余百分率和通过百分率。

(2)、(3)砂的细度模数计算如下:

$$M_x = \frac{(A_{0.15} + A_{0.3} + A_{0.6} + A_{1.18} + A_{2.36}) - 5A_{4.75}}{100 - A_{4.75}}$$

$$= \frac{(18 + 36 + 60 + 82 + 98) - 5 \times 6}{100 - 6}$$

$$= 2.81$$

符合2.3~3.1中砂范围,属于中砂。

(4)虽然细度模数在一定程度上能反映砂的粗细程度,但并不能全面反映砂的粒径分布情况,所以不同级配的砂可以具有相同的细度模数。因此,评价砂样级配的工程适用性应同时采用级配和细度模数两个指标全面反映。

(5)关于该砂的筛分试验,B选项不正确,用于配制混凝土的砂可以选用粗砂、中砂、细砂;其余选项正确。

第四章　水泥与水泥混凝土

一、单项选择题(四个备选项中只有一个正确答案,每题1分)

1. 目前主要采用(　　)筛析试验方法检测水泥的细度。
   A. 手筛　　　　　　B. 水筛　　　　　　C. 干筛　　　　　　D. 负压筛

2. 采用负压筛析法检测水泥细度试验前,首先应调节负压至(　　)范围内。
   A. 1000~2000Pa　　B. 2000~4000Pa　　C. 4000~6000Pa　　D. 6000~8000Pa

3. 不变水量法测定水泥标准稠度用水量,水泥用量为500g,加入用水量为(　　)。
   A. 125.5mL　　　　B. 142mL　　　　　C. 142.5mL　　　　D. 150mL

4. 现行规程规定,采用维卡仪测定水泥标准稠度用水量,以试杆距底板的距离为(　　)作为水泥净浆达到标准稠度的判定标准。
   A. 3mm±1mm　　　B. 4mm±1mm　　　C. 5mm±1mm　　　D. 6mm±1mm

5. 测定水泥标准稠度用水量,要求整个试验在水泥净浆搅拌后(　　)内完成。
   A. 90s　　　　　　B. 120s　　　　　　C. 150s　　　　　　D. 5min

6. 采用标准法当调整用水量为136mL时,维卡仪试杆沉入水泥净浆的深度为35mm即停止下沉,计算水泥标准稠度用水量为(　　)。
   A. 27%　　　　　　B. 30%　　　　　　C. 27.2%　　　　　D. 29%

7. 采用维卡仪测定水泥初凝时间,试针下沉距底板的距离为4mm±1mm停止,此时即为(　　)。
   A. 初凝时间　　　　B. 终凝时间　　　　C. 初凝状态　　　　D. 终凝状态

8. 水泥现行技术标准规定硅酸盐水泥的初凝时间不得早于(　　)。
   A. 30min　　　　　B. 45min　　　　　C. 1h　　　　　　　D. 1.5h

9. 生产水泥需要加入石膏以调节水泥的凝结速度,石膏的用量必须严格控制,否则,过量的石膏会造成水泥(　　)现象。
   A. 安定性不良　　　B. 凝结速度加快　　C. 凝结速度减慢　　D. 强度降低

10. 42.5R为早强型水泥,其特点是(　　)强度较42.5普通型水泥高。
    A. 3d　　　　　　 B. 7d　　　　　　　C. 14d　　　　　　D. 28d

11. 采用雷氏夹试验判定水泥体积安定性,当两个试件煮后增加距离($C-A$)平均值不超过5.0mm时,安定性合格;当两个试件($C-A$)平均值超过(　　)时,应重做一次试验。以复检结果为准。
    A. 3.0mm　　　　　B. 4.0mm　　　　　C. 5.0mm　　　　　D. 4.5mm

12. 以水泥检测报告为验收依据时,水泥封存样应密封保管的时间为(　　)个月。

— 94 —

A. 1　　　　　　B. 2　　　　　　C. 3　　　　　　D. 4

13. 采用标准维卡仪进行水泥标准稠度用水量试验,维卡仪滑动部分的总质量为(　　)。
    A. 200g±2g　　B. 200g±1g　　C. 300g±2g　　D. 300g±1g

14. 水泥试验,要求试验室温度为20℃±2℃,相对湿度大于(　　),湿气养护箱的温度为20℃±1℃,相对湿度大于(　　)。
    A. 60%;90%　　B. 50%;90%　　C. 60%;95%　　D. 55%;95%

15. ISO法检验水泥的胶砂强度,水泥与标准砂的比为1:3,水灰比为(　　)。
    A. 0.5　　　　B. 0.45　　　　C. 0.44　　　　D. 0.33

16. 袋装水泥取样应采用规定的取样器,随机选择不少于(　　)袋水泥,每袋3个以上不同的位置。
    A. 100　　　　B. 50　　　　　C. 20　　　　　D. 10

17. 高湿度环境或水下环境的混凝土应优先选择(　　)。
    A. 硅酸盐水泥　　B. 普通水泥　　C. 矿渣水泥　　D. 粉煤灰水泥

18. C40以上的混凝土应优先选择(　　)。
    A. 硅酸盐水泥　　B. 普通水泥　　C. 矿渣水泥　　D. 粉煤灰水泥

19. 厚大体积混凝土不宜使用(　　)。
    A. 硅酸盐水泥　　B. 普通水泥　　C. 矿渣水泥　　D. 粉煤灰水泥

20. 现行试验规程采用(　　)法进行水泥胶砂强度试验。
    A. 雷氏夹　　　　B. 维卡仪　　　C. 沸煮　　　　D. ISO

21. 水泥胶砂抗压强度试验夹具的受压面积为(　　)。
    A. 40mm×60mm　　B. 30mm×50mm　　C. 40mm×40mm　　D. 60mm×60mm

22. 对于需水量较大的水泥进行胶砂强度检验时,其用水量应按水灰比=0.50和胶砂流动度不小于(　　)来确定。
    A. 170mm　　　B. 175mm　　　C. 180mm　　　D. 185mm

23. 硅酸盐水泥中,反应速度最快且释热量大的矿物组成是(　　)。
    A. C_3S　　　B. C_2S　　　C. C_3A　　　D. C_4AF

24. 水泥胶砂3d强度试验应在(　　)时间内进行。
    A. 72h±45min　　B. 72h±30min　　C. 72h±1h　　D. 72h±3h

25. 水泥抗折强度以一组3个试件抗折结果的平均值为试验结果。当3个强度中有超出平均值(　　)的,应剔除后再取平均值作为抗折强度试验结果。
    A. ±5%　　　　B. ±10%　　　C. ±15%　　　D. ±20%

26. 水泥抗压强度以一组6个断块试件抗压强度结果的平均值为试验结果。当6个强度中有一个超出平均值(　　)时,应剔除后再取剩余5个值的平均值作为试验结果。如果5个值中再有超出平均值(　　)的,则该组试件无效。
    A. ±5%;±5%　　B. ±10%;±5%　　C. ±10%;±10%　　D. ±15%;±10%

27. 水泥28d强度应从水泥加水拌和开始算起,试件在28d±(　　)内必须进行强度试验。
    A. 30min　　　B. 45min　　　C. 2h　　　　　D. 8h

28. 散装水泥取样数量对每个批次的要求是(　　)。
    A. 每100t作为1批次,至少取样6kg
    B. 每200t作为1批次,至少取样6kg
    C. 每500t作为1批次,至少取样12kg
    D. 每1000t作为1批次,至少取样12kg

29. 水泥细度试验,试验筛的标定要求其修正系数应在(　　)范围内,否则试验筛应予淘汰。
    A. 1.0~1.2　　B. 0.80~1.20　　C. 1.0~1.5　　D. 0.80~1.50

30. 测定水泥的初凝时间,当临近初凝时,应每隔(　　)测一次;当临近终凝时,应每隔(　　)测一次。
    A. 5min;5min　　　　　　　　B. 5min;15min
    C. 15min;15min　　　　　　　D. 5min(或更短时间);15min(或更短时间)

31. 代用法规定,采用调整水量法测定水泥标准稠度用水量时,以试锥下沉(　　)时的净浆为标准稠度净浆。
    A. 28mm±2mm　　B. 30mm±1mm　　C. 30mm±5mm　　D. 32mm±5mm

32. 按标准法进行水泥安定性试验,调整好沸煮箱内的水位,沸煮试件应保证在30min±5min内加热水至沸腾,并恒沸(　　)。
    A. 180min±5min　　B. 180min±15min　　C. 300min±5min　　D. 300min±15min

33. 袋装水泥检验时,每批的总量应不超过(　　)。
    A. 100t　　B. 200t　　C. 400t　　D. 500t

34. 不掺加混合材料的硅酸盐水泥代号为(　　)。
    A. P·Ⅰ　　B. P·Ⅱ　　C. P·O　　D. P·P

35. 水泥安定性试验有争议时,应以(　　)为准。
    A. 试饼法　　B. 雷氏夹法　　C. 沸煮法　　D. 调整水量法

36. 代用法测定水泥标准稠度用水量,采用经验公式 $P = 33.4 - 0.185S$,式中 S 表示(　　)。
    A. 加水量　　　　　　　　　B. 标准稠度
    C. 试杆距底板的距离　　　　D. 试锥下沉深度

37. 用沸煮法检验水泥体积安定性,只能检查出(　　)的影响。
    A. 游离CaO　　B. MgO　　C. 石膏　　D. SO_3

38. 勃氏法测定水泥比表面积试验适用于比表面积为(　　)m^2/kg 的水泥及其他粉状物料。
    A. 100~400　　B. 200~400　　C. 200~500　　D. 200~600

39. 水泥胶砂强度试件在抗压试验时,规定以(　　)的速率均匀加载直至破坏。
    A. 240N/s±20N/s　　B. 2400N/s±200N/s　　C. 500N/s±100N/s　　D. 50N/s±5N/s

40. 根据硅酸盐水泥的(　　)强度,将其分为早强型和普通型两种水泥。
    A. 3d　　B. 7d　　C. 14d　　D. 28d

41. 水泥胶砂强度试验的标准试件尺寸为(　　)。

A. 150mm×150mm×150mm B. 40mm×40mm×160mm
C. 70.7mm×70.7mm×70.7mm D. 50mm×50mm×50mm

42. 水泥化学分析方法,对烧失量、三氧化硫含量、氧化镁含量分别采用( )基准法。
    A. 灼烧差减法、硫酸钡重量法、EDTA 滴定差减法
    B. 灼烧差减法、硫酸钡重量法、原子吸收光谱法
    C. 原子吸收光谱法、灼烧差减法、硫酸钡重量法
    D. 原子吸收光谱法、EDTA 滴定差减法、硫酸钡重量法

43. 道路水泥的细度指标采用( )表征。
    A. 比表面积 B. 80μm 筛余量 C. 45μm 筛余量 D. 细度模数

44. 水泥密度采用( )测定。
    A. 比重瓶 B. 容量瓶 C. 短颈瓶 D. 李氏瓶

45. 水泥密度测定,要求水泥试样预先过( )方孔筛,在 110℃±5℃下烘干 1h,并在干燥器中冷却至室温备用。
    A. 0.075mm B. 0.3mm C. 0.6mm D. 0.9mm

46. 水泥胶砂除 24h 龄期或延迟至 48h 脱模的试体外,任何到龄期的试体应在试验(破型)前( )从水中取出准备试验。
    A. 5min B. 10min C. 15min D. 30min

47. 采用代用法测定水泥安定性,试饼形状要求直径约 70~80mm、中心厚度约( )、边缘渐薄、表面光滑的试饼。
    A. 5mm B. 8mm C. 10mm D. 15mm

48. 准确称取水泥试样质量 60.00g,将无水煤油倒入李氏瓶要求刻度,恒温并记录 V_1 为 0.5mL,将水泥试样按要求仔细装入瓶中,反复摇动排出气泡,恒温并记录第二次读数 V_2 为 21.0mL,水泥密度为( )。
    A. 2.90g/cm³ B. 2.9g/cm³ C. 2.93g/cm³ D. 2.86g/cm³

49. 水泥胶砂流动度试验,如跳桌在 24h 内未被使用,应先空跳一个周期( )次。
    A. 15 B. 20 C. 25 D. 30

50. 水泥胶砂流动度试验,第一层胶砂装至截锥圆模高度约( )处,用小刀在相互垂直的两个方向上各划( )次,用捣棒由边缘至中心均匀捣压( )次。
    A. 1/2;15;15 B. 1/2;5;15 C. 2/3;5;15 D. 2/3;5;10

51. 水泥胶砂流动度试验,跳动完毕,测量胶砂底面最大扩散直径为 180mm,其垂直方向的直径为 178mm,则水泥胶砂流动度为( )。
    A. 180mm B. 178mm C. 179mm D. 175mm

52. 水泥烧失量试验采用灼烧差减法,试样的灼烧温度为( )。
    A. 950℃±25℃ B. 1000℃±25℃ C. 1050℃±30℃ D. 1100℃±30℃

53. 用于校正矿渣水泥的烧失量时,称取的一份试样应在 950℃±25℃下灼烧 15~20min 后,测定试料中的( )含量。
    A. SO₃ B. SiO₂ C. MgO D. CaO

54. 水泥混凝土拌合物含气量采用( )试验方法测定。

A. 压力泌水率法　　B. 真空法　　　　C. 气压法　　　　D. 混合式气压法

55. 混凝土含气量试验对含气量0%点的标定,是按要求调整压力表为0.1MPa,按下阀门杆( )次使气室的压力气体进入钵体内,读压力表读数,即相当于含气量0%。
　　A. 1　　　　　B. 2　　　　　　C. 1~3　　　　　D. 1~2

56. 混凝土含气量试验对含气量0%点、1%~10%的标定目的是为了绘制( )关系曲线。
　　A. 压力表读数-含气量　　　　　B. 含气量-压力表读数
　　C. 进水量-压力　　　　　　　　D. 压力-进水量

57. 混凝土拌合物含气量测定,当坍落度不大于( )mm时,宜采用振实台振实。
　　A. 70　　　　　B. 90　　　　　C. 100　　　　　D. 150

58. 抗渗混凝土是指抗渗等级不低于( )级的混凝土。
　　A. P4　　　　　B. P6　　　　　C. P8　　　　　D. P10

59. 混凝土坍落度试验,要求混凝土拌合物分三层装入坍落度筒,每次插捣( )次。
　　A. 15　　　　　B. 20　　　　　C. 25　　　　　D. 50

60. 集料最大粒径不大于( )、坍落度大于( )的混凝土的流动性,采用坍落度指标表征。
　　A. 19.0mm;5mm　B. 31.5mm;10mm　C. 26.5mm;15mm　D. 31.5mm;20mm

61. 当混凝土拌合物的坍落度大于160mm时,用钢尺测量混凝土扩展后最终的最大直径和最小直径,在两者之差小于( )的条件下,用其算术平均值作为坍落扩展度值。
　　A. 20mm　　　　B. 30mm　　　　C. 40mm　　　　D. 50mm

62. 采用贯入阻力试验方法测定混凝土的凝结时间,通过绘制贯入阻力-时间关系曲线,当贯入阻力为( )时,对应确定混凝土的初凝时间。
　　A. 2.5MPa　　　B. 3.0MPa　　　C. 3.5MPa　　　D. 4.0MPa

63. 塑性混凝土是指坍落度为( )的混凝土。
　　A. 不小于10mm　B. 大于10mm　　C. 10~90mm　　　D. 100~150mm

64. 目测混凝土拌合物保水性试验时,根据提起坍落度筒后拌合物中( )从底部析出情况,分为"多量、少量、无"三级评定。
　　A. 水分　　　　B. 水泥浆　　　C. 水泥砂浆　　　D. 砂

65. 水泥混凝土试件成型后,应在成型好的试模上覆盖湿布,并在室温20℃±5℃、相对湿度大于( )的条件下静置1~2d,然后拆模。
　　A. 40%　　　　　B. 50%　　　　　C. 75%　　　　　D. 95%

66. 测定混凝土的凝结时间,应使测针在( )内垂直且均匀插入试样内25mm±2mm,记录最大贯入阻力(N)。
　　A. 5s±1s　　　B. 5s±2s　　　C. 10s±2s　　　D. 20s±2s

67. 混凝土抗折试验时,对于强度等级小于C30的混凝土,加载速度应为( )。
　　A. 0.02~0.05MPa/s　　　　　　B. 0.05~0.08MPa/s
　　C. 0.08~0.10MPa/s　　　　　　D. 0.10MPa/s

68. 一组混凝土立方体试件的抗压强度测定值为842.6kN、832.4kN、847.1kN,混凝土抗压强度的测定值为( )。

   A.37.4MPa　　　　B.37.5MPa　　　　C.37.3MPa　　　　D.37.0MPa

69. 选择压力机合适的加载量程,一般要求达到的最大破坏荷载应在所选量程的( )。

   A.50%左右　　　B.30%~70%　　　C.20%~80%　　　D.10%~90%

70. 混凝土抗压强度标准试件的尺寸为( )。

   A.50mm×50mm×50mm　　　　　B.100mm×100mm×100mm
   C.150mm×150mm×150mm　　　 D.200mm×200mm×200mm

71. 某C30混凝土的初步配合比为1∶1.58∶3.27∶0.50,混凝土的计算密度为2450kg/m³,混凝土的单位用量为水泥∶水∶砂∶碎石=( )。

   A.385.5∶192.9∶609.9∶1262.2　　　B.386∶193∶610∶1262
   C.385∶192∶609∶1262　　　　　　　D.385.5∶193.0∶610.0∶1262.2

72. 在水泥强度等级确定的情况下,混凝土的水灰比越大,其强度( )。

   A.不变　　　　B.越小　　　　C.越大　　　　D.不定

73. 水泥混凝土抗压强度或抗折强度试验结果要求,当3个试件中任何一个测值与中间值之差超过中间值的( )时,则取中间值为测定值。

   A.10%　　　　B.15%　　　　C.20%　　　　D.25%

74. 水泥混凝土抗压强度试验时应连续均匀加载,当混凝土强度等级≥C30且<C60时,加荷速度应采用( )。

   A.0.2~0.5MPa　　B.0.3~0.5MPa　　C.0.5~0.8MPa　　D.0.8~1.0MPa

75. 在拌制混凝土过程中掺入外加剂能改善混凝土的性能,一般掺量不大于水泥质量的( )。

   A.1%　　　　B.2%　　　　C.3%　　　　D.5%

76. 水泥混凝土抗折强度试验标准试件尺寸为( )。

   A.100mm×100mm×400mm　　　　B.100mm×100mm×550mm
   C.150mm×150mm×400mm　　　　D.150mm×150mm×550mm

77. 水泥混凝土抗折强度是以标准尺寸的梁形试件,在标准养护条件下达到规定龄期后,采用( )加荷方式进行弯拉破坏试验,并按规定的计算方法得到的强度值。

   A.三分点　　　B.双点　　　　C.单点　　　　D.跨中

78. 进行水泥混凝土抗折强度试验,首先应擦干试件表面,检查试件,如发现试件长向中部( )区段内表面有直径超过5mm、深度超过2mm的孔洞,则该试件废弃。

   A.1/2　　　　B.1/3　　　　C.1/4　　　　D.1/5

79. 在普通气候环境中,配制普通水泥混凝土应优先选用( )。

   A.硅酸盐水泥　　B.普通水泥　　C.矿渣水泥　　D.粉煤灰水泥

80. 水泥混凝土路面应优先选用( )。

   A.硅酸盐水泥　　B.普通水泥　　C.矿渣水泥　　D.粉煤灰水泥

81. 已知标准差法适用于在较长时间内混凝土的生产条件保持一致,且同一品种混凝土的强度性能保持稳定的混凝土质量评定。评定时,应以连续( )试件组成一个验收批。

   A.3块　　　　B.3组　　　　C.9块　　　　D.6组

82. 水泥混凝土劈裂抗拉强度试验可采用(　　)标准试件。
    A. 立方体或圆柱体　　　　　　B. 圆柱体
    C. 棱柱体　　　　　　　　　　D. 立方体

83. 影响混凝土强度的决定性因素是(　　)。
    A. 集料的特性　　B. 水灰比　　C. 水泥用量　　D. 浆集比

84. 混凝土的强度等级是以立方体抗压强度标准值确定的,其含义即为具有(　　)保证率的抗压强度。
    A.85%　　　　B.90%　　　　C.95%　　　　D.98%

85. 立方体抗压强度标准值是混凝土抗压强度总体分布中的一个值,低于该值的强度百分率不应超过(　　)。
    A.5%　　　　B.6%　　　　C.10%　　　　D.15%

86. 一组混凝土试件的抗压强度试验结果分别为40.4MPa、48.0MPa、52.2MPa,确定该组混凝土的抗压强度值应为(　　)。
    A.46.7MPa　　B.48.0MPa　　C.46.9MPa　　D.46.8MPa

87. 采用相对用量表示法表示水泥混凝土的配合比,如1∶2.34∶3.76∶0.52,其中1为(　　)的比值。
    A. 细集料　　B. 粗集料　　C. 水　　D. 水泥

88. 路面水泥混凝土配合比设计以(　　)为指标。
    A. 抗压强度　　B. 抗弯拉强度　　C. 抗弯强度　　D. 抗劈拉强度

89. 混凝土现场钻心取样,规定芯样直径宜为混凝土所用粗集料最大粒径的(　　)倍以上,不宜小于最大粒径的(　　)倍。
    A.4,3　　　　B.3,2　　　　C.4,2　　　　D.3,1

90. 一般来说,坍落度小于(　　)的新拌混凝土,采用维勃稠度仪测定其工作性。
    A.20mm　　　B.15mm　　　C.10mm　　　D.5mm

91. 按现行技术规范,用于水泥混凝土的集料可分为Ⅰ类、Ⅱ类和Ⅲ类。其中Ⅰ类集料用于强度等级(　　)的混凝土。
    A. >C60　　　B. <C60　　　C.C60~C30　　　D. <C30

92. 一组三个标准混凝土梁形试件,经抗折试验,测得的极限破坏荷载分别是35.52kN、37.65kN、43.53kN,则最后的试验结果是(　　)。
    A.4.74MPa　　B.5.80MPa　　C.5.02MPa　　D.5.14MPa

二、判断题(正确的划"√",错误的划"×",请填在题后的括号里,每题1分)

1. 水泥烧失量试验中由其他少量元素引起的误差一般可忽略不计。　　(　　)
2. 称取1g水泥试样(精确至0.01g),按要求放入坩埚后,在950℃±25℃下灼烧15~20min,冷却称量,烧失量为试样灼烧前后质量差占试样质量的百分率。　　(　　)
3. 大体积混凝土工程不能选用水化热大的水泥,如硅酸盐水泥。　　(　　)
4. 混凝土工程使用掺混合材料的水泥时,必须加强后期养护。　　(　　)
5. ISO标准砂质量要求:为各级标准砂预配合质量,共计1350g/组±5g/组。　　(　　)

6. 现行标准采用 0.08mm 方孔筛筛余百分率表示硅酸盐水泥的细度。（   ）

7. 负压筛析法测定水泥的细度，已知水泥筛余质量为 0.42g，则水泥的细度为：筛余百分率 4.2%。（   ）

8. 测定水泥比表面积时，水泥的空隙率 ε 应采用 0.500% ± 0.005%。（   ）

9. 测定水泥的终凝时间，是以当试针沉入试体 0.5mm 时，即环形附件不能在试体上留下痕迹时作为终凝状态。（   ）

10. 普通水泥的终凝时间不得迟于 10h。（   ）

11. 勃氏仪校准应至少每年进行一次。月平均使用次数不少于 50 次时，应每半年进行一次。（   ）

12. 试锥法测定水泥标准稠度用水量有不变水量法（固定水量法）和调整水量法两种方法，当发生争议时，以调整水量法为准。（   ）

13. 采用代用法测定水泥标准稠度用水量，如试锥下沉深度小于 13mm 时，应改为调整水量法。（   ）

14. 水泥中氯离子含量可以采用电通量法测定。（   ）

15. 水泥碱含量指标为 $Na_2O + 0.658K_2O$ 计算值，采用火焰光度法测定。（   ）

16. 水泥试件应在湿气养护箱中养护至加水后 30min 时进行第一次初凝时间的测定。（   ）

17. 完成初凝时间测定后，立即将试样放回湿气养护箱中继续养护，临近终凝时间时再测定。（   ）

18. 水泥抗折强度试验的加荷速率为 50N/s ± 10N/s。（   ）

19. 水泥抗折强度试验，试件折断的荷载为 2.08kN，计算其抗折强度应为 3.25MPa。（   ）

20. 水泥安定性试验，沸煮试件过程中应随时补满沸煮箱中的水。（   ）

21. 用 300g 砝码检验雷氏夹，应保证两根指针针尖的距离应在 17.5mm ± 2.5mm 范围内，雷氏夹合格。（   ）

22. 按水泥胶砂试验配合比，搅拌一锅胶砂成 3 条试体，每锅材料需要量为水泥（450 ± 2）g，标准砂（1350 ± 5）g，水（225 ± 1）g。（   ）

23. 试饼法测定水泥安定性比较简单，沸煮方法与雷氏夹法相同，但结果判定是目测观察试饼未发现裂缝，用钢直尺检查底部平面也没有弯曲，认定合格。（   ）

24. 水泥密度测定仅适用于硅酸盐系列水泥。（   ）

25. 水泥密度测定介质使用油。（   ）

26. 水泥胶砂强度试验要求标准养护 7d、28d 时，分别测定试件的抗折强度和抗压强度。（   ）

27. 水泥包装袋上应清楚标明：执行标准、水泥品种、代号、强度等级、生产者名称、生产许可证标志（QS）及出厂编号、包装日期、净含量。包装袋两侧采用不同的颜色印刷水泥名称和强度等级，硅酸盐水泥和普通硅酸盐水泥采用红色，矿渣水泥采用绿色，火山灰质硅酸盐水泥、粉煤灰硅酸盐水泥和复合硅酸盐水泥采用黑色或蓝色。（   ）

28. 抗渗性要求高的混凝土结构工程，不宜选用矿渣水泥。（   ）

29. 水泥中可以掺加活性混合材料，是由于活性混合材料含有活性氧化硅和氧化钙，具有一定的水硬性。（　　）

30. 水泥试验初凝时间不符合标准要求的水泥可在不重要的桥梁构件中使用。（　　）

31. 评价水泥质量时，水泥中凡不溶物、烧失量、氧化镁、氧化硫、氯离子、凝结时间、安定性和强度中的任一项指标不符合国家标准要求时，则该水泥为废品。（　　）

32. 水泥砂浆立方体抗压强度试验应采用边长为70.7mm立方体作为标准试件，一组为3个试件。（　　）

33. 水泥细度试验中，如果负压筛法与水筛法测定结果发生争议时，以负压筛法为准。（　　）

34. 水泥混合砂浆试件的标准养护条件为温度20℃±2℃、相对湿度60%~80%。（　　）

35. 水泥胶砂强度试件应在脱模前进行编号。对于2个龄期以上的试件，在编号时应将同一试模中的3条试件放在一个龄期内。（　　）

36. 水泥是一种水硬性胶凝材料，与水拌和后成为塑性胶体，既能在空气中硬化，又能在水中硬化。（　　）

37. 水泥胶砂流动度试验，从胶砂拌和开始到测量扩散直径结束，须在6min内完成。（　　）

38. 水泥胶砂强度检验方法（ISO法）不适用于需水量较大的水泥。（　　）

39. 用粒化高炉矿渣加入少量石膏共同磨细，即可制得矿渣硅酸盐水泥。（　　）

40. 用水量决定水泥混凝土的流动性，因此必须检测水泥标准稠度用水量。（　　）

41. 水泥28d抗压强度试验，一组三个试件得到的6个抗压破坏荷载为6.0kN、6.4kN、6.0kN、7.1kN、6.2kN、6.1kN，则该组水泥的抗压强度为3.84MPa。（　　）

42. 水泥强度等级是其28d抗压强度标准要求的最低值。（　　）

43. 由于硅酸盐水泥的水化热大、抗冻性好，因此特别适应于冬季施工。（　　）

44. 水泥储存超过三个月，应重新检测其技术性质。（　　）

45. 水泥胶砂流动度试验，拌好的试样应分两层装入试模，第二层装至高出模约20mm，用小刀划10次，按要求捣10次，捣压后应使胶砂略高于截锥圆模。（　　）

46. 游离MgO和SO_3的水化速度非常慢，水化产物的膨胀作用不会破坏硬化后的水泥石，因此，水泥出厂时一般不检测水泥的化学性质。（　　）

47. 道路硅酸盐水泥是一种强度高（尤其是抗折强度高）、耐磨性好、干缩性小、抗冲击性好、抗冻性和抗硫酸性比较好的专用水泥。它适用于道路路面、机场道面、城市广场等工程。（　　）

48. 硅酸盐水泥的矿物组成中C_3S强度高、释热量较大，C_3A反应速度快、释热量大，C_2S早期强度低后期强度高、体积收缩小，C_4AF抗化学腐蚀性好。（　　）

49. 水泥胶砂流动度试验，当流动度小于180mm时，须以0.01整数倍递增的方法将水灰比调整至胶砂流动度符合规定为止，以确定水泥胶砂强度试验的用水量。（　　）

50. 道路硅酸盐水泥的初凝时间不得早于45min，终凝时间不得迟于10h。（　　）

51. 道路硅酸盐水泥分为32.5、42.5、52.5普通型和32.5R、42.5R、52.5R早强型6个强度等级。   ( )

52. 混凝土强度评定按数理统计方法进行,可分为已知标准差法和未知标准差法两类。已知标准差法适用于混凝土批量较小,施工周期较短的混凝土;未知标准差法适用于混凝土批量较大,在较长时间内混凝土的生产条件保持一致,且同一品种混凝土的强度性能保持稳定的混凝土。   ( )

53. 采用已知标准差法评定混凝土强度的质量时,应以连续三组试件组成一个验收批,计算强度平均值和最小值。当混凝土强度等级大于 C20 时,应用公式 $m_{f_{cu}} \geqslant f_{cu,k} + 0.7\sigma_0$, $f_{cu,\min} \geqslant f_{cu,k} - 0.7\sigma_0$, $f_{cu,\min} \geqslant 0.85 f_{cu,k}$ 进行评定。   ( )

54. 在桥梁混凝土配合比设计中,以抗压强度作为设计指标;而在钢筋混凝土结构设计中,以轴心抗压强度作为设计指标。   ( )

55. 钢筋混凝土用水中氯离子(Cl^-)含量不得超过 1000mg/L,预应力混凝土和设计使用年限为 100 年的结构混凝土用水中氯离子含量不得超过 500mg/L。   ( )

56. 水泥混凝土拌合物含气量试验适用于集料公称最大粒径不大于 31.5mm、含气量不大于 10% 且坍落度不为 0 的混凝土。   ( )

57. 混凝土拌合物体积密度试验,当坍落度大于 70mm 时,宜采用捣棒捣实。对于自密实混凝土应一次性填满容量筒,且不应进行振动和捣实。   ( )

58. 混凝土含气量试验对量钵容积的标定是采用水值标定的方法。   ( )

59. 混凝土坍落度试验要求提筒时间宜控制在 3～7s 完成,从开始装料到提出坍落度筒整个过程应在 150s 内完成。   ( )

60. 混合式含气量测定方法与气压式含气量测定方法相比,方法简单但数据不准。
                                                                        ( )

61. 当混凝土贯入阻力为 28MPa 时,对应确定混凝土的终凝时间。   ( )

62. 混凝土拌合物流动性的表征指标是坍落度。   ( )

63. 混凝土坍落度试验中,观察保水性良好,是指提起坍落度筒后,有少量或无水分从底部析出。   ( )

64. 坍落度是评价混凝土拌合物稠度的重要指标之一,因此,可以很好地评价混凝土拌合物的工作性。   ( )

65. 混凝土贯入阻力试验,应根据贯入阻力的大小选定测针面积。贯入阻力越大,选择的平头测针越粗。   ( )

66. 水泥混凝土试件成型后,在试验要求条件下静置 1～2d 后拆模。   ( )

67. 混凝土凝结时间试验,第一次贯入压力测定是从加水拌和时算起 3h 后。   ( )

68. 水泥混凝土的凝结时间可以用水泥凝结时间代替。   ( )

69. 150mm×150mm×550mm 混凝土梁的抗折强度试验,以三分点双荷载方式,按 0.5～0.7MPa/s 的速度加载。   ( )

70. 水泥混凝土配合比有单位用量和相对用量两种表示方法。   ( )

71. 一组三个标准水泥混凝土梁形试件,抗折试验后测得的极限破坏荷载分别是 32.25kN、34.80kN、36.46kN,则计算测定荷载为 34.50kN。   ( )

72. 混凝土的最佳砂率是指在水泥浆用量一定的条件下,能够使新拌混凝土的流动性最大

的砂率。（　　）

73. 混凝土存在一个合理砂率，即在能够保证混凝土拌合物获得要求的工作性的前提下，使水泥用量最少的砂率。（　　）

74. 当混凝土拌合物的坍落度大于220mm时，应采用坍落度扩展法测定稠度。（　　）

75. 采用标准养护的混凝土试件，拆模后可放在温度为20℃±2℃的不流动的水中进行养护。（　　）

76. 目前，在工地和试验室，通常采用测定拌合物的流动性，并辅以直观经验评定黏聚性和保水性三方面结合的方法反映混凝土拌合物的和易性。（　　）

77. 水泥混凝土拌合物体积密度试验应先进行容量筒标定，要求将容量筒装满水，缓慢将玻璃板从筒口的一侧推到另一侧，筒内应充满水且不存在气泡。（　　）

78. 混凝土拌合物的维勃稠度值越大，其坍落度也越大。（　　）

79. 混凝土坍落度试验规定筒高与坍落后试体最高点之间的高差作为坍落度。（　　）

80. 混凝土立方体抗压强度与轴心抗压强度相比，可以较真实地反映混凝土实际受力情况。（　　）

81. 混凝土中掺入减水剂，如果保持工作性和强度不变的条件下，可节约水泥的用量。（　　）

82. 对混凝土拌合物流动性大小起决定作用的是用水量的大小。（　　）

83. 混凝土立方体抗压强度试验的标准养护条件为：温度20℃±1℃，相对湿度95%以上。（　　）

84. 大流动性混凝土的坍落度要求大于200mm。（　　）

85. 水泥混凝土强度试验中，应始终缓慢匀速加荷，直至试件破坏，并记录破坏时的极限荷载。（　　）

86. 无论是混凝土抗压强度还是抗折强度试验，均以3个试件测定值的算术平均值作为测定结果。如果任一个测定值与中值的差超过中值的15%，则取另外两个测定值的算术平均值作为测定结果。（　　）

87. 混凝土抗压强度试验，应根据设计强度或可能达到的强度，按强度计算公式反算出最大荷载，再遵照该荷载应达到某量程的20%~80%的要求，选择合适的加载量程。（　　）

88. 混凝土抗折强度试验的3个试件中，如有一个断面位于加荷点外侧，则取另外两个试件测定值的算术平均值作为测定结果，并要求这两个测点的差值不大于其中较小测值的15%。（　　）

89. 水泥混凝土流动性大，说明其和易性好。（　　）

90. 普通混凝土的抗压强度与其水灰比呈线性关系。（　　）

91. 计算混凝土的水灰比时，要考虑水泥的实际强度。（　　）

92. 水泥混凝土抗压强度、轴心抗压强度和劈裂抗拉强度试验结果的确定方法一样。（　　）

93. 为节约水泥，采用高强度等级水泥配制低强度等级混凝土，强度和耐久性都能满足要求。（　　）

94. 在结构尺寸和施工条件允许的前提下，粗集料的粒径尽可能选择得大一些，可以节约

水泥。 ( )
95. 流动性大的混凝土比流动性小的混凝土得到的强度低。 ( )
96. 混凝土配合比设计中,水灰比是依据水泥强度和粗集料的种类确定的。 ( )
97. 试验室试拌调整得到混凝土的基准配合比,不一定能够满足强度要求。 ( )
98. 现场配制混凝土时,如果不考虑集料的含水率,会降低混凝土的强度。 ( )
99. 采用质量法计算混凝土的砂石用量时,必须考虑混凝土的含气率。 ( )
100. 水泥混凝土配合比设计,试拌时发现坍落度不能满足要求,应在保持水灰比不变的条件下,调整水泥浆用量,直到符合要求为止。 ( )
101. 测定混凝土拌合物体积密度时,试样筒的选取方法为:对集料最大粒径不大于31.5mm的拌合物采用容积为5L的试样筒,其内径与内高均为186mm±2mm,筒壁厚为3mm;集料最大粒径大于31.5mm时,试样筒的内径与内高均应大于集料最大粒径的4倍。 ( )

三、多项选择题(每题所列的备选项中,有两个或两个以上正确答案,选项全部正确得满分,选项部分正确按比例得分,出现错误选项本题不得分,每题2分)

1. 水泥从性能和用途上分类,可分为( )。
   A. 硅酸盐水泥 B. 铝酸盐水泥 C. 通用水泥 D. 专用水泥
2. 以下( )指标不能表示矿渣水泥的细度。
   A. 比表面积   B. 0.075mm方孔筛筛余量
   C. 45μm方孔筛筛余量   D. 80μm方孔筛筛余量
3. 下列( )指标表征硅酸盐水泥的化学性质。
   A. MgO   B. SO_3 C. CaO   D. 烧失量
4. 可以采用( )指标评价硅酸盐水泥的物理性质。
   A. 细度   B. 标准稠度用水量
   C. 凝结时间   D. 体积安定性
5. 水泥标准稠度用水量的测定方法有( )。
   A. 标准法   B. 代用法   C. 试针法   D. 试杆法
6. 测定水泥标准稠度用水量,当试杆( )时,记录试杆到底板的距离
   A. 下沉   B. 停止下沉
   C. 释放试杆30s   D. 释放试杆90s
7. 下列( )水泥需水量较大。
   A. 普通水泥   B. 火山灰水泥   C. 粉煤灰水泥   D. 复合水泥
8. 硅酸盐水泥的强度主要来源于( )矿物组成。
   A. C_3S B. C_3A C. C_2S D. C_4AF
9. 水泥胶砂试件养护期间,关于加水养护下列说法正确的是( )。
   A. 水槽随时加水保持适当的恒定水位
   B. 水槽中试件的间隙及试件上表面的水深不得小于5mm
   C. 水槽中可以更换一半的水
   D. 也可以全部更换水槽的水

10. 关于雷氏夹试件成型,下列说法正确的是( )。
    A. 将玻璃板表面和雷氏夹内表面稍涂上一层油,并立刻将标准稠度净浆一次装满雷氏夹
    B. 装浆时一只手轻轻扶持雷氏夹,另一只手用直边刀在浆体表面轻轻插捣 3 次并抹平
    C. 插捣用的直边刀宽约 25mm
    D. 在试件表面盖上稍涂油的玻璃板,立刻将其移至湿气养护箱内养护 24h±2h

11. 水泥安定性试验有( )方法。
    A. 标准法　　　B. 代用法　　　C. 沸煮法　　　D. 试锥法

12. 水泥密度测定方法,下列说法正确的是( )。
    A. 称取水泥 60g 作为水泥试样质量 m
    B. 无水煤油倒入李氏瓶 0~1mL 之间,保温(20℃±2℃)30min,记录初读数 V_1
    C. 用小匙将水泥试样仔细一点点装入瓶中,反复摇动至无气泡排出,恒温 30min,并读取第二次读数 V_2
    D. 第一次与第二次读数时,恒温水槽的温度不大于 0.2℃

13. 影响水泥体积安定性的因素有( )。
    A. MgO　　　B. SO_3　　　C. 游离 CaO　　　D. SiO_2

14. 现行规范对硅酸盐水泥的( )指标做出了技术要求。
    A. 细度　　　B. 凝结时间　　　C. 体积安定性　　　D. 胶砂强度

15. 《通用硅酸盐水泥》规定,复合硅酸盐水泥的技术指标要求与( )的要求相同。
    A. 普通水泥　　　B. 矿渣水泥　　　C. 火山灰水泥　　　D. 粉煤灰水泥

16. 硅酸盐水泥的强度等级是根据水泥胶砂强度试验( )龄期强度确定的。
    A. 3d　　　B. 7d　　　C. 14d　　　D. 28d

17. 水泥的技术性质包括( )。
    A. 物理性质　　　B. 化学性质　　　C. 力学性质　　　D. 耐久性质

18. 水泥细度试验方法可采用( )。
    A. 负压筛法　　　B. 水筛法　　　C. 勃氏法　　　D. 比表面积法

19. 水泥标准稠度用水量试验,将水泥净浆装入试模的正确做法是( )。
    A. 水泥净浆一次性装入已置于玻璃板上的试模中
    B. 用宽约 25mm 直边刀轻轻拍打超出试模部分的浆体 5 次
    C. 从中间向两边刮掉多余净浆
    D. 从试模边沿轻抹顶部一次,使净浆表面光滑

20. 常用水泥中,硅酸盐水泥的代号为( )。
    A. P·O　　　B. P·Ⅰ　　　C. P·Ⅱ　　　D. P·S

21. 生产水泥通常掺加活性混合材料,常用的活性混合材料有( )。
    A. 粒化高炉矿渣　　　　　B. 火山灰质混合材料
    C. 粉煤灰　　　　　　　　D. 磨细石灰石

22. 生产硅酸盐水泥掺加石膏起到缓凝的作用,在矿渣水泥中加入石膏起( )作用。

A. 提高细度 B. 提高强度 C. 缓凝 D. 激发剂

23. 影响硅酸盐水泥应用性质的主要因素包括( )。
 A. 水泥细度 B. 储存时间 C. 养护条件 D. 龄期

24. 道路硅酸盐水泥与普通硅酸盐水泥相比,增加了( )指标的技术要求。
 A. 碱含量 B. Cl^-含量 C. 28d 干缩率 D. 28d 磨耗量

25. 道路硅酸盐水泥的等级有( )级。
 A. 32.5 B. 42.5 C. 52.5 D. 62.5

26. 矿渣水泥适用于( )混凝土。
 A. 有抗渗要求 B. 早强要求高 C. 大体积 D. 耐热

27. 根据3d强度,水泥可以分为( )类型。
 A. 早强型 B. 低热型 C. 专用型 D. 普通型

28. 提高水泥的细度,可以产生( )影响。
 A. 水化速度快 B. 早期强度高 C. 体积收缩大 D. 成本提高

29. 关于硅酸盐水泥熟料的矿物组成特性,下列说法正确的是( )。
 A. 主要矿物组成为 C_3S、C_2S、C_3A、C_4AF、$CaSO_4 \cdot 2H_2O$
 B. 释热量 $C_3A > C_3S > C_4AF > C_2S$
 C. 有利于道路水泥的组成是 C_2S、C_4AF
 D. C_2S 强度低

30. 水泥用活性混合材料具有( )特性。
 A. 火山灰性 B. 粉煤灰性 C. 活性 D. 潜在水硬性

31. 关于胶砂流动度试验,下列说法正确的是( )。
 A. 有电动跳桌和手动跳桌两种方法,试验结果有争议时以电动跳桌为准
 B. 胶砂分两层装入试模,方法如下:

两层	装至截锥圆模	用小刀划的次数	捣棒由边缘至中心均匀捣压次数
第一层	约2/3	相互垂直两方向各划5次	15
第二层	高出约20mm	用小刀划10次	10

 C. 开动跳桌,每秒钟1次,在 25s±1s 内完成25次跳动
 D. 跳动完毕,用卡尺测量胶砂底面最大扩散直径与最小直径,计算平均值作为水泥胶砂流动度

32. 水泥烧失量试验是高温灼烧驱除( )。
 A. CO_2 B. SO_3 C. CaO D. H_2O

33. 关于矿渣硅酸盐水泥烧失量试验误差校正,下列说法正确的是( )。
 A. 应校正由硫化物的氧化引起的烧失量误差
 B. 取两份试样,分别用于直接测定 SO_3 含量和同温度下灼烧后测定试料中的 SO_3 含量
 C. 校正后烧失量 $w'_{LOI} = w_{LOI} + (w_{后} - w_{前})$
 D. w_{LOI} 为实际测量的烧失量

34. 水泥混凝土强度的质量评定方法有( )。

A. 已知标准差法　　B. 未知标准差法　　C. 统计周期法　　D. 非统计法

35. 混凝土含气量试验首先应标定(　　)。
   A. 量钵容积　　　　　　　　B. 注水压力
   C. 含气量0%点　　　　　　　D. 含气量1%～10%

36. 关于混凝土含气量试验结果处理,下列说法正确的是(　　)。
   A. 要求测定两次压力表读数,并在含气量-压力表读数曲线上查出未校正含气量A'
   B. 两次测试结果相差大于0.5%时应重新试验
   C. 需要先测定集料的含气量C
   D. 含气量计算公式为:$A = A' - C$

37. 混合式含气量测定的,不能区分(　　)。
   A. 总含气量　　　　　　　　B. 集料含气量
   C. 引入空气　　　　　　　　D. 截入空气

38. 混凝土拌合物含气量计算,需要测定(　　)参数。
   A. 混凝土未校正含气量　　　B. 集料含气量
   C. 量钵容积标定值　　　　　D. 含气量标定值

39. 试验室检验混凝土拌合物的工作性,主要通过检验(　　)方面来综合评价。
   A. 流动性　　　B. 可塑性　　　C. 黏聚性　　　D. 保水性

40. 新拌混凝土工作性的含义包括(　　)方面。
   A. 流动性　　　B. 可塑性　　　C. 稳定性　　　D. 易密性

41. 混凝土棍度评定,可按插捣混凝土拌合物时的难易程度,分为(　　)级别。
   A. 上　　　　　B. 中　　　　　C. 下　　　　　D. 稍下

42. 以下(　　)步骤是水泥混凝土拌合物拌和的正确方法。
   A. 拌和环境规定:温度为20℃±2℃,相对湿度大于50%
   B. 拌和前应将材料放置在温度20℃±5℃的室内,且时间不宜少于12h
   C. 用拌和机拌和时,拌和量宜为拌和机最大容量的1/4～3/4
   D. 采用人工拌和时,先将物料拌和均匀并将中心扒成长槽,倒入约一半水量拌和;再如此方法倒入剩余的水继续拌和,来回翻拌至少10遍

43. 混凝土坍落度试验适用于(　　)混凝土。
   A. 干硬性　　　B. 塑性　　　　C. 流动性　　　D. 大流动性

44. 混凝土坍落度试验可用目测的方法评定混凝土拌合物的(　　)性质。
   A. 棍度　　　　B. 含砂情况　　C. 保水性　　　D. 黏聚性

45. 关于混凝土贯入阻力试验,下列说法正确的是(　　)。
   A. 混凝土过4.75mm筛,取砂浆进行试验
   B. 混凝土从加水计,至初凝时间后进行贯入阻力测定
   C. 每隔0.5h测一次,不少于5次
   D. 最大贯入压力为测针灌入25mm±2mm时的压力

46. 混凝土配合比设计过程中,必须按耐久性要求校核(　　)。
   A. 单位用水量　　　　　　　B. 单位水泥用量

C. 砂率　　　　　　　　　　　　D. 水灰比

47. 普通混凝土试配强度计算与( )因素有关。
    A. 混凝土设计强度等级　　　　B. 水泥强度等级
    C. 施工水平　　　　　　　　　D. 强度保证率

48. 混凝土工作性是一项综合的技术性质,试验室主要通过( )方面进行综合评定。
    A. 流动性　　B. 黏聚性　　C. 保水性　　D. 坍落性

49. 目前,测定混凝土拌合物和易性的现行方法主要有( )。
    A. 坍落度仪法　B. 贯入阻力法　C. 维勃仪法　D. 目测法

50. 水泥混凝土抗压强度试件成型时,可采用( )方法。
    A. 振动台法　　　　　　　　　B. 人工法
    C. 插入式振捣棒法　　　　　　D. 击实法

51. 普通混凝土配合比设计中,计算单位砂石用量通常采用( )法。
    A. 质量　　B. 经验　　C. 体积　　D. 查表

52. 影响水泥混凝土工作性的因素有( )。
    A. 原材料的特性　B. 单位用水量　C. 水灰比　D. 砂率

53. 配制混凝土选用级配良好的集料,可以获得( )。
    A. 较小的空隙率　　　　　　　B. 较小的比表面积
    C. 较好的和易性　　　　　　　D. 提高强度

54. 水泥混凝土用粗集料,要求检测( )指标。
    A. 压碎值　　　　　　　　　　B. 针片状颗粒含量
    C. 级配　　　　　　　　　　　D. 有害杂质含量

55. 水泥混凝土抗折强度试验加载点的具体位置,应为标准试件从一端量起的( )处。
    A. 50mm　　B. 200mm　　C. 350mm　　D. 500mm

56. 水泥混凝土抗弯拉强度试验可以选用的试件尺寸有( )。
    A. 100mm×100mm×400mm　　　B. 150mm×150mm×550mm
    C. 150mm×150mm×600mm　　　D. 150mm×150mm×650mm

57. 影响混凝土强度的主要因素有( )。
    A. 组成材料　B. 养护条件　C. 试验方法　D. 试验条件

58. 普通水泥混凝土配合比设计,选择水泥应从( )方面进行考虑。
    A. 品种　　B. 质量　　C. 用量　　D. 强度等级

59. 在干燥环境中配制普通水泥混凝土时,不得选用( )。
    A. 硅酸盐水泥　B. 普通水泥　C. 矿渣水泥　D. 火山灰水泥

60. C40 以上的混凝土,按其工程特点不得选用( )。
    A. 硅酸盐水泥　B. 矿渣水泥　C. 火山灰水泥　D. 粉煤灰水泥

61. 寒冷地区处在水位升降范围内的混凝土不得使用( )。
    A. 硅酸盐水泥　B. 火山灰水泥　C. 矿渣水泥　D. 粉煤灰水泥

62. 按抗渗混凝土的要求,选用水泥时应优先考虑选用( )。
    A. 硅酸盐水泥　B. 普通水泥　C. 矿渣水泥　D. 火山灰水泥

63. 普通混凝土配合比设计,单位用水量是依据( )选择的。
    A. 公称最大粒径　　　　　　　　B. 设计坍落度
    C. 粗集料品种　　　　　　　　　D. 水灰比

64. 水泥混凝土配合比设计,对使用原材料的要求是( )。
    A. 工程实际使用的原材料　　　　B. 烘干集料
    C. 细集料的含水率应小于0.5%　　D. 粗集料的含水率应小于0.2%

65. 混凝土初步配合比设计计算中,选择砂率由( )确定。
    A. 公称最大粒径　　B. 设计坍落度　　C. 粗集料品种　　　D. 水胶比

66. 水泥混凝土配合比设计应满足( )等基本要求。
    A. 施工工作性　　　　　　　　　B. 结构物设计强度
    C. 环境耐久性　　　　　　　　　D. 经济性

67. 设计混凝土采用较低的水灰比,可获得( )的混凝土。
    A. 较为密实　　　　　　　　　　B. 强度较低
    C. 耐久性较好　　　　　　　　　D. 节省费用

68. 混凝土中用粉煤灰的技术指标包括( )。
    A. 细度　　　　B. 需水量比　　　C. 烧失量　　　　D. 三氧化硫含量

69. 水泥混凝土的配合比设计步骤包括( )。
    A. 计算初步配合比　　　　　　　B. 提出基准配合比
    C. 确定试验室配合比　　　　　　D. 换算工地配合比

70. 水泥混凝土的技术性质包括( )。
    A. 工作性　　　B. 强度　　　　　C. 耐久性质　　　D. 力学性质

71. 水泥混凝土配合比设计中,耐久性是通过( )控制的。
    A. 最大水胶比　　　　　　　　　B. 最小砂率
    C. 最小胶凝材料用量　　　　　　D. 最大用水量

72. 混凝土抗氯离子渗透试验方法有( )。
    A. 电通量法　　B. 络合滴定法　　C. RCM法　　　　D. 渗透系数法

73. 混凝土的耐久性按其所处环境分类,包括( )。
    A. 抗冻性　　　B. 抗渗性　　　　C. 耐磨性　　　　D. 抗蚀性

74. 掺外加剂的普通混凝土配合比设计中,下列说法正确的是( )。
    A. 以抗弯拉强度作为主要设计指标
    B. 单位用水量计算公式为: $m_{wa} = m_{wo}(1-\beta)$,其中β为外加剂的减水率
    C. 外加剂掺量计算按单位水泥质量的百分率计
    D. 砂石用量按质量法计算

四、综合题[根据所列资料,以选择题的形式(单选或多选)选出正确的选项。每道大题10分,包括5道小题,每小题2分,选项部分正确按比例得分,出现错误选项该题不得分]

1. 下表为P·Ⅱ42.5硅酸盐水泥比表面积试验记录,请回答下列问题。

试料层体积	试验次数	充满圆筒的水银质量(g)		温度(℃)	水银密度(g/cm³)	试料层体积 V(cm³)	
		未装水泥时 P_1	装水泥后 P_2			单个值	平均值
	1	84.652	59.153	20	13.55	1.882	1.882
	2	84.650	59.154	20	13.55	1.882	

试样	试验次数	温度(℃)	空气黏度 η (Pa·s)	密度 (g/cm³)	空隙率 ε (%)	试样质量 W(g)	液面降落		比表面积 S (m²/kg)
							起始时间(s)	终止时间(s)	
标准试样		20	0.0001808	3.10	0.500	2.917	0	78.3	380
被测水泥	1	20	0.0001808	3.05	0.500	2.870	0	77.6	378
	2	20	0.0001808	3.05	0.500	2.870	0	77.0	377

(1)关于试料层的测定,下列说法正确的是( )。
  A.采用水银排代法测定试料层的体积
  B.称量水银质量应精确至0.001g,记录表中记录正确
  C.试料层体积计算错误,两次试验结果平均值应为1.8817cm³
  D.水银密度是与试验温度相关的常数

(2)关于水泥比表面积试验,下列说法正确的是( )。
  A.标准试样与水泥被测样的质量应以达到在制备试料层中空隙率为0.500±0.005计算
  B.水泥比表面积的试验原理是先测定试料层体积,然后用被测样与标准样比较计算得到
  C.采用水银置换试料层体积时,应先将一片滤纸放入透气筒内,并且整平于穿孔板上
  D.水泥比表面积试验仪器校准包括漏气检查和试料层体积测定,其中,试料层体积至少每年校正一次

(3)被测水泥的密度、试料层中空隙率与标准试样相同,则比表面积计算正确的是( )。
  A.应分为试验时温差≤±3℃和试验温差>±3℃两种情况处理
  B.只允许试验时温差≤±3℃
  C.试验时温差≤±3℃时,需考虑被测水泥和标准试样试验温度下的空气黏度
  D.试验时温差≤±3℃时,只考虑标准试样的比表面积及其与被测水泥的压力计液面降落时间

(4)被测水泥与标准试样的试验参数不同时,下列哪些说法正确( )。
  A.空隙率不同,试验温差≤±3℃时,应考虑两者的空隙率、液面降落时间、标准样比表面积
  B.空隙率不同,试验温差>±3℃时,应考虑两者的空隙率、液面降落时间、空气黏度
  C.密度与空隙率都不同,试验温差≤±3℃时,应考虑两者的空隙率、液面降落时间、密度、空气黏度、标准样比表面积
  D.密度与空隙率都不同,试验温差大于±3℃时,应考虑两者的空隙率、液面降落时

间、空气黏度、密度、标准样比表面积

(5) 关于水泥细度,说法正确的是( )。

A. 水泥比表面积试验采用勃氏法

B. 硅酸盐水泥和普通水泥的细度采用比表面积指标评价

C. 水泥细度越细对工程越有利

D. 水泥细度可以采用比表面积与 45μm 筛余百分率两项指标表征

2. 请回答水泥品种与强度的有关问题。

(1) 水泥胶砂强度试验,正确的说法是( )。

A. 采用 ISO 法,水泥:标准砂 = 1:3,水灰比为 0.5

B. 抗折强度试验,两支撑圆柱间中心距离为 160mm

C. 每成型三条标准试件需要材料数量:水泥 450g ± 2g,标准砂 1350g ± 5g,水 225g ± 1g

D. 抗压强度的夹具面积为 40mm × 40mm

(2) 水泥胶砂流动度与胶砂强度的正确关系是( )。

A. 采用 ISO 法制备试件测定水泥胶砂强度时不需要检测胶砂流动度

B. 对于需水量较大的水泥进行胶砂强度检验时,应确定其胶砂流动度不小于 180mm

C. 需水量较大的水泥有火山灰水泥、粉煤灰水泥、复合水泥和掺火山灰质混合材的普通水泥、矿渣水泥等

D. 若水泥胶砂流动度小于 180mm,须以 0.01 倍数递增的方法将水灰比调整至满足要求,才能进行胶砂强度试验

(3) 下表是 P·O 42.5R 胶砂强度试验记录,关于这组试验记录,表述正确的是( )。

指 标	龄 期	单 个 值			平 均 值	标 准
抗折强度(MPa)	3d	4.3	5.4	4.7	4.8	≥4.0
	28d	6.8	6.2	6.3	6.4	≥6.5
抗压强度(MPa)	3d	22.6	23.2		23.6	≥22.0
		23.3	23.8			
		24.8	24.1			
	28d	45.6	46.3		46.6	≥42.5
		47.9	48.4			
		45.4	46.0			

A. 水泥抗压强度与抗折强度单个值应准确至 0.01MPa

B. 3d 抗压强度应不小于 17.0MPa,3d 抗折强度应不小于 3.5MPa

C. 3d 抗折强度应为 4.7MPa

D. 该水泥为合格品

(4) 早强型水泥与普通型水泥的关系( )。

A. 早强型水泥 3d 强度比同等级的普通型水泥高,28d 强度一样

B. 早强型水泥比普通型水泥工程适应性好

C. 早强型水泥与普通型水泥相比,更易出现早期裂缝,更应注意工程的早期养护

D. 普通水泥有早强型与普通型水泥,矿渣水泥仅有普通型水泥

(5)水泥品种与强度对混凝土工程的适用性,说法正确的是( )。

A. C60 高强混凝土可以选择普通早强水泥 P·O 42.5R

B. 抗冻环境下优先选择矿渣水泥

C. 大体积工程可以选择矿渣水泥、粉煤灰水泥、火山灰水泥和复合水泥

D. 一般土建工程钢筋混凝土及预应力混凝土优先使用硅酸盐水泥和普通水泥

3. 关于混凝土的几种强度,回答下列问题。

(1)立方体抗压强度、抗压强度标准值和强度等级的关系( )。

A. 立方体抗压强度为一批混凝土的单个测定值

B. 一批混凝土的抗压强度平均值为 37.2MPa,强度标准差为 4.0MPa,则其抗压强度标准值为 30.6MPa

C. C30 混凝土,即抗压强度标准值为 30MPa

D. 混凝土立方体抗压强度标准值其实就是一批混凝土的平均强度

(2)混凝土立方体抗压强度试验的养护条件为( )。

A. 试件成型后,用湿布覆盖表面,在室温 20℃±5℃,相对湿度 95% 以上的环境下,静放 1 个昼夜再拆模

B. 试件养护温度 20℃±2℃,相对湿度 95% 以上

C. 试件养护温度 20℃±1℃,相对湿度 90% 以上

D. 试件在温度为 20℃±2℃ 的不流动 $Ca(OH)_2$ 饱和溶液中养护

(3)关于混凝土立方体抗压强度,说法正确的是( )。

A. 混凝土立方体抗压强度以三块试件为一组,取三块试件强度的算术平均值作为每组试件的强度代表值

B. 立方体试件在压力机上受压时会产生环箍效应

C. 轴心抗压强度与劈裂抗拉强度试验均可以消除环箍效应

D. 轴心抗压强度较真实,立方体抗压强度值较大

(4)关于抗弯拉强度正确的说法是( )。

A. 道路路面或机场道面用水泥混凝土以抗弯拉强度控制

B. 路面混凝土配合比设计以抗压强度为主要指标,采用经验公式法计算

C. 混凝土抗弯拉强度计算式为 $f_{cf}=FL/(bh^2)$,其中支座间距 $L=450mm$

D. 混凝土抗弯拉强度按三分点加荷方式测定,试验结果处理与抗压强度要求相同

(5)混凝土强度的影响因素有( )。

A. 混凝土的力学性质主要取决于强度,与变形无关

B. 影响外因包括温度、湿度与龄期

C. 影响内因有水泥、集料、外加剂、掺合料及其用量比例等

D. 与耐久性影响因素相同

4. 某桥梁配制流动性高性能混凝土,设计强度为 C45,强度标准差为 5.0MPa。选用 42.5 级普通水泥,实测强度为 48.7MPa,密度 3.10g/cm³;掺用 25% 粉煤灰,密度 2.20g/cm³,影响系数为 0.75;掺用 1.5% 聚羧酸高效减水剂,减水率为 30%;天然中砂,表观密度 2.65g/cm³;碎

石最大粒径20mm,表观密度2.70g/cm³,碎石的回归系数$\alpha_a=0.53$,$\alpha_b=0.20$;设计坍落度为120mm,未加减水剂时,单位用水量选用220kg/m³;砂率取用35%。该混凝土处于潮湿环境,最大水胶比限值为0.55,最小胶凝材料用量限值为320kg/m³。请根据资料回答以下问题。

(1)混凝土配制强度为( )。
   A. 混凝土配制强度为51.8MPa
   B. 混凝土配制强度为53.2MPa
   C. 混凝土配制强度可大于或等于53.2MPa
   D. 强度标准差取值较大,配制强度可取53.2MPa

(2)( )与计算水胶比相关。
   A. 碎石的回归系数$\alpha_a=0.53$,$\alpha_b=0.20$
   B. 胶凝材料28d抗压强度实测值$f_b=\gamma_f \cdot f_{ce}=0.75\times48.7=36.5$MPa
   C. 水泥抗压强度实测值$f_{ce}=\gamma_c \cdot f_{ce,g}=1.16\times48.7=56.5$MPa
   D. 水胶比计算值为0.34,按耐久性要求的最大水胶比0.55复核满足要求

(3)计算胶凝材料用量,下列正确的结论为( )。
   A. 单位胶凝材料用量为453kg/m³
   B. 单位用水量为154kg/m³
   C. 单位水泥用量为453kg/m³,单位粉煤灰用量为113kg/m³
   D. 单位水泥用量为340kg/m³,单位粉煤灰用量为113kg/m³

(4)计算单位砂石用量,下列正确的结论为( )。
   A. 依题意,采用体积法计算单位砂石用量
   B. 单位砂用量为629kg/m³
   C. 单位碎石用量为1164kg/m³
   D. 单位砂用量为640kg/m³,单位碎石用量为1155kg/m³

(5)关于混凝土初步配合比,正确的说法是( )。
   A. 以全干材料为基准计算
   B. 减水剂掺量为5.1kg
   C. 单位胶凝材料用量453kg/m³,满足320kg/m³最小胶凝材料用量的耐久性要求
   D. 初步配合比为水泥:粉煤灰:水:砂:碎石=340:113:154:629:1164

5.混凝土初步配合比为1:1.82:3.60,$W/C=0.50$,混凝土的假定表观密度为2400kg/m³。请回答以下问题。

(1)采用单位用量表示法,混凝土的初步配合比为( )。
   A. 水泥:水:砂:碎石=354:177:644:1274
   B. 水泥:水:砂:碎石=347:174:632:1249
   C. 1:1.82:3.60,$W/C=0.50$
   D. 1:0.5:1.82:3.60

(2)按初步配合比试拌,实测坍落度低于40mm设计坍落度要求,但保水性和黏聚性良好,可采用下列( )措施调整。
   A. 保持W/C不变,增加水泥浆的数量

B. 增加水用量

C. 砂率保持不变,增加砂用量

D. 掺加掺合料

(3)若(2)中掺加2.0%高效减水剂(减水率为24%)坍落度满足要求,则关于混凝土的基准配合比说法正确的是( )。

A. 基准配合比是坍落度满足要求的配合比

B. 基准配合比为水泥:水:砂:碎石 = 347:174:632:1249

C. 基准配合比为水泥:水:砂:碎石 = 264:132:632:1249

D. 采用基准配合比进行强度复核

(4)强度检验结果见下表,混凝土设计强度等级C30,( )结论与强度检验相关。

组　　别	水灰比(W/C)	28d抗压强度值 $f_{cu,28}$(MPa)
1	0.45	39.9
2	0.50	34.7
3	0.55	28.8

A. 采用上表三组水灰比,且均为基准配合比

B. 经强度检验,选择第2组配合比合适

C. 经强度检验,选择第3组配合比合适

D. 强度检验至少采用三组配合比,每组至少制备3块试件

(5)试验室配合比进行密度复核,实测表观密度为2475kg/m³,正确的做法是( )。

A. 混凝土拌合物表观密度实测值与计算值的相对误差<2%,不需校正

B. 试验室配合比为水泥:水:砂:碎石 = 357:179:651:1286

C. 校正系数为1.03

D. 校正系数为0.97

6. 请回答混凝土配合比设计的相关问题。

(1)混凝土配合比设计分为( )设计阶段。

A. 初步配合比　　　　　　　　B. 试验室配合比

C. 基准配合比　　　　　　　　D. 施工配合比

(2)混凝土初步配合比为345:190:630:1246,则下列正确的做法是( )。

A. 试验室试拌20L混凝土,水泥、水、砂、碎石实际用量分别为6.90kg,3.80kg,12.60kg,24.92kg

B. 试验室配合比需经过工作性、强度和密度检验

C. 强度检验应以28d龄期抗压强度判定

D. 混凝土湿表观密度测定应采用15L密度筒

(3)测定材料含水率,正确的说法是( )。

A. 进行施工配合比折算前,应测定所有材料的含水率

B. 砂、石含水率可采用酒精快速燃烧法测定

C. 含水率是砂石中含水质量占砂石干质量的百分率

D. 含水率是砂石中含水质量占砂石湿质量的百分率

(4)混凝土试验室配合比为342∶185∶626∶1250。施工现场砂含水率为3%、碎石含水率为1%,施工配合比为( )。

A. 水泥∶水∶砂∶碎石 = 342∶185∶626∶1250
B. 水泥∶水∶砂∶碎石 = 342∶154∶645∶1263
C. 1∶1.89∶3.69,$W/C = 0.45$
D. 1∶1.83∶3.65,$W/C = 0.54$

(5)进行混凝土施工配合比质量评定时,其评定方法有( )。

A. 已知标准差和未知标准差的统计方法
B. 非统计评定方法
C. 当混凝土生产条件在较长时间内能保持一致,且强度变异性保持稳定时,采用已知标准差法评定
D. 非统计评定方法应由不少于10组的试件组成一个验收批

❖❖ 习题参考答案及解析 ❖❖

一、单项选择题

1. D

【解析】 水泥细度筛析检测法有负压筛法和水筛法两种,目前主要采用负压筛法。

2. C

【解析】 采用负压筛法检验水泥细度,首先应调节负压至4000~6000Pa,检验负压筛的压力范围是否达到要求。

3. C

【解析】 不变水量法(即固定水量法)测定水泥标准稠度用水量,水泥用量为500g,用水量为142.5mL。

4. D

【解析】 水泥标准稠度用水量试验规定,采用维卡仪作为标准法,以试杆距底板的距离为6mm±1mm的水泥净浆为标准稠度净浆。

5. A

【解析】 水泥标准稠度用水量测定要求水泥标准稠度用水量试验应在搅拌后90s内完成。

6. C

【解析】 水泥标准稠度用水量测定,水泥用量500g,用水量136mL即为标准稠度净浆,则水泥标准稠度用水量 $P = \frac{m_w}{500} \times 100\%$,式中,$m_w$为标准稠度净浆所需的拌和用水量(水的密度取1g/cm³时,m_w即为拌和用水量的体积数)。

7. C

【解析】 水泥初凝时间是水泥从加水开始至初凝状态(即水泥浆刚刚失去可塑性)所经

历的时间。试验中,试针下沉距底板的距离为4mm±1mm停止达到了初凝状态。

8. B

【解析】《通用硅酸盐水泥》规定,硅酸盐水泥的初凝时间不得早于45min,终凝时间不得迟于6.5h。

9. A

【解析】石膏的水化速度较慢且水化产物体积增大产生不均匀膨胀,会造成水泥体积安定性不良。

10. A

【解析】早强型水泥与普通型水泥相比,特点是早期强度(3d)较高,后期强度(28d)与普通型水泥的标准相同。

11. C

【解析】标准法是采用雷氏夹进行水泥安定性试验,规定当两个试件煮后增加距离$(C-A)$平均值不超过5.0mm时,安定性合格;当两个试件$(C-A)$平均值超过5.0mm时,应重做一次试验,以复检结果为准。

12. C

【解析】《通用硅酸盐水泥》规定,以水泥检测报告为验收依据时(用于复验仲裁),水泥封存样应密封保管的时间为3个月。

13. D

【解析】水泥标准稠度用水量测定方法规定,维卡仪滑动部分的总质量为300g±1g。

14. B

【解析】水泥试验规定水泥标准稠度用水量、凝结时间、安定性、胶砂强度等试验,试验室温度为20℃±2℃,相对湿度大于50%;湿气养护箱的温度为20℃±1℃,相对湿度大于90%。

15. A

【解析】水泥的胶砂强度试验(ISO法)规定水泥与标准砂的比为1:3,水灰比为0.5。

16. D

【解析】袋装水泥取样,应随机选择不少于10袋水泥,每袋3个以上不同的位置。将取样器插入水泥适当深度,用大拇指按住气孔,小心抽出取样器。

17. D

【解析】由于粉煤灰水泥具有较好的抗渗性和耐蚀性,适用于高湿度环境或水下环境的混凝土工程。

18. A

【解析】由于硅酸盐水泥硬化快,强度高,故C40以上强度等级较高的混凝土应优先选择。

19. A

【解析】由于硅酸盐水泥水化快,水化热高,用于厚大体积混凝土易造成裂缝或开裂;矿渣水泥、火山灰水泥、粉煤灰水泥及特种低热水泥,水化热较低,宜用于大体积混凝土工程。

20. D

【解析】现行规范规定水泥胶砂强度试验采用 ISO 法。

21. C

【解析】因水泥胶砂小梁试件抗折试验后断面不规则，所以 ISO 法规定使用一定面积的夹具进行抗压强度试验。夹具受压面积为 40mm×40mm=1600mm²。

22. C

【解析】水泥胶砂强度试验(ISO 法)规定试验材料比例为水泥:标准砂=1:3，W/C=0.5，但是，对于需水量较大的水泥采用该比例显然水泥胶砂稠度和水化所需水量不够，故规范规定这类水泥的用水量应采用胶砂流动度试验进行确定。具体做法是：按 0.50 水灰比和胶砂流动度不小于 180mm 确定；当流动度小于 180mm 时，须以 0.01 整数倍递增的方法将水灰比调整至胶砂流动度不小于 180mm 的要求。

23. C

【解析】硅酸盐水泥的矿物组成的特性，C_3A 含量最少，但反应速度最快，释热量大，强度低。

24. A

【解析】水泥胶砂强度试验(ISO 法)规定，水泥胶砂 3d 强度试验应在 72h±45min 时间内完成。

25. B

【解析】水泥胶砂强度试验(ISO 法)抗折强度结果处理规定：以平均值作为试验结果，但当 3 个强度中有超出平均值±10%的，应剔除后再取平均值作为试验结果。

26. C

【解析】水泥抗压强度结果处理规定：以平均值作为试验结果。但当 6 个强度中有一个超出平均值±10%时，应剔除后再取剩余 5 个值的平均值作为试验结果。如果 5 个值中再有超出平均值±10%的，则该组试件无效。

27. D

【解析】水泥胶砂强度试验(ISO 法)对各龄期强度试验要求：3d、28d 强度试验，应分别在 3d±45min、28d±8h 内进行。

28. C

【解析】散装水泥取样数量要求，每个批次至少取样 12kg，每 500t 作为 1 批次，不足 500t 按 1 个批次计量。

29. B

【解析】水泥细度试验筛的标定方法，要求修正系数 C 应在 0.80～1.20 范围内使用。

30. D

【解析】水泥凝结时间试验规定：临近初凝时，每隔 5min(或更短时间)测定一次；临近终凝时间时每隔 15min(或更短时间)测定一次。

31. B

【解析】水泥标准稠度用水量测定(代用法)修正为：采用调整水量法以试锥下沉 30mm±1mm 时的净浆为标准稠度净浆。

32. A

【解析】水泥安定性试验规定,将试件放入沸煮箱水中的试件架上,雷氏夹指针朝上,然后在 30min±5min 内加热至沸并恒沸 180min±5min(即 3h±5min)。

33. B

【解析】袋装水泥取样数量要求,每个批次至少取样 12kg,每 200t 作为 1 批次,不足 200t 按 1 个批次计量。

34. A

【解析】硅酸盐系列水泥有六大品种,均由硅酸盐水泥熟料与适量石膏,掺入或不掺混合材共同磨细而成,其中,不掺混合材的是 P·Ⅰ型硅酸盐水泥,P·Ⅱ硅酸盐水泥掺入少量混合材(不超过水泥质量 5%)。

35. B

【解析】水泥安定性试验规定,采用标准法(即雷氏夹法)和试饼法,如有争议时,应以标准法为准。

36. D

【解析】水泥标准稠度用水量试验代用法计算,式中,S 表示试锥停止下沉或释放试锥 30s 时测定的下沉深度(mm)。

37. D

【解析】沸煮法只能检测出水泥中 SO_3 的膨胀影响,压蒸法能检验出 MgO 的膨胀影响。

38. D

【解析】勃氏法测定水泥比表面积试验适用于硅酸盐水泥及其他粉状物料,比表面积范围为 200~600 m^2/kg,不适用于多孔材料及超细粉。

39. B

【解析】水泥胶砂强度试验规定,抗压试验的加荷速率控制在 2400N/s±200N/s,接近破坏时更应严格掌握。

40. A

【解析】早强型水泥和普通型水泥的分类方法是按照 3d 早期强度划分的。

41. B

【解析】水泥胶砂强度试验规定,标准试件尺寸为 40mm×40mm×160mm 棱柱体试件,70.7mm×70.7mm×70.7mm 立方体试件为砂浆抗压强度的标准试件。

42. B

【解析】水泥化学分析方法规定,水泥烧失量试验采用灼烧差减法,水泥三氧化硫含量试验采用硫酸钡重量法,水泥氧化镁含量试验采用原子吸收光谱法。

43. A

【解析】道路硅酸盐水泥规定其细度指标为比表面积:300~450m^2/kg。

44. D

【解析】水泥密度测定方法规定采用李氏瓶。

45. D

【解析】水泥密度测定方法,要求水泥试样预先通过 0.9mm 方孔筛,在 110℃±5℃ 下烘干 1h,然后在干燥器中冷却至室温(20℃±0.5℃)备用。

46. C

【解析】水泥胶砂强度试验规定,除特殊要求外,任何到龄期的试体应在试验(破型)前15min从水中取出,揩去试体表面沉积物,并用湿布覆盖至试验为止。

47. C

【解析】水泥安定性试验规定试饼法为代用法,试饼形状要求直径70~80mm、中心厚度约10mm、边缘渐薄、表面光滑的试饼,然后,养护,沸煮,目测评定。

48. C

【解析】水泥密度测定计算公式为 $\rho = m/(V_2 - V_1)$,结果精确至 $10kg/m^3$,即 $0.01g/cm^3$。

49. C

【解析】水泥胶砂流动度试验应使用跳桌,如跳桌在24h内未被使用,应先空跳一个周期25次。

50. C

【解析】水泥胶砂流动度试验方法规定,第一层胶砂装至截锥圆模高度约2/3处,用小刀在相互垂直的两个方向上各划5次,用捣棒由边缘至中心均匀捣压15次。

51. C

【解析】水泥胶砂流动度=(胶砂底面最大扩散直径+垂直方向直径)/2。

52. A

【解析】水泥化学分析方法中水泥烧失量试验,规定采用灼烧差减法的试样灼烧温度为950℃±25℃。

53. A

【解析】水泥化学分析方法规定,用于矿渣水泥的烧失量校正时,应称取2份试样,1份用于直接测定其中的 SO_3 含量($w_{前}$),另1份试样应在(950±25)℃下灼烧15~20min后,测定试料中的 SO_3 含量($w_{后}$)。

54. D

【解析】水泥混凝土拌合物含气量试验规定,采用混合式气压法。

55. D

【解析】混凝土含气量试验对含气量0%点的标定:按要求调整压力表为0.1MPa,按下阀门杆1~2次使气室的压力气体进入钵体内,读压力表读数,此时指针所示压力相当于含气量0%。

56. B

【解析】混凝土含气量试验对0%点、1%、2%、3%~10%的标定目的是为了绘制含气量-压力表读数曲线,便于混凝土含气量试验时数据查对。

57. B

【解析】混凝土拌合物含气量试验方法修订为:当坍落度不大于90mm时,宜采用振实台振实;当坍落度大于90mm时,宜用捣棒插捣密实。

58. B

【解析】《普通混凝土配合比设计规程》规定,抗渗混凝土是指抗渗等级不低于P6级的混凝土。

59. C

【解析】混凝土坍落度试验方法要求将拌制的混凝土试样分三层均匀地装入筒内,使捣实后每层高度为筒高的 1/3 左右。每层用捣棒插捣 25 次,插捣应沿螺旋方向由外向中心进行,每次插捣应在截面上均匀分布。

60. B

【解析】混凝土坍落度试验方法适用于集料最大粒径不大于 31.5mm、坍落度大于 10mm 的混凝土。

61. D

【解析】当坍落度大于 160mm 时,用钢尺测量混凝土扩展后最终的最大直径和最小直径,在两者之差小于 50mm 的条件下,用其算术平均值作为坍落扩展度值;否则,此次试验无效。

62. C

【解析】混凝土凝结时间试验规定采用贯入阻力法测定,绘制贯入阻力-时间关系曲线,当贯入阻力为 3.5MPa 时,对应确定混凝土的初凝时间;当贯入阻力为 28MPa 时,对应确定混凝土的终凝时间。

63. C

【解析】塑性混凝土的坍落度为 10~90mm,流动性混凝土的坍落度为 100~150mm,大流动性混凝土的坍落度不低于 160mm,干硬性混凝土指坍落度小于 10mm 的混凝土。

64. A

【解析】混凝土坍落度试验规定,保水性是指水分从拌合物中析出情况,分为"多量、少量、无"三级。

65. B

【解析】水泥混凝土试件制作方法中养护规定,试件成型后,用湿布覆盖表面(或其他保湿方法),并在室温 20℃±5℃、相对湿度大于 50% 的环境下,静放 1~2 个昼夜,然后拆模并作第一次外观检查、编号,对有缺陷的试件应除去或加工补平。

66. C

【解析】贯入阻力法测定混凝土拌合物凝结时间,先使测针端面刚刚接触砂浆表面,然后转动手轮,使测针在 10s±2s 内垂直均匀插入试样内 25mm±2mm,记录刻度盘显示的增量。

67. A

【解析】水泥混凝土抗弯拉强度试验方法规定,加荷时应保持均匀连续,混凝土强度等级小于 C30 时,加荷速度为 0.02~0.05MPa/s;混凝土强度等级大于或等于 C30 且小于 C60 时,加荷速度为 0.05~0.08MPa/s;混凝土强度等级大于或等于 C60 时,加荷速度为 0.08~0.10MPa/s。

68. C

【解析】混凝土抗压强度 $f_{cu}=\dfrac{F}{A}$,计算 3 个测值分别为 37.4MPa、37.0MPa、37.6MPa,未超出误差要求,故平均值 37.3MPa 为测定值。

69. C

【解析】 水泥混凝土试件制作与硬化混凝土现场取样方法中对压力机或万能试验机的要求,测量精度为±1%,试件破坏荷载应大于压力机全量程的20%且小于压力机全量程的80%。

70. C

【解析】 水泥混凝土立方体抗压强度试验方法规定,标准试件尺寸为150mm×150mm×150mm。强度等级≤C60时,对于非标准试件(100mm×100mm×100mm、200mm×200mm×200mm),其抗压强度应乘以尺寸换算系数(分别为0.95、1.05)。

71. B

【解析】 水泥混凝土配合比相对用量与单位用量按格式转换:$(1+1.58+3.27+0.50)m_c=2450$,则各材料单位用量为:水泥 $m_c=386$kg,水 $m_w=193$kg,砂 $m_s=610$kg,碎石 $m_g=1262$kg。

72. B

【解析】 依据水泥混凝土强度理论,即混凝土28d抗压强度 $f_{cu}=\alpha_a f_{ce}(C/W-\alpha_b)$,其中 α_a、α_b 为常数,当水泥强度等级一定时,水泥实际强度 f_{ce} 则确定,由公式知,混凝土抗压强度与 W/C 成反比。

73. B

【解析】 水泥混凝土立方体抗压强度试验方法对试验结果处理规定,以3个试件测值的算术平均值作为测定值。如3个试件中最大值或最小值中有一个与中间值的差超过中值的15%,则取中间值为测定值;如有两个测值与中间值的差均超过上述规定时,则该组试验结果无效。

74. C

【解析】 水泥混凝土立方体抗压强度试验方法规定,强度等级小于C30的混凝土,加荷速度为0.3~0.5MPa/s;强度等级大于或等于C30且小于C60的混凝土,加荷速度为0.5~0.8MPa/s;强度等级大于或等于C60的混凝土,加荷速度为0.8~1.0MPa/s。

75. D

【解析】 依据混凝土外加剂的功能与定义,一般掺量不大于水泥质量的5%。

76. D

【解析】 水泥混凝土抗弯拉强度试验方法规定标准试件尺寸为150mm×150mm×550mm梁形试件,若采用非标准试件100mm×100mm×400mm,混凝土抗折强度应乘以尺寸折算系数0.85;当强度等级≥C60时,应采用标准试件。

77. A

【解析】 水泥混凝土抗弯拉强度试验方法规定,应采用三分点加荷方式进行弯拉破坏试验,抗折强度值 $f_f=FL/(bh^2)$,其中,L 为跨中间距(450mm),加荷时将其分成三等份(150mm/份)。

78. B

【解析】 水泥混凝土抗弯拉强度试验方法规定,试件长向中部1/3区段内表面不得有直径超过5mm、深度超过2mm的孔洞。

79. B

【解析】 普通气候环境中配制普通混凝土优选普通水泥。普通水泥的性能和应用与同强度等级的硅酸盐水泥极为相近,广泛用于各种混凝土或钢筋混凝土工程,是我国的主要的水泥品种之一。

80. B

【解析】 普通水泥强度较高,收缩性较小,抗渗性较好,符合水泥混凝土路面的特性要求。

81. B

【解析】 依据《混凝土强度检验评定标准》,已知标准差方法是当混凝土生产条件在较长时间内能保持一致,且同一品种混凝土的强度变异性能保持稳定时,应由连续的三组试件代表一个验收批,进行强度评定。

82. A

【解析】 水泥混凝土劈裂抗拉强度试验方法,有室内制备立方体试件方法和现场芯样方法。

83. B

【解析】 影响混凝土强度有内因与外因等诸多因素,其中起决定性作用的因素是 W/C,这点可从混凝土强度理论分析得出。

84. C

【解析】 混凝土的强度等级即抗压强度标准值,表示方法是在抗压强度标准值前面加上"C",如 C30、C40 等,保证率为 95%。

85. A

【解析】 抗压强度标准值是采用数理统计法,评价一批混凝土抗压强度总体分布中判断混凝土强度是否合格的一个界限值,低于该值的强度百分率不应超过 5%,即为具有 95% 保证率的抗压强度值。

86. B

【解析】 依据水泥混凝土抗压强度试验结果处理方法,40.4MPa 超出了中间值 48.0MPa 的 15%,故取中间值 48.0MPa 作为试验测定值。

87. D

【解析】 水泥混凝土配合比的相对用量表示法,即为组成混凝土各材料的单位用量与单位水泥用量的比值。

88. B

【解析】 抗弯拉强度(即抗折强度)是水泥混凝土路面的主要力学指标。

89. B

【解析】 混凝土现场钻心取样,规定芯样直径宜为混凝土所用粗集料最大粒径的 3 倍以上,不宜小于最大粒径的 2 倍。一般为 $\phi 150mm \pm 10mm$ 或 $\phi 100mm \pm 10mm$,特殊部位 $\phi 75mm$。

90. C

【解析】 水泥混凝土拌合物稠度试验方法(维勃仪法)适用于集料公称最大粒径不大

于31.5mm及维勃稠度在5~30s之间的干稠性混凝土。干稠性混凝土指坍落度小于10mm的混凝土。

91. A

【解析】《公路桥涵施工技术规范》对粗集料的技术要求：Ⅰ类宜用于>C60的混凝土，Ⅱ类宜用于C60~C30的混凝土，Ⅲ类宜用于<C30的混凝土。

92. C

【解析】依据水泥混凝土抗折强度试验结果处理方法，最大值5.80MPa超出了中间值5.02MPa的15%，故取中间值5.02MPa作为测定值。

二、判断题

1. ×

【解析】矿渣水泥烧失量试验，应对由硫化物的氧化引起的烧失量的误差进行校正，而其他元素引起的误差一般可忽略不计。

2. ×

【解析】称取1g水泥试样(精确至0.0001g)，要经反复灼烧，直至恒量，然后称量计算。

3. √
4. √
5. √
6. ×

【解析】硅酸盐水泥和普通水泥的细度采用比表面积表示。

7. ×

【解析】水泥试样筛余百分率 $F = \dfrac{m_s}{10} \times 100\%$，试验结果还应按试验筛修正系数进行修正，即 $F_C = C \times F$。

8. ×

【解析】测定水泥比表面积时，P·Ⅰ、P·Ⅱ水泥的空隙率ε采用0.500%±0.005%；其他水泥和粉料的空隙率ε选用0.530%±0.005%。

9. ×

【解析】测定水泥的终凝时间，是以当试针沉入试体0.5mm时，即环形附件开始不能在试体上留下痕迹时作为终凝状态。

10. √
11. ×

【解析】勃氏仪校准应至少每年进行一次。月平均使用次数不少于30次时，应每半年进行一次。

12. √
13. √
14. ×

【解析】水泥中氯离子含量采用磷酸蒸馏-汞盐滴定法测定；电通量法是水泥混凝土抗

氯离子渗透试验方法。

15. √
16. √
17. ×

【解析】完成初凝时间测定后,立即将试模连同浆体以平移的方式从玻璃板取下,翻转180°,直径大端向上,小端向下放在玻璃板上,再放入湿气养护箱中继续养护,临近终凝时间时再测定。

18. √
19. ×

【解析】棱柱体标准试件尺寸为40mm×40mm×160mm,支撑圆柱间距 $L=100$mm,则 $R_\mathrm{f}=\dfrac{1.5F_\mathrm{f}L}{b^3}=4.9$MPa,结果计算要求精确至0.1MPa。

20. ×

【解析】沸煮箱内的水位应保证在整个煮沸过程中都超过试件,并能在30min±5min内升至沸腾。不需中途添补试验用水。

21. ×

【解析】检验雷氏夹,应保证两根指针针尖的距离增加应在17.5mm±2.5mm范围内。

22. √
23. √
24. ×

【解析】水泥密度测定适用于各种水泥,也适用于测定其他粉状物料的密度测定。

25. ×

【解析】水泥密度测定介质使用无水煤油。

26. ×

【解析】标准养护龄期为3d和28d。

27. √
28. √
29. ×

【解析】活性混合材料中含有活性氧化硅和氧化铝(有的也含有氧化钙),在氧化钙的激发下具有一定的水硬性。

30. ×

【解析】水泥初凝时间不符合要求的水泥为不合格品,不得在结构工程中使用(无论哪项不合格指标引起的不合格品均不得在结构工程中使用)。

31. ×

【解析】按照《通用硅酸盐水泥》的规定,出现上述情况时应为不合格品水泥。

32. √
33. √
34. √

35. ×

【解析】对于两个龄期以上的试件,在编号时应将同一试模中的三条试件分在两个以上的龄期内。

36. √
37. √
38. ×

【解析】水泥胶砂强度检验方法(ISO法)适用于所有硅酸盐系列水泥,也包括道路硅酸盐水泥、石灰石硅酸盐水泥等。

39. ×

【解析】矿渣硅酸盐水泥是由硅酸盐水泥熟料、粒化高炉矿渣和适量石膏共同磨细制得的水硬性胶凝材料。

40. ×

【解析】虽然用水量大小与混凝土的流动性密切相关,但是测定水泥标准稠度用水量的目的是为配制标准稠度水泥净浆,用于测定水泥凝结时间和安定性,使试验结果具有可比性。

41. ×

【解析】该组6个抗压试验结果平均值为6.3kN,最大值7.1kN超出了10%应剔除,计算该组水泥的抗压强度为3.8MPa(计算结果精确至0.1MPa)。

42. √
43. √
44. √
45. ×

【解析】新规范有变化,要求第二层装至高出模约20mm,用小刀划10次,按要求捣10次。捣压力量应恰好足以使胶砂充满截锥圆模。

46. ×

【解析】当MgO和SO_3的含量过高时,引起水泥体积安定性不良会导致水泥石产生裂缝和开裂,水泥出厂必须检测化学性质;虽然工程中可以不检测水泥的化学性质,但有争议需要仲裁时必须检测。

47. √
48. √
49. √
50. ×

【解析】道路硅酸盐水泥的初凝时间不得早于1.5h,终凝时间不得迟于10h。

51. ×

【解析】道路硅酸盐水泥分为32.5、42.5、52.5三个强度等级。

52. ×

【解析】已知标准差法适用于混凝土批量较大,在较长时间内混凝土的生产条件保持一致,且同一品种混凝土的强度性能保持稳定的混凝土。反之,则采用未知标准差法。

53. ×

【解析】当混凝土强度等级大于 C20 时,应用公式 $f_{cu} \geq f_{cu,k} + 0.7\sigma_0$,$f_{cu,min} \geq f_{cu,k} - 0.7\sigma_0$,$f_{cu,min} \geq 0.9 f_{cu,k}$ 进行评定;当混凝土强度等级不高于 C20 时,其强度最小值尚应满足 $f_{cu,min} \geq 0.85 f_{cu,k}$。

54. √

55. √

56. √

57. ×

【解析】混凝土拌合物体积密度试验,当坍落度大于 90mm 时,宜采用捣棒捣实;当坍落度不大于 90mm 时,宜采用振动台振实。对于自密实混凝土应一次性填满容量筒,且不应进行振动和捣实。

58. √

59. √

60. ×

【解析】混合式含气量测定与气压式含气量测定的区别在于,混凝土试样顶面与锥盖间的空间用水注满,由于水不可压缩,因而减少了试验误差。

61. √

62. ×

【解析】坍落度不小于 10mm 的混凝土拌合物的流动性用坍落度表示,其中,当坍落度大于 160mm 时,用坍落扩展度值表示;坍落度小于 10mm 的混凝土拌合物的流动性用维勃稠度值表示。

63. √

64. ×

【解析】坍落度虽然是评价混凝土拌合物稠度的重要指标,但是评价混凝土拌合物的工作性还应综合考虑其黏聚性和保水性,有时也考虑其棍度情况。

65. ×

【解析】贯入阻力越大,选择的平头测针越细,如贯入阻力(MPa)在 0.2~3.5,3.5~20.0,20.0~28.0 时,测针(平头测针圆面积,单位为 mm^2)分别选用 100,50,20。

66. √

67. ×

【解析】第一次贯入压力测定:常温下普通混凝土是从加水拌和时算起 2~3h 后测定,以后每间隔 0.5h 测一次;掺早强剂的混凝土宜在 1~2h 后开始测定,以后每间隔 0.5h 测一次;掺缓凝剂的混凝土宜在 4~6h 后开始测定,以后每间隔 2h 测一次。临近初凝、终凝时间可增加测定次数。

68. ×

【解析】方法不同,水泥的凝结时间采用维卡仪测定,水泥混凝土的凝结时间则采用贯入阻力仪测定;意义不同,采用标准稠度净浆(W/C 一定)测定水泥的凝结时间为一定值,而采用同一种水泥配制的混凝土,配合比不同则 W/C 不同,因此混凝土的凝结时也不同。故二者不能相互取代。

69. ×

【解析】加载速度应按混凝土强度等级大小不同选择：小于 C30 的混凝土，加荷速度为 0.02~0.05MPa/s；大于或等于 C30 且小于 C60 的混凝土，加荷速度为 0.05~0.08MPa/s；大于或等于 C60 的混凝土，加荷速度为 0.08~0.10MPa/s。

70. √
71. √
72. ×

【解析】混凝土的最佳砂率是指在水泥浆用量一定的条件下，能够使新拌混凝土的流动性最大，且能保持良好的黏聚性和保水性的砂率。

73. √
74. ×

【解析】新规范修订为：当混凝土拌合物的坍落度大于 160mm 时，采用坍落度扩展值表示其稠度。

75. ×

【解析】采用标准养护的混凝土试件拆模后，当无标准养护室时，可放在温度为 20℃±2℃ 的不流动的 $Ca(OH)_2$ 饱和溶液中进行养护。

76. √
77. √
78. ×

【解析】混凝土拌合物的维勃稠度值越大，其坍落度越小。

79. √
80. ×

【解析】轴心抗压强度能更真实地反映混凝土的实际受力情况。

81. √
82. ×

【解析】对混凝土拌合物流动性大小起决定作用的是用水量、水灰比和砂率。

83. ×

【解析】混凝土试件标准养护条件为：温度 20℃±2℃，相对湿度 95% 以上。

84. ×

【解析】大流动性混凝土的坍落度要求大于 160mm。

85. ×

【解析】当试件接近破坏而开始迅速变化时，应停止并调整试验机的油门，直至试件破坏。

86. ×

【解析】如任一个测定值与中值的差超过中值的 15%，应取中值作为测定结果。

87. √
88. √

89. ×

【解析】混凝土的和易性应综合考虑流动性、黏聚性和保水性。流动性符合设计要求，同时黏聚性和保水性良好，则和易性良好。

90. ×

【解析】混凝土抗压强度与其灰水比呈线性关系。

91. √

92. ×

【解析】不一样。相同点：三种强度测定值的计算方法和异常数据的取舍原则相同。不同点：计算结果的精度要求不同，水泥混凝土抗压强度、轴心抗压强度计算结果精确到 0.1MPa，劈裂抗拉强度计算结果精确到 0.01MPa。

93. ×

【解析】这种高配低的方法，理论设计能够满足强度要求，但由于水泥用量少，混凝土空隙多，耐久性得不到保证。

94. √

95. ×

【解析】不一定。增大混凝土的流动性不是只有通过提高水灰比来实现，还可以采用掺外加剂或者保持水灰比不变，增加一定水泥浆量等措施来实现。

96. ×

【解析】水灰比的确定与三个因素有关：混凝土配制强度、水泥实际强度和粗集料的种类。

97. √

98. √

99. ×

【解析】采用体积法计算混凝土的砂石用量时，必须考虑混凝土气孔所占据的体积。

100. √

101. √

三、多项选择题

1. CD

【解析】水泥按其性能及用途分为三大类：用于一般土木建筑工程的通用水泥、具有专门用途的专用水泥和具有某种比较突出性能的特性水泥。通用水泥主要包括六大品种硅酸盐系水泥；专用水泥有道路水泥、砌筑水泥和油井水泥等；特性水泥有快硬硅酸盐水泥、白色硅酸盐水泥、抗硫酸盐硅酸盐水泥、低热硅酸盐水泥和膨胀水泥等。

2. ABD

【解析】现行规范取消了 80μm 方孔筛测定水泥细度，筛析法仅要求 45μm 方孔筛。对于硅酸盐水泥等较细的粉状物料，一般采用比表面积指标表示细度。

3. ABCD

【解析】《通用硅酸盐水泥》规定，硅酸盐水泥的化学性质包括氧化镁含量、三氧化硫含量、烧失量、不溶物、碱含量和氯离子含量。

4. ACD

【解析】《通用硅酸盐水泥》规定,评价硅酸盐水泥的物理性质的指标有:细度、凝结时间、体积安定性,标准稠度用水量属于物理性质,但不作为评价指标。

5. AB

【解析】水泥标准稠度用水量试验规定有标准法和代用法两种方法,标准法采用维卡仪,代用法采用试锥法。

6. BC

【解析】水泥标准稠度用水量试验规定,当试杆停止下沉或释放试杆30s时,记录试杆到底板的距离。整个操作应在搅拌后90s内完成。

7. BCD

【解析】火山灰、粉煤灰等活性混合材料的需水量较大,故掺加这类混合材料的水泥需水量均较大。需水量大的水泥做胶砂强度试验时,应先检验其胶砂流动度确定具体的用水量。

8. AC

【解析】硅酸盐水泥的矿物组成中 C_3S 含量最多,其次是 C_2S,它们的水化产物都是水化硅酸钙和氢氧化钙,使水泥具有了较高的强度。

9. ABC

【解析】水泥胶砂强度试验对试件养护规定,最初用自来水装满水槽(或容器),随后随时加水保持适当的恒定水位,养护期间不允许全部换水。

10. ABCD

【解析】雷氏夹试件成型方法为:在玻璃板表面和雷氏夹内表面要稍稍涂上一层油;将预先准备好的雷氏夹放在已稍擦油的玻璃板上,并立刻将已制好的标准稠度净浆一次装满雷氏夹;装浆时一只手轻轻扶持雷氏夹,另一只手用宽约25mm的直边刀在浆体表面轻轻插捣3次,然后抹平;盖上稍涂油的玻璃板,接着立刻将试件移至湿气养护箱内养护24h±2h。

11. AB

【解析】水泥安定性试验有标准法和代用法两种,分别采用雷氏夹、试饼进行试验。

12. AC

【解析】水泥密度测定方法规定,称取水泥60g(m),精确至0.01g;无水煤油倒入李氏瓶0~1mL之间,恒温(20℃±0.5℃)30min,记录初读数 V_1;第二次读数 V_2 的恒温条件与第一次相同,并且两次读数时恒温水槽的温度不大于0.5℃。

13. ABC

【解析】游离 CaO 和 MgO 是生产水泥过程中碳酸钙及碳酸镁经高温分解而成,结构致密,水化速度慢,在水泥硬化后继续水化,水化物体积增大,使水泥产生不均匀膨胀;当石膏(以 SO_3 计)掺量过多时,在水泥硬化后,还会继续与固态的水化铝酸钙反应生成水化硫铝酸钙,体积增加,也会导致硬化后水泥体积不均匀膨胀。因此,游离 CaO、MgO、SO_3 均是影响水泥体积安定性的因素。

14. ABCD

【解析】《通用硅酸盐水泥》对硅酸盐水泥的化学、物理和力学指标做了具体的技术要求,其中物理和力学指标为以上四个指标。

15. CD

【解析】《通用硅酸盐水泥》规定,复合硅酸盐水泥与火山灰水泥和粉煤灰水泥的技术指标要求相同。

16. AD

【解析】水泥强度等级是根据水泥胶砂强度3d和28d强度试验结果确定的。若3d、28d抗压强度和抗折强度均满足相应的技术要求时,以28d龄期抗压强度标准限值作为水泥的强度等级。

17. ABC

【解析】评价水泥的性能应从化学性质、物理性质和力学性质三个方面的技术性质进行综合评价。

18. ABC

【解析】水泥细度试验方法可采用筛析法和勃氏法,其中筛析法可使用负压筛法和水筛法。

19. ABD

【解析】水泥标准稠度用水量试验方法修订后,除选项A、B、D的做法正确外,应在试模表面约1/3处,略倾斜试模分别向外轻轻锯掉多余净浆。

20. BC

【解析】硅酸盐水泥的代号为P·Ⅰ、P·Ⅱ,P·O为普通水泥代号,P·S为矿渣水泥代号。

21. ABC

【解析】活性混合材料主要指一些工业废渣,如粒化高炉矿渣、火山灰质、粉煤灰等。磨细石灰石属于非活性混合材料。

22. BC

【解析】磨制水泥加入石膏主要起缓凝作用,也有利于提高水泥的早期强度、降低干缩变形。

23. ABCD

【解析】影响硅酸盐水泥应用性质的主要因素有内因,包括水泥细度、组成材料等,外因有储存时间、养护条件和龄期等。

24. CD

【解析】道路硅酸盐水泥属于特种水泥,也具有化学、物理和力学性质的要求,根据道路的特性,其力学指标除强度外,还要求28d干缩率和磨耗量。

25. ABC

【解析】道路硅酸盐水泥分为32.5级、42.5级和52.5级三个等级。

26. CD

【解析】矿渣水泥水化热较低,可用于大体积工程;耐热性好,适用于受热(200℃以下)的混凝土工程,还可掺加配制成耐热混凝土。

27. AD

【解析】按照水泥3d早期强度的大小,将水泥分为普通型和早强型水泥。

28. ABCD

【解析】提高水泥细度,可以提高其水化速度快和早期强度,但是并非水泥越细越好,提高水泥细度,不仅提高了生产成本,更主要会增大体积收缩,导致裂缝。

29. BC

【解析】水泥熟料主要矿物组成为C_3S、C_2S、C_3A、C_4AF,$CaSO_4 \cdot 2H_2O$是水泥的组成成分;释热量由大到小顺序为$C_3A > C_3S > C_4AF > C_2S$;$C_2S$体积收缩小、$C_4AF$抗折强度高,有利于道路水泥特性;$C_2S$早强低,后期强度增长较高。

30. AD

【解析】活性混合材料具有潜在水硬性或火山灰性,如粒化高炉矿渣含有活性SiO_2、Al_2O_3、Fe_2O_3、CaO,水化产物与水泥相同,具有潜在水硬性;火山灰和粉煤灰主要含有活性SiO_2、Al_2O_3、Fe_2O_3,本身与水不反应或反应微弱,只有在CaO的激发下才能生成与水泥相同的水化产物,具有火山灰性。

31. ABC

【解析】水泥胶砂流动度试验方法规定,用卡尺测量胶砂底面最大扩散直径及其垂直方向的直径,计算平均值作为该用水量的水泥胶砂流动度。

32. AD

【解析】水泥化学分析方法中水泥烧失量试验,高温灼烧驱除二氧化碳和水分,同时将存在的易氧化的元素氧化。

33. ABD

【解析】水泥化学分析方法要求矿渣水泥烧失量试验,校正后烧失量(%)为:$w'_{LOI} = w_{LOI} + 0.8 \times (w_后 - w_前)$,其中,$w_{LOI}$为实际测量的烧失量,0.8为$S^{2-}$氧化为$SO_4^{2-}$时增加的氧与$SO_3$的摩尔质量比,即$(4 \times 16)/80 = 0.8$。

34. AB

【解析】依据《混凝土强度检验评定标准》,已知标准差法和未知标准差法两种。已知标准差方法是:当混凝土生产条件在较长时间内能保持一致,且同一品种混凝土的强度变异性能保持稳定时,应由连续的三组试件代表一个验收批。未知标准差方法是当混凝土生产条件不能满足前述规定,或在前一个检验期内的同一品种混凝土没有足够的数据用以确定验收批混凝土强度的标准差时,应由不少于10组的试件组成一个验收批评定。

35. ACD

【解析】混凝土含气量试验要求试验前应先进行仪器标定,包括:量钵容积、含气量0%点、含气量1%~10%的标定。

36. ABCD

【解析】混凝土含气量试验新规范进行了修正,两次测试结果相差大于0.5%时应重新试验;含气量计算公式为:$A = A' - C$,其中A'为混凝土拌合物未校正含气量,C为集料含气量。

37. CD

【解析】混凝土含气量试验,混合式气压法测定的含气量为总含气量,不能区分引入空气和截入空气。国家标准中列出了最大含气量,对于有抗冻、抗盐等耐久性要求的混凝土应尽量靠近最大限值。

38. AB

【解析】混凝土含气量 $A = A' - C$,其中 A' 为混凝土拌合物未校正含气量,C 为集料含气量。

39. ACD

【解析】混凝土拌合物的工作性,工程中常称和易性,包括流动性、黏聚性和保水性等方面,因此,评价混凝土拌合物的工作性,就必须综合考虑以上几个方面。

40. ABCD

【解析】新拌混凝土工作性的含义包括流动性、可塑性、稳定性、易密性等方面,但为便于评价,在试验中采用流动性、黏聚性和保水性进行综合评价。

41. ABC

【解析】混凝土坍落度试验规定混凝土棍度评定,可按插捣混凝土拌合物时的难易程度分为上、中、下三级。上:指插捣容易;中:指插捣时稍有石子阻滞的感觉;下:指很难插捣。

42. CD

【解析】新规范修正了混凝土拌合物的拌和步骤:拌和环境为温度20℃±5℃,相对湿度大于50%;拌和前应将材料放置在温度20℃±5℃的室内,且时间不宜少于24h;人工拌和时,第二次加水后继续拌和,来回翻拌至少10遍。

43. BCD

【解析】坍落度试验适用于坍落度不小于10mm的混凝土,包括塑性混凝土、流动性混凝土和大流动性混凝土。

44. ACD

【解析】新规范修正了混凝土坍落度试验,在测试坍落度的同时,还可用目测评定拌合物的棍度、黏聚性和保水性,去掉了"含砂情况"。

45. AD

【解析】混凝土凝结时间测定,应从混凝土搅拌加水开始计,常温下普通混凝土3h后开始测定贯入压力,以后每隔0.5h测一次,不少于6次;贯入压力为测针灌入25mm时的压力,用于计算贯入阻力;绘制时间-贯入阻力曲线。

46. BD

【解析】普通混凝土配合比设计方法,按耐久性要求应校核单位水泥用量和水灰比两个参数。

47. ACD

【解析】普通混凝土配合比设计,试配强度 $f_{cu,o} \geq f_{cu,k} + 1.645\sigma$,与混凝土设计强度等级、强度保证率系数、强度标准差有关,其中强度标准差的大小取决于施工单位的施工水平。

48. ABC

【解析】混凝土工作性通过流动性、黏聚性和保水性综合评定。

49. AC

【解析】坍落度大于10mm的混凝土采用坍落度仪法;维勃稠度在5~30s的干稠性混

凝土采用维勃仪法。

50. ABC

【解析】水泥混凝土试件制作与硬化混凝土现场取样方法,按照坍落度的大小可以采用振动台法、人工法、插入式振捣棒法。

51. AC

【解析】普通混凝土配合比设计方法,可采用质量法和体积法计算单位砂石用量。

52. ABCD

【解析】原材料的特性、单位用水量、水灰比和砂率,属于原材料的质量与用量比例,均为影响水泥混凝土工作性的内因。

53. CD

【解析】配制混凝土选用级配良好的集料,可实现空隙率最小,密实度最大的目的。混凝土可以获得良好的和易性,较高强度,同时,可以节约胶凝材料用量,降低成本。

54. ABCD

【解析】《公路桥涵施工技术规范》《公路水泥混凝土路面施工技术细则》规定,水泥混凝土用粗集料技术指标有:压碎值、坚固性、针片状颗粒含量、有害杂质含量、抗压强度、表观密度、松散堆积密度、空隙率、碱集料反应和级配。

55. BC

【解析】水泥混凝土抗折强度试验标准试件为150mm×150mm×550mm,要求按三分点加荷,支座间距为450mm,试件两端各留出50mm,两点加荷具体位置分别为从试件一端量起200mm和350mm处。

56. AB

【解析】混凝土抗弯拉强度试验标准试件尺寸为150mm×150mm×550mm,非标准试件尺寸为100mm×100mm×400mm。新规范修正去掉了试件尺寸150mm×150mm×600mm。

57. ABCD

【解析】影响混凝土强度的主要因素有内因(组成材料)和外因(养护条件、试验方法、试验条件)。

58. AD

【解析】普通水泥混凝土配合比设计,要根据工程特性和环境条件选择水泥品种,还要根据欲配制的混凝土强度等级选择相匹配的水泥强度等级。

59. CD

【解析】由于矿渣水泥的保水性较差,泌水性、干缩性较大,火山灰水泥干燥收缩较大,故在干燥环境中配制普通水泥混凝土不得选用。

60. CD

【解析】矿渣水泥、火山灰水泥、粉煤灰水泥由于加入较多的混合材料,故凝结硬化速度较慢,早期强度较低,但后期强度增长较多,甚至可超过同强度等级的硅酸盐水泥。由于火山灰和粉煤灰中缺乏CaO,火山灰水泥和粉煤灰水泥的早期强度尤其低,必须加强养护才能提高后期强度,因此,配制C40以上的高强度混凝土,有限选择硅酸盐水泥、普通水泥,可以选择矿渣水泥,不能选择火山灰水泥、粉煤灰水泥。

第二部分/第四章 水泥与水泥混凝土

61. BCD

【解析】由于矿渣水泥、火山灰水泥、粉煤灰水泥的抗冻能力较差,故在寒冷地区处在水位升降范围内的混凝土不得使用。

62. ABD

【解析】由于硅酸盐水泥、普通水泥、火山灰水泥、粉煤灰水泥的抗渗能力较好,矿渣水泥抗渗能力较差,故按抗渗混凝土的要求,优先考虑选用硅酸盐水泥、普通水泥、火山灰水泥、粉煤灰水泥,不得使用矿渣水泥。

63. ABC

【解析】《普通混凝土配合比设计规程》中关于单位用水量的选择方法,根据设计坍落度、粗集料品种(碎石、卵石)和公称最大粒径确定。

64. ACD

【解析】《普通混凝土配合比设计规程》中要求,水泥混凝土配合比设计应采用工程实际使用的原材料,细集料的含水率应小于0.5%,粗集料的含水率应小于0.2%。

65. ACD

【解析】《普通混凝土配合比设计规程》中选择砂率的规定:坍落度小于10mm时,砂率经试验确定;坍落度10~60mm时,砂率根据粗集料品种、公称最大粒径和水胶比确定;坍落度大于60mm时,砂率可经试验确定,也可在查表基础上,按坍落度每增大20mm、砂率增大1%的幅度予以调整。

66. ABCD

【解析】混凝土配合比设计不但应满足三大性质(工作性、力学性质、耐久性)要求,还要满足经济要求。

67. AC

【解析】设计混凝土配合比时采用较低的水灰比,可以使混凝土结构致密,即可提高强度又可以提高耐久性。

68. ABCD

【解析】《用于水泥和混凝土中的粉煤灰》规定,混凝土中用粉煤灰的技术指标包括细度、需水量比、烧失量、三氧化硫含量,还包括含水率、游离氧化钙、($SiO_2 + Al_2O_3 + Fe_2O_3$)总含量、密度、安定性、强度活性指数。

69. ABCD

【解析】普通混凝土配合比设计应分为三个阶段:计算初步配合比设计、试验室配合比设计和工地配合比折算。依据《普通混凝土配合比设计规程》,按顺序需要完成四个过程:计算初步配合比,提出基准配合比,确定试验室配合比,换算工地配合比。

70. ACD

【解析】水泥混凝土的技术性质包括新拌混凝土的工作性,硬化后混凝土的力学性质和耐久性质,其中,混凝土的力学性质包括强度和变形两个方面。

71. AC

【解析】《普通混凝土配合比设计规程》规定,水泥混凝土配合比设计中耐久性是通过最大水胶比和最小胶凝材料用量控制的,目的是混凝土配合比应同时满足强度和耐久性的要求。

72. AC

【解析】混凝土抗氯离子渗透试验方法有电通量法和快速氯离子迁移系数(RCM法)两种。

73. ABCD

【解析】混凝土的耐久性按其所处环境分类,主要包括抗冻性、抗渗性、抗蚀性、耐磨性、碳化等。

74. BC

【解析】掺外加剂的混凝土配合比设计以普通混凝土配合比设计为基础,仍然以抗压强度作为主要设计指标;外加剂掺量计算按单位水泥质量的百分率计;掺外加剂混凝土的单位用水量计算公式为:$m_{wa}=m_{wo}(1-\beta)$,其中,β 为外加剂的减水率;砂石用量按质量法或者体积法计算。

四、综合题

1. (1) ABD　　(2) BD　　(3) AD　　(4) AD　　(5) ABD

【解析】

(1) 采用勃氏法测定水泥比表面积规定采用水银排代法测定试料层的体积;水银密度是给定常数,与试验温度有关;试料层体积计算无误,计算值应精确至 0.001cm^3。

(2) 标准试样与水泥被测样的质量是以达到在制备试料层中的空隙率计算得到:P·Ⅱ硅酸盐水泥的空隙率为 0.500 ± 0.005,其他水泥或粉料的空隙率为 0.530 ± 0.005;水泥比表面积的试验原理是先测定试料层体积,然后用被测样与标准样比较计算得到其比表面积值;水泥比表面积试验第一步为仪器校准,包括漏气检查和试料层体积测定两项内容,且试料层体积至少每年校正一次;采用水银置换试料层体积时,应先将两片滤纸放入透气筒内并整平。

(3) 被测水泥的密度、试料层中空隙率与标准试样相同,试验时温差 $\leqslant\pm3℃$,比表面积计算式:$S=S_s\sqrt{T}/\sqrt{T_s}$;试验时温差 $>\pm3℃$ 时,则计算式为:$S=S_s\sqrt{T}\sqrt{\eta_s}/\sqrt{T_s}\sqrt{\eta}$,其中,$T$、$T_s$ 分别为被测水泥和标准试样试验时压力计中液面降落测得的时间,η、η_s 分别为被测水泥和标准试样试验温度下的空气黏度,S_s 为标准试样的比表面积。

(4) 当被测水泥与标准试样的试料层中空隙率不同,试验温差 $\leqslant\pm3℃$ 时,比表面积计算式为 $S=\dfrac{S_s\sqrt{T}(1-\varepsilon_s)\sqrt{\varepsilon^3}}{\sqrt{T_s}(1-\varepsilon)\sqrt{\varepsilon_s^3}}$;如试验温差 $>\pm3℃$ 时,计算式为 $S=\dfrac{S_s\sqrt{T}(1-\varepsilon_s)\sqrt{\varepsilon^3}\sqrt{\eta_s}}{\sqrt{T_s}(1-\varepsilon)\sqrt{\varepsilon_s^3}\sqrt{\eta}}$。当被测水泥的密度和空隙率均与标准试样不同,试验时温差 $\leqslant\pm3℃$ 时,比表面积计算式为 $S=\dfrac{S_s\sqrt{T}(1-\varepsilon_s)\sqrt{\varepsilon^3}\rho_s}{\sqrt{T_s}(1-\varepsilon)\sqrt{\varepsilon_s^3}\rho}$;如试验温度相差 $>\pm3℃$ 时,则计算式为 $S=\dfrac{S_s\sqrt{T}(1-\varepsilon_s)\sqrt{\varepsilon^3}\rho_s\sqrt{\eta_s}}{\sqrt{T_s}(1-\varepsilon)\sqrt{\varepsilon_s^3}\rho\sqrt{\eta}}$。

(5) 水泥比表面积试验采用勃氏法测定;硅酸盐水泥和普通水泥的细度采用比表面积指标;水泥的细度可以采用比表面积和 $45\mu m$ 筛余量两项指标表示;水泥细度越细对工程越不利,过细的水泥水化速度快、水化热大,其收缩裂缝越严重。

2. (1) AD　　(2) BCD　　(3) C　　(4) C　　(5) CD

【解析】

（1）水泥胶砂强度试验采用 ISO 法，水泥：标准砂 = 1：3，水灰比为 0.5，制成 40mm × 40mm × 160mm 棱柱体试件，标准养护 3d、28d，分别测定抗折强度、抗压强度；每成型三条标准试件需要水泥 450g ± 2g，标准砂 1350g ± 5g，水 225mL ± 1mL；测定试件抗折强度，两支撑圆柱间中心距离为 100mm；

测定断块的抗压强度应使用夹具，面积为 $(40 \times 40)mm^2$。

（2）需水量较大的水泥采用 ISO 法检测水泥胶砂强度时，应先进行水泥胶砂流动度试验，确定其胶砂流动度不小于 180mm；若小于 180mm，须以 0.01 倍数递增的方法将水灰比调整至满足要求，然后再进行胶砂强度试验。

（3）水泥抗压强度与抗折强度单个值与平均值均准确至 0.1MPa，记录表中表示正确；3d 抗折强度处理错误，4.3MPa 与 5.4MPa 均超出 0.48MPa 的误差要求（4.8MPa × 10% = 0.48MPa），平均值应为 4.7MPa；P·O 42.5R 早强型水泥的强度标准如下表：

强度等级	抗压强度（MPa）		抗折强度（MPa）	
	3d	28d	3d	28d
42.5	≥17.0	≥42.5	≥3.5	≥6.5
42.5R	≥22.0		≥4.0	

（4）同等级水泥，早强型水泥 3d 强度比普通型水泥高，但 28d 强度不一定相同；早强型水泥和普通型水泥对合适的工程均具有较好的适用性，但早强型水泥早期水化快，更易出现早期裂缝，因此更应注意工程的早期养护；六大品种硅酸盐水泥都有早强型与普通型水泥之分。

（5）C60 高强混凝土不应选择 P·O 42.5R，低强度等级水泥配制混凝土的用量大，收缩大且不经济；矿渣水泥的抗冻性差，不能用于抗冻环境工程；矿渣水泥、粉煤灰水泥、火山灰水泥和复合水泥的水化热低，可用于大体积混凝土工程；硅酸盐水泥和普通水泥强度高，优选配制一般土建工程钢筋混凝土及预应力混凝土。

3.（1）ABC　　（2）BD　　（3）ABCD　　（4）ACD　　（5）BC

【解析】

（1）立方体抗压强度为一批混凝土的单个测定值；一批混凝土抗压强度服从正态分布，总体分布中具有 95% 保证率的一个抗压强度值，即为抗压强度标准值，该值低于其抗压强度平均值，$f_{cu,k} = f_{cu,o} - 1.645\sigma = 37.2 - 1.645 \times 4.0 = 30.6MPa$；混凝土的强度等级是由抗压强度标准值划分的。

（2）试件成型后，用湿布覆盖表面，在室温 20℃ ± 5℃，相对湿度大于 50% 的环境下静放 1~2 个昼夜，再拆模；水泥胶砂试件标准养护条件：温度 20℃ ± 1℃，相对湿度 90% 以上，而混凝土试件标准养护条件：温度 20℃ ± 2℃，相对湿度 95% 以上或温度 20℃ ± 2℃的不流动 $Ca(OH)_2$ 饱和溶液。

（3）通常，混凝土立方体抗压强度以三块试件为一组，取三块试件强度的算术平均值作为每组试件的强度代表值。立方体试件在压力机上受压时会产生环箍效应，因此立方体抗压强度值较实际值大；轴心抗压强度与劈裂抗拉强度试验均可以消除环箍效应；轴心抗压强度较真实地反映混凝土实际受力情况。

(4)抗弯拉强度是道路路面或机场道面混凝土的主要指标,因此,按抗弯拉强度指标进行路面混凝土配合比设计,并采用经验公式法计算。

(5)混凝土的力学性质包括强度与变形两个方面;影响因素包括内因与外因两个方面;耐久性还应考虑环境条件。

4.(1)BD　　(2)ABD　　(3)ABD　　(4)ABC　　(5)ACD

【解析】

(1)混凝土配制强度:$f_{cu,o} = f_{cu,k} + 1.645\sigma = 45 + 1.645 \times 5.0 = 53.2$MPa;因缺乏强度标准差统计值,查表选取 5.0MPa 标准差取值偏大,且环境条件不严酷,因此混凝土配制强度取 53.2MPa 即可,无须再提高。

(2)水胶比 $W/B = \alpha_a f_b/(f_{cu,o} + \alpha_a \alpha_b f_b) = 0.53 \times 36.5/(53.2 + 0.53 \times 0.20 \times 36.5) = 0.34 < 0.55$,满足耐久性要求;水泥抗压强度实测值 $f_{ce} = 48.7$MPa。

(3)单位用水量为:$220 \times (1 - 30\%) = 154$kg/m³;单位胶凝材料用量为:$154/0.34 = 453$kg/m³;单位粉煤灰用量为:$453 \times 25\% = 113$kg/m³;单位水泥用量为:$453 - 113 = 340$kg/m³。

(4)题干已知混凝土各种材料的密度,应采用体积法计算单位砂石用量;单位砂用量为 629kg/m³,单位碎石用量为 1164kg/m³。

(5)混凝土初步配合比计算以全干材料为基准;计算水胶比与单位胶凝材料用量应进行耐久性复核;初步配合比为水泥:粉煤灰:水:砂:碎石 = 340:113:154:629:1164;减水剂掺量为 $453 \times 1.5\% = 6.80$kg。

5.(1)B　　(2)A　　(3)BD　　(4)ABD　　(5)BC

【解析】

(1)按质量法计算:$(1 + 1.82 + 3.60 + 0.50)m_c = 2400$,则 $m_c = 347$kg/m³,$m_w = 174$kg/m³,$m_s = 632$kg/m³,$m_g = 1249$kg/m³,单位用量表示混凝土配合比为水泥:水:砂:碎石 = 347:174:632:1249。

(2)保持 W/C 不变,增加水泥浆数量,掺加减水剂可提高坍落度;保水性不良可适当增加砂率。

(3)基准配合比是坍落度、黏聚性和保水性均满足要求的配合比;采取掺加2.0%高效减水剂(减水率为24%)的目的在于提高坍落度,其他材料不变化,则基准配合比仍为水泥:水:砂:碎石 = 347:174:632:1249;强度复核必须采用基准配合比。

(4)配合比强度检验,因采用三个水灰比(一个为基准 W/C,另外两个 W/C 较其分别增减0.05,同时砂率也相应增减1%),且均检验调整为基准配合比;第2组配合比强度符合要求且经济;按要求,强度检验应至少采用三组配合比,每组试件至少制备3块。

(5)混凝土拌合物表观密度实测值与计算值的相对误差为3%>2%,需校正;校正系数为1.03,试验室配合比为水泥:水:砂:碎石 = 357:179:651:1286。

6.(1)ABD　　(2)AB　　(3)C　　(4)BC　　(5)ABC

【解析】

(1)混凝土配合比设计分为初步配合比、试验室配合比、施工配合比三个设计阶段。基准配合比设计是试验室配合比设计的一个环节。

(2)混凝土初步配合比为 345:190:630:1246,试验室试拌20L,水泥、水、砂、碎石的实际用量为单位用量乘以 $0.02m^3$;试验室配合比设计包括工作性、强度和密度检验;强度检验应以 28d 或其他设计龄期(如 60d、90d)的抗压强度判定,对于路面混凝土配合比应检验抗折强度;混凝土湿表观密度试验应根据粗集料的公称最大粒径选择不同容积的密度筒。

(3)进行混凝土施工配合比折算,主要需测定砂和碎石的含水率,水泥和掺合料为干材料;砂、石含水率采用烘干法测定,酒精快速燃烧法只适应测定细粒土的含水率。

(4)砂石为湿材料,单位砂用量为 $626 \times (1+3\%) = 645 kg/m^3$,单位碎石用量为 $1250 \times (1+1\%) = 1263 kg/m^3$,单位水用量为 $185 - (626 \times 3\% + 1250 \times 1\%) = 154 kg/m^3$;施工配合比为水泥:水:砂:碎石 $= 342:154:645:1263$ 或 $1:1.89:3.69, W/C = 0.45$。

(5)进行混凝土质量评定可采用已知标准差法、未知标准差法的统计方法和非统计方法;当混凝土生产条件在较长时间内能保持一致,且强度变异性保持稳定时,采用已知标准差法评定;当混凝土生产条件不能满足前述规定或在前一个检验期内的同一品种混凝土没有足够数据用以确定验收批混凝土的强度标准差时,则采用未知标准差法;非统计评定方法由不足10组试件组成一个验收批。

第五章 路面基层与底基层材料

一、单项选择题(四个备选项中只有一个正确答案,每题1分)

1. 以下混合料中,属于综合稳定类和工业废渣稳定类的基层材料是( )。
   A. 石灰土　　B. 水泥土　　C. 水泥稳定碎石　　D. 水泥粉煤灰土

2. 细粒土的最大粒径不大于( ),公称最大粒径不大于2.36mm。
   A. 13.2mm　　B. 9.5mm　　C. 4.75mm　　D. 2mm

3. 采用水泥稳定碎石土时,宜掺入一定剂量的石灰进行综合稳定,混合料组成设计应按照( )进行。
   A. 当水泥用量占结合料总质量的30%以下时,应按石灰稳定类进行混合料组成设计
   B. 当水泥用量占结合料总质量的50%以下时,应按石灰稳定类进行混合料组成设计
   C. 当石灰用量占结合料总质量的50%以上时,应按石灰稳定类进行混合料组成设计
   D. 当水泥用量占结合料总质量的50%以上时,应按水泥稳定类进行混合料组成设计

4. 在进行无机结合料混合材料无侧限抗压强度试验验证时,宜在摊铺机后取样,且应从( )台不同的料车取样,混合后再按四分法取样。
   A. 2　　B. 3　　C. 2~3　　D. 3~4

5. 细集料塑性指数为( )时,宜采用石灰稳定。
   A. 12　　B. 12~20　　C. 15~20　　D. 小于17

6. 采用水泥稳定时,被稳定材料的液限应不大于( ),塑性指数不大于17。
   A. 50%　　B. 40%　　C. 30%　　D. 60%

7. 水泥稳定材料基层采用集中厂拌法施工时,水泥剂量应较室内试验确定的剂量多( )。
   A. 4%　　B. 2%　　C. 1%　　D. 0.5%

8. 水泥稳材料施工配合比,相对于试验室配合比,含水率应增加( )。
   A. 0.5%~1.5%　　B. 0.5%~1.0%
   C. 1.5%~2%　　D. 1%~2%

9. 水泥稳定细粒土,采用集中厂拌法施工时,水泥最小剂量为( )。
   A. 3%　　B. 4%　　C. 5%　　D. 6%

10. 石灰稳定类材料层宜在当天碾压完成,最长不应超过( )。
    A. 1d　　B. 4d　　C. 7d　　D. 14d

11. 某试验室需要取1500g的二灰土,该土的含水率为15%,配合比为石灰:粉煤灰:土 = 10:20:70,其中含有干石灰( )。

A. 81g B. 130g C. 150g D. 90g

12. 有效氧化钙测定中,酚酞指示剂加入试样溶液中,溶液呈(　　)色。
   A. 黄 B. 橙黄 C. 玫瑰红 D. 粉红

13. 石灰的最主要技术指标是(　　)。
   A. 活性氧化钙
   B. 活性氧化镁含量
   C. 有效氧化钙和氧化镁含量
   D. 碳酸钙含量

14. 生石灰以氧化镁含量为(　　)作为划分钙质生石灰和镁质生石灰的界限。
   A. 5%　　B. 10%　　C. 15%　　D. 20%

15. 在无机结合料稳定土无侧限抗压强度试验中,对中试件,要求每组试件的数目不少于(　　)试件。
   A. 6个　　B. 9个　　C. 13个　　D. 15个

16. 在进行石灰稳定土无侧限抗压强度试验时,试件标准养护时间应为(　　)。
   A. 6d　　B. 7d　　C. 14d　　D. 28d

17. 制备某体积为 V 的无机结合料稳定材料无侧限抗压强度试件,现场压实度为 γ ,则制备单个试件所需湿材料质量为(　　)。
   A. $m'_0 = V \times \rho_{max} \times (1 + w_{opt})$
   B. $m'_0 = V \times \rho_d \times (1 + w_{opt}) \times \gamma$
   C. $m'_0 = V \times \rho_{max} \times (1 + w_{opt}) \times \gamma$
   D. $m'_0 = V \times \rho_d \times (1 + w)$

18. 下列说明 EDTA 滴定法化学原理正确的是(　　)。
   A. 先用5%的 NH_4Cl 弱酸溶出水泥稳定材料中的 Ca^{2+} ,然后用 EDTA 二钠标准溶液夺取 Ca^{2+} , EDTA 二钠标准溶液的消耗量与相应的水泥剂量存在近似线性关系
   B. 先用10%的 NH_4Cl 弱酸溶出水泥稳定材料中的 Ca^{2+} ,然后用 EDTA 二钠标准溶液夺取 Ca^{2+} , EDTA 二钠标准溶液的消耗量与相应的水泥剂量存在近似线性关系
   C. 先用10%的 NaOH 碱性溶液溶出水泥稳定材料中的 Ca^{2+} ,然后用 EDTA 二钠标准溶液夺取 Ca^{2+} , EDTA 二钠标准溶液的消耗量与相应的水泥剂量存在近似线性关系
   D. 先用5%的 NaOH 碱性溶液溶出水泥稳定材料中的 Ca^{2+} ,然后用 EDTA 二钠标准溶液夺取 Ca^{2+} , EDTA 二钠标准溶液的消耗量与相应的水泥剂量存在近似线性关系

19. EDTA 滴定法试验时,用移液管吸取溶液时,在放松食指让溶液自由流出后,应等流完后再等(　　),才算移液完成。
   A. 5s　　B. 10s　　C. 15s　　D. 20s

20. EDTA 滴定法试验中,对锥形瓶摇动旋转时,应(　　)。
   A. 向同一个方向旋转
   B. 先顺时针,后逆时针方向,交替进行
   C. 先逆时针,后顺时针方向,交替进行
   D. 没有严格规定

21. EDTA 滴定法试验过程中,溶液的颜色有明显的变化过程,颜色变化是(　　)。
   A. 紫色变为玫瑰红色,最终变为蓝色
   B. 蓝色变为玫瑰红色,最终变为紫色
   C. 蓝色变为紫色,最终变为玫瑰红色
   D. 玫瑰红色变为紫色,最终变为蓝色

22. 在进行石灰有效氧化钙测定中,应将研磨所得的生石灰样品通过(　　)的筛。
   A. 0.25mm(方孔筛)
   B. 0.25mm(圆孔筛)
   C. 0.15mm(方孔筛)
   D. 0.15mm(圆孔筛)

23. 进行石灰有效氧化钙测定时,应采用四分法将生石灰或消石灰缩减至( ),然后烘干,储存于干燥器中备用。
   A. 生石灰20克左右,消石灰10余克
   B. 生石灰10余克,消石灰20克左右
   C. 生石灰和熟石灰均为20克左右
   D. 均为10余克

24. 单独测定石灰中的有效氧化钙含量和氧化镁含量时,进行滴定所采用的溶液是( )。
   A. 测定氧化钙含量采用盐酸标准液,测定氧化镁含量采用EDTA二钠标准液
   B. 测定氧化钙含量采用EDTA二钠标准液,测定氧化镁含量采用盐酸标准液
   C. 测定氧化钙含量采用EDTA二钠标准液+盐酸标准液
   D. 测定氧化镁含量采用EDTA二钠标准液+盐酸标准液

25. 测定石灰中的有效氧化钙含量及有效氧化镁含量时,滴定停止的标志是( )。
   A. 测定氧化钙含量时为粉红色显著消失,测定氧化镁含量时为酒红色变为蓝色
   B. 测定氧化钙含量时为粉红色变为蓝色,测定氧化镁含量时为酒红色变为紫色
   C. 测定氧化钙含量时为粉红色变为紫色,测定氧化镁含量时为粉红色变为蓝色
   D. 测定氧化钙含量时为紫色显著消失,测定氧化镁含量时为酒红色显著消失

26. 石灰有效氧化钙和氧化镁简易测定方法适用于( )。
   A. 氧化钙含量低于5%的低钙石灰
   B. 氧化镁含量低于5%的低镁石灰
   C. 氧化钙含量低于10%的低钙石灰
   D. 氧化镁含量低于10%的低镁石灰

27. 在进行无机结合料稳定粗粒土含水率测定时,应取( )试样进行粉碎称量。
   A. 500g   B. 1000g   C. 2000g   D. 200g

28. 某试验室进行石灰土的含水率试验,含水率的计算值为5.186%,表示正确的是( )。
   A. 5.2%   B. 5.20%   C. 5.19%   D. 5%

29. 进行无机结合料稳定土含水率试验时,当冷却试样连续两次称量的差不超过原试样质量的( )时,认为样品已烘干。
   A. 0.2%   B. 0.1%   C. 0.5%   C. 0.4%

30. 无机结合料稳定土击实试验,在( )情况时可按照规范的公式对最佳含水率和最大干密度进行校正。
   A. 任何情况
   B. 试样中大于规定最大粒径的超粒径含量小于30%时
   C. 试样中大于规定最大粒径的超粒径含量大于30%时
   D. 试样中大于规定最大粒径的超粒径含量为5%~30%时

31. 对于黏性土击实试验,试样浸润时间一般为( )。
   A. 12~24h   B. 6~12h   C. 4h   D. 2h

32. 无机结合料稳定材料的击实试验,至少制备( )不同含水率的试样。
   A. 6个   B. 5个   C. 3个   D. 12个

33. 对于无机结合料稳定中粒土击实试验,两次平行试验的精度要求为( )。
   A. 最大干密度的差值不超过$0.05g/cm^3$,最佳含水率差值不超过0.5%
   B. 最大干密度的差值不超过$0.08g/cm^3$,最佳含水率差值不超过0.5%

C. 最大干密度的差值不超过 0.05g/cm³,最佳含水率差值不超过 1.0%

D. 最大干密度的差值不超过 0.08g/cm³,最佳含水率差值不超过 0.5%(最佳含水率小于 10%)或 1.0%(最佳含水率大于 10%)

34. 无机结合料稳定材料无侧限抗压强度试验中,保持试件的形变速率是( )。
    A. 50mm/min   B. 10mm/min
    C. 1mm/min   D. 0.5mm/min

35. 无机结合料稳定材料无侧限抗压试件在标准养护期间,中试件的质量损失不应超过( )。
    A. 4g   B. 3g   C. 2g   D. 1g

36. 对于石灰粉煤灰稳定粗粒土,使用的无侧限抗压试模高与直径相同时,尺寸为( )。
    A. 175mm   B. 150mm   C. 100mm   D. 125mm

37. 无机结合料稳定粗粒土土无侧限抗压强度试验,当变异系数 $C_v = 10\% \sim 15\%$ 时,则需要( )试件。
    A. 6 个   B. 9 个   C. 13 个   D. 15 个

38. 公路路面基层使用细集料有 XG1、XG2、XG3 三种规格,粒径分别为( )。
    A. 0~3mm,0~5mm,3~5mm   B. 3~5mm,0~3mm,0~5mm
    C. 3~8mm,0~3mm,0~5mm   D. 0~5mm,0~3mm,3~8mm

39. 3~5mm 规格细集料,应严格控制小于( )颗粒含量。
    A. 4.75mm   B. 2.36mm   C. 1.18mm   D. 0.075mm

40. 无机结合料稳定碎石,当公称最大粒径为 19mm 时,四档备料Ⅰ要求一、二、三、四档规格组合为( )。
    A. XG3、XG2、G11、G8   B. XG3、XG1、G8、G11
    C. G8、G11、XG1、XG2   D. XG2、XG1、G11、G8

41. 石灰稳定类半刚性基层材料,选用的石灰可按照技术指标分为( )。
    A. Ⅰ、Ⅱ、Ⅲ 三级   B. 合格、不合格两级
    C. 优等、合格、不合格三级   D. 优等、合格两级

42. 水泥稳定土、水泥稳定石屑等水泥稳定细粒土,因其( )不足,不适用作基层材料。
    A. 强度   B. 强度、抗冲刷性和抗裂性
    C. 抗冲刷性和抗裂性   D. 抗冲刷性

43. 无机结合料稳定材料结构层按( )公路等级规定了 7d 无侧限抗压强度代表值。
    A. 重、中、轻交通   B. 重、轻交通
    C. 特重、重、中、轻交通   D. 极重、特重、重、中、轻交通

44. 碾压贫混凝土作半刚性基层材料时,其强度试验采用与无机结合料稳定( )相同的 1:1 的圆柱体试件。
    A. 细粒土、中粒土、粗粒土   B. 中粒土、粗粒土
    C. 中粒土   D. 粗粒土

45. 水泥稳定材料用于极重、特重交通等级的高速公路和一级公路基层,7d 无侧限抗压强度标准为( )。

A.5.0MPa   B.4.0~6.0MPa
C.6.0MPa   D.5.0~7.0MPa

46.高速公路和一级公路基层、底基层,应验证所用材料的7d无侧限抗压强度与(　　)龄期弯拉强度的关系。
　　A.60d   B.90d   C.60d或90d   D.90d或180d

47.无机结合料稳定材料无侧限抗压强度试验规定:同一组试件试验中,采用3S法剔除异常值,并允许存在异常值的个数为小试件、中试件和大试件分别为(　　)。
　　A.1,1~2,2~3   B.1,2,3
　　C.0,1~2,2~3   D.1,1~2,1~2

48.测定粉煤灰烧失量需要的仪器有(　　)。
　　A.电炉,瓷坩埚,分析天平   B.马弗炉,瓷坩埚,电子天平
　　C.马弗炉,银坩埚,分析天平   D.马弗炉,瓷坩埚,分析天平

49.测定粉煤灰烧失量,取1g试样置于瓷坩埚中,在(　　)马弗炉中灼烧(　　)。
　　A.900~1000℃,10~20min   B.大于900℃,大于15min
　　C.950~1000℃,15~20min   D.1000~1300℃,30min

50.粉煤灰烧失量试验结果精确至(　　)。
　　A.0.01   B.0.01%   C.0.1   D.0.15%

51.粉煤灰细度试验,测定0.075mm和0.3mm的通过率时,称量试样的数量分别约为(　　)。
　　A.10,50   B.10,100   C.25,50   D.25,100

52.粉煤灰细度试验要求筛析(　　)个试样后应进行筛网的校正。
　　A.50   B.100   C.150   D.200

53.用于高速公路和一级公路的二灰稳定类材料基层、底基层,对重交通荷载,要求7d无侧限抗压强度标准R_d不低于(　　)。
　　A.1.1MPa,0.9MPa   B.1.0MPa,0.8MPa
　　C.1.0MPa,0.7MPa   D.0.9MPa,0.6MPa

54.二灰稳定土用作基层或底基层时,二灰:土=(　　);二灰稳定碎石用作基层时,二灰:级配碎石=(　　)。
　　A.30:70~10:90,30:70~10:90   B.30:70~10:90,20:80~15:85
　　C.20:80~15:85,30:70~10:90   D.20:80~15:85,20:80~15:85

55.二灰稳定粉土,石灰:粉煤灰宜选用(　　)。
　　A.1:1   B.1:2   C.1:3   D.1:4

56.当二灰稳定土配合比设计中石灰粉煤灰:土选用30:70时,则石灰:粉煤灰宜为(　　)。
　　A.1:2~1:4   B.1:2~1:3   C.1:2   D.1:3

57.当石灰粉煤灰稳定材料的强度不能够满足路面结构层的设计强度要求时,可外加混合料质量(　　)的水泥。
　　A.1%   B.2%   C.1%~3%   D.1%~2%

58.水泥稳定级配碎石作路面底基层的配合比设计,水泥剂量选(　　)。

A. 5%、6%、7%、8%、9% 五个用量　　　　B. 3%、4%、5%、6%、7% 五个用量
C. 1%、3%、5%、7%、9% 五个用量　　　　D. 3%、4%、5%、6% 四个用量

59. 级配碎石配合比设计采用(　　)强度指标。
　　A. R_d　　　　　B. CBR　　　　　C. E_s　　　　　D. E_c
60. 级配碎石配合比设计以(　　)级配作为工程使用的目标级配。
　　A. CBR 最低值　　　　　　　　　　B. CBR 中间值
　　C. CBR 最高值　　　　　　　　　　D. CBR 平均值

二、判断题(正确的划"√",错误的划"×",请填在题后的括号里,每题1分)

1. 石灰稳定材料进行消石灰质量检测时,其细度指标要求 0.60mm 和 0.15mm 两种筛的筛余百分率。(　　)
2. 一般用于半刚性基层的粉煤灰为低钙粉煤灰,其中 SiO_2、Al_2O_3、Fe_2O_3 的总含量大于 70%,CaO 含量在 2% 左右。(　　)
3. 工业废渣类作为路面基层、底基层集料使用时,公称最大粒径应不大于 31.5mm,颗粒组成宜有一定级配,且不含杂质。(　　)
4. 为保证破碎后碎石的质量,用于破碎的原石粒径应为破碎后碎石公称最大粒径的 3 倍以上。(　　)
5. 无机结合料稳定材料的目标配合比设计内容包括选择级配范围、确定结合料类型及掺配比例、验证混合料相关的设计及施工技术指标。(　　)
6. 中粒土指最大粒径不大于 26.5mm,公称最大粒径大于 2.36mm 且不大于 19mm 的土或集料,包括砂砾土、碎石土、级配砂砾、级配碎石等。(　　)
7. 二灰碎石是水泥石灰稳定碎石的简称,属于综合稳定类材料。(　　)
8. 塑性指数大于 20 时,宜采用石灰稳定或用水泥和石灰综合稳定。(　　)
9. 水泥稳定材料或水泥粉煤灰稳定材料层宜 2h 内完成碾压成型,施工控制时间应取混合料的初凝时间与容许延迟时间较短的时间。(　　)
10. 无机结合料施工时,应将室内重型击实试验法确定的干密度作为压实度评价的标准压实度。(　　)
11. 无机结合料稳定土击实试验,一般对试样的浸润时间不超过 24h。(　　)
12. 路面基层用 XG2、XG3 档细集料,应严格控制大于 4.75mm 颗粒含量。(　　)
13. 现行规范对高速公路和一级公路、二级及二级以下公路规定了细集料中小于 0.075mm 颗粒含量应分别不大于 15% 和 20%,其目的是为了控制生产混合料中 0.075mm 的颗粒含量。(　　)
14. 用于路面基层、底基层的粗集料规格,从 G1~G11 各档粒径由粗逐渐到细。(　　)
15. 对于高速公路基层用碎石,应采用反击破碎的加工工艺,且筛孔尺寸应与粗集料的粒径尺寸完全一致。(　　)
16. 路面基层、底基层材料分档要求:对于一般工程,可选不少于 3 档备料,对极重、特重交通荷载等级且强度要求较高时,宜选不少于 4 档备料。(　　)
17. 无机结合料稳定材料设计,对于公路等级高或交通荷载等级高或结构安全要求高的结

构层,一般取用强度标准推荐范围的中值。( )

18. 石灰稳定材料不能用作高等级公路的路面基层,当作为底基层材料时,7d 无侧限抗压强度应不小于 0.8MPa。( )

19. 当水泥稳定类材料强度要求较高时,可采用提高水泥剂量或强度等级的措施实现。( )

20. 无机结合料稳定材料的无侧限抗压强度试验,应按试验室的最大干密度,并采用静压法成型。( )

21. 塑性指数为 12~20 的黏性土适合用石灰粉煤灰综合稳定。( )

22. 无机结合料稳定材料目标配合比设计中,应选择不少于 5 个结合料剂量,先通过击实试验确定最大干密度和最佳含水率。( )

23. 无机结合料稳定材料目标配合比设计中,应选择不少于 2 条级配曲线进行目标级配曲线优化设计,对选定的目标级配曲线,应对各档材料进行筛分,确定其平均筛分曲线及其变异系数,再按 2S 标准差法计算出各档材料筛分级配的波动范围。( )

24. 级配碎石用作路面结构层,配合比设计时应采用振动成型试验确定其最大干密度和最佳含水率。( )

25. 级配碎石的生产配合比与水泥稳定材料的生产配合比均应根据施工因素和气候条件调整含水率,要求增加 0.5%~1.5%。( )

26. 按试验确定级配碎石的目标级配与最佳含水率,应以现场施工的压实标准成型试件,进行 CBR 和模量试验。( )

27. 半刚性基层、底基层材料的组成设计依据主要是根据强度标准。( )

28. 半刚性基层材料的冲刷试验,要求冲刷物沉底 24h 后,烘干沉淀物并称其质量,作为 30min 的累计冲刷量。( )

29. 无机结合料稳定材料中细粒、中粒和粗粒材料是以公称最大粒径 16mm 和 26.5mm 作为分界粒径的。( )

30. 有效氧化钙在 20% 以上的等外石灰,即使混合料的强度能够满足要求也不能使用。( )

31. 快硬水泥、早强水泥可以用于水泥稳定基层材料中。( )

32. 硫酸盐含量超过 0.25% 的细集料,不能用水泥稳定。( )

33. 在制作 EDTA 标准曲线时,应准备 5 种不同水泥(石灰)剂量的试样,每种 1 个样品。( )

34. 当所配制的 EDTA 溶液用完后,应按照同样的浓度配制 EDTA 溶液,但不需要重做标准曲线。( )

35. 氯化铵简称为 EDTA。( )

36. 由于水中的钙镁离子会消耗 EDTA 溶液,因此在制作标准曲线时,应使用干混合料。( )

37. 无机结合料稳定土的无侧限抗压强度试验,制件所用的试模内径两端尺寸有所不同。( )

38. EDTA 滴定法快速测定石灰剂量试验中,钙红指示剂加入石灰土和氯化铵进行反应,溶液呈纯蓝色。( )

39. 无机结合料稳定土击实试验,根据击实功的不同,可分为轻型和重型两种试验方法。
（   ）

40. 对于无机结合料稳定土击实试验,当最大粒径达到26.5mm时,适合用丙法。（   ）

41. 制备石灰稳定土无侧限抗压强度试件时,拌和均匀加有水泥的混合料应在1h内制成试件。（   ）

42. 无机结合料稳定材料无侧限抗压强度试件养护温度,在北方地区保持20℃±2℃,在南方地区应保持25℃±2℃。（   ）

43. 半刚性基层稳定材料设计,以无侧限抗压强度平均值作为设计指标。（   ）

44. 某灰土层7d强度标准为0.80MPa,抽样检测时得到的强度平均值为0.85MPa,尽管如此,强度也可能不合格。（   ）

45. 采用EDTA滴定法测定水泥和石灰含量时,对于龄期7d以内的无机结合料稳定材料,可不进行龄期校正。（   ）

46. EDTA滴定法对水泥稳定材料的龄期修正应以小时计,石灰及二灰修正以天计。（   ）

47. 采用EDTA滴定法,应在水泥终凝之前测定水泥含量,石灰剂量的测定应在路拌后尽快测试。（   ）

48. EDTA滴定法适用于工地快速测定水泥和石灰稳定材料中水泥和石灰的剂量,及用于工地现场检查拌和和摊铺的均匀性,不能用于测定水泥和石灰综合稳定材料中结合料的剂量。（   ）

49. 根据公路工程无机结合料稳定材料试验规程,在石灰有效氧化钙和氧化镁测定方法中,盐酸标准液的浓度采用摩尔浓度表示。（   ）

50. 根据公路工程无机结合料稳定材料试验规程,石灰有效氧化钙和氧化镁简易测定方法适用于氧化镁含量在8%以下的低镁石灰。（   ）

51. 根据公路工程无机结合料稳定材料试验规程,采用石灰有效氧化钙和氧化镁简易测定方法,滴定所用的溶液是盐酸标准溶液和EDTA标准溶液两种溶液。（   ）

52. 根据公路工程无机结合料稳定材料试验规程,进行含水率试验时,对有机质土尽量采用烘干法,并适当降低烘箱温度。（   ）

53. 无机结合料稳定材料击实试验方法是一种静态试验方法。（   ）

54. 无论采用击实试验方法,还是采用振动试验方法,试验的目的为提供最佳含水率和最大干密度两个工程参数。（   ）

55. 无机结合料稳定材料振动压实试验方法适用于粗集料含量较大的稳定材料。（   ）

56. 无机结合料稳定材料振动压实试验方法要求研究单位必须采用,工程单位可参考使用。（   ）

57. 进行无机结合料稳定材料击实试验时,风干试料需要碾碎,土团均应碾碎到能通过2.36mm的筛孔。（   ）

58. 进行无机结合料稳定材料击实试验时,水泥应在土样击实前逐个加入,加有水泥的试样拌和后,应在2h内完成击实过程,否则应予作废。（   ）

59. 无机结合料稳定材料试件的规格一般分三种,根据稳定材料粒径的大小而选择,稳定材料的粒径越大,试件的尺寸也越大。（   ）

60. 进行无机结合料稳定材料室内抗压回弹模量试验(顶面法)的试件数量要求是:对于细粒土,至少6个试件,中粒土至少9个试件,粗粒土至少15个试件。（　）

61. 《无机结合料稳定材料养护方法》中对于试件质量损失的规定,无论养护期是7d,90d还是180d,质量损失的规定都是一致的。（　）

62. 无机结合料稳定材料养护方法中所指的试件质量损失包括含水率的减少,试验过程中有微量混合料掉落损失等。（　）

63. 目前无机结合料稳定材料的无侧限抗压强度采用的试件规格为径高1:1的圆柱体,此规格试件容易产生顶端应力紊乱现象,采用径高比为1:1.5或1:2的圆柱体可减少此现象。（　）

64. 采用相同直径,相同材料所得的无机结合料稳定材料试件,随着高度的增加,其强度逐渐增大。（　）

65. 进行无机结合料稳定材料无侧限抗压强度试验,如不能保证试验结果的变异系数小于规范的规定值时,允许按误差10%和90%概率重新计算所需试件数量,增加试件数量并另做新试验,新试验结果与老试验结果一并重新进行统计评定,直到变异系数满足规范规定。（　）

66. 进行无机结合料稳定材料的无侧限抗压强度、间接抗拉强度试验所采用的试件类型一样,均有三种,对于不同类型试件,两种试验方法所需每组试件的数目也是对应相同的。（　）

67. 无机结合料稳定材料弯拉强度试验方法中,由于大梁试件的成型难度较大,在试验室不具备成型条件时,中梁试件的最大粒径可放宽到26.5mm。（　）

68. 无机结合料稳定材料弯拉回弹模量试验方法中,所安装的位移传感器用于测量跨中横向变形,安装于试件跨中的一侧。（　）

69. 用于高速公路和一级公路的无机结合料稳定材料组成设计中,试件的平均抗压强度应满足 $\overline{R} \geqslant R_d/(1-1.645C_v)$ 的要求,或者采用代表值 $R_d^0 = \overline{R} \cdot (1-1.645C_v)$,要求 $R_d^0 \geqslant R_d$。（　）

70. 无机结合料稳定土含水率试验,如果土中有石膏,则试样应该在不超过80℃的温度下烘干。（　）

71. 无机结合料稳定土含水率测定的标准方法是烘干法。（　）

72. 击实试验时,首先将风干试样用铁锤捣碎。（　）

73. 击实试验的原理与压缩试验的原理一样都是土体受到压密。（　）

74. 影响击实效果的主要因素只有土的含水率。（　）

75. 做击实试验,击实筒可以放在任何地面上。（　）

76. 粉煤灰烧失量试验应反复灼烧试样,直至两次试验称量之差小于0.0001g,即达到恒量。（　）

77. 粉煤灰烧失量试验,在高温灼烧去掉水分和二氧化碳的同时也存在易氧化元素氧化。因此硫化物氧化引起的烧失量必须进行校正,其他元素引起的误差一般可忽略不计。（　）

78. 粉煤灰细度与水泥细度的测定方法相同,均采用负压筛析法,要求负压在4000～6000Pa,筛析2min。（　）

79. 击实法成型一般分为5层击实,而振动压实法应分2次装料。（   ）
80. 石灰粉煤灰稳定材料用作基层、底基层时可选用石灰∶粉煤灰 = 1∶2 ~ 1∶4。（   ）
81. 粉煤灰烧失量试验应校正由硫化物引起的误差,校正公式为:校正后的烧失量 = 测得的烧失量 + 吸收空气中氧的含量,其中,吸收空气中氧的含量 = $0.8 \times$ （粉煤灰灼烧测得的 SO_3 含量 – 粉煤灰未经灼烧时的 SO_3 含量） = $0.8 \times$ （由于硫化物的氧化产生的 SO_3 含量）。（   ）
82. 如选用石灰煤渣土做路面基层或底基层时,混合料中石灰应不少于10%,并应通过试验选取强度较高的配合比。（   ）
83. 水泥粉煤灰稳定材料与石灰粉煤灰稳定材料配合比设计中选用材料的比例相同。（   ）
84. 水泥稳定土中土的塑性指数大于17时,宜采用石灰稳定或用水泥和石灰综合稳定。（   ）
85. 当石灰稳定砂砾土或碎石土时,可适当降低路面结构层的设计强度。（   ）
86. 水泥稳定碎石用于二级及二级以下公路基层时,级配宜符合 C-A-1 和 C-A-3 的要求,当用于底基层时,级配宜符合 C-A-4 的要求。（   ）

三、多项选择题（每题所列的备选项中,有两个或两个以上正确答案,选项全部正确得满分,选项部分正确按比例得分,出现错误选项本题不得分,每题2分）

1. 粗粒土指最大粒径不大于53mm,公称最大粒径大于19 mm 且不大于37.5mm 的土或集料,包括（   ）。
   A. 砂砾土　　　　B. 碎石土　　　　C. 级配砂砾　　　　D. 级配碎石
2. 采用水泥、石灰综合稳土时,若水泥用量占结合料总量≥30%,水泥与石灰的比例宜取（   ）。
   A. 60∶40　　　　B. 50∶50　　　　C. 40∶60　　　　D. 30∶70
3. 水泥稳定材料用作高等级公路路面底基层时,具有（   ）规定。
   A. 混合料应符合 C-A-1 的级配要求
   B. 应含有一定量的碎石或砂砾
   C. 小于 0.6mm 颗粒含量在 30% 以下时 I_p 可大于17,且土的 C_u 应大于5
   D. 不宜含有黏性土或粉性土
4. 关于无机结合料稳定材料基层（底基层）施工规定,正确的选项是（   ）。
   A. 宜在气温较高的季节组织施工
   B. 日最低气温应在5℃以上
   C. 冰冻地区,应在第一次重冰冻（ –3 ~ –5℃）到来15 ~ 30d 完工
   D. 雨季可以施工,但应避开雨天施工
5. 以下混合料中（   ）应为综合稳定类基层材料。
   A. 石灰土　　　　　　　　　　B. 石灰粉煤灰土
   C. 水泥稳定碎石　　　　　　　D. 水泥粉煤灰土
6. 用于路面基层、底基层的粗集料分为（   ）规格。
   A. 11 种　　　　B. 13 种　　　　C. G1 ~ G11　　　　D. G1 ~ G13

7. 关于路面基层对粗集料的选用要求,以下( )正确。
   A. 用于高速公路和一级公路极重、特种交通等级,4.75mm 以上的粗集料应采用单一粒径规格
   B. 公称最大粒径规定:高速公路和一级公路、二级及二级以下公路,分别不大于26.5mm、31.5mm
   C. 碎石加工中应选择合理的筛孔尺寸,根据破碎方式和石质不同,允许适当调整筛孔尺寸 ±1mm
   D. 级配应稳定,塑性指数不大于17

8. 高速公路和一级公路路面基层要求集料按( )备料。
   A. 不少于5档　　　　　　　　　B. 极重、特重交通等级不少于5档
   C. 重、中、轻交通等级不少于4档　D. 均不少于4档

9. 选用级配碎石做路面基层,宜掺加( )进行级配设计。
   A. 石灰　　　　B. 砂　　　　C. 粗砂　　　　D. 石屑

10. 水泥稳定半刚性基层材料,对水泥的要求有( )。
    A. 32.5
    B. 42.5
    C. 主要选用普通水泥
    D. 初凝时间应不大于3h,终凝时间应大于6h

11. 水泥稳定半刚性基层材料,可以掺加( ),且应对混合料进行试验验证。
    A. 缓凝剂　　　B. 促凝剂　　　C. 减水剂　　　D. 早强剂

12. 石灰稳定类半刚性基层材料,如选用消石灰可按( )指标将其分为Ⅰ、Ⅱ、Ⅲ三级。
    A. 有效氧化钙和氧化镁含量　　B. 未消化残渣含量
    C. 细度　　　　　　　　　　　D. 含水率

13. 关于石灰稳定类半刚性基层材料,下列说法正确的是( )。
    A. 高速公路和一级公路用石灰,应不低于Ⅱ级;二级及二级以下公路应不低于Ⅲ级
    B. 高速公路和一级公路基层,宜采用磨细的消石灰
    C. 二级以下公路使用等外石灰时,有效氧化钙含量应在20%以上
    D. 二级及二级以下公路可以使用等外石灰

14. 半刚性基层稳定材料可采用工业废渣作为无机结合料或集料,应满足( )规定。
    A. 再生材料一般用于低于原路结构层位或原路等级的公路建设
    B. 使用前应进行质量检验满足相应的技术指标要求,且应进行环境评价
    C. 煤矸石、煤渣、高炉矿渣、钢渣及其他冶金矿渣使用前应崩解稳定
    D. 水泥稳定煤矸石不宜用于高速公路和一级公路

15. 如采用煤矸石、煤渣、高炉矿渣、钢渣及其他冶金矿渣作路面基层集料,使用前应崩解稳定,且通过( )试验进行混合料性能评价。
    A. 强度　　　　B. 模量　　　　C. 温缩　　　　D. 干缩

16. 路面基层用粉煤灰,应检测( )细度指标。
    A. 烧失量　　　　　　　　　　B. 比表面积

C.0.3mm 通过率　　　　　　　　D.0.075mm 通过率

17. 无机结合料稳定材料组成设计应包括( )。
    A. 目标配合比设计　　　　　　B. 生产配合比设计
    C. 原材料检验　　　　　　　　D. 施工参数确定

18. 无机结合料稳定材料配合比设计应提供( )施工参数。
    A. 混合料配合比　　　　　　　B. 无机结合料剂量
    C. 合理含水率　　　　　　　　D. 最大干密度

19. 水泥稳定材料的生产配合比设计应确定( )。
    A. 料仓供料比例
    B. 容许延迟时间
    C. 不少于 5 个点(标准水泥剂量、±1%，±2%)的 EDTA 标准曲线
    D. 混合料的最佳含水率、最大干密度

20. 路面结构采用碾压贫混凝土时,应符合( )规定。
    A. 7d 无侧限抗压强度应不低于 7MPa 且宜不高于 10MPa
    B. 水泥剂量宜不大于 13%
    C. 需要提高强度时,应优化混合料级配
    D. 需要提高强度时,应验证混合料收缩性能、弯拉强度和模量等指标

21. 无机结合料稳定材料无侧限抗压强度平行试验的最少试件数量为( )。
    A. 6　　　　　B. 9　　　　　C. 10　　　　　D. 13

22. 无机结合料稳定细集料,应对细集料进行( )试验检测。
    A. 颗粒分析　　B. 塑性指数　　C. 有机质含量　　D. 硫酸盐含量

23. 以下材料( )可以用作柔性基层。
    A. 石灰土　　　　　　　　　　B. LSPM
    C. 水泥稳定级配碎石　　　　　D. 级配碎石

24. 以下( )材料可以作为半刚性基层的无机结合料。
    A. 沥青　　　　B. 石灰　　　　C. 粉煤灰　　　　D. 水泥

25. 以下基层类型,( )为半刚性基层。
    A. 石灰钢渣基层　　　　　　　B. 级配碎石基层
    C. 贫水泥混凝土基层　　　　　D. 水泥稳定级配碎石基层

26. 石灰稳定材料基层对石灰有效钙镁含量的要求是( )。
    A. 对于钙质生石灰,至少不小于 65%　　B. 对于钙质消石灰,至少不小于 55%
    C. 对于镁质生石灰,至少不小于 65%　　D. 对于镁质消石灰,至少不小于 55%

27. EDTA 方法适用于( )。
    A. 测定水泥稳定土中的水泥剂量
    B. 测定石灰稳定土中的石灰剂量
    C. 测定水泥稳定土中的硅酸二钙和硅酸三钙的剂量
    D. 检查石灰或水泥稳定土的拌和均匀性

28. 无机结合料稳定材料试验,分料时可采用( )方法将整个样品缩小到每个试验所

需材料的合适质量。

    A. 四分法   B. 随机法   C. 分料器法   D. 筛分法

29. 以下是无侧限抗压强度的检测结果，表示正确的有(　　)。

    A. 2.4MPa   B. 0.8MPa   C. 2.40MPa   D. 0.83MPa

30. 在制备石灰稳定土无侧限抗压强度试件时，要向土中加水拌和浸润，加水量应满足(　　)。

    A. 对于细粒土，含水率较最佳含水率小3%

    B. 对于中、粗粒土，含水率为最佳含水率

    C. 对于细粒土，含水率为最佳含水率

    D. 对于细、中、粗粒土，含水率均为最佳含水率

31. 水泥稳定土7d无侧限抗压强度试件养护期间，质量损失应符合(　　)的规定，否则应予作废。

    A. 小试件不超过1g

    B. 中试件不超过4g

    C. 大试件不超过5g

    D. 小试件不超过1g、中试件不超过5g、大试件不超过10g

32. 对于无侧限抗压强度试验，计算的精密度或允许误差要求若干次平行试验的变异系数 $C_v(\%)$ 应符合(　　)的规定。

    A. 小试件不大于6%   B. 中试件不大于12%

    C. 大试件不大于15%   D. 中试件不大于10%

33. 石灰稳定土基层的强度形成主要为石灰加入土中后所发生的(　　)作用。

    A. 离子交换   B. 碳酸化   C. 结晶   D. 火山灰

34. 测定各种石灰的有效氧化钙含量，需要使用(　　)试剂。

    A. 蔗糖(分析纯)   B. 酚酞指示剂

    C. 0.1%甲基橙水溶液   D. 0.5mol/L盐酸标准溶液

35. 用于二灰稳定土中的粉煤灰，要求(　　)总含量应大于70%，烧失量应不超过20%。

    A. CaO B. SiO_2 C. Al_2O_3 D. Fe_2O_3

36. EDTA滴定法测定水泥或石灰剂量需要的试剂有(　　)。

    A. EDTA二钠标准液

    B. 10%氯化铵溶液

    C. 1.8%氢氧化钠(内含三乙醇胺)溶液

    D. 钙红指示剂

37. 确定无机结合料稳定材料的最大干密度指标时，采用(　　)法成型。

    A. 击实   B. 重型击实   C. 压实   D. 振动压实

38. 粉煤灰烧失量试验，试样经灼烧驱除了(　　)的质量。

    A. 水   B. 有机质   C. 二氧化碳   D. 三氧化二硫

39. 粉煤灰细度试验，正确的说法是(　　)。

    A. 负压筛原理是利用旋转的喷嘴气流作为动力和介质，使粉煤灰流态化并将细粒抽走

B. 筛析过程中,应用手轻轻敲打筛盖防止粉料吸附
C. 细度计算应保留小数点后两位
D. 平行试验两次,且允许重复性误差不得大于5%

40. 振动压实法成型无侧限抗压强度试件的振实条件为( )。
   A. 压力约 0.1MPa
   B. 激振力约 6800N
   C. 偏心夹角为 60℃
   D. 振动频率为 28～30Hz

41. 在进行水泥稳定材料的水泥剂量检测时,与 EDTA 滴定法的龄期效应曲线有关的因素有( )。
   A. 素集料
   B. 水泥剂量
   C. 稳定层压实度
   D. 水泥品质

42. 测定水泥或石灰剂量时,下列滴定操作正确的是( )。
   A. 摇动锥形瓶时要向同一个方向旋转
   B. 滴定管不能离开瓶口过高,应在瓶颈的 1/3 处
   C. 滴定过程中,右手不能离开活塞任操作液直流
   D. 滴定开始时速度可稍快,临近终点时应滴一滴,摇几下,观察颜色变化情况

43. 在石灰氧化镁测定方法中,用到的试剂有( )。
   A. 1:10 盐酸
   B. 硫酸钾溶液
   C. 氢氧化铵-氯化铵缓冲溶液
   D. EDTA 二钠标准溶液

44. 石灰氧化镁测定方法所利用的原理有( )。
   A. 利用 EDTA 在 pH 值 =10 左右的溶液中能与钙镁完全络合的原理
   B. 利用 EDTA 在 pH 值 ≥12 的溶液中只与钙离子络合的原理
   C. 利用三乙醇胺在碱性溶液中与钙镁完全络合的原理
   D. 利用石灰活性氧化钙与蔗糖化合而成水溶性的蔗糖钙原理

45. 无机结合料稳定材料取样方法适用于( )。
   A. 无机结合料稳定材料室内试验
   B. 无机结合料稳定材料配合比设计
   C. 无机结合料稳定材料施工过程中的质量抽检
   D. 无机结合料稳定材料现场压实度测定

46. 无机结合料稳定材料取样方法对于料堆取样,应( )。
   A. 在料堆的上部、中部和下部各取一份试样,混合后按四分法分料取样
   B. 从料场或料堆的许多不同位置分别取部分样品,然后将这些小样品混合成一个样品
   C. 取样时宜用平锹将料堆表面的料铲平,呈台阶状,然后取料
   D. 取样时要按先周边、再顶部的顺序进行

47. 无机结合料稳定材料击实试验方法所采用的击实筒有( )。
   A. 小型击实筒内径 100mm,高 127mm
   B. 中型击实筒内径 122mm,高 150mm
   C. 大型击实筒内径 152mm,高 170mm

D. 特大型击实筒内径175mm,高200mm

48. 无机结合料稳定材料振动压实试验方法适用于( )。
   A. 水泥土
   B. 石灰土
   C. 水泥稳定碎石
   D. 石灰粉煤灰稳定料土

49. 根据公路工程无机结合料稳定材料试验规程,石灰细度试验方法所采用的筛孔尺寸是( )。
   A. 0.15mm　　　B. 0.3mm　　　C. 0.6mm　　　D. 0.9mm

50. 进行无机结合料稳定材料击实试验,按预定含水率制备试样时,需预先将土浸润备用( )。
   A. 黏质土12~24h
   B. 粉质土6~8h
   C. 含土很少的未筛分碎石、砂砾可缩短到1h
   D. 浸润时间一般不超过24h

51. 无机结合料稳定材料试件制作方法(圆柱形)适用于无机结合料稳定材料的( )试验。
   A. 间接抗拉强度
   B. 无侧限抗压强度
   C. 劈裂模量
   D. 抗压回弹模量

52. 在无机结合料稳定材料试件制作方法(圆柱形)中,下列说法正确的是( )。
   A. 对于细粒土,一次可称取6个试件的土
   B. 对于粗粒土,一次宜称取1个试件的土
   C. 准备好的试料应分别装入塑料袋中备用
   D. 所取土一定要进行风干处理

53. 无机结合料稳定材料试件制备完成,在脱模器上取试件时,应( )。
   A. 用双手抱住试件侧面的中下部
   B. 用右手握紧试件顶部提起试件
   C. 先沿水平方向轻轻旋转,再将试件轻轻捧起
   D. 水泥稳定黏质土,可立即脱模;水泥稳定无黏性的细粒土,过2~4h再脱模,对于无机结合料稳定中、粗粒土,过2~6h再脱模

54. 无机结合料稳定材料组成设计中,$R_d^0 = \overline{R} \cdot (1 - Z_\alpha C_v)$是计算的试件无侧限抗压强度代表值,其中,$Z_\alpha$是随置信度$\alpha$变化的保证率系数,下列说法正确的是( )。
   A. 高速公路和一级公路,保证率$P = 95\%$,$Z_\alpha = 1.645$
   B. 二级及二级以下公路,保证率$P = 90\%$,$Z_\alpha = 1.282$
   C. $R_d^0 \geqslant R_d$
   D. 同一组试验数据,样本异常值按3S法剔除应不多于1个

55. 现行规范推荐石灰粉煤灰稳定级配碎石配合比设计中二灰:碎石为20:80~15:85,其原因是( )。
   A. 混合料更加密实
   B. 混合料形成骨架
   C. 石灰、粉煤灰可起胶结作用
   D. 石灰、粉煤灰可起填充孔隙作用

56. 水泥稳定类材料有( )级配。
   A. C-A-1,C-A-2,C-A-3,C-A-4
   B. C-B-1,C-B-2,C-B-3,C-B-4
   C. C-C-1,C-C-2,C-C-3
   D. C-D-1,C-D-2,C-D-3

57. 用于高等级公路路面基层的水泥稳定类材料,应符合( )级配要求。
   A. C-A-1,C-A-2,C-B-1,C-B-2,C-B-3   B. LF-A-2S,LF-A-2L
   C. CF-A-2S,CF-A-2L   D. G-A-3,G-A-4,G-A-5

58. 水泥稳定材料作路面基层时,配合比设计推荐的水泥剂量为( )。
   A. 对水泥稳定级配碎石或卵石,如 $R_d \geq 5.0\text{MPa}$,水泥剂量为5%~9%,间隔1%
   B. 对水泥稳定级配碎石或卵石,如 $R_d < 5.0\text{MPa}$,水泥剂量为3%~7%,间隔1%
   C. 对水泥稳定细粒料(土、砂、石屑等),水泥剂量为5%~13%,间隔2%
   D. 对水泥稳定细粒料(塑性指数≥12),水泥剂量为8%~16%,间隔2%

59. 级配碎石配合比设计应该在第一阶段生产试验的基础上进行第二阶段试验。按不同含水率试拌混合料,并取样、试验。试验应满足( )规定。
   A. 测定混合料中实际含水率,确定施工过程中水流量计的设定范围
   B. 通过击实试验,确定含水率变化对最大干密度的影响
   C. 通过筛分试验,验证目标级配曲线
   D. 通过 CBR 试验,确定材料的实际强度水平和拌和工艺的变异水平

四、综合题[根据所列资料,以选择题的形式(单选或多选)选出正确的选项。每道大题10分,包括5道小题,每小题2分,选项部分正确按比例得分,出现错误选项该题不得分]

1. 某二级公路二灰稳定碎石半刚性基层混合料配合比设计,设计强度为 $R_d = 0.8\text{MPa}$,请回答以下问题。

(1) 下列原材料( )满足技术要求。
   A. 抽样检测当地钙质消石灰的 CaO + MgO 含量为57.4%,细度:无大于0.60mm 颗粒,0.15mm 筛余为10.4%
   B. 抽样测试粉煤灰,活性氧化物总含量为75.8%,烧失量为9.6%
   C. 碎石的压碎值为14.2%,最大粒径为31.5mm
   D. 碎石中应不含有小于0.075mm 粒料

(2) 关于确定二灰碎石混合料组配设计比例,下列说法正确的是( )。
   A. 二灰碎石混合料设计中碎石用量应控制在70%左右
   B. 石灰与粉煤灰的比例通常在1:2~1:4 范围之内
   C. 石灰粉煤灰与级配碎石的比例一般选择3个
   D. 进行击实试验确定不同比例二灰碎石混合料的最佳含水率和最大干密度

(3) 采用四种不同比例的二灰碎石进行标准击实试验,击实试验结果列入下表,计算无侧限抗压强度试验用试料与制备试件,方法正确的是( )。

配合比例	6:24:70	7:23:70	8:22:70	10:20:70
最佳含水率(%)	8.4	9.1	10.0	10.9
最大干密度(g/cm³)	1.907	1.921	1.930	1.942

A. 采用 ϕ150mm×150mm 的圆柱体试件
B. 每种二灰剂量碎石混合料按 13 个试件配制
C. 工地压实度要求为 97%,制备一个配合比为 6:24:70 的抗压试件需 5312.5g 混合料
D. 一般采用风干试样计算所加水量

(4)二灰碎石击实试验结果如下表,关于击实试验叙述正确的是( )。

石灰:粉煤灰:砂砾	6:24:70	7:23:70	8:22:70	10:20:70
平均强度 $\bar{R}_c$ (MPa)	0.71	0.88	1.05	1.23
变异系数(%)	12.8	13.1	10.6	11.7
$R_d/(1-1.645C_v)$ (MPa)	1.01	1.02	0.97	0.99

A. 对二级及二级以下公路,路面基层 7d 无侧限抗压强度设计标准 ≥0.8MPa
B. 标准养护 6d、浸水养护 1d 后的试件进行无侧限抗压强度试验
C. 若 $\bar{R}_c \geq R_d$,则相应配比的 7d 无侧限抗压强度合格
D. 配合比选择 8:22:70

(5)施工配合比及其要求有( )。
A. 施工配合比为石灰:粉煤灰:碎石 = 8:22:70
B. 施工压实质量控制参数:最佳含水率为 10.0% + (0.5% ~ 1.5%),最大干密度为 1.930g/cm³
C. 生石灰块应在使用前 7~10d 充分消解
D. 二灰碎石混合料应当天碾压完成

◆◆◆ 习题参考答案及解析 ◆◆◆

一、单项选择题

1. D

【解析】依据《公路路面基层施工技术细则》(JTG/T F20—2015),工业废渣稳定材料是指以石灰或水泥为结合料,以煤渣、钢渣、矿渣等工业废渣为主要被稳定材料,通过加水拌和形成的混合料。综合稳定材料是指以两种或两种以上材料为结合料,通过加水与被稳定材料共同拌和形成的混合料,包括水泥石灰稳定材料、水泥粉煤灰稳定材料、石灰粉煤灰稳定材料等。

2. C

【解析】依据《公路工程无机结合料稳定材料试验规程》(JTG E51—2009),细粒土是指最大粒径不大于 4.75mm,公称最大粒径不大于 2.36 mm 的土,包括各种黏质土、粉质土、砂和石屑等。

第二部分/第五章 路面基层与底基层材料

3. A

【解析】 依据 JTG/T F20—2015 规定,当水泥用量占结合料总量不小于30%时,应按水泥稳定材料的技术要求进行组成设计;当水泥用量占结合料总量小于30%时,应按石灰稳定类进行设计。

4. D

【解析】 依据 JTG E51—2009 T0841 规定,施工过程中混合料取样方法:在进行混合料验证时,宜在摊铺机后取样,且取料应分别来源于3~4台不同的料车,混合后再按四分法取样,进行无侧限抗压强度成型及试验。

5. C

【解析】 依据 JTG/T F20—2015 规定,当细集料塑性指数≤17,宜采用水泥稳定;塑性指数为15~20,宜采用石灰稳定;塑性指数为12~20,宜采用石灰粉煤灰综合稳定。

6. B

【解析】 依据 JTG/T F20—2015 规定,采用水泥稳定时,被稳定材料的液限应不大于40%,塑性指数不大于17;塑性指数大于17时,宜采用石灰稳定或用水泥和石灰综合稳定。

7. D

【解析】 依据 JTG/T F20—2015 规定,对水泥稳定材料,工地实际采用的水泥剂量宜比室内试验确定的剂量多0.5%~1.0%。采用集中厂拌法施工时,水泥宜增加0.5%,采用路拌法施工时,水泥宜增加1%。

8. A

【解析】 依据 JTG/T F20—2015 规定,以试验室设计结果为依据,综合考虑施工过程的气候条件,对水泥稳定材料,含水率可增加0.5%~1.5%;对其他稳定材料含水率可增加1%~2%。

9. B

【解析】 依据 JTG/T F20—2015 规定,水泥稳定细粒土,采用集中厂拌法施工时,水泥最小剂量为4%,路拌法水泥最小剂量为5%;水泥稳定中粒土和粗粒土,采用集中厂拌法施工时,水泥最小剂量为3%,路拌法水泥最小剂量为4%。

10. B

【解析】 依据 JTG/T F20—2015 规定,水泥稳定材料或水泥粉煤灰稳定材料层宜2h内完成碾压成型,应取混合料的初凝时间与容许延迟时间较短的时间作为施工控制时间;石灰稳定材料或石灰粉煤灰稳定材料层宜在当天碾压完成,最长不应超过4d。

11. B

【解析】 二灰土的总质量为:$(1+2+7)m_{ls}=1500$,计算石灰湿质量 $m_{ls}=150g$,则石灰干质量 $m_{ld}=m_{ls}/(1+0.01w)=130g$。

12. D

【解析】 酚酞指示剂在强碱中变红色。有效氧化钙测定方法(JTG E51—2009 T0811),酚酞指示剂加入消石灰试样溶液中变粉红色。

13. C

【解析】 石灰包括生石灰与消石灰,其主要技术指标是有效氧化钙和氧化镁含量,在石灰中主要起黏结作用的成分。

14. A

【解析】 JTG/T F20—2015给出石灰的技术要求:钙质生石灰,氧化镁含量≤5%,镁质生石灰,氧化镁含量>5%;钙质消石灰,氧化镁含量≤4%,镁质消石灰,氧化镁含量>4%。

15. B

【解析】 无机结合料稳定材料无侧限抗压强度试验(JTG E51—2009 T0805),为保证试验结果的可靠性和准确性,每组试件的数目要求:小试件不少于6个,中试件不少于9个,大试件不少于13个。

16. B

【解析】 无机结合料稳定材料养护试验方法(JTG E51—2009 T0845),无侧限抗压强度试验标准养护龄期为7d,最后一天浸水;对于弯拉强度、间接抗拉强度试验,水泥稳定材料类的标准养护龄期为90d,石灰稳定材料类的标准养护龄期为180d。

17. C

【解析】 无机结合料稳定材料试件制备(JTG E51—2009 T0843),要求按现场压实度制备试件,单个试件材料用量计算为 $m'_0 = V \times \rho_{max} \times (1 + w_{opt}) \times \gamma$。

18. B

【解析】 水泥或石灰稳定材料中水泥或石灰剂量测定方法(JTG E51—2009 T0809),其试验原理是采用10%具有弱酸性的 NH_4Cl 盐溶液溶出水泥(或石灰)中的 Ca^{2+},然后采用EDTA二钠标准溶液滴定夺取 Ca^{2+}。通过EDTA二钠标准溶液的消耗量与相应的水泥(或石灰)剂量的近似线性关系,绘制EDTA-水泥(或石灰)剂量标准曲线。

19. C

【解析】 遵照滴定分析仪器的基本操作方法,移液管的规范操作如下:取出移液管,用干净滤纸擦拭管外溶液,把准备承接溶液的容器稍倾斜,将移液管移入容器中,使管垂直,管尖靠着容器内壁,松开食指,使溶液自由的沿器壁流下,待下降的液面静止后,再等待15s,取出移液管。

20. A

【解析】 滴定试验规范操作方法:摇瓶时,应微动腕关节,使溶液向同一方向旋转,左、右旋转均可,不能前后或左右振动,以免溶液溅出。不要使瓶口碰在管口上,以免造成事故。摇动时,要求有一定速度,不能摇得太慢,影响化学反应的进行。

21. D

【解析】 EDTA滴定法测定水泥或石灰剂量(JTG E51—2009 T0809)的化学反应原理,在氯化铵溶解的石灰溶液中,加入氢氧化钠(内含三乙醇胺),使溶液pH值为12.5~13.0,然后加入钙红指示剂摇匀,溶剂呈玫瑰红色。用EDTA二钠标准液滴定到纯蓝色为终点。

22. C

【解析】 石灰有效氧化钙测定方法(JTG E51—2009 T0811)准备试样,将生石灰打碎使颗粒不大于1.18mm,研磨后,通过0.15mm(方孔筛)备用。

23. D

【解析】 石灰有效氧化钙测定方法(JTG E51—2009 T0811)准备试样,应采用四分法将生石灰缩减至10余克,从此细样中均匀挑取10余克;将消石灰样品用四分法缩减至10余克左右,如有大颗粒存在须在瓷研钵中磨细至无不均匀颗粒存在为止。置于称量瓶中在105℃烘至恒量,储于干燥器中,供试验用。

24. A

【解析】 石灰有效氧化钙测定方法(JTG E51—2009 T0811)、石灰氧化镁测定方法(JTG E51—2009 T0812)试验原理,采用盐酸标准液进行中和滴定,测定石灰中有效氧化钙的含量;采用EDTA二钠标准液进行络合滴定,测定氧化镁含量。

25. A

【解析】 依据石灰有效氧化钙测定、石灰氧化镁测定化学反应原理,测定氧化钙含量时采用盐酸中和滴定法,反应终点为粉红色显著消失,测定氧化镁含量时采用EDTA二钠络合滴定法,反应终点为酒红色变为蓝色。

26. B

【解析】 石灰有效氧化钙和氧化镁简易测定方法(JTG E51—2009 T0813)适用于测定氧化镁含量在5%以下的低镁石灰。

27. C

【解析】 含水率试验方法(JTG E51—2009 T0801)规定:稳定细粒土或原材料,应取50g(生石灰粉、消石灰和消石灰粉取100g)试样经手工木锤粉碎后松放在铝盒中,为避免水分散失应尽快盖上盒盖,称量;稳定中粒土,应取500g(至少300g)试样经粉碎后松放在铝盒中,盖上盒盖,称量;稳定粗粒土,应取2000g试样经粉碎后松放在铝盒中,盖上盒盖,称量。

28. C

【解析】 含水率试验(JTG E51—2009 T0801)结果整理,要求进行两次平行试验,取算术平均值,保留至小数点后两位。

29. B

【解析】 含水率试验(JTG E51—2009 T0801)规定,无机结合料稳定土含水率试验时,当冷却试样连续两次称量的差(每次间隔4h)不超过原试样质量的0.1%时,即认为样品已烘干。

30. D

【解析】 无机结合料稳定材料击实试验(JTG E51—2009 T0804),试样中大于规定最大粒径的超粒径含量为5%~30%时,可按照公式对最佳含水率和最大干密度进行校正。

31. A

【解析】 无机结合料稳定材料击实试验(JTG E51—2009 T0804)制备试样的浸润时间:黏性土12~24h;粉性土6~8h;砂性土、砂砾土、红土砂砾、级配砂砾等可以缩短到4h左右;含土很少的未筛分碎石、砂砾和砂可缩短到2h。

32. B

【解析】 无机结合料稳定材料击实试验(JTG E51—2009 T0804),预定5~6个不同的含水率,依次相差0.5%~1.5%。

33. D

【解析】 无机结合料稳定材料击实试验(JTG E51—2009 T0804)试验结果精度要求:

两次重复性试验,最大干密度的差值不超过 0.05g/cm³(稳定细粒土)和 0.08g/cm³(稳定中粒土和粗粒土),最佳含水率差值不超过 0.5%(最佳含水率小于10%)或 1.0%(最佳含水率大于10%)。超过上述规定,应重做试验。

34. C

【解析】 无机结合料稳定材料无侧限抗压强度试验(JTG E51—2009 T0805)要求加载速率为 1mm/min,记录试件破坏时最大压力。

35. A

【解析】 无机结合料稳定材料养护试验方法(JTG E51—2009 T0845),在标准养护(7d)期间试件质量损失规定:小试件不应超过1g,中试件不应超过4g,大试件不应超过10g。

36. B

【解析】 无机结合料稳定材料试件制作方法(圆柱形)(JTG E51—2009 T0843),试件的高径比一般为1:1。细粒土,试件的直径×高 = ϕ50mm×50mm;中粒土,试件的直径×高 = ϕ100mm×100mm;粗粒土,试件的直径×高 = ϕ150mm×150mm。

37. C

【解析】 无机结合料稳定材料试件制作方法(圆柱形)(JTG E51—2009 T0843)要求无机结合料稳定细粒土至少应制备6个试件,稳定中粒土至少应制备9个试件,稳定粗粒土至少应制备13个试件。无机结合料稳定材料无侧限抗压强度试验(JTG E51—2009 T0805)要求:稳定细粒土、中粒土和粗粒土,其试验结果的变异系数 C_v 应分别 ≤6%、≤10%、≤15%。

38. B

【解析】 JTG/T F20—2015 规定,细集料规格分为 XG1、XG2、XG3 三档,公称粒径分别为 3~5mm、0~3mm、0~5mm。

39. B

【解析】 JTG/T F20—2015 规定,XG1(3~5mm)细集料应严格控制小于 2.36mm 的颗粒含量。

40. D

【解析】 JTG/T F20—2015 提出了按公称最大粒径进行无机结合料稳定碎石或砾石的备料组配,当公称最大粒径为19mm时,对于四档备料Ⅰ应按一、二、三、四档为 XG2、XG1、G11、G8 规格组合备料。

41. A

【解析】 JTG/T F20—2015 对石灰的技术要求,按照有效氧化钙和氧化镁含量、未消化残渣含量分为Ⅰ、Ⅱ、Ⅲ三级。

42. C

【解析】 JTG/T F20—2015 规定,水泥稳定材料的强度满足要求时,还应检验其抗冲刷性和抗裂性。对无机结合料稳定细粒材料,如水泥稳定土、水泥稳定石屑等,其强度满足要求,但是抗冲刷性和抗裂性不足,不适用基层。

43. D

【解析】 JTG/T F20—2015 规定了不同结构层的无机结合料稳定材料应满足的 7d 无侧限抗压强度标准,该标准给出了极重、特重、重、中、轻交通三类公路等级的规定值。

44. B

【解析】JTG/T F20—2015规定,碾压贫混凝土强度试验的标准试件尺寸与无机结合料稳定中、粗粒材料相同,均采用的1∶1的圆柱体试件。

45. D

【解析】JTG/T F20—2015规定了水泥稳定材料用作高速公路和一级公路基层的7d无侧限抗压强度标准:对于极重、特重交通,为5.0~7.0MPa;对于重交通,为4.0~6.0MPa;对于中、轻交通,为3.0~5.0MPa。用于高速公路和一级公路底基层时,对于极重、特重交通,为3.0~5.0MPa;对于重交通,为2.5~4.5MPa;对于中、轻交通,为2.0~4.0MPa。

46. D

【解析】JTG/T F20—2015规定,高速公路和一级公路应验证所用材料的7d无侧限抗压强度与90d或180d龄期弯拉强度的关系。

47. A

【解析】无侧限抗压强度试验(JTG E51—2009 T0805)试验结果整理规定,同一组试件试验中,采用3倍均方差法剔除异常值,小试件允许有1个异常值,中试件异常值1~2个,大试件异常值2~3个。如异常值超出规定,试验重做。

48. D

【解析】测定粉煤灰烧失量(JTG E51—2009 T0817),需要的仪器有:马福炉(应准确控制温度)、瓷坩埚(容量15~30mL)、分析天平(量程不小于50g,感量0.001g)。

49. C

【解析】测定粉煤灰烧失量方法(JTG E51—2009 T0817),是取1g试样置于瓷坩埚中,在950~1000℃马福炉中灼烧15~20min。

50. B

【解析】测定粉煤灰烧失量方法(JTG E51—2009 T0817)结果整理要求:试验结果精确至0.01%,平行试验两次,允许重复性误差为0.15%。

51. B

【解析】粉煤灰细度试验(JTG E51—2009 T0817)规定,应测定两种粒径的通过率。测定0.075mm通过率时,称量试样约10g,测定0.3mm通过率时,称量试样约100g。

52. C

【解析】粉煤灰细度试验(JTG E51—2009 T0817)规定,筛析150个试样后应进行筛网的校正,要求筛网的校正系数范围为0.8~1.2。

53. C

【解析】JTG/T F20—2015规定了二灰稳定类材料用作路面基层、底基层的7d无侧限抗压强度标准R_d:对于高速公路和一级公路的极重、特重交通,重交通和中、轻交通,用作基层时要求R_d应分别≥1.1MPa,≥1.0MPa,≥0.9MPa;用作底基层时应分别≥0.8MPa,≥0.7MPa,≥0.6MPa。对于二级及二级以下公路的极重、特重交通,重交通和中、轻交通,用作基层时要求R_d应分别≥0.9MPa,≥0.8MPa,≥0.7MPa,≥0.8MPa,≥0.5MPa。

54. B

【解析】二灰稳定类材料可用于路面基层或底基层,JTG/T F20—2015 规定:如选用二灰稳定土用作基层或底基层时,二灰:土 = 30:70 ~ 10:90,选用二灰稳定碎石用作基层时,二灰:级配碎石 = 20:80 ~ 15:85,其中石灰:粉煤灰 = 1:2 ~ 1:4。

55. C

【解析】JTG/T F20—2015 规定,二灰稳定土用作基层或底基层时,石灰:粉煤灰 = 1:2 ~ 1:4,对于粉土宜为 1:3。

56. B

【解析】JTG/T F20—2015 推荐,二灰稳定土用作基层或底基层时,二灰:土 = 30:70 ~ 10:90,其中石灰:粉煤灰 = 1:2 ~ 1:4。当二灰土的比例选用 30:70 时,石灰:粉煤灰宜为 1:2 ~ 1:3。

57. D

【解析】依据 JTG/T F20—2015,当石灰粉煤灰稳定材料的强度不能够满足路面结构层的设计强度要求时,可外加混合料质量 1% ~ 2% 的水泥进行综合稳定。

58. B

【解析】依据 JTG/T F20—2015,水泥稳定级配碎石或砂砾做路面底基层时,配合比设计推荐的水泥剂量为 3%、4%、5%、6%、7% 五个;对水泥稳定细粒土,塑性指数 < 12,水泥剂量为 4% ~ 8%,间隔 1%,塑性指数 ≥ 12,水泥剂量为 6% ~ 14%,间隔 2%。

59. B

【解析】依据 JTG/T F20—2015,用于路面结构层的级配碎石配合比设计,采用 CBR 强度标准作为设计强度。

60. C

【解析】依据 JTG/T F20—2015,级配碎石配合比设计应以 CBR 最高值的级配作为工程使用的目标级配,并确定相应的最佳含水率。

二、判断题

1. √
2. ×

【解析】一般用于半刚性基层的粉煤灰中 SiO_2、Al_2O_3、Fe_2O_3 总含量大于 70%,CaO 含量在 2% ~ 6% 之间,这种粉煤灰称为硅铝粉煤灰;个别粉煤灰 CaO 含量为 10% ~ 40%,这种粉煤灰称为高钙粉煤灰。

3. √
4. √
5. √
6. √
7. ×

【解析】二灰碎石指石灰粉煤灰级配碎石,属于综合稳定类材料。

8. ×

【解析】塑性指数大于 17 时,宜采用石灰稳定或用水泥和石灰综合稳定。

9. √
10. √
11. √
12. ×

【解析】路面基层用 XG2、XG3 档细集料的粒径分别为 0～3mm,0～5mm,应严格控制大于 2.36mm 和 4.75mm 颗粒含量。

13. ×

【解析】目的是为了控制生产混合料中 0.075mm 以下的颗粒含量。

14. √
15. ×

【解析】对于高速公路基层用碎石,应采用反击破碎的加工工艺,但筛孔尺寸应比粗集料的粒径尺寸大,且按规定一一对应。

16. ×

【解析】路面底基层材料分档要求:对于一般工程,可选择不少于 3 档备料,对极重、特重交通荷载等级且强度要求较高时,为保证级配稳定,宜选择不少于 4 档备料。

17. ×

【解析】无机结合料稳定材料结构层设计,公路等级高或交通荷载等级高或结构安全要求高时,推荐取用上限强度标准。

18. √
19. ×

【解析】当水泥稳定类材料强度要求较高时,可采用控制原材料指标和优化级配设计等措施,不能单纯增加水泥剂量。

20. ×

【解析】无机结合料稳定材料的无侧限抗压强度试验,应按现场压实度采用静压法成型。

21. √
22. √
23. ×

【解析】应选择不少于 4 条级配曲线进行目标级配曲线优化设计,确定目标级配曲线。

24. ×

【解析】配合比设计时,应采用重型击实或振动成型试验确定最大干密度和最佳含水率。

25. √
26. √
27. √
28. ×

【解析】要求冲刷物沉底12h后,烘干沉淀物并称其质量,作为30min的累计冲刷量。

29. √
30. ×

【解析】有效氧化钙在20%以上的等外石灰,若混合料的强度能够满足要求可以使用。

31. ×

【解析】应选用初凝时间较长(应大于3h以上)的水泥,不应使用快硬水泥、早强水泥。

32. √
33. ×

【解析】每种试样应为两个样品。

34. ×

【解析】虽然是按照同样的浓度进行配制,但由于操作时会存在一定的误差,不可能配制出完全一样浓度的试剂,所以必须重作标准曲线。

35. ×

【解析】EDAT为乙二胺四乙酸。滴定试验时实际使用的是EDAT二钠盐。

36. ×

【解析】应使用湿混合料。

37. ×

【解析】制件所用的试模内径两端尺寸相同,为圆柱体试件。

38. ×

【解析】钙红指示剂加入石灰土和EDTA进行反应,溶液呈纯蓝色。

39. ×

【解析】无机结合料稳定土击实试验分为甲法、乙法和丙法三种试验方法,均为重型击实试验。

40. ×

【解析】当最大粒径达到26.5mm时,适合用乙法。

41. √
42. ×

【解析】无机结合料稳定材料无侧限抗压强度试件养护温度,宜采用20℃±2℃。

43. ×

【解析】半刚性基层稳定材料设计,以无侧限抗压强度代表值作为设计指标。

44. √
45. ×

【解析】采用EDTA滴定法测定水泥和石灰含量时,现场土样的灰剂量应在路拌后尽快测试,否则即使龄期不超过7d也需要用相应龄期的EDTA二钠标准溶液消耗量的标准曲线确定。对水泥稳定材料超出终凝时间(12h以后)所测定的水泥剂量,需进行相应的龄期校正。

46. √
47. √
48. ×

【解析】 EDTA 滴定法适用于工地快速测定水泥和石灰稳定材料中水泥和石灰的剂量,及用于工地现场检查拌和和摊铺的均匀性,也可用于测定水泥和石灰综合稳定材料中结合料的剂量。

49. √
50. ×

【解析】 石灰有效氧化钙和氧化镁简易测定方法适用于氧化镁含量在 5% 以下的低镁石灰。

51. ×

【解析】 采用石灰有效氧化钙和氧化镁简易测定方法,滴定所用的溶液是盐酸标准溶液。

52. √
53. ×

【解析】 击实试验方法并不是一种静态试验方法,从试验过程中的荷载状态看,是一种周期性的动态冲击荷载,试验材料在这种荷载作用下,也会产生一定的振动和颗粒的重新排列,与实际工程中振动压路机碾压过程有一定的相似之处。

54. √
55. √
56. ×

【解析】 无机结合料稳定材料振动压实试验方法是为了规范试验方法,供研究和工程单位参考使用。

57. ×

【解析】 进行无机结合料稳定材料击实试验时,风干试料需要碾碎,土团均应破碎到能通过 4.75mm 的筛孔。

58. ×

【解析】 水泥应在土样击实前逐个加入,加有水泥的试样拌和后,应在 1h 内完成击实过程,拌和后超过 1h 的试样,应予作废。

59. √
60. √
61. √
62. ×

【解析】 养护过程中,试件质量损失指含水率的减少,不包括由于各种不同原因从试件上掉下的混合料。

63. √
64. ×

【解析】 采用相同直径,相同材料所得的无机结合料稳定材料试件,随着高度的增加,强度值逐渐降低。

65. √

66. √

67. √

68. ×

【解析】所安装的位移传感器用于测量跨中竖向变形,安装于试件跨中的两侧。

69. √

70. √

71. √

72. ×

【解析】应用木锤碾碎。

73. ×

【解析】击实试验的原理与压缩试验的原理不一样。压缩试验是地基土在外荷载作用下,水和空气逐渐被挤出,土的颗粒之间相互挤紧,封闭气体体积减小,从而引起土的压缩变形,土的压缩变形是孔隙体积的减小。击实试验在一定击实功作用下,土颗粒重新排列以达到最大的密实。

74. ×

【解析】影响击实效果的主要因素不仅是土的含水率,还与击实功、土的级配等因素有关。

75. ×

【解析】应放到坚实地面上,否则会影响击实效果。

76. ×

【解析】要求反复灼烧试样,直至两次试验称量之差小于0.0005g,即达到恒量。

77. √

78. ×

【解析】粉煤灰细度与水泥细度的测定方法相同,均采用负压筛析法,要求负压在4000~6000Pa,但水泥筛析2min,粉煤灰要求筛析3min。

79. √

80. √

81. √

82. √

83. ×

【解析】这两种材料的配合比设计,可选用相同比例的二灰:被稳定材料(二灰:土 = 30:70~10:90,二灰:碎石 = 20:80~15:85),但二灰之间的比例不同,水泥:粉煤灰 = 1:3~1:5,石灰:粉煤灰 = 1:2~1:4。

84. √

85. ×

【解析】当石灰稳定砂砾土或碎石土时,不可以降低路面结构层的设计强度,且仅对公称最大粒径小于 4.75mm 的石灰土进行 7d 无侧限抗压强度验证,且 R_d 应不小于 0.8MPa。

86. √

三、多项选择题

1. ABCD

【解析】 依据《公路工程无机结合料稳定材料试验规程》(JTG E51—2009),粗粒土指颗粒最大粒径不大于 53mm,公称最大粒径大于 19mm 且不大于 37.5mm 的土或集料,包括砂砾土、碎石土、级配砂砾、级配碎石等。

2. ABC

【解析】 依据《公路路面基层施工技术细则》(JTG/T F20—2015),当水泥用量占结合料总量不小于 30% 时,应按水泥稳定材料的技术要求进行组成设计,水泥与石灰的比例宜取 60∶40、50∶50 或 40∶60。

3. BCD

【解析】 JTG/T F20—2015 规定:水泥稳定材料用作高等级公路路面底基层时,应含有一定量的碎石或砂砾,当小于 0.6mm 颗粒含量在 30% 以下时塑性指数 I_p 可大于 17,且土的不均匀系数 C_U 应大于 5;混合料应符合 C-A-1 和 C-A-2 的级配要求,且不宜含有黏性土或粉性土。

4. ABC

【解析】 无机结合料稳定材料结构层施工规定(JTG/T F20—2015):宜在气温较高的季节组织施工。施工期的日最低气温应在 5℃ 以上,冰冻地区,应在第一次重冰冻(一般指气温达到 -3~-5℃)到来 15~30d 完成施工。避免在雨季施工,且不应在雨天施工。

5. BD

【解析】 依据 JTG/T F20—2015,综合稳定材料是指以两种或两种以上材料为结合料,通过加水与被稳定材料共同拌和形成的混合料,包括水泥石灰稳定材料、水泥粉煤灰稳定材料、石灰粉煤灰稳定材料等。

6. AC

【解析】 JTG/T F20—2015 规定用于路面基层、底基层的粗集料有 G1~G11 共计 11 种规格。

7. AB

【解析】 依据 JTG/T F20—2015,路面基层对粗集料的选用规定:用于高速公路和一级公路极重、特种交通等级,4.75mm 以上的粗集料应采用单一粒径规格;高速公路和一级公路、二级及二级以下公路,公称最大粒径分别应不大于 26.5mm、31.5mm;碎石加工中应选择合理的筛孔尺寸,根据破碎方式和石质不同允许适当调整筛孔尺寸,调整范围宜为 1~2mm;粗集料级配应稳定,塑性指数不大于 9。

8. BC

【解析】 JTG/T F20—2015 规定,高速公路和一级公路路面基层,对极重、特重交通等级,集料备料应不少于 5 档;对重、中、轻交通等级,集料备料应不少于 4 档。

9. CD

【解析】JTG/T F20—2015规定,级配碎石或砾石类材料用作路面基层、底基层时,宜掺加石屑、粗砂等材料,并要求其中的细集料塑性指数应不大于12,不满足要求时,可加石灰、无塑性的砂或石屑掺配处理。

10. ABC

【解析】JTG/T F20—2015规定,半刚性基层选用水泥类稳定材料时,水泥强度等级为32.5或42.5,且满足要求的普通硅酸盐水泥等均可使用;水泥的初凝时间应不大于3h,终凝时间应大于6h且小于10h。

11. AD

【解析】JTG/T F20—2015规定,水泥类稳定材料,掺加缓凝剂或早强剂时,应满足相应的技术要求,并应对混合料进行试验验证。

12. ACD

【解析】JTG/T F20—2015规定,石灰稳定类半刚性基层材料可选用石灰或消石灰,均可按其技术指标分为Ⅰ、Ⅱ、Ⅲ三级。石灰要求的技术指标是:有效氧化钙和氧化镁含量、未消化残渣含量;消石灰要求的技术指标是:有效氧化钙和氧化镁含量、含水率、细度。

13. BC

【解析】JTG/T F20—2015规定,用于高速公路和一级公路的石灰应不低于Ⅱ级,用于二级公路的石灰应不低于Ⅲ级,二级以下公路宜不低于Ⅲ级;高速公路和一级公路基层,宜采用磨细的消石灰;二级以下公路使用等外石灰时,有效氧化钙含量应在20%以上,且混合料强度应满足要求。

14. ABCD

【解析】JTG/T F20—2015规定,工业废渣可用作无机结合料或集料,但应满足下列规定:再生材料一般用于低于原路结构层位或原路等级的公路建设,其技术指标应满足相应的技术要求;使用前应进行环境评价,并满足国家相关规定;煤矸石、煤渣、高炉矿渣、钢渣及其他冶金矿渣使用前应崩解稳定,且通过试验评价混合料性能;水泥稳定煤矸石不宜用于高速公路和一级公路。

15. ABCD

【解析】JTG/T F20—2015规定,煤矸石、煤渣、高炉矿渣、钢渣及其他冶金矿渣可用于修筑路面基层和底基层,使用前应崩解稳定,且宜通过不同龄期条件下的强度、模量、温度收缩、干湿收缩试验等评价混合料性能。

16. BCD

【解析】JTG/T F20—2015规定,粉煤灰的技术指标有:SiO_2、Al_2O_3和Fe_2O_3总含量、烧失量、比表面积、0.3mm筛孔通过率、0.075mm筛孔通过率、湿粉煤灰含水率,其中,比表面积、0.3mm筛孔通过率、0.075mm筛孔通过率均为细度指标。

17. ABCD

【解析】依据JTG/T F20—2015,无机结合料稳定材料组成设计应包括原材料检验、混合料目标配合比设计、混合料生产配合比设计和施工参数确定四部分内容。

18. BCD

【解析】依据JTG/T F20—2015,无机结合料稳定材料组成设计要求确定的施工参数有结合料剂量、合理含水率、最大干密度和验证混合料的强度指标。

19. ABCD

【解析】JTG/T F20—2015 规定,无机结合料稳定材料的生产配合比设计应包括:确定料仓供料比例、水泥稳定材料的容许延迟时间、绘制不少于 5 个点的结合料剂量的标定曲线(即标准水泥剂量、±1%,±2%,5 个水泥剂量的 EDTA 标准曲线)、混合料的最佳含水率、最大干密度。

20. ABCD

【解析】JTG/T F20—2015 对碾压贫混凝土的规定:7d 无侧限抗压强度应不低于7MPa 且不宜高于 10MPa;水泥剂量宜不大于 13%;需要提高强度时,应优化混合料级配,并应验证混合料收缩性能、弯拉强度和模量等指标。

21. ABD

【解析】JTG/T F20—2015 规定,无侧限抗压强度平行试验的最少试件数量与试验结果的变异系数有关,最少试件数量如下:

材料类型	变异系数 C_v		
	<10%	10% ~15%	15% ~20%
细粒材料	6	9	—
中粒材料	6	9	13
粗粒材料	—	9	13

22. ABCD

【解析】JTG/T F20—2015 规定,高速公路和一级公路半刚性基层用细集料,应进行颗粒分析、塑性指数、有机质含量和硫酸盐含量试验,且试验指标应满足相应的技术要求。

23. BD

【解析】LSPM、ATPB、级配碎石都可以用作沥青路面的柔性基层。LSPM 是大粒径透水式沥青混合料,ATPB 是排水式沥青碎石。

24. BCD

【解析】沥青、石灰、粉煤灰、水泥均为结合料,沥青为有机结合料,用于路面面层和柔性基层,石灰、粉煤灰、水泥是无机结合料,用于水泥混凝土和半刚性基层材料。

25. AD

【解析】石灰钢渣基层和水泥稳定级配碎石基层为半刚性基层,贫水泥混凝土基层为刚性基层,级配碎石基层为柔性基层。

26. BC

【解析】JTG/T F20—2015 规定,石灰稳定材料基层可使用钙质生石灰、镁质生石灰、钙质消石灰和镁质消石灰,其中石灰有效钙镁含量(%)的要求如下:

钙质生石灰			镁质生石灰			钙质消石灰			镁质消石灰		
Ⅰ	Ⅱ	Ⅲ	Ⅰ	Ⅱ	Ⅲ	Ⅰ	Ⅱ	Ⅲ	Ⅰ	Ⅱ	Ⅲ
≥85	≥80	≥70	≥80	≥75	≥65	≥65	≥60	≥55	≥60	≥55	≥50

27. ABD

【解析】依据JTG E51—2009 T0809、T0812,EDTA法可测定石灰或水泥稳定土中的水泥剂量、石灰剂量,可以测定石灰或水泥稳定土拌和的均匀性;也可以测定石灰中氧化镁的含量。

28. AC

【解析】无机结合料稳定材料的取样方法(JTG E51—2009 T0841)规定可以采用四分法和分料器法。

29. AB

【解析】无机结合料无侧限抗压强度试验(JTG E51—2009 T0805)对试验结果要求保留1位小数。

30. AB

【解析】无机结合料稳定材料试件制作方法(JTG E51—2009 T0843),要求加水拌料时,对于细粒土(特别是黏性土),浸润时的含水率较最佳含水率小3%;对于中、粗粒土,含水率为最佳含水率;对水泥稳定类材料,加水量应较最佳含水率小1%~2%。

31. AB

【解析】无机结合料稳定材料试件养护方法(JTG E51—2009 T0845),对养护7d的试件质量损失规定:小试件不超过1g、中试件不超过4g、大试件不超过10g,质量损失超过此规定的试件,应予作废。

32. ACD

【解析】无机结合料稳定材料无侧限抗压强度试验(JTG E51—2009 T0805),结果整理的变异系数要求:小试件$C_v \leq 6\%$、中试件$C_v \leq 10\%$、大试件$C_v \leq 15\%$。

33. ABCD

【解析】石灰稳定土中石灰与土的化学成分发生一系列反应使之产生强度,主要有离子交换、碳酸化、结晶和火山灰作用。

34. ABCD

【解析】测定石灰有效氧化钙含量(JTG E51—2009 T0811),需要使用蔗糖(分析纯)、酚酞指示剂、0.1%甲基橙水溶液和0.5mol/L盐酸标准溶液等试剂。配制0.5mol/L盐酸标准溶液时需用0.1%甲基橙水溶液,盐酸标准液滴定石灰中有效氧化钙含量时,需要蔗糖和酚酞指示剂。

35. BCD

【解析】JTG/T F20—2015规定,用于无机结合料稳定材料的粉煤灰,SiO_2、Al_2O_3、Fe_2O_3总含量应大于70%,烧失量应不超过20%。

36. ABCD

【解析】水泥或石灰稳定材料中水泥或石灰剂量测定(JTG/T F20—2015 T0809)采用EDTA法,需要使用EDTA二钠标准液、10%氯化铵溶液、1.8%氢氧化钠(内含三乙醇胺)溶液、钙红指示剂等试剂进行络合滴定。

37. BD

【解析】JTG/T F20—2015规定,无机结合料稳定材料的最大干密度指标时,宜采用重型击实法,也可以采用振动压实法。

38. AC

【解析】粉煤灰烧失量试验原理,是试样经950～1000℃高温灼烧,去掉了水分和二氧化碳,同时也存在易氧化元素氧化。

39. AC

【解析】粉煤灰细度试验(JTG E51—2009 T0817),负压筛原理是利用旋转的喷嘴气流作为动力和介质,使粉煤灰呈流态化并将细颗粒通过筛网抽走,达到筛分的目的;筛析过程中,为防止粉料吸附,应采用轻质木棒或硬橡胶棒轻轻敲打筛盖;细度计算应保留小数点后两位;平行试验3次,且允许重复性误差不得大于5%。

40. ABCD

【解析】无机结合料稳定材料振动压实试验(JTG E51—2009 T0842),规定的振实条件为选用面压力约为0.1MPa,激振力约6800N,振动频率为28～30Hz,采用偏心夹角为60℃。

41. ABCD

【解析】水泥稳定材料的水泥剂量检测中,与EDTA滴定法的龄期效应曲线有关的因素主要有素集料、水泥剂量、水泥品质、稳定层压实度等。

42. AD

【解析】EDTA滴定法(JTG E51—2009 T0809),规范操作摇动锥形瓶时要向同一个方向旋转;滴定开始时速度可稍快,临近终点时(溶液变成紫色时)应放慢滴定速度并摇匀,观察颜色变化直至变成纯蓝色。

43. ACD

【解析】石灰氧化镁测定采用EDTA络合滴定法,需要的试剂有1:10盐酸、氢氧化铵-氯化铵缓冲溶液、EDTA二钠标准溶液、K-B指示剂、钙指示剂、氧化钙标准溶液、10%酒石酸钾钠溶液、三乙醇胺(1:2)溶液、20%氢氧化钠溶液。

44. AB

【解析】石灰氧化镁测定原理是利用EDTA在pH值=10左右的溶液中能与钙镁完全溶合,EDTA在pH值≥12的溶液中只与钙离子络合,最后差减利用与镁络合消耗的EDTA二钠标准液体积,计算氧化镁的含量。

45. ABC

【解析】无机结合料稳定材料取样方法(JTG E51—2009 T0841)适用于室内试验、配合比设计、施工过程中的质量抽检等。

46. AB

【解析】无机结合料稳定材料取样方法(JTG E51—2009 T0841),规定料堆取样:应在料堆的上部、中部和下部各取一份试样,混合后按四分法分料取样;应从料场或料堆的许多不同位置分别取部分样品,然后将这些小样品混合成一个样品。

47. AC

【解析】无机结合料稳定材料击实试验(JTG E51—2009 T0804)的击实筒有小型和大型两种,小型击实筒内径100mm,高127mm,成型容积997cm^3;大型击实筒内径152mm,高170mm,成型容积为2177cm^3,还配有环套、垫块和底座。

48. ABCD

【解析】无机结合料稳定材料振动压实试验(JTG E51—2009 T0842),适用于在室内对水泥、石灰、石灰粉煤灰稳定料土基层材料。

49. AC

【解析】石灰细度试验(JTG E51—2009 T0814)适用于生石灰、生石灰粉和消石灰粉,要求测定0.15mm和0.6mm两个筛余百分率。

50. ABD

【解析】无机结合料稳定材料击实试验(JTG E51—2009 T0804),要求闷料时间:黏质土12~24h,粉质土6~8h,砂类土、砂砾土等可缩短到4h左右,含土很少的未筛分碎石、砂砾可缩短到2h。浸润时间一般不超过24h。

51. ABCD

【解析】无机结合料稳定材料试件制作方法(圆柱形)(JTG E51—2009 T0843)适用于无侧限抗压强度、间接抗拉强度、室内抗压回弹模量、动态模量、劈裂模量等试验。

52. ABCD

【解析】无机结合料稳定材料试件制作方法(圆柱形)(JTG E51—2009 T0843)规定:取具有代表性的风干土样;对于细粒土,一次可称取6个试件的土,对于粗粒土一次宜称取1个试件的土;准备好的试料应分别装入塑料袋中备用。

53. ACD

【解析】无机结合料稳定材料试件制作制备完成,放在脱模器上将试件顶出。一般,水泥稳定黏质土,可立即脱模;水泥稳定无黏性的细粒土,过2~4h再脱模;对于无机结合料稳定中、粗粒土,过2~6h再脱模;脱模时,用双手抱住试件侧面的中下部,先沿水平方向轻轻旋转,再将试件轻轻捧起。

54. ABC

【解析】JTG/T F20—2015规定了无机结合料稳定材料组成设计中,应计算一组试件的无侧限抗压强度代表值$R_d^0 = \overline{R} \cdot (1 - Z_\alpha C_V)$,按$R_d^0 \geq R_d$进行判定;高速公路和一级公路、二级及二级以下公路的保证率应分别取$P=95\%$,$P=90\%$,所以保证率系数Z_α应分别对应取1.645和1.282;同一组试验数据处理,样本异常值按3S法进行剔除应不多于2个。

55. ABCD

【解析】JTG/T F20—2015推荐二灰:碎石为20:80~15:85,主要是该比例范围可使混合料形成骨架密实结构,同时石灰、粉煤灰起填充孔隙和胶结作用。

56. AC

【解析】依据JTG/T F20—2015,水泥稳定材料有C-A-1,C-A-2,C-A-3,C-A-4级配要求;水泥稳定级配碎石或砂砾有C-B-1,C-B-2,C-B-3和C-C-1,C-C-2,C-C-3的级配要求。

57. BC

【解析】依据JTG/T F20—2015,用于高等级公路路面基层的水泥稳定类材料级配有:水泥稳定级配碎石或砂砾C-B-1,C-B-2,混合料密实时也可以采用C-B-3;石灰粉煤灰稳定级配碎石或砂砾LF-A-2S,LF-A-2L;水泥粉煤灰稳定级配碎石或砂砾CF-A-2S,CF-A-2L;级配碎石或砂砾G-A-4,G-A-5。

第二部分／第五章　路面基层与底基层材料

58. ABD

【解析】依据 JTG/T F20—2015，水泥稳定材料做路面基层时，配合比设计推荐的水泥剂量为：对水泥稳定级配碎石或卵石，如 $R_d \geq 5.0$ MPa，水泥剂量为 5%，6%，7%，8%，9%，如 $R_d < 5.0$ MPa，水泥剂量为 3%，4%，5%，6%，7%；对水泥稳定细粒料（土、砂、石屑等），如塑性指数<12，水泥剂量为 5%，7%，9%，11%，13%，如塑性指数≥12，水泥剂量为 8%，10%，12%，14%，16%。

59. ABD

【解析】依据 JTG/T F20—2015，级配碎石配合比设计第二阶段试验应满足：测定混合料中实际含水率，确定施工过程中水流量计的设定范围；通过击实试验，确定含水率变化对最大干密度的影响；通过 CBR 试验，确定材料的实际强度水平及拌和工艺的变异水平。

四、综合题

1. （1）ABC　　（2）BD　　（3）ABCD　　（4）D　　（5）AC

【解析】

（1）依据 JTG/T F20—2015，高速公路和一级公路用石灰应不低于Ⅱ级技术要求，二级公路用石灰应不低于Ⅲ级技术要求。Ⅲ级消石灰的技术要求为：CaO+MgO 的含量≥55%，细度：0.60mm 筛余≤1%，0.15mm 筛余不作要求；粉煤灰的活性氧化物（SiO_2、Al_2O_3 和 Fe_2O_3）总含量>70%，烧失量≤20%；碎石最大粒径不应超过 31.5mm，二级公路用碎石压碎值：Ⅰ类≤35%，Ⅱ类≤30%；高速公路和一级公路的底基层、二级及二级以下公路基层和底基层用粗集料，塑性指数不大于 9。

（2）二灰碎石混合料设计中，一般二灰:碎石为 20:80～15:85；石灰:粉煤灰通常在 1:2～1:4 范围之内；石灰粉煤灰与级配碎石的比例一般选择 3～5 个进行配合比设计；首先应进行击实试验确定不同比例二灰碎石混合料的最佳含水率和最大干密度，然后再制备试件测定 7d 无侧限抗压强度。

（3）粗粒土采用 $\phi 150 mm \times 150 mm$ 的圆柱体试件，每组配制 13 个试件；一般采用风干试样计算所加水量；制备一个配合比为 6:24:70 试件所需要的混合料数量计算：

$$m = V\rho_d k(1+w_0)$$
$$= \frac{\pi \times 15^2}{4} \times 15 \times 1.907 \times (1+8.4\%) \times 97\%$$
$$= 5312.5\text{g}$$

（4）二级及二级以下公路路面基层，7d 无侧限抗压强度设计标准：极重、特重交通量≥0.9MPa，重交通量≥0.8MPa，中、轻交通量≥0.7MPa；标准养护 6d、浸水养护 1d 后，对质量损失合格的试件进行无侧限抗压强度试验；若 $\overline{R}_C \geq R_d(1-1.645C_V)$，则 7d 无侧限抗压强度合格；配合比 8:22:70 或 10:20:70 的 7d 无侧限抗压强度均满足要求，考虑经济因素，选择配合比为 8:22:70。

（5）施工配合比为石灰:粉煤灰:碎石=8:22:70；施工压实质量控制参数取最佳含水率为 10.0%+1%～2%，最大干密度为 1.930g/cm³；生石灰块应在使用前 7～10d 充分消解，施工使用消石灰；二灰碎石混合料宜在当天碾压完成，最长不应超过 4d。

第六章 沥青与沥青混合料

一、单项选择题(四个备选项中只有一个正确答案,每题1分)

1. 我国道路石油沥青的标号是按( )指标划分的。
   A. 针入度　　　B. 软化点　　　C. 延度　　　D. 密度

2. 沥青针入度试验,要求25℃条件下标准针及附件总质量为( )。
   A. 50g±0.05g　　　　　　B. 100g±0.05g
   C. 150g±0.5g　　　　　　D. 200g±0.1g

3. 采用环球法测定沥青软化点(80℃以下),要求加热起始温度为( )。
   A. 0℃　　　　　　　　　B. 5℃±0.5℃
   C. 10℃±0.05℃　　　　　D. 15℃±0.5℃

4. 测定沥青10℃条件下的延度,应选择( )的拉伸速度。
   A. 1cm/min　　B. 2cm/min　　C. 4cm/min　　D. 5cm/min

5. 沥青密度试验可在25℃及15℃下测定,试验温度准确至( )。
   A. 0.1℃　　　B. ±0.1℃　　　C. 0.5℃　　　D. ±0.5℃

6. 某沥青软化点实测结果为55.4℃,试验结果应记作( )。
   A. 55.4℃　　B. 55.5℃　　C. 55℃　　D. 56℃

7. 石油沥青的化学组分中,( )对沥青的热稳定性、流变性和黏性有很大的影响。
   A. 沥青质　　B. 胶质分　　C. 饱和分　　D. 芳香分

8. 由于沥青没有明确的固化点和液化点,通常将规定试验条件下其硬化点和滴落点之间温度间隔的( )定义作沥青软化点。
   A. 87.21　　B. 0.8721　　C. 8.721　　D. 0.08721

9. 下列指标中,( )既可以反映沥青的热稳定性,又可以表征沥青的条件黏度。
   A. 针入度　　B. 延度　　C. 软化点　　D. 针入度指数

10. ( )指标既可以反映沥青的感温性,又可以划分沥青的胶体结构。
    A. 针入度　　B. 延度　　C. 软化点　　D. 针入度指数

11. 为兼顾沥青高温和低温的要求,一般宜选用针入度指数PI为( )的沥青作为路用沥青。
    A. < -2　　B. > +2　　C. -1~+1　　D. -2~+2

12. 针入度指数PI( )的沥青属于溶-凝胶型结构。
    A. < -2　　B. > +2　　C. -1~+1　　D. -2~+2

13. 气候分区为1-4-1的地区,第一个数字1代表( )。

— 174 —

A. 高温气候区 B. 低温气候区
C. 雨量气候区 D. 温度气候区

14. 气候分区为 1-3-2 的地区,数字 3 代表( )。
A. 高温气候区 B. 低温气候区
C. 雨量气候区 D. 温度气候区

15. 沥青路面使用性能气候分区划分中,高温气候分区采用工地所处地最近 30 年内最热月份平均日最高气温的平均值作为气候分区的一级指标,并且划分了( )个区。
A. 2 B. 3 C. 4 D. 5

16. 沥青路面使用性能低温气候分区,是采用工地所处地最近 30 年内的极端最低气温作为气候分区的二级指标,并且划分了( )个区。
A. 2 B. 3 C. 4 D. 5

17. 某地夏季炎热,冬季温暖且雨量充沛,则该地气候分区可划分为( )。
A. 1-3-2 B. 1-3-2 C. 2-4-1 D. 1-4-1

18. 针入度指数越大,表示沥青的感温性( )。
A. 越小 B. 越大 C. 越敏感 D. 无变化

19. 当取来的沥青试样含有水分时,首先应放入烘箱,在( )左右的温度下进行加热,至沥青全部熔化后供脱水用。
A. 70℃ B. 80℃ C. 90℃ D. 100℃

20. 为防止沥青老化影响试验结果,沥青试样在灌模过程中,若试样冷却,反复加热不得超过( )次。
A. 1 B. 2 C. 3 D. 4

21. 当石油沥青试样中含有水分时,沥青试样应在温度不超过( )的条件下,仔细进行脱水至无泡沫为止。
A. 70℃ B. 80℃ C. 90℃ D. 100℃

22. 我国道路石油沥青的标号是按针入度划分的,90 号沥青的针入度要求范围为( )(0.1mm)。
A. 80~100 B. 70~110 C. 60~120 D. 100~120

23. 针入度范围在 50~149(0.1mm)之间的沥青,同一试样三次针入度平行试验结果极差的允许差值为( )(0.1mm)。
A. 1 B. 2 C. 3 D. 4

24. 同一沥青试样针入度试验要求( )次平行试验。
A. 1 B. 2 C. 3 D. 4

25. 制备沥青针入度试验试样时,应将沥青注入盛样皿中,若采用小盛样皿,在 15~30℃ 室温中冷却 1.5h,然后再移入保持规定试验温度的恒温水槽中保温不少于( )。
A. 1.5h B. 2h C. 2.5h D. 3h 以上

26. 测定同一试样沥青软化点,应平行试验( )次,当两次测定值的差值符合重复性试验精密度要求时,取其平均值作为软化点试验结果,准确至 0.5℃。
A. 2 B. 3 C. 4 D. 5

27. 制备沥青延度试样需要使用甘油滑石粉隔离剂,现行试验规程建议的配制比例为甘油与滑石粉的质量比为(   )。
  A. 1:1   B. 2:1   C. 3:1   D. 3:2

28. 制备沥青延度试样时,将准备好的沥青试样仔细注入8字形试模中,在室温中冷却(   )后,用热刮刀刮平试样表面。
  A. 0.5h   B. 1.5h   C. 不少于1.5h D. 不少于3h

29. 测定沥青延度,应将制备好的沥青试件连同底板移入规定试验温度的恒温水槽中恒温(   )。
  A. 1.5h   B. 1.5~2h C. 2h   D. 3h

30. 如沥青延度3个测定结果中,有1个以上的测定值小于100cm时,若最大值或最小值与平均值之差满足重复性试验精度要求,则取3个测定结果的平均值的整数作为延度试验结果,若平均值大于100cm,记作(   )。
  A. 平均值 B. 实测值 C. >100cm D. 100cm

31. 沥青薄膜加热试验后,残留物的全部试验必须在加热后(   )内完成。
  A. 63h   B. 72h   C. 90h   D. 7d

32. 黏稠石油沥青的密度试验过程中,将准备好的热熔沥青试样仔细注入比重瓶中,加入高度约至瓶高的(   )。
  A. 1/3   B. 1/2   C. 2/3   D. 3/4

33. 黏稠石油沥青的密度试验,重复性试验精度的允许差要求为(   )。
  A. 0.02g/cm³ B. 0.002g/cm³ C. 0.03g/cm³ D. 0.003g/cm³

34. 沥青与矿料黏附性试验是用于评定沥青与集料的(   )。
  A. 吸附性   B. 抗压能力
  C. 抗拉能力   D. 抗水剥离能力

35. 对同一种料源,集料最大粒径既有大于又有小于13.2mm的集料时,沥青与集料的黏附性试验应以(   )集料的水煮法试验为标准。
  A. 大于13.2mm B. 小于13.2mm C. 大于9.5mm D. 小于9.5mm

36. (   )指标表征黏稠沥青的使用安全性。
  A. 闪点   B. 软化点 C. 脆点   D. 溶解度

37. 目前使用效果比较好的热塑性弹性体类改性沥青为(   )。
  A. SBS改性沥青   B. SBR改性沥青
  C. SIS改性沥青   D. PE改性沥青

38. 弹性恢复性试验适合以下(   )改性沥青。
  A. PE   B. SBR   C. SBS   D. EVA

39. 密级配沥青混凝土的空隙率一般控制在(   )之间。
  A. 2%~10% B. 3%~6% C. 4%~6% D. 3%~12%

40. 开级配沥青混凝土混合料的空隙率往往大于(   )。
  A. 12%   B. 15%   C. 18%   D. 20%

41. 沥青混凝土和沥青碎石的区别在于(   )不同。

A. 剩余空隙率 B. 矿粉用量
C. 集料最大粒径 D. 油石比

42. 密实-悬浮结构采用( )类型,这种沥青混合料的高温稳定性较差。
    A. 连续型密级配 B. 连续型开级配
    C. 间断型密级配 D. 间断型开级配

43. SMA 沥青混合料采用间断型密级配形成( )结构,减缓了夏季高温车辙的形成和冬季低温开裂的出现,是一种良好的路面结构类型。
    A. 悬浮-密实 B. 骨架-空隙
    C. 密实-骨架 D. 骨架-悬浮

44. 当低温( )不足时,沥青混合料就会出现裂缝。
    A. 抗剪强度 B. 抗拉强度 C. 抗压强度 D. 抗弯强度

45. 沥青混合料车辙试验的评价指标为( )。
    A. 稳定度 B. 残留稳定度 C. 动稳定度 D. 残留强度比

46. 车辙试验的目的是检验沥青混合料的( )性能。
    A. 抗滑 B. 抗裂 C. 抗疲劳 D. 热稳定

47. ( )的目的是检测沥青混合料的水稳定性。
    A. 冻融劈裂试验 B. 车辙试验
    C. 马歇尔稳定度试验 D. 饱水率试验

48. 动稳定度指将沥青混合料制成300mm×300mm×(50~100)mm的标准试件,在60℃的温度条件下,以轮压( )的轮子,在同一轨迹上做一定时间的反复行走,形成一定的车辙深度,计算试件变形1mm所需试验车轮行走的次数。
    A. 0.5MPa B. 0.6MPa C. 0.7MPa D. 0.8MPa

49. SMA 改性沥青玛琋脂碎石混合料动稳定度的技术标准要求不小于( )。
    A. 600 次/mm B. 800 次/mm
    C. 1500 次/mm D. 3000 次/mm

50. ( )试验用以评价 SMA 或 OGFC 混合料沥青用量或黏结性是否不足。
    A. 浸水马歇尔 B. 谢伦堡沥青析漏
    C. 肯塔堡飞散 D. 冻融劈裂

51. 沥青混合料马歇尔稳定度试验,要求试件加载速度为( )。
    A. 1mm/min±0.1mm/min B. 5mm/min±0.5mm/min
    C. 10mm/min±1mm/min D. 50mm/min±5mm/min

52. 热拌沥青混合料稳定度的试验温度是( )。
    A. 50℃ B. 60℃ C. 65℃ D. 80℃

53. 击实一个高为63.5mm±1.3mm的标准马歇尔试件,一般根据( )热拌沥青混合料进行调整。
    A. 1000g B. 1200g C. 1500g D. 2000g

54. 当已知沥青混合料的毛体积密度时,可根据马歇尔试件的标准尺寸计算并乘以( )作为制备一个马歇尔试件所需要的沥青混合料的数量。

A. 1.03　　　　　B. 1.05　　　　　C. 1.13　　　　　D. 1.15

55. 制备一组马歇尔试件的个数一般为( )。

　　A. 3 个左右　　　B. 4 个左右　　　C. 3~6 个　　　　D. 4~6 个

56. 测定马歇尔试件稳定度,要求从恒温水槽中取出试件至测出最大荷载值时的时间不得超过( )。

　　A. 20s　　　　　B. 30s　　　　　C. 40s　　　　　D. 60s

57. 用于高速公路和一级公路的密级配沥青混凝土,制作马歇尔试件时两面应各击( )次。

　　A. 25　　　　　　B. 50　　　　　　C. 75　　　　　　D. 125

58. 一组马歇尔试件的个数为 5 个,则 5 个测定值中,某个数值与其平均值之差大于标准差( )倍时,该测定值应予舍弃。

　　A. 1.15　　　　　B. 1.46　　　　　C. 1.67　　　　　D. 1.82

59. 计算残留稳定度需要测定试件浸水( )后的马歇尔稳定度。

　　A. 24h　　　　　B. 48h　　　　　C. 3d　　　　　　D. 7d

60. m_a、m_f、m_w 分别表示沥青混合料试件的空中干质量、表干质量和水中质量,若水的密度为 ρ_w,则下列说法正确的是( )。

　　A. $(m_f - m_a)/\rho_w$ 为毛体积;$(m_a - m_w)/\rho_w$ 为表观体积

　　B. $(m_f - m_a)/\rho_w$ 为表观体积;$(m_a - m_w)/\rho_w$ 为毛体积

　　C. $(m_f - m_w)/\rho_w$ 为表观体积;$(m_f - m_w)/\rho_w$ 为毛体积

　　D. $(m_f - m_w)/\rho_w$ 为毛体积;$(m_a - m_w)/\rho_w$ 为表观体积

61. 采用真空法测定沥青混合料的理论最大相对密度,若抽气不干净或试样不干燥,测得的结果将分别( )。

　　A. 偏小、偏大　　　　　　　　　　B. 偏小、偏小

　　C. 偏大、偏大　　　　　　　　　　D. 偏大、偏小

62. 采用表干法测定沥青混合料的毛体积密度,称取试件水中质量时,应把试件置于网篮中浸水约( )。

　　A. 2~3min　　　B. 3~5min　　　C. 5~7min　　　D. 7~10min

63. 随沥青含量增加,沥青混合料试件的毛体积密度将( )。

　　A. 保持不变　　　　　　　　　　　B. 呈抛物线变化

　　C. 递减　　　　　　　　　　　　　D. 递增

64. 随沥青含量增加,沥青混合料试件的稳定度将( )。

　　A. 保持不变　　　　　　　　　　　B. 呈抛物线变化

　　C. 递减　　　　　　　　　　　　　D. 递增

65. 随沥青含量增加,沥青混合料试件的空隙率将( )。

　　A. 无变化规律　　　　　　　　　　B. 呈抛物线变化

　　C. 递减　　　　　　　　　　　　　D. 递增

66. 沥青混合料中常用填料大多是采用石灰岩或( )中的强基性岩石经磨细得到的矿料。

A. 岩浆岩　　　　　B. 变质岩　　　　　C. 无风化岩　　　　D. 花岗岩

67. 沥青与粗集料的黏附性试验,下列说明正确的是( )。
   A. 对于最大粒径大于 13.2mm 的集料应采用水浸法
   B. 对于最大粒径大于 13.2mm 的集料应采用水煮法
   C. 对于最大粒径不大于 13.2mm 的集料应采用水煮法
   D. 对于相同料源既有大于又有小于 13.2mm 的集料,应取大于 13.2mm 的集料以水浸法为准

68. 当采用水泥、石灰等作沥青混合料填料时,其用量不宜超过矿料总量的( )。
   A. 1%　　　　　B. 2%　　　　　C. 3%　　　　　D. 4%

69. 一般情况下,最佳沥青用量 OAC 可以取( )。
   A. OAC_1
   B. OAC_2
   C. $OAC_1 \sim OAC_2$ 的中值
   D. $OAC_{min} \sim OAC_{max}$ 的中值

70. 沥青混合料中使用碱性填料的原因是可以与沥青形成较为发达的( )。
   A. 结构沥青　　　　B. 自由沥青
   C. 沥青层　　　　　D. 沥青胶浆

71. 高速公路、一级公路沥青路面不宜使用( )作为填料。
   A. 碱性矿粉　　　B. 消石灰粉　　　C. 水泥　　　　　D. 粉煤灰

72. AC-13 型细粒式沥青混合料,经过马歇尔试验确定的最佳油石比为 5.1%,换算后最佳沥青含量为( )。
   A. 4.8%　　　　　B. 4.9%　　　　　C. 5.1%　　　　　D. 5.4%

73. 沥青路面试验路铺筑属于( )阶段。
   A. 施工准备　　　　　　　　B. 沥青混合料摊铺
   C. 沥青混合料压实　　　　　D. 沥青混合料运输

74. 确定沥青混合料生产配合比时,一般需要适当调整热料仓供料比,直至关键筛孔的通过率与标准级配相应筛孔通过率中值的误差不超过规定值( )为止。
   A. 2.36mm 筛孔为 ±1%,其余筛孔为 ±2%
   B. 2.36mm 筛孔为 ±2%,其余筛孔为 ±1%
   C. 0.075mm 筛孔为 ±1%,其余筛孔为 ±2%
   D. 0.075mm 筛孔为 ±2%,其余筛孔为 ±1%

75. 采用离心分离法测定沥青混合料中沥青的含量,同一试样至少平行试验两次,取平均值作为试验结果。两次试验结果的差值应小于 0.3%;当大于 0.3%,但小于 0.5% 时,应补充平行试验一次,以三次试验的平均值作为试验结果,三次试验的最大值与最小值之差不得大于( )。
   A. 0.5%　　　　　B. 0.3%　　　　　C. 0.2%　　　　　D. 0.1%

二、判断题(正确的划"√",错误的划"×",请填在题后的括号里,每题1分)

1. 石油沥青的化学组分中沥青质含量越高,其软化点越高,脆硬性也就越大。　　　(　)
2. 石油沥青的化学组分中,蜡的存在会降低沥青路面的抗滑性。　　　　　　　　　(　)

3. 国产沥青的含蜡量和软化点都较高。（   ）
4. 含蜡量较高，延度较小，比重较大是国产沥青的特点。（   ）
5. 沥青延度试验，在拉伸过程中如发现沥青细丝浮于水面，可以向水中加入酒精。
（   ）
6. 当沥青延度试验结果小于 100cm 时，重复性试验的允许差为平均值的 20%。（   ）
7. 测定沥青延度，同一试样平行试验不少于 3 个，如 3 个测定结果均大于 100cm 时，试验结果记作"100cm"；特殊需要也可分别记录实测值。（   ）
8. 测定不同温度下的沥青延度时，可以采用相同的拉伸速度。（   ）
9. 配制甘油滑石粉隔离剂必须严格遵照质量比为 2:1 的配制比例。（   ）
10. 沥青的针入度越大，反映沥青的感温性越小。（   ）
11. 沥青环与球法软化点的测定，是将沥青浇注在规定的金属环中，上置规定质量钢球，以 1℃/min 的加热速度加热，当钢球滴落到下面金属板时的温度即为软化点。（   ）
12. 沥青的针入度和软化点都反映沥青的条件黏度。（   ）
13. 延度反映了沥青在某一条件下的变形能力，低温延度值越大，沥青低温环境下开裂性相对较小。（   ）
14. 针入度指数既可以反映沥青的热稳定性，又可以表征沥青的条件黏度。（   ）
15. 两种液体沥青的黏度分别为：A 沥青 $C_{60}^5=50s$，B 沥青 $C_{60}^5=100s$，试验结果表明 A 的黏度大于 B。（   ）
16. 动态剪切流变仪法（DSR）和弯曲流变仪法（BBR），均适用于原样沥青、压力老化后的沥青和 TFOT（或 RTFOT）后的老化沥青。（   ）
17. 凝胶型结构的沥青对温度的敏感性较低，因此其路用性能最好。（   ）
18. 沥青试样加热时可以采用电炉或煤气炉直接加热。（   ）
19. 沥青试样在灌模过程中，若试样冷却需反复加热，反复加热的次数不得超过 3 次，以免沥青老化影响试验结果。（   ）
20. 灌模剩余的沥青可以反复使用，反复使用的次数不得超过 2 次。（   ）
21. 同一沥青试样 3 次针入度平行试验结果的最大值和最小值之差符合允许偏差范围时，计算 3 次试验结果的平均值（精确至 0.1），作为针入度试验结果，以 0.1mm 为单位。（   ）
22. 测定针入度值大于 200(0.1mm) 的沥青试样时，至少用三支标准针，每次试验后将针留在试样中，直至三次平行试验完成后才能将标准针取出。（   ）
23. 沥青环球软化点试验，从 5℃±0.5℃ 开始，应在 5min 内调节水温，使杯中升温速度为 5℃/min±0.5℃/min。（   ）
24. 测定沥青软化点应进行 2 次平行试验，并要求两次测定值的差值应符合重复性试验精密度要求。（   ）
25. 当沥青软化点小于 80℃ 时，重复性试验的允许差为 1℃。（   ）
26. 刮平沥青延度 8 字形试样的方法，应用热刮刀自试模的一端刮向另一端，且表面平滑。
（   ）
27. 热拌沥青混合料的细集料可使用石屑，但在高速公路、一级公路中，石屑用量不宜超过天然砂及机制砂的用量。（   ）

28. 测定沥青混合料试件的表观密度,毛体积密度的试验温度为25℃±0.5℃,而测定沥青密度的试验温度为15℃或25℃,控制准确至0.1℃。（   ）

29. 沥青混合料车辙试验是在规定条件下,测量试件每增加1mm变形需要行车的次数。
（   ）

30. 悬浮-密实结构沥青混合料具有较高黏聚力,但内摩擦力较低,高温稳定性较差。
（   ）

31. 干燥的磨细消石灰或生石灰粉作为矿料的一部分,可以增大沥青混合料的抗剥离性能。（   ）

32. 我国现行沥青混合料配合比设计方法中,规定使用沥青25℃的相对密度。（   ）

33. 动态剪切流变仪法(DSR)测定沥青的动态剪切模量和相位角,用于评价沥青的流变性质。沥青动态剪切模量测量值的范围为0.1~10MPa,相应的温度范围为5~85℃。（   ）

34. 当沥青密度两次平行试验结果的差值符合重复性试验的精度要求时,应以平均值作为沥青密度试验结果,并准确至2位小数。（   ）

35. 评价沥青与粗集料的黏附性主要采用水浸法试验。（   ）

36. 对细粒式沥青混合料应以水浸法试验为标准检验沥青与集料的黏附性。（   ）

37. 沥青薄膜烘箱加热试验,若蒸发损失率为正值,则表明试验失败,应重新进行试验。
（   ）

38. 道路石油沥青的技术标准中规定的60℃动力黏度为条件黏度,采用真空减压毛细管法测定,真空度为40kPa。（   ）

39. 近年来由于改性沥青的黏度增大,美国SHRP战略计划推出了布洛克菲尔德(Brookfield)黏度计方法,即布氏旋转黏度方法,测定道路沥青在45℃以上温度范围内的表观黏度,以Pa·s计。（   ）

40. 弹性恢复性试验适合于橡胶类及热塑性橡胶类聚合物改性沥青。（   ）

41. 乳化沥青是将黏稠沥青热融,经过机械作用碎裂成粒径为2~5μm的细小微滴,并分散于含有乳化-稳定剂的水溶液中,形成水包油状的沥青乳液。（   ）

42. 通常稠度较高的沥青,针入度越大。（   ）

43. 沥青针入度指数是划分道路石油沥青标号的依据。（   ）

44. 软化点即是反映沥青感温性的指标,又是沥青黏度的一种量度。（   ）

45. 某地夏季较热,冬季严寒且干旱少雨,则该地气候分区可能是2-1-4。（   ）

46. 连续级配和间断级配矿质混合料均可以组配密级配沥青混凝土。（   ）

47. 沥青碎石属于开级配沥青混合料。（   ）

48. 沥青玛琋脂碎石是工程中常用的骨架-空隙结构。（   ）

49. 密实-悬浮结构采用连续型密级配,沥青混合料获得的黏聚力和内摩擦角均小。
（   ）

50. 沥青碎石属于骨架-空隙结构,具有较好的高温稳定性,但耐久性较差。（   ）

51. 沥青混合料夏季产生的车辙主要是指由于高温时抗拉强度不足或塑性变形过大而产生的推挤等现象。（   ）

52. 稳定度和流值是评价沥青混合料的高温稳定性指标。（   ）

53. 影响沥青混合料施工和易性的首要因素是施工条件的控制。（　）
54. 在沥青拌和厂取样时,应将专用容器装在拌和机卸料斗下方,每放一次料取一次样,连续取几次,混合即可。（　）
55. 制备沥青混合料试件时,应先将各种矿料置于拌和机中拌和均匀后再加入沥青。（　）
56. 室内拌制沥青混合料时,应将沥青混合料拌和机预热至拌和温度以上10℃备用。（　）
57. 击实马歇尔试件,应先用小铲将混合料铲入已备好的试模中,再用插刀沿周边插捣10次、中间15次。插捣后将沥青混合料表面整平。（　）
58. 当缺乏运动黏度测定条件时,制备沥青混合料试件的拌和与压实温度可按现行规范提供的参考表选用。针入度小、稠度大的沥青取低限;针入度大、稠度小的沥青取高限,一般取中值。（　）
59. 制作标准马歇尔试件高度若不符合62.5mm±1.3mm的要求时应作废。（　）
60. 沥青混合料试件的高度变化会影响稳定度的试验结果,而对流值无影响。（　）
61. 目前,测定沥青混合料毛体积密度的方法是表干法。（　）
62. 蜡封法适用于测定吸水率小于2%的沥青混合料试件的毛体积密度。（　）
63. 对于沥青混合料试件,若能用水中重法测定其表观密度,则也可用表干法测定其毛体积密度,而且两种方法的测试结果会比较接近。（　）
64. 在进行沥青混合料试件的密度测定时,一般地说,蜡封法测定的毛体积密度比表干法测得的准确。（　）
65. 沥青混合料马歇尔稳定度试验,一组试件的数量最少不得少于4个。（　）
66. 测定稳定度,若马歇尔试件两侧高度差大于2mm时,试件应作废。（　）
67. 马歇尔稳定度,应测定在60℃±1℃恒温水槽中保温后的试件。（　）
68. 马歇尔稳定度试验的温度越高,测定的稳定度值越大,流值越小。（　）
69. 在马歇尔试验仪中读取稳定度应准确至0.01kN,流值应准确至0.01mm。（　）
70. 测定沥青混合料的理论最大相对密度,可采用真空法或计算法获得。（　）
71. 沥青混合料毛体积相对密度和表观相对密度测定计算的主要区别是计算体积时采用了不同状态下的试件质量。（　）
72. 测定沥青混合料的毛体积密度,若称取试件水中质量时,天平读数持续变化,不能很快达到稳定,则应增加试件浸水时间。（　）
73. 称取马歇尔试件的表干质量时,应从水中取出试件,用洁净柔软的拧干湿毛巾用力擦去试件的表面水后再称量。（　）
74. 我国现行标准规定,采用马歇尔稳定度试验来评价沥青混合料的高温稳定性。（　）
75. 考虑到夏季材料膨胀和沥青路面抗车辙能力提高等因素,沥青混合料空隙率一般不小于3%。（　）
76. 采用离心分离法测定沥青混合料中的沥青含量,如果忽略泄漏入抽提液中矿粉的质量,则测得结果较实际值大。（　）

77. 沥青混合料配合比设计可分为矿质混合料组成设计和沥青最佳用量确定两部分。
（　　）

78. 随沥青含量增加，沥青混合料试件的饱和度和流值将按相似的曲线递增。（　　）

79. 压实沥青混合料，矿料及沥青以外的空隙（包括矿料自身内部的孔隙）的体积占试件总体积的百分率，称为沥青混合料试件的空隙率。（　　）

80. 沥青混合料拌和过程中，如发现某热料仓溢料或待料，说明冷热料仓供料比不匹配，应适当调整相应冷料仓的流量。（　　）

81. 沥青路面施工时，若混合料的加热温度过高或过低时，易造成沥青路面泛油现象。
（　　）

82. 沥青混合料中粗集料是指粒径大于2.36mm的碎石、破碎砾石、筛选砾石及矿渣等集料。（　　）

83. 在用表干法测定压实沥青混合料密度试验时，当水温不为25℃时，沥青芯样密度应进行水温修正。（　　）

84. 在拌和厂及施工现场采集沥青混合料拌和制备标准马歇尔试件时，当集料公称最大粒径大于31.5mm时，也可利用直接法，但一组试件的数量应增加至6个。（　　）

85. 确定沥青混合料生产配合比时，若出现与标准级配范围中值出入较大的情况，还须适当调整热料仓供料比，直至关键筛孔的通过率与标准级配相应筛孔通过率中值的误差不超过规定值为止。这里的关键筛孔，指0.075mm、2.36mm、4.75mm、最大公称粒径对应的筛孔以及最大公称粒径与4.75mm中间的筛孔。（　　）

86. SMA沥青混合料在拌和时应适当延长拌和时间。（　　）

三、多项选择题（每题所列的备选项中，有两个或两个以上正确答案，选项全部正确得满分，选项部分正确按比例得分，出现错误选项本题不得分，每题2分）

1. 国产沥青的特点为（　　）。
   A. 含蜡量较高　　　　　　　　B. 相对密度偏小
   C. 延度较小　　　　　　　　　D. 软化点较高

2. 石油沥青的化学组分中，蜡对沥青路用性能极为不利，主要对（　　）方面有影响。
   A. 低温延展性　　　　　　　　B. 温度敏感性
   C. 沥青路面抗滑性　　　　　　D. 与石料的黏附性

3. 石油沥青的化学组分中，（　　）之间的比例决定沥青的胶体结构类型。
   A. 沥青质　　　B. 胶质分　　　C. 饱和分　　　D. 芳香分

4. 沥青黏度的试验方法较多，通常以（　　）试验为主。
   A. 动力黏度　　B. 运动黏度　　C. 旋转黏度　　D. 针入度

5. 目前我国对路用沥青提出的最基础指标为（　　）。
   A. 针入度　　　B. 针入度指数　C. 延度　　　　D. 软化点

6. （　　）指标可以表示沥青的感温性。
   A. 针入度　　　B. 延度　　　　C. 软化点　　　D. 针入度指数

7. 计算沥青针入度指数，需要测定沥青的（　　）。

A. $P_{(25℃,100g,5s)}$　　　　　　　　B. $P_{(15℃,100g,5s)}$
C. $D_{(25℃,5cm/min)}$　　　　　　　D. $T_{R\&B}$

8. 气候分区划分为2-3的地区,表示该地区的温度处于(　　　)。
　A. 夏炎热区　　　B. 夏热区　　　C. 冬寒区　　　D. 冬冷区

9. 目前我国沥青路面使用性能气候分区的划分考虑了(　　　)因素。
　A. 温度　　　　　B. 湿度　　　　C. 地理　　　　D. 地质

10. 我国沥青路面使用性能气候分区的划分依据(　　　)指标。
　A. 高温气候区　　　　　　　　B. 低温气候区
　C. 雨量气候区　　　　　　　　D. 温度气候区

11. 沥青针入度作为条件黏度,在测定时采用了(　　　)的规定条件。
　A. 温度　　　　　　　　　　　B. 标准针质量
　C. 贯入时间　　　　　　　　　D. 沥青试样深度

12. 当沥青针入度试验结果大于或等于50(0.1mm)时,重复性试验和复现性试验的允许差是平均值分别为(　　　)。
　A. 2%　　　　B. 4%　　　　C. 5%　　　　D. 8%

13. 采用环球法测定沥青软化点,根据软化点的高低可以选择(　　　)作为沥青试样的加热介质。
　A. 蒸馏水　　　B. 纯净水　　　C. 甘油　　　D. 盐水

14. 在沥青延度试验中,如发现沥青细丝浮于水面或沉入槽底,应向水中加入(　　　),调节水的密度与沥青的密度接近后,重新试验。
　A. 酒精　　　　B. 滑石粉　　　C. 甘油　　　D. 食盐

15. 沥青可以测定0℃、10℃、15℃、25℃等温度条件下的延度,拉伸速度可选用(　　　)。
　A. 1cm/min　　B. 2cm/min　　C. 3cm/min　　D. 5cm/min

16. 沥青在施工和工程完成投入使用过程中,主要经受(　　　)等多种因素的作用引起沥青老化。
　A. 热　　　　　B. 氧　　　　　C. 光　　　　　D. 水

17. 沥青老化试验,残渣延度评价采用(　　　)℃的延度指标。
　A. 5　　　　　B. 10　　　　　C. 15　　　　　D. 20

18. 采用旋转薄膜烘箱加热试验评价沥青的抗老化能力的指标有(　　　)。
　A. 质量变化　　　　　　　　　B. 残留针入度比
　C. 残留延度　　　　　　　　　D. 残留延度比

19. 沥青密度及相对密度试验的目的是(　　　)。
　A. 供沥青储存时体积与质量换算用　　B. 用以计算沥青混合料配合比
　C. 评价沥青质量　　　　　　　　　　D. 评价沥青胶体结构

20. 黏稠沥青的密度试验,需要测定(　　　)后,采用公式计算确定。
　A. 比重瓶的质量　　　　　　　　　　B. 比重瓶与沥青试样的合计质量
　C. 比重瓶与盛满水时的合计质量　　　D. 比重瓶与试样和水的合计质量

21. 评价沥青与粗集料黏附性的试验方法有(　　　)。

A. 水煮法　　　　　B. 水浸法　　　　　C. 亲水系数法　　　　D. 比色法

22. 石油沥青混合料中集料可优先采用(　　)。
    A. 石灰岩　　　　　B. 花岗岩　　　　　C. 砂岩　　　　　　D. 玄武岩

23. SBS改性沥青的最大特点是使沥青的(　　)均有显著改善。
    A. 水稳定性　　　　B. 抗滑性　　　　　C. 高温性能　　　　D. 低温性能

24. 乳化沥青具有(　　)的优点。
    A. 常温施工,节约能源　　　　　　　　B. 便于施工,节约沥青
    C. 保护环境,保障健康　　　　　　　　D. 路面粗糙,减少事故

25. 适合测定黏稠石油沥青各种黏度的方法有(　　)。
    A. 标准黏度计法　　　　　　　　　　B. 毛细管法
    C. 真空减压毛细管法　　　　　　　　D. 布氏旋转黏度法

26. 目前,我国统一将布氏旋转黏度测定方法作为标准方法,并规定黏温曲线的温度为(　　)。
    A. 60℃　　　　　　B. 135℃　　　　　　C. 150℃　　　　　　D. 175℃

27. 改性沥青与普通沥青相比技术性能增加了(　　)指标要求。
    A. 针入度指数　　　　　　　　　　　B. 黏韧性
    C. 韧性　　　　　　　　　　　　　　D. 弹性恢复率

28. 沥青路面所用沥青标号的选用与(　　)因素有关。
    A. 气候条件　　　　　　　　　　　　B. 道路等级
    C. 沥青混合料类型　　　　　　　　　D. 路面类型

29. 掺加抗剥剂可以有效改善酸性石料与沥青的黏附性,对沥青抗剥剂的性能评价应采用以下(　　)试验。
    A. 水煮法　　　　　　　　　　　　　B. 水浸法
    C. 浸水马歇尔试验　　　　　　　　　D. 冻融劈裂试验

30. 密级配沥青混合料主要有(　　)类型。
    A. 沥青混凝土　　　　　　　　　　　B. 沥青碎石
    C. 沥青稳定碎石　　　　　　　　　　D. 沥青玛琋脂碎石

31. 下列(　　)混合料属于密级配沥青混凝土类型。
    A. AC　　　　　　　B. AM　　　　　　　C. SMA　　　　　　D. ATB

32. 按沥青混合料压实后空隙率的大小分类,沥青混合料可以分为(　　)。
    A. 密级配沥青混合料　　　　　　　　B. 开级配沥青混合料
    C. 半开级配沥青混合料　　　　　　　D. 连续级配沥青混合料

33. 下列(　　)类型属于开级配沥青混合料。
    A. 沥青碎石　　　　　　　　　　　　B. 排水式沥青磨耗层
    C. 排水沥青碎石基层　　　　　　　　D. 沥青玛琋脂碎石

34. 沥青混合料由于组成材料级配不同,压实后内部矿料颗粒分配状态及剩余空隙率不同等特点,可以形成(　　)的组成结构。
    A. 悬浮-密实　　　　　　　　　　　 B. 骨架-空隙

C. 密实-骨架　　　　　　　　　　　　D. 骨架-悬浮

35. 按细粒式沥青混合料定义,矿料公称最大粒径应为(　　)。
   A. 16mm　　　B. 13.2mm　　　C. 9.5mm　　　D. 4.75mm

36. 目前,我国沥青路面中使用最多的是热拌热铺的石油沥青混凝土,设计中主要通过控制(　　)来实现。
   A. 矿料采用连续级配　　　　　　B. 矿料采用间断级配
   C. 空隙率为3%~6%　　　　　　D. 空隙率为4%~6%

37. 沥青混合料在低温时由于(　　)原因产生裂缝现象。
   A. 抗拉强度不足　　　　　　　　B. 抗剪强度不足
   C. 抗压强度不足　　　　　　　　D. 变形能力较差

38. 我国现行密级配沥青混凝土马歇尔试验技术标准中要求控制(　　)指标。
   A. 高温稳定性　　　　　　　　　B. 低温抗裂性
   C. 抗滑性　　　　　　　　　　　D. 耐久性

39. 沥青混合料的高温稳定性,在实际工作中通过(　　)方法进行评价。
   A. 马歇尔试验　　　　　　　　　B. 浸水马歇尔试验
   C. 车辙试验　　　　　　　　　　D. 劈裂试验

40. 密级配沥青混凝土混合料马歇尔试验,可以采用(　　)指标评价其耐久性。
   A. 空隙率　　　　　　　　　　　B. 沥青饱和度
   C. 矿料间隙率　　　　　　　　　D. 残留稳定度

41. 空隙率是影响沥青混合料耐久性的重要因素,其大小取决于(　　)。
   A. 矿料级配　　B. 沥青品种　　C. 沥青用量　　D. 压实程度

42. 马歇尔模数与(　　)有关。
   A. 稳定度　　　B. 流值　　　　C. 动稳定度　　D. 抗车辙能力

43. 测定马歇尔稳定度,指在规定的(　　)条件下,标准试件在马歇尔仪中最大的破坏荷载。
   A. 温度　　　　B. 湿度　　　　C. 变形　　　　D. 加荷速度

44. 沥青混合料水稳定性的评价指标为(　　)。
   A. 吸水率　　　B. 饱水率　　　C. 残留强度比　D. 残留稳定度

45. 确定沥青混合料的取样数量与(　　)因素有关。
   A. 试验项目　　　　　　　　　　B. 试验目的
   C. 集料公称最大粒径　　　　　　D. 试件大小

46. 可采用(　　)方法制备沥青混合料试件,用于室内马歇尔试验或间接抗拉试验。
   A. 标准击实　　B. 大型击实　　C. 重型击实　　D. 轻型击实

47. 当不具备测定运动黏度条件时,制备沥青混合料试件的拌和与压实温度可按现行规范提供的参考表选用,并根据沥青的(　　)做适当调整。
   A. 品种　　　　B. 标号　　　　C. 用量　　　　D. 闪点

48. 测定沥青混合料毛体积密度,根据试件吸水率大小不同可选用(　　)方法。
   A. 水中重法　　B. 表干法　　　C. 蜡封法　　　D. 真空法

49. 测定沥青混合料中沥青含量的试验方法有( )。
   A. 射线法   B. 离心分离法
   C. 回流式抽提仪法   D. 脂肪抽提器法

50. 通常( )情况应选用稠度较高的沥青。
   A. 较热地区   B. 交通较繁重地区
   C. 细粒式沥青混合料   D. 渠化交通道路

51. 沥青混合料中加入碱性矿粉,可以通过形成( )使混合料结合在一起。
   A. 结构沥青   B. 自由沥青
   C. 沥青胶浆   D. 沥青砂浆

52. 沥青混合料组成设计包括( )设计阶段。
   A. 目标配合比设计   B. 生产配合比设计
   C. 生产配合比折算   D. 生产配合比验证

53. 沥青混合料目标配合比设计阶段,经马歇尔试验确定OAC后,还应进行( )检验。
   A. 水稳定性   B. 高温抗车辙能力
   C. 低温抗裂性能   D. 渗水系数

54. 确定最佳沥青用量初始值OAC_1与( )指标有关。
   A. 空隙率   B. 饱和度
   C. 稳定度   D. 毛体积密度

55. 沥青混合料中可以使用下列( )作为填料。
   A. 碱性矿粉   B. 消石灰粉
   C. 水泥   D. 粉煤灰

56. 沥青混合料中沥青用量可以采用( )来表示。
   A. 沥青含量   B. 粉胶比
   C. 油石比   D. 沥青膜厚度

57. 沥青混合料施工检测项目主要有( )。
   A. 沥青含量   B. 矿料级配
   C. 稳定度   D. 流值

四、综合题[根据所列资料,以选择题的形式(单选或多选)选出正确的选项。每道大题10分,包括5道小题,每小题2分,选项部分正确按比例得分,出现错误选项该题不得分]

1. 70号A级沥青的RTFOT试验结果如下表,请回答下列问题。

指 标	实 测 值	技 术 要 求
质量变化(%)	0.3	≤±0.8
残留针入度比(%)	68	≥61
10℃残留延度(cm)	10	≥6
15℃残留延度(cm)	22	≥15

(1)关于70号A级沥青的合适说法有(　　)。
　　A.该70号A级沥青的RTFOT试验结果合格
　　B.70号沥青适合于2-1、2-2、2-3、2-4气候分区
　　C.该沥青适用于各个等级公路及任何场合和层次
　　D.该沥青适合用作生产改性沥青、乳化沥青等的基质沥青

(2)RTFOT的含义是(　　)。
　　A.薄膜烘箱加热试验　　　　　　B.旋转薄膜烘箱加热试验
　　C.加热老化试验　　　　　　　　D.老化试验

(3)RTFOT试验评价沥青(　　)性能。
　　A.老化　　　　　　　　　　　　B.耐久
　　C.安全　　　　　　　　　　　　D.热稳定

(4)关于RTFOT试验说法正确的是(　　)。
　　A.保持温度163℃±1℃条件下,连续加热蒸发5h
　　B.163℃±0.5℃条件下,受热时间不应少于75min,总受热时间为85min
　　C.RTFOT试验,采用4个盛样皿装入并形成薄膜,然后加热
　　D.残留沥青试样如当日不能进行试验时,应放置在容器内但全部试验必须在加热后72h内完成

(5)关于沥青老化正确的解释是(　　)。
　　A.老化因素有:沥青施工时加热、沥青路面使用中长期经受的自然因素,如大气、日照、降水、气温变化等
　　B.沥青老化产生了不可逆的化学变化,导致其工程性能逐渐劣化
　　C.老化试验残留物的变化:针入度、延度、软化点均变小
　　D.采用RTFOT是评价沥青长期老化的试验方法

2.某沥青性能指标试验记录表如下,根据数据回答下列问题。

检测指标	试验次数	单个值	平均值	技术标准
针入度(25℃)(0.1mm)	1	86	87	80~100
	2	88		
	3	87		
延度(15℃)(cm)	1	98	>100	>100
	2	104		
	3	107		
软化点 $T_{R\&B}$(℃)	1	45.2	45.5	不低于44
	2	45.6		
针入度指数PI				-1.5~+1.0

(1)(　　)是沥青针入度的正确说法。
　　A.该沥青为90号沥青

B. 该沥青与70号沥青相比更适合1-1区
C. 沥青针入度比动力黏度更准确地反映沥青黏滞性
D. 针入度的表示错误,应准确至0.1mm

(2)有关沥青延度试验的正确说法是(　　)。
A. 延度记录错误,应记作103cm
B. 沥青延度大小与耐久性有关
C. 沥青0℃或5℃低温延度可以评价沥青的低温抗裂性,拉伸速度为1cm/min
D. 延度表示沥青的韧性

(3)沥青软化点试验的正确说法是(　　)。
A. 软化点应表示为45.4℃
B. 软化点试验的初始温度为室温,则试验结果会偏大
C. 软化点是沥青达到条件黏度时的温度
D. 沥青软化点的试验方法不同,试验结果大小也不同

(4)下列说法错误的是(　　)。
A. 通常测定沥青在25℃、100g、5s条件下的针入度
B. 延度拉伸速度偏大,试验结果偏小
C. 软化点反映沥青的感温性
D. 当量软化点T_{800}和当量脆点$T_{1.2}$分别反映沥青的温度稳定性与含蜡量

(5)关于沥青针入度指数合理的选项为(　　)。
A. 沥青针入度指数的技术标准规定,道路黏稠沥青应为溶-凝胶结构
B. 该沥青的三大指标满足要求,无须评价针入度指数
C. 采用诺模图确定沥青针入度指数,还需测定沥青5℃、20℃或30℃的针入度
D. 黏稠石油沥青达到软化点时,针入度一般在600~1000(0.1mm)范围内

3. 70号道路石油沥青的密度试验结果如下,针对沥青密度试验回答下列问题。

试验次数	试验温度(℃)	比重瓶质量m_1(g)	瓶+满水合质量m_2(g)	瓶+试样合质量m_4(g)	瓶+试样+水合质量m_5(g)	水的密度ρ_w(g/cm³)	密度(g/cm³)	
							实测值	平均值
1	15	28.276	53.853	45.745	53.870	0.999	1.000	1.008
2	15	29.301	53.470	46.117	53.742		1.015	

(1)(　　)是沥青密度试验的规定。
A. 试验过程中比重瓶的恒温温度为15℃±0.5℃
B. 烧杯中水深必须达到距比重瓶顶部约40mm,并在烧杯中插入温度计测量恒温温度
C. 采用自来水为试验用水
D. 对于黏稠石油沥青,应将准备好的热熔沥青试样小心注入比重瓶中约至2/3高度

(2)关于沥青密度试验结果说法正确的是(　　)。
A. 沥青密度结果表示错误,应为1.009g/cm³
B. 三次为一组平行试验

C. 沥青密度试验结果应准确至 0.01g/cm³

D. 两次试验结果超出 0.003g/cm³,沥青密度 1.008g/cm³ 无效,需重做

(3)沥青密度与相对密度说法正确的是(　　)。

　　A. 沥青可以测定 15℃或 25℃的密度

　　B. 沥青混合料配合比设计采用 25℃相对密度

　　C. 沥青混合料配合比设计采用 15℃或 25℃相对密度

　　D. 沥青相对密度(25/25℃) = 沥青密度(15℃)×0.996

(4)比重瓶体积测定步骤中错误的做法是(　　)。

　　A. 比重瓶水值除以 ρ_w 即为比重瓶体积

　　B. 称量盛满水的比重瓶质量,应多次擦拭瓶塞顶部至小水滴不再出现

　　C. 待烧杯中水温达到规定恒温温度后,需保温 30min

　　D. 比重瓶水值应经常校正,每年至少校正 1 次

(5)关于沥青密度测定,(　　)说法正确。

　　A. 测定液体沥青密度可遵照黏稠沥青密度的测定方法

　　B. 也可以采用固体沥青颗粒测定其密度,但比重瓶的水中应加入几滴 1%洗衣液防止固体沥青颗粒上浮

　　C. 测定比重瓶水值时,若瓶内有气泡,则沥青密度结果偏小

　　D. 比重瓶内注入约 2/3 沥青时,不慎夹有气泡,则密度测定值偏小

4.某工地试验室对其道路工程选用的沥青进行性能检测,其实测结果和真实值列于下表。

技术指标		实测结果	真实值
针入度(25℃)(0.1mm)		78	85
软化点(℃)		50	45
延度(15℃)(cm)		三个平行结果:90,105,103	>100
薄膜烘箱试验	质量变化(%)	-1.1	—
	针入度比(%)	85	—

结合表中数据,回答下列有关沥青性能方面的问题。

(1)根据针入度检测结果,描述正确的选项是(　　)。

　　A. 该沥青属于 90 号沥青

　　B. 实测结果与真实结果相差的原因在于检测室温度偏低或针贯入时间偏长造成

　　C. 如以实测结果确定的标号作为沥青选择的依据,配制的沥青混合料有可能引起高温稳定性不良的问题

　　D. 按照实测结果所表示的沥青黏稠度要大于实际沥青的黏稠度

(2)根据软化点检测结果,描述正确的选项是(　　)。

　　A. 造成软化点试验结果与真实值的偏差可能在于试验过程中升温速率偏高

　　B. 软化点不仅表示沥青在加热时的稳定性,还与沥青的黏稠性有关

　　C. 如果软化点超出 100℃,则试验时杯中应采用甘油进行加热,同时升温起点温度从 32℃开始

D. 软化点高,将有利于沥青混合料的高温稳定性
(3)根据延度试验结果,延度结果应表示为( )。
  A. 99cm B. 104cm
  C. >100cm D. 均有可能
(4)针对薄膜烘箱试验,认为( )。
  A. 薄膜烘箱试验即可评价沥青的高温稳定性,也可评价沥青的抗老化性
  B. 根据试验得到的质量变化率,认为该沥青具有较好的抗老化性
  C. 薄膜烘箱试验结果中质量变化可负可正
  D. 针入度比结果意味着经过薄膜烘箱试验,沥青的针入度降低
(5)对上述四项指标,表述正确的是( )。
  A. 在我国,南方地区采用的沥青标号要比北方地区低一些
  B. 软化点加热升温速率要控制在5℃±0.5℃的范围,如超出该范围,试验结果将会偏高
  C. 沥青高低温性能与延度值大小有关
  D. 薄膜烘箱试验可用旋转薄膜烘箱代替

5. 以下是沥青混合料马歇尔试验要点,请回答下列问题。
(1)关于黏温曲线,下列内容( )正确。
  A. 绘制黏温曲线,确定沥青混合料的施工温度
  B. 利用布洛克菲尔德黏度计测定不同温度的表观黏度
  C. 根据黏温曲线,宜以表观黏度为 $0.17Pa \cdot s \pm 0.02Pa \cdot s$ 时的温度作为拌和温度范围
  D. 根据黏温曲线,宜以表观黏度为 $0.28Pa \cdot s \pm 0.03Pa \cdot s$ 时的温度作为压实温度范围
(2)制备马歇尔试件,正确的说法是( )。
  A. 可以采用击实法、SGC 法、GTM 法
  B. 将各种规格的矿料置105℃±5℃的烘箱中烘干至恒重(一般不少于4~6h),再于约163℃温度烘箱备用
  C. 改性沥青比石油沥青的拌和与压实温度稍高10~20℃,掺加纤维时再提高10℃左右
  D. 装有试件的试模横向放置冷却1h,置脱模机上脱出试件
(3)制备一块油石比为5.0%的标准马歇尔试件,称量热拌沥青混合料1210g,成型试件高度为62.0mm,正确的做法是( )。
  A. 需按标准试件高度调整沥青混合料用量为1239g
  B. 高度62.0mm满足63.5mm±1.3mm的要求,无须调整
  C. 若制备马歇尔试件的毛体积密度为 $2.330g/cm^3$,则一块试件的沥青混合料用量为1199g
  D. 用卡尺在试件两侧量取高度,如高度不符合规定要求或两侧高度差大于2mm时,应作废
(4)测定马歇尔试件的体积参数,( )内容正确。
  A. 马歇尔试件的吸水率为2.3%,采用表干法测定其毛体积密度结果偏大
  B. 马歇尔试件的吸水率为1.5%,采用表干法测定毛体积密度
  C. SMA、OGFC试件采用表干法测定毛体积密度

D. 采用真空法测定沥青混合料最大理论密度为 2.436g/cm³,其毛体积密度为 2.335g/cm³,则空隙率为 4.1%

(5)测定马歇尔稳定度,正确的做法是(　　)。
A. 保温时间:标准马歇尔试件需 30min,大马歇尔试件需 60min
B. 试件加载速度为 50mm/min ±5mm/min
C. 从恒温水槽中取出试件至测出最大荷载值的时间不得超过 30s
D. 一组马歇尔试件制备了 4 块,马歇尔稳定度测定结果分别为:8.4kN、14.2kN、9.1kN、7.5kN,稳定度应为 8.3kN

6. 请回答某高速公路沥青路面上面层进行配合比设计的相关问题。

(1)上面层沥青混合料宜选择(　　)类型。
A. AC-10　　　　B. AC-13C　　　　C. OGFC-13　　　　D. SMA-13

(2)采用图解法进行密级配沥青混凝土的矿料配合比设计,需要(　　)内容。
A. 确定矿质混合料工程级配范围
B. 选择级配范围下限作为目标设计级配
C. 调整矿料配合比宜使级配曲线偏向级配范围下限
D. 宜适当减少公称最大粒径附近的粗集料和 0.6mm 以下部分细粉的用量,增加中等粒径集料,形成 S 形级配曲线

(3)马歇尔试件的击实高度超出了规定要求,分析原因有(　　)。
A. 沥青混合料数量偏多　　　　B. 击实温度偏高
C. 双面各击实 50 次　　　　　　D. 击实锤落距低于规定要求

(4)经马歇尔试验确定的最佳油石比 OAC,应进行(　　)。
A. 对预计可能产生较大车辙的路面,宜在空隙率符合要求的范围内将 OAC 减小 0.1% ~0.5%
B. 对交通量很少的公路,宜在 OAC 的基础上增加 0.1% ~0.3%,以适当减小设计空隙率,但不得降低压实度要求
C. 粉胶比检验,合适范围在 1.0 ~1.5
D. 进行车辙、浸水马歇尔、冻融劈裂等试验检验 OAC

(5)目标配合比设计、生产配合比设计与生产配合比验证阶段的正确关系为(　　)。
A. 应用实际施工拌和机进行试拌,确定生产配合比,且生产配合比与目标配合比设计的最佳沥青用量的差值不宜大于 ±1%
B. 采用目标配合比设计 OAC,按照 OAC −0.3%、OAC、OAC +0.3% 等三个沥青用量进行马歇尔试验和试拌
C. 取样进行马歇尔试验,同时从路上钻芯取样观察空隙率的大小,确定生产配合比
D. 标准配合比的矿料合成级配中,至少应包括 0.075mm、2.36mm、4.75mm 及公称最大粒径筛孔的通过率接近优选的工程设计级配范围中值,并避免在 0.3 ~0.6mm 处出现驼峰

7. 请回答关于 SMA 沥青混合料的相关问题。
(1)(　　)是 SMA 的特点。

A. 粗集料比例较高,可达70%~80%　　B. 细集料和矿粉用量少
C. 沥青用量多　　D. 采用纤维作为稳定剂

(2) SMA 级配设计特点有(　　)。
A. 采用间断型密级配
B. 选择级配范围中值曲线作为设计目标
C. 初试三个级配:上、中、下三条级配曲线
D. $VAC_{mix} < VCA_{DRC}$

(3) SMA 对原材料的要求为(　　)。
A. 石灰岩矿粉
B. 坚硬粗、细集料,常用玄武岩碎石与机制砂
C. 高稠度沥青,聚合物改性沥青较好
D. 主要采用木质素纤维

(4) SMA 的主要设计指标是(　　)。
A. 目标空隙率 VV(3%~4%)
B. 矿料间隙率 VMA
C. 沥青饱和度
D. 高温稳定性指标:稳定度、流值、动稳定度

(5) 确定 SMA 最佳油石比,需要进行(　　)试验。
A. 马歇尔试验
B. 车辙试验
C. 谢伦堡析漏试验,检验最大沥青用量
D. 肯塔堡飞散试验,检验所需的最少沥青用量

◆◆ 习题参考答案及解析 ◆◆

一、单项选择题

1. A

【解析】 沥青针入度值越大,表示沥青越软,反之则黏稠。因此,针入度是表示沥青黏结性的指标,也是划分沥青标号的依据。

2. B

【解析】 依据《公路工程沥青及沥青混合料试验规程》(JTG E20—2011 T0604)针入度试验规定,针和连杆组合件总质量为 50g±0.05g,另附 50g±0.05g 砝码一只,试验时总质量为 100g±0.05g。

3. B

【解析】 依据软化点试验(JTG E20—2011 T0606),对于软化点在 80℃以下者,试验时需将装有试样的试样环同试样底板置于装有 5℃±0.5℃ 水的恒温水槽中至少 15min;同时将金属支架、钢球、钢球定位环等亦置于相同水槽中。试验开始加热前,将整个环架放入烧杯中,调整水面至深度标记,并保持水温为 5℃±0.5℃。

4. D

【解析】依据延度试验（JTG E20—2011 T0605），沥青延度的试验温度与拉伸速率可根据要求采用，通常试验温度为 25℃、10℃ 或 5℃，拉伸速度为 5cm/min ± 0.25cm/min。

5. B

【解析】依据沥青密度试验（JTG E20—2011 T0603），试验过程中应使恒温水槽及烧杯中的蒸馏水达到规定的试验温度 ±0.1℃。

6. B

【解析】依据软化点试验（JTG E20—2011 T0606），试验结果应准确至 0.5℃，55.4℃ 修约后应记为 55.5℃。

7. A

【解析】石油沥青的化学组分中，沥青质为固态组分，对沥青的热稳定性、流变性和黏结性有很大的影响。

8. B

【解析】沥青材料是一种非晶质高分子材料，它由液态凝结为固态，或由固态熔化为液态时，没有敏锐的固化点或液化点，通常采用条件的硬化点和滴落点来表示。沥青材料在硬化点至滴落点之间的温度阶段时，是一种黏滞流动状态，在工程实际中为保证沥青不致由于温度升高而产生流动变形，取硬化点和滴落点之间温度间隔的 87.21%（即 0.8721）作为沥青软化点。

9. C

【解析】沥青软化点是其达到条件黏度时的温度。沥青越黏稠，其软化点越高，表明沥青的耐热性越好。软化点既可以反映沥青的热稳定性，又可以表征沥青的条件黏度。

10. D

【解析】针入度指数 PI 用以描述沥青的温度敏感性，针入度指数 PI 越大，沥青的温度敏感性越小。可由不同温度的针入度（宜在 15℃、25℃、30℃ 等 3 个或 3 个以上温度条件下测定针入度）通过诺模图或计算得到。根据针入度指数，可划分沥青的胶体类型：溶胶型结构、凝胶型结构、溶—凝胶型结构。

11. C

【解析】根据《公路沥青路面施工技术规范》（JTG F40—2004），道路石油沥青的技术标准规定 A 级沥青 PI 范围为 -1.5 ~ +1.0，B 级沥青 PI 范围为 -1.8 ~ +1.0。一般沥青针入度指数为 -1 ~ +1 均可满足其路用性能。

12. D

【解析】针入度指数可用来表示沥青的胶体类型。溶胶型结构 PI < -2，溶-凝胶型结构 PI = -2 ~ +2，凝胶型结构 PI > +2。

13. A

【解析】依据 JTG F40—2004 沥青路面使用性能气候分区，气候分区的高温指标作为气候区划的一级指标，为第一个数字。

14. B

【解析】依据 JTG F40—2004 沥青路面使用性能气候分区，气候分区的低温指标作为气候区划的二级指标，为第二个数字。

15. B

【解析】依据 JTG F40—2004 气候分区的高温指标:采用最近30年内年最热月的平均日最高气温的平均值作为反映高温和重载条件下出现车辙等流动变形的气候因子,并作为气候区划的一级指标。按照设计高温分区指标,一级区划分为3个区,如下表:

高温气候区	1	2	3
气候区名称	夏炎热区	夏热区	夏凉区
最热月平均最高气温(℃)	>30	20~30	<20

16. C

【解析】依据 JTG F40—2004 气候分区的低温指标:采用最近30年内的极端最低气温作为反映路面温缩裂缝的气候因子,并作为气候区划的二级指标。按照设计低温分区指标,二级区划分为4个区,如下表:

低温气候区	1	2	3	4
气候区名称	冬严寒区	冬寒区	冬冷区	冬温区
极端最低气温(℃)	<-37.0	-37.0~-21.5	-21.5~-9.0	>-9.0

17. D

【解析】依据 JTG F40—2004,高温为一级区划,低温为二级区划,气候分区的雨量指标:采用最近30年内的年降水量的平均值作为反映沥青路面受雨(雪)水影响的气候因子,并作为气候区划的三级指标。按照设计雨量分区指标,三级区划分为4个区,如下表:

雨量气候区	1	2	3	4
气候区名称	潮湿区	湿润区	半干区	干旱区
年降雨量(mm)	>1000	1000~500	500~250	<250

18. A

【解析】依据沥青针入度试验(JTG E20—2011 T0604),针入度指数 PI 用以描述沥青的温度敏感性,针入度指数 PI 越大,沥青对温度的敏感性越小。

$$PI = 30/(1 + 50A) - 10$$

式中:A——针入度-温度感应性系数。

19. B

【解析】依据沥青试样准备方法(JTG E20—2011 T0602),当石油沥青试样中含有水分时,烘箱温度80℃左右,加热至沥青全部溶化后供脱水用。

20. B

【解析】依据沥青试样准备方法(JTG E20—2011 T0602),在沥青灌模过程中,如温度下降可放入烘箱中适当加热,试样冷却后反复加热的次数不得超过两次,为防沥青老化影响试验结果。

21. D

【解析】依据沥青试样准备方法(JTG E20—2011 T0602),当石油沥青试样中含有水分时,先将沥青置于80℃左右烘箱,加热至沥青全部溶化后,再在不超过100℃的条件下,将沥青温度仔细进行脱水至无泡沫为止。

22. A

【解析】 依据JTG F40—2004道路石油沥青技术要求规定:90号沥青的针入度要求范围为80~100(0.1mm)。

23. D

【解析】 依据沥青针入度试验(JTG E20—2011 T0604),针入度范围在50~149(0.1mm)之间的沥青,同一试样三次针入度平行试验结果极差的允许差值为4(0.1mm)。

24. C

【解析】 依据沥青针入度试验(JTG E20—2011 T0604),同一沥青试样针入度试验要求进行3次平行试验。

25. A

【解析】 依据沥青针入度试验(JTG E20—2011 T0604),制备沥青针入度试验试样时,应将盛有试样的盛样皿在15~30℃室温中冷却不少于1.5h(小盛样皿)、2h(大盛样皿)或3h(特殊盛样皿),然后再移入保持规定试验温度±0.1℃的恒温水槽中,并保温不少于1.5h(小盛样皿)、2h(大盛样皿)或2.5h(特殊盛样皿)。

26. A

【解析】 依据环球法软化点试验(JTG E20—2011 T0606),测定同一试样沥青软化点,应平行试验两次,当两次测定值的差值符合重复性试验精密度要求时,取其平均值作为软化点试验结果,准确至0.5℃。

27. B

【解析】 依据沥青延度试验(JTG E20—2011 T0605),制备沥青延度试样需要使用甘油滑石粉隔离剂,甘油与滑石粉的质量比为2∶1。

28. C

【解析】 依据沥青延度试验(JTG E20—2011 T0605),制备沥青延度试样时,将准备好的沥青试样仔细注入8字形试模中,在室温中冷却不少于1.5h后,用热刮刀刮平试样表面。

29. A

【解析】 依据沥青延度试验(JTG E20—2011 T0605),应将制备好的沥青试件连同底板移入规定试验温度的恒温水槽中恒温1.5h。

30. C

【解析】 依据沥青延度试验(JTG E20—2011 T0605)结果处理要求:同一样品,每次平行试验不少于3个,如3个测定结果均大于100cm,试验结果记作">100cm";特殊需要也可分别记录实测值。3个测定结果中,当有1个以上的测定值小于100cm时,若最大值或最小值与平均值之差满足重复性试验精度要求,则取3个测定结果的平均值的整数作为延度试验结果,若平均值大于100cm,记作">100cm"。

31. B

【解析】 依据沥青薄膜加热试验(JTG E20—2011 T0609),沥青薄膜加热试验后,残留物的全部试验必须在加热后72h内完成。

32. C

【解析】 依据沥青密度与相对密度试验（JTG E20—2011 T0603），黏稠石油沥青的密度试验过程中，将准备好的热熔沥青试样仔细注入比重瓶中，加入高度约至瓶高的2/3。

33. D

【解析】 依据沥青密度与相对密度试验（JTG E20—2011 T0603），黏稠石油沥青及液体沥青的密度，重复性试验的允许误差为 $0.003g/cm^3$，再现性试验的允许误差为 $0.007g/cm^3$。

34. D

【解析】 沥青与粗集料的黏附性试验（JTG E20—2011 T0616），适用于检验沥青与粗集料的黏附性及评定沥青与集料的抗水剥离能力。

35. A

【解析】 依据沥青与粗集料的黏附性试验（JTG E20—2011 T0616），对于最大粒径大于13.2mm的集料应用水煮法，对于最大粒径小于或等于13.2mm的集料应用水浸法进行试验。当同一种料源，集料最大粒径既有大于又有小于13.2mm的集料时，以大于13.2mm集料的水煮法试验为标准。

36. A

【解析】 依据沥青闪点与燃点试验（JTG E20—2011 T0611），沥青的闪点是各国沥青质量的安全性指标，同时沥青燃点是施工安全的一项参考指标。

37. A

【解析】 热塑性橡胶类聚合物改性沥青主要有SBS、SIS，热塑性树脂类改性沥青主要有EVA、PE等。其中，SBS改性沥青高温、低温性能，弹性恢复性能突出，是目前使用效果较好的一种热塑性弹性体类改性沥青。

38. C

【解析】 依据沥青弹性恢复试验（JTG E20—2011 T0662），本试验适用于评价热塑性橡胶类聚合物改性沥青的弹性恢复性能。SBS是热塑性橡胶类聚合物改性沥青的代表，SBR是橡胶类改性沥青的代表，EVA是热塑性树脂类改性沥青的代表。

39. B

【解析】 依据JTG F40—2004，密级配沥青混凝土的空隙率一般控制在3%~6%之间。

40. C

【解析】 依据JTG F40—2004，开级配沥青混凝土混合料的空隙率大于18%。

41. A

【解析】 依据JTG F40—2004，沥青混凝土和沥青碎石的区别在于剩余空隙率不同。沥青混凝土剩余空隙率一般为3%~6%，沥青碎石的剩余空隙率一般为6%~12%。

42. A

【解析】 密实-悬浮结构采用连续型密级配，粗料少，细料多，形成的沥青混合料可以获得较高的密实度和较大的黏聚力，但内摩阻角较小，其强度特性取决于黏聚力，粗集料不能形成骨架作用，所以，高温重载条件下容易出现热稳定性不足而产生车辙等病害。

43. C

【解析】 依据沥青混合料强度形成理论，SMA沥青混合料采用间断型密级配形成密实-骨架结构,具有较高的黏聚力和内摩擦角,因抗剪强度高因而具备良好的高温抗车辙能力,同时,由于SMA形成的沥青玛琋脂具有较高的抗拉强度和低温抗变形能力,因此,减少了沥青路面冬季低温裂缝。

44. B

【解析】 低温情况下,沥青混合料随温度下降,劲度增大,变形能力降低,当外界荷载作用使得部分温度应力来不及松弛而累积下来,这些累积应力在超过抗拉强度时即发生开裂,沥青混合料就会出现裂缝。

45. C

【解析】 依据沥青混合料车辙试验(JTG E20—2011 T0719),车辙试验的评价指标为动稳定度DS,单位为次/mm。

$$DS = \frac{(t_2 - t_1) \cdot 42}{d_2 - d_1} \cdot c_1 \cdot c_2$$

式中:d_1、d_2——时间t_1和t_2的变形量(一般$t_1 = 45\min$、$t_2 = 60\min$)(mm);

42——每分钟车轮行走次数(次/min);

c_1——试验机修正系数,曲柄连杆驱动变速行走方式为1.0;链驱动试验轮等速方式为1.5;

c_2——试件修正系数,试验室制备宽300mm的试件为1.0;从路面切割的宽150mm的试件为0.8。

46. D

【解析】 依据沥青混合料车辙试验(JTG E20—2011 T0719),该试验适用于测定沥青混合料的高温抗车辙能力,目的是检验沥青混合料的热稳定性能。

47. A

【解析】 依据沥青混合料冻融劈裂试验(JTG E20—2011 T0729),该试验用以检测沥青混合料的水稳定性。

48. C

【解析】 依据沥青混合料车辙试验(JTG E20—2011 T0719),动稳定度指将沥青混合料制成300mm×300mm×(50~100)mm的标准试件,在60℃的温度条件下,以轮压0.7MPa的轮子,在同一轨迹上做一定时间的反复行走,形成一定的车辙深度,计算试件变形1mm所需试验车轮行走的次数。

49. D

【解析】 依据JTG F40—2004,SMA非改性沥青玛琋脂碎石混合料动稳定度的技术标准要求不小于1500次/mm,SMA改性沥青玛琋脂碎石混合料动稳定度的技术标准要求不小于3000次/mm。

50. C

【解析】 依据沥青混合料肯塔堡飞散试验(JTG E20—2011 T0733),该试验的目的是用于评价沥青用量或黏结性是否不足。

51. D

【解析】 依据沥青混合料马歇尔稳定度试验(JTG E20—2011 T0709),试件的加载速度应保持50mm/min±5mm/min。

52. B

【解析】 依据沥青混合料马歇尔稳定度试验（JTG E20—2011 T0709），对黏稠石油沥青或烘箱养护过的乳化沥青混合料稳定度的试验温度是60℃±1℃。

53. B

【解析】 依据沥青混合料试件制作方法（击实法）（JTG E20—2011 T0702），击实一个高为63.5mm±1.3mm的标准马歇尔试件，一般根据1200g热拌沥青混合料进行调整。

54. A

【解析】 依据沥青混合料试件制作方法（击实法）（JTG E20—2011 T0702），当已知沥青混合料的密度时，可根据马歇尔试件的标准尺寸计算并乘以1.03得到要求的混合料数量。

55. D

【解析】 依据沥青混合料试件制作方法（击实法）（JTG E20—2011 T0702），当集料公称最大粒径小于或等于26.5mm时，采用标准击实法，一组试件数量不少于4个；当集料公称最大粒径大于26.5mm时，采用大型击实法，一组试件数量不少于6个。因此，制备一组马歇尔试件的个数一般为4~6个。

56. B

【解析】 依据沥青混合料马歇尔稳定度试验（JTG E20—2011 T0709），测定马歇尔试件稳定度，要求从恒温水槽中取出试件至测出最大荷载值时的时间不得超过30s。

57. C

【解析】 依据JTG F40—2004密级配沥青混凝土混合料的技术标准，用于高速公路和一级公路的密级配沥青混凝土，制作马歇尔试件时两面应各击75次。

58. C

【解析】 依据沥青混合料马歇尔稳定度试验（JTG E20—2011 T0709），当一组测定值中某个测定值与其平均值之差大于标准差k倍时，该测定值应予舍弃，并以其余测定值的平均值作为试验结果。当试件数目n为3、4、5、6个时，k值分别为1.15、1.46、1.67、1.82。

59. B

【解析】 依据沥青混合料马歇尔稳定度试验（JTG E20—2011 T0709），试件的残留稳定度为：

$$MS_0 = (MS_1/MS) \times 100$$

式中：MS_0——试件的浸水残留稳定度(%)；

MS_1——试件浸水48h后的稳定度(kN)；

MS——试件的稳定度(kN)。

60. D

【解析】 依据压实沥青混合料密度试验（表干法、水中重法）（JTG E20—2011 T0705、T0706），毛体积密度$\rho_f = m_a/(m_f - m_w) \times \rho_w$，则$(m_f - m_w)/\rho_w$为毛体积；表观密度$\rho_a = m_a/(m_a - m_w) \times \rho_w$，则$(m_a - m_w)/\rho_w$为表观体积。

61. A

【解析】 依据沥青混合料理论最大相对密度试验（真空法）（JTG E20—2011 T0711），

若抽气不干净,残留的气体就计入了沥青混合料的理论体积中,测得的体积偏大,则测得的密度结果将偏小;若试样不干燥,说明试样中有水,测得的沥青混合料的质量就偏大了,则测得的密度结果将偏大。

62. B

【解析】 依据压实沥青混合料密度试验(表干法)(JTG E20—2011 T0705),称取试件水中质量时,应把试件置于网篮中浸水约 3~5min。

63. B

【解析】 采用马歇尔试验法进行沥青混合料配合比设计,绘制各项指标与沥青用量的关系曲线。沥青混合料试件的毛体积密度与沥青用量的关系曲线呈抛物线变化,毛体积密度峰值对应的沥青用量 a_1 参与 OAC 计算。

64. B

【解析】 沥青混合料马歇尔配合比设计中,沥青混合料试件的稳定度与沥青用量的关系曲线呈抛物线变化变化,稳定度峰值对应的沥青用量 a_2 参与 OAC 计算。

65. C

【解析】 沥青混合料马歇尔配合比设计中,沥青混合料试件的空隙率随沥青含量的增加呈递减趋势,空隙逐渐减小。

66. A

【解析】 依据 JTG F40—2004,沥青混合料的矿粉必须采用石灰岩或岩浆岩中的强基性岩石等憎水性石料经磨细得到的矿料。岩浆岩中的强基性岩石主要指玄武岩。

67. B

【解析】 依据沥青与粗集料的黏附性试验(JTG E20—2011 T0616),对于最大粒径大于 13.2mm 的集料应用水煮法,对于最大粒径小于或等于 13.2mm 的集料应用水浸法进行试验。当同一种料源,集料最大粒径既有大于又有小于 13.2mm 的集料时,取大于 13.2mm 水煮法试验为标准。

68. B

【解析】 依据 JTG F40—2004,当采用水泥、石灰等作沥青混合料填料时,其用量不宜超过矿料总量的 2%。

69. C

【解析】 依据 JTG F40—2004 热拌沥青混合料配合比设计方法,通常情况下,取 OAC_1 ~ OAC_2 的中值作为计算的最佳沥青用量 OAC。可根据实践经验和公路等级、气候条件、交通情况,调整确定最佳沥青用量 OAC。

70. A

【解析】 因为石油沥青在碱性填料表面发育良好,可以形成较为发达的结构沥青,提高其黏附性。

71. D

【解析】 依据 JTG F40—2004,高速公路、一级公路沥青路面应采用碱性矿粉作为填料,不宜使用粉煤灰作为填料。

72. B

【解析】 依据热拌沥青混合料配合比设计方法,最佳沥青含量为:
$$P_b = P_a/(100+P_a) \times 100\%$$
式中:P_a——最佳油石比(%)。

73. A

【解析】 依据 JTG F40—2004,沥青路面试验路铺筑属于施工准备阶段。

74. C

【解析】 依据 JTG F40—2004,确定沥青混合料生产配合比时,一般需要适当调整热料仓供料比,直至关键筛孔的通过率与标准级配相应筛孔通过率中值的误差,0.075mm 筛孔为 ±1%,其余筛孔为 ±2% 为止。

75. A

【解析】 沥青混合料中沥青含量试验(离心分离法)(JTG E20—2011 T0722)试验结果处理与精度规定:同一试样至少平行试验两次,取平均值作为试验结果。两次试验结果的差值应小于0.3%;当大于0.3%,但小于0.5%时,应补充平行试验一次,以三次试验的平均值作为试验结果,三次试验的最大值与最小值之差不得大于0.5%。

二、判断题

1. √
2. √
3. √
4. ×

【解析】 含蜡量较高,延度较小,比重较小是国产沥青的特点。

5. √
6. √
7. ×

【解析】 试验结果记作">100cm";特殊需要也可分别记录实测值。

8. √
9. ×

【解析】 若该比例配制的隔离剂偏稀,也可以改变配合比,只要隔离剂能起到有效的防粘连作用即可。

10. ×

【解析】 针入度不是反映沥青感温性的指标。针入度指数越大,沥青的感温性越小。

11. ×

【解析】 应采用5℃/min 的加热速度。

12. √
13. √
14. ×

【解析】 软化点既可以反映沥青的热稳定性,又可以表征沥青的条件黏度。

15. ×

【解析】试验结果表明 B 的黏度大于 A。因为在相同的条件下，沥青流出相同体积的时间越长，表明沥青的黏度相对越大。

16. √
17. ×

【解析】溶-凝胶型结构的沥青对温度的敏感性较低，路用性能最好。

18. ×

【解析】沥青试样加热时不可以采用电炉或煤气炉直接加热。

19. ×

【解析】反复加热的次数不得超过两次。

20. ×

【解析】灌模剩余的沥青应立即清理干净，不得反复使用。

21. ×

【解析】计算三次试验结果的平均值，取整数作为针入度试验结果，以 0.1mm 为单位。

22. √
23. ×

【解析】杯中水温应在 3min 内调节，升温速度维持在 5℃/min ± 0.5℃/min。

24. √
25. √
26. ×

【解析】应用热刮刀自试模的中间刮向两端，且表面平滑。

27. √
28. √
29. ×

【解析】沥青混合料车辙试验是在规定条件下，测量一定时间内的车辙变形量，然后计算出试件变形 1mm 所需要的行车行走次数，作为动稳定度。

30. √
31. √
32. √
33. √
34. ×

【解析】沥青密度试验结果应准确至 3 位小数。

35. ×

【解析】对于最大粒径大于 13.2mm 的粗集料与沥青的黏附性，采用水煮法试验。

36. √
37. ×

【解析】蒸发损失率可正可负，正值表明，由于加热过程中沥青与空气中某些成分发生了反应，反而引起质量增加。

38. ×

【解析】道路石油沥青的技术标准中规定的60℃动力黏度指绝对黏度,采用真空减压毛细管法测定,真空度为40kPa。

39. √
40. ×

【解析】弹性恢复性试验适合于热塑性橡胶类聚合物改性沥青。

41. √
42. ×

【解析】沥青稠度越高,针入度越小。

43. ×

【解析】道路石油沥青的标号是按针入度值划分的。

44. √
45. √
46. √
47. ×

【解析】沥青碎石属于半开级配沥青混合料。

48. ×

【解析】沥青玛琋脂碎石是工程中典型的密实-骨架结构。

49. ×

【解析】沥青混合料获得的黏聚力大,内摩擦角小。

50. √
51. ×

【解析】由于高温时抗剪强度不足或塑性变形过大而产生的推挤等现象。

52. √
53. ×

【解析】影响沥青混合料施工和易性的首要因素是材料组成。

54. ×

【解析】混合后,还应按四分法取样至足够数量。

55. ×

【解析】应将预热的粗细集料置于拌和机中适当拌和,然后加入定量的沥青拌和,最后再加入矿粉拌和。

56. √
57. ×

【解析】再用插刀或大螺丝刀沿周边插捣15次、中间捣10次。

58. ×

【解析】针入度小、稠度大的沥青取高限;针入度大、稠度小的沥青取低限,一般取中值。

59. ×

【解析】试件若不符合63.5mm±1.3mm的要求时,应作废。

60. ×

【解析】试件高度的变化对稳定度和流值的试验结果均有影响。

61. ×

【解析】测定吸水率不大于2%的沥青混合料的毛体积密度的方法是表干法。

62. ×

【解析】蜡封法适用于测定吸水率大于2%的沥青混合料试件的毛体积密度。

63. √

64. ×

【解析】由于影响测定结果的因素很多,因此无法比较两种方法的测定结果。采用哪种方法应根据试件吸水率的大小确定。

65. ×

【解析】当集料公称最大粒径≤26.5mm时,采用标准击实法,一组试件的数量不少于4个;当集料公称最大粒径≥26.5mm时,采用大型击实法,一组试件的数量不少于6个。

66. √

67. √

68. ×

【解析】温度越高,测定的稳定度值越小,流值越大。

69. ×

【解析】稳定度应准确至0.01kN,流值应准确至0.1mm。

70. √

71. √

72. ×

【解析】若天平读数持续变化,不能很快达到稳定,说明试件有吸水情况,应改用蜡封法测定。

73. ×

【解析】用洁净柔软的拧干湿毛巾轻轻擦去试件的表面水,不得吸走空隙内的水。

74. ×

【解析】采用马歇尔试验和车辙试验,评价沥青混合料的高温稳定性。

75. √

76. √

77. √

78. ×

【解析】随沥青含量增加,饱和度和流值都递增,但递增曲线不相似。

79. ×

【解析】不包括矿料自身内部的孔隙。

80. √

81. ×

【解析】造成沥青路面泛油的原因主要是沥青用量过大。施工时,混合料的加热温度过高,沥青会发生老化;过低,沥青混合料会压实困难。

82. √

83. ×

【解析】无论采用室内成型的试件,还是工程现场钻芯、切割的试件,密度试验的标准温度均为25℃±0.5℃。

84. ×

【解析】粒径≥26.5mm时,采用大型击实法,一组试件不少于6个。

85. √

86. √

三、多项选择题

1. ABCD

【解析】国产原油多属于含蜡基或中间基,决定了国产石油沥青的特点是含蜡量较高,相对密度偏小,延度较小,软化点较高。

2. ABCD

【解析】石油沥青的化学组分中,蜡固态,性脆,对沥青路用性能极为不利,主要对低温延展性、温度敏感性、沥青路面抗滑性、与石料的黏附性等方面有影响。

3. AB

【解析】石油沥青的化学组分中,沥青质为固态,胶质分为半固态,两者的比例决定沥青的胶体结构类型。

4. ABC

【解析】表征沥青黏滞性的技术指标有绝对黏度和条件黏度,依据JTG E20—2011,沥青黏度的试验方法主要有动力黏度、运动黏度、旋转黏度试验,而针入度表示沥青的条件黏度。

5. ACD

【解析】目前我国在路用领域中提出的沥青最基础指标,即为沥青三大指标:针入度、延度、软化点。

6. CD

【解析】针入度指数和软化点两个指标都可以表示沥青的感温性,针入度指数还可以用于划分沥青的胶体结构。

7. AD

【解析】沥青针入度值的对数(lg$P$)与温度(T)呈线性关系:lg$P = AT + K$,根据针入度值$P_{(25℃,100g,5s)}$和软化点$T_{R\&B}$,并假设软化点时的针入度值为800(0.1mm),可计算针入度-温度感应性系数 $A = \dfrac{\lg 800 - \lg P_{(25℃,100g,5s)}}{T_{R\&B} - 25}$,针入度指数 $PI = \dfrac{30}{1+50A} - 10$。

8. BD

【解析】依据我国沥青路面使用性能气候分区的划分,沥青路面温度分区由高温和低温组合而成,第一个数字代表高温分区,第二个数字代表低温分区,所以2-3的地区温度处于夏热冬冷区。

9. AB

【解析】 目前我国沥青路面使用性能气候分区的划分有高温指标、低温指标和雨量指标,考虑了温度、湿度因素。

10. ABC

【解析】 目前我国沥青路面使用性能气候分区的划分有:高温指标、低温指标和雨量指标。

11. ABC

【解析】 沥青针入度作为条件黏度,在测定时采用了温度、标准针质量、贯入时间的规定条件,如:$P_{(25℃,100g,5s)}$。

12. BD

【解析】 依据沥青针入度试验(JTG E20—2011 T0604),沥青针入度试验结果大于或等于50(0.1mm)时,重复性试验和复现性试验的允许差是平均值分别为4%、8%。

13. ABC

【解析】 依据沥青软化点试验(环球法)(JTG E20—2011 T0606),根据软化点的高低可以选择蒸馏水、纯净水、甘油作为沥青试样的加热介质,软化点在80℃以上者,用甘油作为加热介质。

14. AD

【解析】 依据沥青延度试验(JTG E20—2011 T0605),在沥青延度试验中,如发现沥青细丝浮于水面或沉入槽底,应向水中加入酒精或食盐,调节水的密度与沥青的密度接近后,重新试验。

15. AD

【解析】 依据沥青延度试验(JTG E20—2011 T0605),10℃、15℃、25℃或5℃温度条件下的延度,拉伸速度可选用5cm/min±0.25cm/min;0℃低温拉伸速度可采用1cm/min±0.5cm/min,应在报告中标明。

16. ABCD

【解析】 沥青路面在施工和工程完成服役期间,沥青主要经受短期老化和长期老化,老化因素有施工加热、氧气、阳光、水等。

17. BC

【解析】 依据道路石油沥青的技术要求,沥青老化试验中,残渣延度评价指标采用10℃和15℃的延度。

18. ABC

【解析】 依据道路石油沥青技术要求,采用旋转薄膜烘箱加热试验评价沥青的抗老化能力的指标有质量变化、残留针入度比(25℃)、残留延度(10℃、15℃)。

19. AB

【解析】 沥青密度及相对密度试验的目的是:密度用于供沥青储存时体积与质量换算用;相对密度用于沥青混合料理论密度的计算,供配合比设计及空隙率的计算使用。

20. ABCD

【解析】 依据沥青密度与相对密度试验(JTG E20—2011 T0603),黏稠沥青的密度试验,需要测定比重瓶的干质量 m_1、比重瓶与盛满水时的合计质量 m_2、比重瓶与沥青试样的合计质量 m_4、比重瓶与试样和水的合计质量 m_5 后,采用公式计算确定。

$$密度\ \rho_b = \frac{m_4 - m_1}{(m_2 - m_1) - (m_5 - m_4)} \times \rho_T$$

21. AB

【解析】依据沥青与粗集料的黏附性试验(JTG E20—2011 T0616),评价沥青与粗集料黏附性的试验方法有水煮法和水浸法。

22. AD

【解析】碱性石料与沥青的黏附性较强,石灰岩、玄武岩为碱性石料,因此石油沥青混合料选择集料时,应优先考虑石灰岩和玄武岩。

23. CD

【解析】SBS 改性沥青的最大特点是对沥青的高温和低温性能均有明显改善。

24. ABCD

【解析】乳化沥青在道路工程应用中有诸多优点,如常温施工,节约能源;便于施工,节约沥青;保护环境,保障健康;路面粗糙,减少事故等。

25. BCD

【解析】依据 JTG E20—2011,适合测定黏稠石油沥青各种黏度的方法有毛细管法、真空减压毛细管法、布氏旋转黏度法。标准黏度计法适用于测定液体石油沥青、煤沥青、乳化沥青等材料流动状态时的黏度。

26. BD

【解析】我国将布氏旋转黏度测定方法作为标准方法,并规定测定黏温曲线的温度为 135℃ 和 175℃。

27. BCD

【解析】依据 JTG F40—2004 改性沥青与道路石油沥青的技术标准,改性沥青的技术指标增加了黏韧性、韧性、弹性恢复率。

28. ABCD

【解析】依据 JTG F40—2004,沥青路面所用沥青标号的选用与气候条件、道路等级、沥青混合料类型、路面类型等因素有关。

29. ABCD

【解析】依据 JTG E20—2011 T0663 评价沥青抗剥剂的性能,先采用薄膜烘箱加热试验对掺加抗剥剂的沥青结合料进行加热老化,然后采用水煮法、水浸法进行黏附性试验;采用加速老化试验方法对使用抗剥剂的沥青混合料进行短期和长期老化试验处理后,进行浸水马歇尔试验、冻融劈裂试验评价其水稳定性。

30. ACD

【解析】依据 JTG F40—2004,密级配沥青混合料主要有沥青混凝土(AC)、沥青稳定碎石(ATB)、沥青玛蹄脂碎石(SMA)三种类型。

31. ACD

【解析】参考上题解析,AM 为半开级配沥青碎石。

32. ABC

【解析】 按沥青混合料压实后剩余空隙率的大小分类,沥青混合料可以分为密级配沥青混合料、开级配沥青混合料和半开级配沥青混合料。

33. BC

【解析】 依据 JTG F40—2004,沥青玛琋脂碎石混合料(SMA)属于密级配,沥青碎石(AM)属于半开级配,排水式沥青磨耗层(OGFC)、排水沥青碎石基层(ATPB)属于开级配沥青混合料。

34. ABC

【解析】 由于组成沥青混合料的矿料级配不同,压实后内部矿料颗粒分布状态及剩余空隙率不同,沥青混合料可以形成悬浮-密实、骨架-空隙、密实-骨架结构三种结构。

35. BC

【解析】 依据 JTG F40—2004,按细粒式沥青混合料定义,矿料公称最大粒径有13.2mm 和 9.5mm 两种。

36. AC

【解析】 目前,我国沥青路面中使用最多的沥青混合料仍为密级配沥青混凝土,密级配沥青混凝土混合料主要采用连续级配,且空隙率为 3%~6%。

37. AD

【解析】 沥青路面出现低温裂缝,主要由于沥青混合料在低温时的抗拉强度不足或者变形能力较差而导致。

38. AD

【解析】 我国现行密级配沥青混凝土马歇尔试验技术标准(JTG F40—2004)并不全面,主要规定了沥青混合料的高温稳定性和耐久性指标。

39. AC

【解析】 评价沥青混合料的高温稳定性的试验方法有马歇尔试验、车辙试验、三轴剪切试验等。但在实际工作中主要通过马歇尔试验和车辙试验进行评价。

40. ABC

【解析】 依据 JTG F40—2004,密级配沥青混凝土混合料马歇尔试验采用空隙率、沥青饱和度、矿料间隙率体积指标评价其耐久性。

41. ACD

【解析】 空隙率是影响沥青混合料耐久性的重要因素,其大小取决于矿料级配、沥青用量、施工温度和压实程度等参数。

42. ABD

【解析】 依据马歇尔稳定度试验(JTG E20—2011 T0709),马歇尔模数 $T = MS/FL$,单位:$kN \cdot mm^{-1}$,可以间接反映沥青混合料的抗车辙能力。可见,马歇尔模数与稳定度、流值和抗车辙能力有关。

43. AD

【解析】 依据马歇尔稳定度试验(JTG E20—2011 T0709),马歇尔稳定度是指在规定的温度(60℃)和规定的加荷速度(50mm/min ±5mm/min)条件下,标准试件在马歇尔试验仪中的最大破坏荷载。

44. CD

【解析】依据 JTG F40—2004,沥青混合料水稳定性的评价指标有冻融试验的残留强度比和浸水马歇尔试验的残留稳定度。

45. ABC

【解析】依据沥青混合料取样法(JTG E20—2011 T0701),沥青混合料的取样数量主要与试验项目、试验目的、集料公称最大粒径有关。

46. AB

【解析】依据沥青混合料试件制作方法(击实法)(JTG E20—2011 T0701),可采用标准击实法和大型击实法制备沥青混合料试件,标准击实法制备的标准马歇尔试件(ϕ101.6mm×63.5mm±1.3mm)适用于标准马歇尔试验或间接抗拉试验,大型击实法制备的大型马歇尔试件(ϕ152.4mm×95.3mm±2.5mm)适用于大型马歇尔试验。

47. AB

【解析】依据沥青混合料试件制作方法(击实法)(JTG E20—2011 T0701),当不具备测定运动黏度条件时,制备沥青混合料试件的拌和与压实温度可按现行规范提供的参考表选用,并根据沥青的品种和标号做适当调整。

48. BC

【解析】依据 JTG E20—2011,测定沥青混合料毛体积密度和毛体积相对密度的试验方法有表干法和蜡封法,根据试件吸水率大小不同可以选用不同的试验方法。表干法适用于吸水率不大于2%的沥青混合料试件,蜡封法适用于吸水率大于2%的沥青混合料试件。水中重法用于测定吸水率小于0.5%的密级配沥青混合料试件的表观密度和表观相对密度,真空法用于测定沥青混合料的最大理论相对密度。

49. ABCD

【解析】依据 JTG E20—2011 测定沥青混合料中沥青含量的试验主要有射线法、离心分离法、回流式抽提仪法和脂肪抽提器法。

50. ABCD

【解析】依据 JTG F40—2004,通常较热地区、交通较繁重地区、细粒式沥青混合料、渠化交通道路情况,预计可能产生较大的车辙,应选用稠度较高的沥青加以防御。

51. AC

【解析】沥青混合料中加入碱性矿粉,可以形成较好的结构沥青,从而使沥青胶浆获得较高的路用性能将混合料结合在一起。

52. ABD

【解析】依据 JTG F40—2004,沥青混合料组成设计包括目标配合比设计、生产配合比设计和生产配合比验证三个阶段。

53. ABCD

【解析】依据 JTG F40—2004,沥青混合料目标配合比设计阶段,经马歇尔试验确定OAC后,还应进行粉胶比检验,水稳定性、高温抗车辙能力、低温抗裂性能和渗水系数试验检验。

54. ABCD

【解析】依据 JTG F40—2004,最佳沥青用量初始值 $OAC_1 = (a_1 + a_2 + a_3 + a_4)/4$,其中,$a_1$、$a_2$、$a_3$、$a_4$ 分别为相应于密度最大值、稳定度最大值、目标空隙率(或空隙率范围中值)、沥青饱和度范围中值的沥青用量。

55. ABCD

【解析】依据 JTG F40—2004,沥青混合料中可以使用碱性矿粉、消石灰粉、水泥、粉煤灰作为填料,但高速公路和一级公路沥青路面不宜使用粉煤灰作为填料。

56. AC

【解析】沥青混合料中沥青用量表示方法有两种,内掺法采用沥青含量表示,指沥青占沥青混合料质量的百分率;外掺法采用油石比表示,指沥青占矿质混合料质量的百分率。

57. ABCD

【解析】依据 JTG F40—2004,沥青混合料施工检测项目主要有混合料外观、矿料级配、沥青含量、马歇尔试验(稳定度、流值、空隙率)、浸水马歇尔试验、车辙试验。

四、综合题

1. (1) AC　　(2) B　　(3) AB　　(4) BD　　(5) AB

【解析】

(1) 该 70 号 A 级沥青试验结果满足相应的 RTFOT 指标要求,该项检验指标合格;70 号沥青不适合 2-1 区,冬严寒区(1 区)适宜选择 90 号、110 号沥青;A 级沥青质量最好,适用于各个等级公路及任何场合和层次,B 级沥青适用于用作改性沥青、乳化沥青、改性乳化沥青、稀释沥青的基质沥青。

(2) RTFOT 的含义是旋转薄膜烘箱加热试验;TFOT 指薄膜烘箱加热试验。

(3) RTFOT 试验评价沥青老化性能,即耐久性能。闪点是沥青加热安全性能指标。

(4) RTFOT 试验应在 163℃ ± 0.5℃ 条件下,受热时间不应少于 75min,总受热时间为 85min;TFOT 试验应保持温度 163℃ ± 1℃ 条件下,连续加热蒸发 5h,且不得超过 5.25h。RTFOT 试验,将沥青试样装入 8 个盛样瓶进行加热试验;TFOT 试验采用 4 个盛样皿并将沥青形成薄膜,然后加热。

(5) 沥青老化分为短期老化(沥青施工时加热)和长期老化(沥青路面使用中长期经受的自然因素,如大气、日照、降水、气温变化等);RTFOT 评价沥青短期老化性能;沥青老化是在各种因素下产生了不可逆的化学变化,导致其工程性能逐渐劣化的过程;老化试验残留物的针入度、延度变小、软化点增大。

2. (1) AB　　(2) BC　　(3) CD　　(4) D　　(5) ACD

【解析】

(1) 按针入度 80 ~ 100(0.1mm)平均值计,该沥青为 90 号沥青,比 70 号沥青更适合冬严寒区;针入度表示无误,以整数计,单位 0.1mm;沥青针入度是条件黏度,而动力黏度为绝对黏度,能更好地反映沥青黏滞性。

(2) 沥青延度平均值为 103cm,应记作 >100cm,记录无误;沥青延度越大,筑路耐久性越好;沥青低温延度可以评价沥青的低温抗裂性,试验温度 0℃ 或 5℃,拉伸速度为 1cm/min;延度表示沥青的塑性。

(3)沥青软化点平均值为45.4℃,应精确至0.5℃,故45.5℃表示正确。软化点试验的初始温度为室温,则试验结果会偏小。

(4)当量软化点T_{800}和当量脆点$T_{1.2}$分别是反映沥青高温与低温的指标,T_{800}是指沥青针入度达到800(0.1mm)时的温度,当量脆点$T_{1.2}$是指沥青针入度达到1.2(0.1mm)时的温度。

(5)沥青针入度指数标准为-1.5~+1.0,为溶-凝胶结构沥青;沥青三大指标满足要求,不一定属于溶-凝胶结构,因此还需评价其针入度指数;诺模图确定沥青针入度指数,需测定沥青三个不同温度的针入度,如5℃、20℃、25℃(或30℃);黏稠石油沥青达到软化点时,针入度一般在600~1000(0.1mm),研究针入度指数PI时,针入度取800(0.1mm)。

3.(1)BD　　　(2)D　　　(3)ABD　　　(4)B　　　(5)BD

【解析】

(1)本试验过程中比重瓶的恒温温度为15℃±0.1℃;应采用新煮沸并冷却的蒸馏水。

(2)沥青相对密度为1.009;沥青密度两次试验结果差值为0.015g/cm³>0.003g/cm³,试验无效,需重做。

(3)沥青可以测定15℃或25℃密度,但沥青混合料配合比设计要求采用25℃相对密度;两者可以换算:沥青相对密度(25/25℃)=沥青密度(15℃)×0.996。

(4)比重瓶体积测定规定:恒温后,将烧杯从水槽中取出,再从烧杯中取出比重瓶,立即用干净软布将瓶塞顶部擦拭一次,再迅速擦干比重瓶外面的水分,称其质量(准确至1mg)。瓶塞顶部只能擦拭一次,即使由于膨胀瓶塞上有小水滴也不能再擦。

(5)液体沥青密度与黏稠沥青密度的测定方法不同,液体沥青密度测定原理同比重瓶水值测定;70号道路石油沥青可以采用固体沥青的测定方法,比重瓶的水中应加入几滴表面活性剂,如1%洗衣液或洗涤灵,摇动使固体沥青颗粒下沉;测定比重瓶水值时,若瓶内有气泡则校正比重瓶的体积偏小,密度结果会偏大;比重瓶内注入约2/3沥青时夹有气泡,则增大了一定质量的沥青体积,密度测定值偏小。

4.(1)ACD　　　(2)ABD　　　(3)A　　　(4)CD　　　(5)AD

【解析】

(1)90号沥青的针入度范围为80~100(0.1mm),分析针入度检测结果,该沥青属于90号沥青;但影响实测结果的因素主要有试验温度、标准针质量、贯入时间,测定温度偏低、针贯入时间偏短或针质量偏小均可造成针入度实测结果偏低;按照针入度实测值会错误评定为70号沥青(黏稠度较高),若以此作为选择沥青的依据,因沥青的实际黏稠度低,会引起沥青混合料的高温稳定性不良。

(2)软化点检测结果偏高,可能是试验过程中升温速率偏高造成;当软化点超出80℃时,应采用甘油进行加热,升温起点温度从32℃开始;软化点是沥青达到条件黏度时的温度,因此,与沥青热稳定性和黏稠性有关;软化点越高,温度稳定性越好,有利于提高沥青混合料的高温稳定性。

(3)延度试验结果处理要求:同一试样,每次平行试验不少于三个,如三个测定结果均大于100cm时,试验结果记作">100cm";如三个测定结果中,有一个以上的测定值小于100cm时,若最大值或最小值与平均值之差满足重复性试验精度要求,则取三个测定结果的平均值的整数作为延度试验结果,若平均值大于100cm,记作">100cm"。当试验结果小于100cm时,重复性试验的允许差为平均值的20%。故延度结果应为99cm。

(4)薄膜烘箱试验用于评价沥青的抗老化性能;其中质量变化可负可正,分析本试验结果,质量损失为 -1.1%,超出道路石油沥青质量变化应不大于±0.8%的规定,该沥青的抗老化性不良;薄膜烘箱试验后,沥青残渣变硬,针入度降低,如果针入度比越大,则说明沥青的抗老化性能越高。

(5)关于沥青选择,南方地区要求沥青路面应具有较高的抗车辙能力,故应采用高稠度沥青,沥青标号要比北方地区低一些;软化点试验,要求加热升温速率应控制在5℃ ± 0.5℃/min,如加热速率太快,试验结果将会偏高;沥青高温性能与软化点有关,其低温性能与脆点有关;沥青抗老化性能的评价方法有薄膜烘箱试验和旋转薄膜烘箱两种。

5. (1)ABCD   (2)AC   (3)A   (4)ABD   (5)BCD

【解析】

(1)绘制黏温曲线的目的是为确定沥青混合料拌和与压实两个施工温度;黏温曲线,宜以表观黏度为 0.17Pa·s ± 0.02Pa·s、0.28Pa·s ± 0.03Pa·s 时的温度分别作为拌和、压实温度范围;表观黏度采用布洛克菲尔德黏度计测定。

(2)马歇尔试件可以采用击实法、SGC(旋转压实)法、GTM(剪切性能试验旋转压实)法制备;一般,沥青混合料制件时,将各种规格的矿料置于105℃ ±5℃的烘箱中烘干至恒重(一般不少于4~6h),再于约163℃温度烘箱备用,但矿粉不加热;改性沥青规定:比石油沥青的拌和与压实温度稍高10~20℃,掺加纤维时再提高10℃左右;装有试件的试模横向放置冷却至室温后(不少于12h),置脱模机上脱出试件。如施工质量检验过程中急需现场马歇尔指标检验的试件,允许采用电风扇吹冷1h或浸水冷却3min以上的方法脱模,但浸水脱模法不能用于测量密度、空隙率等各项物理指标。

(3)按标准试件高度调整沥青混合料用量为:1210 × 63.5/62.0 = 1239g;用卡尺在十字对称的4个方向量测离试件边缘10mm处的高度,取其平均值作为马歇尔试件的高度,如试件高度不符合63.5mm ± 1.3mm要求或两侧高度差大于2mm时,为废件;若马歇尔试件的毛体积密度为 2.330g/cm^3,则一块试件的沥青混合料用量为:$(101.6/2)^2 × 3.14 × 63.5 × 10^{-3} × 2.330 × 1.03 = 1235$g。

(4)马歇尔试件的吸水率为2.3%,采用表干法测定其毛体积减小,则毛体积密度偏大;马歇尔试件的吸水率为 1.5% < 2%,应采用表干法测定毛体积密度;SMA试件采用表干法测定毛体积密度,OGFC试件采用蜡封法测定毛体积密度;马歇尔试件的空隙率为:(1 - 2.335/2.436) × 100% = 4.1%。

(5)马歇尔试件保温时间:标准马歇尔试件需30~40min,大马歇尔试件需45~60min;4块试件马歇尔稳定度测定结果平均值为9.8kN,标准差为3.01kN,按数据取舍方法:14.2 - 9.8 = 4.4kN > 1.46 × 3.01 = 4.39kN,故舍弃14.2kN,稳定度平均值应为8.3kN。

6. (1)BCD   (2)ACD   (3)ACD   (4)ABD   (5)BCD

【解析】

(1)高速公路上面层具有较高抗滑性要求,不能选择 AC-10,宜选择 AC-13C(粗型)、OGFC-13、SMA-13。

(2)采用图解法进行密级配沥青混凝土的矿料配合比设计,需确定矿质混合料工程级配范围;选择级配中值作为目标设计级配;调整矿料配合比宜使级配曲线偏向级配范围下限;为确保高温抗车辙能力,同时兼顾低温抗裂性能的需要;配合比设计时宜适当减少公称最大粒径附近的粗集料用量,减少 0.6mm 以下部分细粉的用量,使中等粒径集料较多,形成 S 形级配曲线,并取中等或偏高水平的设计空隙率。

(3)马歇尔试件的击实高度超出了规定要求的原因有:沥青混合料数量偏多;击实温度偏低;击实次数少了,如双面各击实 50 次;击实锤落距低于规定要求,击实功不足。

(4)对炎热地区公路以及高速公路、一级公路的重载交通路段,山区公路的长大坡度路段,预计有可能产生较大车辙时,宜在空隙率符合要求的范围内将 OAC 减小 0.1%~0.5% 作为设计沥青用量;对寒区公路、旅游公路、交通量很少的公路,最佳沥青用量可以在 OAC 的基础上增加 0.1%~0.3%,以适当减小设计空隙率,但不得降低压实度要求;粉胶比检验,合适范围在 0.8~1.2;OAC 检验应进行车辙、浸水马歇尔、冻融劈裂、低温弯曲、渗水系数试验。

(5)应用实际施工拌和机进行试拌,确定生产配合比,且生产配合比与目标配合比设计的最佳沥青用量的差值不宜大于 ±2%。

7.(1)ACD　　(2)ACD　　(3)ABC　　(4)ABC　　(5)ACD

【解析】

(1)SMA 的特点"三高一少":粗集料多,矿粉多,沥青多,细集料少;掺加纤维稳定剂。

(2)SMA 采用间断型密级配;设计目标空隙率 VV=3%~4%;选择上、中、下 3 组初试级配,并从 3 组初试级配的试验结果中选择设计级配,必须符合:混合料试件中的粗集料骨架间隙率 VAC_{mix} < 初试级配的捣实状态下的粗集料松装间隙率 VCA_{DRC},以及矿料间隙率 VMA > 16.5% 的要求。

(3)SMA 要求采用碱性石灰岩矿粉;坚硬粗、细集料,常用玄武岩碎石与机制砂;高稠度沥青、聚合物改性沥青(如 SBS)较好;纤维可采用木质素纤维、矿物纤维、聚合物纤维等。

(4)SMA 的主要设计指标是目标空隙率 VV(3%~4%)、矿料间隙率 VMA、沥青饱和度、稳定度与流值作为验证指标。

(5)确定 SMA 最佳油石比,需要进行马歇尔试验;确定最佳油石比还需谢伦堡析漏试验,检验最大沥青用量;肯塔堡飞散试验,检验所需的最少沥青用量。

第七章　路基路面现场测试

一、单项选择题(四个备选项中只有一个正确答案,每题1分)

1. 下列(　　)方法仅适用于沿道路纵向间距连续、均匀布置测区。
   A. 均匀法　　　B. 随机法　　　C. 定向法　　　D. 连续法

2. 定向法是选取(　　)或出现裂缝、错台、板角等具有某个特征或指定的位置作为测点。
   A. 中线　　　B. 轮迹带　　　C. 路面宽度　　　D. 标线位置

3. 路面钻芯取样宜按照直径大于集料最大粒径(　　)倍的要求选择钻头,其直径常采用 $\phi 100mm$ 或 $\phi 150mm$。
   A. 1.5　　　B. 2　　　C. 2.5　　　D. 3

4. 相比于大多数无损间接测试方法,路面现场(　　)为标准试验方法,被很多仲裁试验采信。
   A. 钻芯取样法　　　　　　B. 切割取样法
   C. 挖坑法　　　　　　　　D. 环刀法

5. 用钢卷尺沿中心线垂直方向上水平量取路基路面各部分的宽度时,要求钢卷尺应保持水平,不得紧贴路面,且量取的宽度应准确至(　　)m。
   A. 0.1　　　B. 0.01　　　C. 0.005　　　D. 0.001

6. 对设有中央分隔带的路面横坡测试有以下步骤:①用钢卷尺测量两测点的水平距离;②将水准尺分别竖立在路面与中央分隔带分界的路缘带边缘 d_1 处及路面与路肩交界位置或外侧路缘石边缘 d_2 处;③将水准仪(全站仪)架设在路基路面平顺处调平;④测量 d_1 与 d_2 处的高程;⑤计算实测横坡与设计横坡之差,结果准确至0.01%。正确排序为(　　)。
   A. ①③②④⑤　　　　　　B. ③②④①⑤
   C. ③②④⑤①　　　　　　D. ①②③④⑤

7. 将水平尺垂直跨越接缝并水平放置于高出一侧,用塞尺量测接缝处水平尺下基准面与位置较低板块的高差,以高差(　　)作为水泥混凝土路面板该接缝处的相邻板高差。
   A. 最大值　　　B. 最小值　　　C. 实测值　　　D. 平均值

8. 几何数据测试系统在每次测试开始前或连续测试长度超过(　　)km后应进行系统偏差标定。
   A. 50　　　B. 100　　　C. 1000　　　D. 5000

9. 钻芯法测定路面厚度时,用钢直尺或游标卡尺沿芯样圆周对称的(　　)方向量取表面至分界面的高度,计算其平均值即为该层的厚度。
   A. 两个　　　B. 四个　　　C. 十字　　　D. 八个

10. 路面厚度测试计算,应包括测试路段的厚度( )。
   A. 平均值、代表值　　　　　　　　　B. 平均值、标准差、代表值
   C. 平均值、标准差、极值　　　　　　D. 平均值、标准差、代表值、极值

11. 路面结构层厚度代表值计算公式为( )。

   A. $X_L = \bar{X} \pm \dfrac{t_\alpha}{\sqrt{n}}S$ 　　　　　　　　B. $X_L = \bar{X} + \dfrac{t_\alpha}{\sqrt{n}}S$

   C. $X_L = \bar{X} - \dfrac{t_\alpha}{\sqrt{n}}S$ 　　　　　　　　D. $X_L = \bar{X} - Z_\alpha S$

12. 压实度是指筑路材料压实后的密度与( )之比,以百分比表示。
   A. 试验室密度　　　　　　　　　　B. 最大湿密度
   C. 最大干密度　　　　　　　　　　D. 标准密度

13. 灌砂法用量砂,使用前须洗净烘干,筛分至粒径0.30～0.60mm并放置( ),使其与空气的湿度达到平衡。
   A. 一定时间　　B. 12h以上　　C. 24h以上　　D. 足够时间

14. 灌砂法测定压实度时,标定灌砂筒下部圆锥体内砂的质量和量砂的松方密度,均需重复测量( )次。
   A. 2　　　　　B. 3　　　　　C. 4　　　　　D. 6

15. 在选择核子密湿度仪测试位置时,应注意测试位置距路面边缘或其他物体的最小距离不得小于( ),核子仪距其他射线源不得少于( )。
   A. 30cm,10m　　B. 10cm,8m　　C. 30cm,8m　　D. 50cm,10m

16. 采用挖坑灌砂法测试压实度时,如果储砂筒内的砂尚在下流时关闭开关,则会导致压实度结果比正常结果( )。
   A. 一样　　　　B. 偏大　　　　C. 偏小　　　　D. 无规律

17. 用中灌砂筒测定中粒土的现场密度时,需要测定土的含水率,取样的数量应不少于( )g。
   A. 200　　　　B. 500　　　　C. 1000　　　　D. 2000

18. 根据下列提供的步骤,给出灌砂法现场测试路基土压实度时标定量砂松方密度的正确顺序( )。
   ①用15～25℃水确定标定罐的容积;②确定灌砂筒下部圆锥体内砂的质量;③将装有质量为m_1的砂的灌砂筒放在标定罐上,打开开关让砂自由流出与标定罐相当体积,关闭开关;④计算量砂松方密度;⑤计算填满标定罐所需砂的质量。
   A. ②①③⑤④　　　　　　　　　　B. ①②③⑤④
   C. ①③⑤②④　　　　　　　　　　D. ①③②⑤④

19. 灌砂法测路基压实度试验,若所挖试坑为上小下大,则压实度结果( )。
   A. 偏大　　　　B. 偏小　　　　C. 无影响　　　D. 无法确定

20. 以下为灌砂法计算现场测试路基土密度时的几个步骤,计算先后顺序应为( )。
   ①试坑材料的湿密度ρ_w;②试坑材料的干密度ρ_d;③填满试坑所用的砂的质量m_b;④量砂的松方密度ρ_s。

  A.①②③④   B.③①②④   C.③④①②   D.④③①②

21.土石路堤或填石路堤压实测试方法为( )。
  A.挖坑灌砂法   B.环刀法
  C.沉降差法   D.钻芯法

22.下列( )测试压实度的方法不宜用于沥青路面的评定验收。
  A.灌砂法   B.钻芯法
  C.核子仪法   D.无核密度仪法

23.环刀法测试压实度时,应在现场选取( )的两处作为平行试验的测点。
  A.随机   B.位置相邻
  C.相隔3m   D.相隔5m

24.采用环刀法用人工取土器取土过程中,应擦净环刀,称取环刀、环刀及试样的合计质量,准确至( )g。
  A.0.01   B.0.03   C.0.1   D.0.5

25.采用环刀法测试现场土的压实度应进行两次平行试验,其精度要求为两次试验结果的差值应不大于( )g/cm³。
  A.0.01   B.0.02   C.0.03   D.0.05

26.核子密湿度仪应每12个月校验1次,其密度的测试允许误差不超过( )g/cm³。
  A.±0.01   B.±0.02   C.±0.03   D.±0.05

27.无核密度仪测试的压实度应与( )压实度测试结果进行相关性试验。
  A.灌砂法 B.钻芯法 C.环刀法 D.核子密湿度仪法

28.无核密度仪的测试结果受( )的影响最大。
  A.温度 B.湿度 C.时间 D.振动

29.压实沉降差法测试土石路堤或填石路堤的测试步骤有:①随机选取有代表性的区域;②启动振动压路机,并调至强振挡位;③按照灌水法测试材料干密度,按照标准方法测试材料的视密度;④振动压路机以不大于4km/h的速度对测试路段进行碾压,往返一次为一遍;⑤碾压结束后用水准仪逐点测量固定物顶面高程,并重复测量一遍;⑥将振动压路机停放在测试路段前20m处;⑦回收固定物,记录新的工艺参数,用与测试段相同材料回填并进行终压。正确的顺序为( )。
  A.①③⑥②④⑤⑦   B.①③②⑥④⑦⑤
  C.⑥①③②④⑤⑦   D.⑥②④⑤①③⑦

30.3m直尺法测试路表平整度所用测定最大间隙的楔形塞尺或深度尺,其精度要求为分度值均不大于( )mm。
  A.0.1   B.0.2   C.0.5   D.1.0

31.平整度是表征路面行驶舒适性的重要指标。不同类型设备所采用的指标也有所不同,国际平整度指数IRI是( )平整度指标。
  A.反应类 B.断面类 C.标准差类 D.平均值类

32.车载式颠簸累积仪直接测量的是( )。
  A.IRI   B.σ C.VBI   D.δ_m

33. 用车载式颠簸累积仪测定平整度时,应进行相关性试验,将测试的颠簸累积值换算成( )。
　　A. VBI　　　　　B. IBI　　　　　C. σ　　　　　D. CBR

34. 车载式激光平整度仪采集的数据是路面相对高程值,在规定区间内用标准计算程序计算 IRI 值,单位以( )计,并保留( )位小数。
　　A. m/km,取整　　B. mm,取整　　C. m/km,2　　D. mm,1

35. 连续平整度仪测试平整度时,自动采集间距为( )mm,每一计算区间的长度为( )m 并输出一次结果。
　　A. 10,10　　　　B. 10,100　　　C. 100,100　　D. 150,1000

36. 连续平整度仪每隔一定距离采集( )。
　　A. 路面凹凸偏差位移值　　　B. 最大间隙
　　C. 颠簸累积值　　　　　　　D. 路面相对高程

37. 用 3m 直尺测定路基路面平整度,一般连续测试( )尺,应报告最大间隙、平均值、不合格尺数、合格率。
　　A. 5　　　　　　B. 8　　　　　C. 10　　　　　D. 15

38. 用连续平整度仪测定平整度时,每一计算区间的路面平整度以该区间测定结果的( )表示。
　　A. 最大值　　　　B. 最小值　　　C. 平均值　　　D. 标准差

39. 采用连续平整度仪测定平整度进行路面工程质量检查验收或路况评定时,通常以行车道一侧车轮轮迹带作为连续测定的标准位置,即所选取的测定位置应距车道标线( )m。
　　A. 0.1~0.3　　　B. 0.3~0.5　　C. 0.5~0.8　　D. 0.8~1.0

40. 下列为颠簸累积仪法测定路面平整度的测试速度,( )km/h 合适。
　　A. 20　　　　　　B. 50　　　　　C. 100　　　　D. 120

41. 手推式断面仪测试平整度时的最大速度为( )km/h。
　　A. 0.1　　　　　B. 0.2　　　　C. 0.5　　　　D. 0.8

42. 贝克曼梁是测量路基路面承载力的重要仪器,它测量的数值为( )。
　　A. 回弹弯沉　　　B. 总弯沉　　　C. 滚动弯沉　　D. 动态弯沉

43. 贝克曼梁测试回弹模量,适用于土基厚度( )的粒料整层表面。
　　A. 不大于 1m　　　　　　　　B. 不小于 1m
　　C. 不大于 0.5m　　　　　　　D. 不小于 0.5m

44. ( )法适用于现场土基表面,通过对土基逐级加载、卸载的,测出每级荷载下相应的土基回弹变形值,计算求得土基回弹模量。
　　A. 贝克曼梁　　　B. 承载板　　　C. CBR　　　　D. 贯入仪

45. 采用承载板测试土基回弹模量,当两个百分表读数差超过平均值的( )时,应重测;当回弹变形值超过( )时,即可停止加载。
　　A. 10%,10mm　　　　　　　B. 15%,5mm
　　C. 20%,2mm　　　　　　　　D. 30%,1mm

46. 关于土基承载能力,以下说法正确的是( )。

  A. 回弹模量越大,表示承载能力越小 B. 回弹弯沉值越大,表示承载能力越小
  C. CBR 值越大,表示路基强度越小 D. CBR 越大,表示回弹弯沉越大

47. 在规定的荷载作用下,路基或路面表面产生的垂直回弹变形值,称为( )。
  A. 摆值 B. 车辙 C. 弯沉 D. CBR 值

48. 用贝克曼梁法测定公路土基回弹弯沉时,加载车的后轴标准轴载为( )kN。
  A. 60 B. 80 C. 100 D. 120

49. 贝克曼梁适于测试路基即沥青路面的回弹弯沉,宜采用( )m 弯沉仪。
  A. 2.4 B. 3.6 C. 4.8 D. 5.4

50. 下列( )的测值与岩土材料的动态模量具有较好的相关性。
  A. CBR 法 B. 落球仪法 C. 承载板法 D. 落锤式弯沉仪法

51. 采用 5.4m 贝克曼梁法测定路表面回弹弯沉,首先将百分表调为 0,加载后百分表最大读数为 55(0.01mm),将汽车驶出弯沉影响范围后百分表读数为 10(0.01mm),则回弹弯沉值为( )。
  A. 110 B. 90 C. 45 D. 无法计算

52. 既可以测试路基压缩模量,又可以测试回弹模量的方法是( )。
  A. 落球仪法 B. 贝克曼梁法 C. 承载板法 D. 动力锥灌入仪法

53. 进行回弹弯沉值温度修正的步骤有( )。
  A. 查图 B. 计算 C. 查表 D. 选项 A 与 B

54. 自动弯沉仪测定的弯沉为( )。
  A. 静态回弹弯沉 B. 静态总弯沉
  C. 动态回弹弯沉 D. 动态总弯沉

55. 自动弯沉仪法应与贝克曼梁法进行对比试验,两种方法测得的弯沉值之间应有很好的相关性,相关系数 R 应不小于( )。
  A. 0.75 B. 0.85 C. 0.95 D. 0.99

56. 下列落锤式弯沉仪的仪具中,不属于其组件的是( )。
  A. 荷载发生装置 B. 弯沉检测装置
  C. 控制系统 D. 贝克曼梁

57. 用承载板测定土基回弹模量试验时,荷载小于 0.1MPa 时,每级增加( )MPa,以后每级增加( )MPa。
  A. 0.02,0.04 B. 0.05,0.05
  C. 0.05,0.02 D. 0.04,0.04

58. 超声回弹法测定路面水泥混凝土抗弯强度时,要求水泥混凝土路面板厚度不小于( )mm。
  A. 100 B. 150 C. 200 D. 250

59. 关于回弹值率定,下列说法错误的是( )。
  A. 使用前应在钢砧上进行率定,试验温度宜为 5~35℃
  B. 应做到每天测试完毕后率定一次即可保证可靠性
  C. 回弹仪向下弹击时,弹击杆应分 4 次旋转,旋转约 90°

D. 率定时回弹仪应弹击 3~5 次,取其中最后 3 次且读数稳定的回弹值进行平均作为率定值

60. 采用回弹仪测试水泥混凝土强度的数据处理方法,是将一个测区的 16 个测点的回弹值,去掉(　　)个最大值和(　　)个最小值,取余下的回弹值计算该测区的平均回弹值。
　　A.5,5　　　　　　B.4,4　　　　　　C.3,3　　　　　　D.2,2

61. 采用回弹仪测试混凝土表面强度时,应测试测区的碳化深度值,测点数不应少于构件测区数的(　　)。
　　A.10%　　　　　　B.15%　　　　　　C.20%　　　　　　D.30%

62. 超声回弹法测定混凝土路面的抗弯强度,应均匀布置 10 个测区,每个测区面积不宜小于(　　)。
　　A.150mm×550mm　　　　　　B.200mm×550mm
　　C.200mm×200m　　　　　　　D.150mm×150mm

63. 超声回弹法测试混凝土路面强度时,测量的是超声(　　)。
　　A. 声时值　　　B. 声速值　　　C. 声频值　　　D. 振幅

64. 采用横向力系数测定车(SCRIM)测定路面横向力系数时,除了保证测试轮胎气压满足要求,还要保证水膜厚度不小于(　　)mm。
　　A.0.5　　　　　　B.1　　　　　　C.3　　　　　　D.5

65. 摆式仪测试路面摩擦系数时,摆在路面上滑动长度为(　　)。
　　A.130mm±1mm　　　　　　B.128mm±1mm
　　C.126mm±1mm　　　　　　D.127mm±1mm

66. 用摆式仪测定路面摩擦系数,所测定的抗滑值用以评定路面或路面材料试件在(　　)状态下的抗滑能力。
　　A. 干燥　　　B. 自然　　　C. 潮湿　　　D. 浸水饱和

67. 摆式仪测定的沥青面层摩擦系数,在高温条件下比低温条件下测得的摩擦摆值(　　)。
　　A. 相同　　　B. 大　　　C. 小　　　D. 可大可小

68. 下列关于横向力系数的描述,正确的是(　　)。
　　A. 与摆式仪测量的摆值一样,用于评价路面的抗滑性能
　　B. 工程质量评定时,检测了摩擦系数就可以不检测构造深度
　　C. 测试轮胎的气压为 0.3MPa
　　D. 横向力系数测试车的检测速度越快,检测结果越大

69. 使用摆式仪测试某测点的摩擦摆值,5 次读数分别为 57、58、59、57、58,则该测点的摆值为(　　)。
　　A.57.8　　　　　　B.57　　　　　　C.58　　　　　　D.59

70. 铺砂法适用于测试(　　)表面的构造深度。
　　A. 沥青路面及水泥混凝土路面　　　　　　B. 沥青路面
　　C. 水泥混凝土路面　　　　　　　　　　　　D. 水泥稳定碎石基层

71. 用手工铺砂法测定路表面构造深度时,将砂摊铺成圆形后发现表面留有浮动余砂,则

测试结果( )。
A. 偏大 B. 偏小
C. 可能偏大,也可能偏小 D. 不受影响

72. 电动铺砂仪的标准量筒容积为( )mL。
A. 25 B. 50 C. 100 D. 150

73. 进行路面渗水试验时,应先将渗水仪与被测路面测点处密封,加上配重,然后再向量筒中注水超过100mL后打开开关和排气孔,目的是( )。
A. 检查水下流时是否全部排出渗水仪底部内的空气
B. 测试水的下落高度,计算流出的水量
C. 记录水下落至一定高度的时间
D. 检查密封状态是否完好

74. 下列( )测试方法的测试结果不能直接作为路面错台高度 D。
A. 水准仪法 B. 基准尺法
C. 深度尺法 D. 经纬仪法

75. 采用基准尺法测试路面错台高度,是将基准尺垂直跨越接缝并平放于高出一侧,用塞尺或钢直尺量测接缝处基准尺( )与位置较低板块的高差。
A. 上基准面 B. 基中部准面
C. 下基准面 D. 上、中、下基准面平均值

76. 进行沥青路面车辙测试时,在横断面图上确定车辙深度 R_{U_1} 和 R_{U_2},以( )作为断面的最大车辙深度 R_U。
A. 其中最小值 B. 其中最大值
C. 两者平均值 D. 两者之差值

77. 用横断面尺法测定路面车辙时,测量结果应准确至( )mm。
A. 0.1 B. 0.5 C. 1 D. 10

78. 对于沥青路面龟裂、块状裂缝、坑槽、沉陷、波浪拥包、松散、泛油、修补等表观损坏,应测量其面积。按照矩形测量其横断面切向和垂直方向( )的长度和宽度计算测量面积。
A. 切线 B. 内部最密集处
C. 中间 D. 最外边

79. 贝克曼梁弯沉仪测试水泥混凝土路面脱空,采用单点弯沉测试值进行脱空判定的界限值是弯沉值大于( )mm。
A. 0.1 B. 0.2 C. 0.3 D. 0.5

80. 采用FWD判定水泥混凝土路面脱空时,弯沉比 λ_1 为( )。
A. $W_{板角}/W_{板中}$ B. $W_{板边}/W_{板中}$ C. $W_{板中}/W_{板角}$ D. $W_{板中}/W_{板边}$

81. 探坑法测试路面结构病害需要逐层开挖,检查路面结构内部损坏状况。要求开挖第二层以后的各层开挖宜每边比上一层对应边长缩短( )mm,即成为台阶状,台阶宽度不宜小于( )mm。
A. 100,100 B. 100,150 C. 150,150 D. 150,100

82. 在运料卡车上测试沥青混合料的出厂温度或在摊铺现场测试摊铺温度,应( )。

A. 每车测试1次　　　　　　　　　　B. 每2车测试1次
C. 每车测试2次　　　　　　　　　　D. 每车测试3次

83. 测试沥青混合料的现场摊铺温度,宜在摊铺机的一侧拨料器的前方混合料堆上测试。在测试位置插入温度计（　　）mm以上,并跟着向前走,直至温度不再继续上升为止,读记温度。
　　A. 50　　　　B. 100　　　　C. 150　　　　D. 200

84. 插入式温度计测试沥青混合料的压实温度时,应仔细插入路面混合料压实层（　　）深度处,轻轻压紧温度计旁边被扰动的混合料,直至温度计不再继续上升为止,读记温度。
　　A. 1/2　　　　B. 1/3　　　　C. 1/4　　　　D. 10mm

85. 采用非插入式温度计红外温度计法测试沥青混合料碾压过程中单个表面温度,应连续测试3次以上,直至最后3次温度差值不大于（　　）℃,读记最后一次测试温度。
　　A. 0.1　　　　B. 0.2　　　　C. 0.5　　　　D. 1

86. 沥青混合料压实温度一处测试不得少于（　　）个测点,取平均值作为测试温度;对于红外摄像仪法,则是一个区域测试（　　）次。
　　A. 5,3　　　　B. 5,1　　　　C. 3,3　　　　D. 3,1

87. 当采用沥青喷洒法测试施工材料用量时,应根据预计洒布沥青（撒布碎石）路段长度,在距两端（　　）长度处、沿宽度方向的任意位置上放置受样盘。
　　A. 1/3　　　　B. 1/2　　　　C. 2m　　　　D. 10m

88. 采用沥青喷洒法测试施工材料用量,要求平行试验2次,当2个测试值之差不超过平均值的（　　）时,取其算术平均值作为洒布沥青用量的试验结果。
　　A. 5%　　　　B. 10%　　　　C. 15%　　　　D. 20%

89. 测试透层油的渗透深度,对8个测试值的处理方法是（　　）。
　　A. 去掉3个最小值,计算其他5个渗透深度的算术平均值
　　B. 去掉2个最小值,计算其他6个渗透深度的算术平均值
　　C. 去掉4个值,计算其他4个渗透深度的算术平均值,估读至0.5mm
　　D. 去掉2个最大值、2个最小值,计算其他4个渗透深度的算术平均值

90. 对于级配碎石等柔性基层,在透层油渗透稳定后,随机取点,利用基板进行凿孔,深度不小于（　　）mm。
　　A. 10　　　　B. 50　　　　C. 100　　　　D. 150

91. 采用拉拔试验进行结构层-黏结层层间黏结强度试验时,应将拉头底部涂布一层黏结剂,并快速黏附在需测试点表面。待黏结剂涂布后应（　　）后,再进入下一步试验。
　　A. 洒水、固化24h　　　　　　　　B. 养生、固化12h
　　C. 养生、完全固化　　　　　　　　D. 完全固化

92. 采用扭剪试验进行层间黏结强度试验要求人工匀速推动扭杆,使得扭杆（　　）内转动90°。
　　A. 60s±5s　　　B. 30s±5s　　　C. 60s　　　　D. 30s

93. 采用拉拔试验进行结构层-黏结层-结构层的层间黏结试验时,应在测点处采用钻芯机钻出一个环槽,内径为100~102mm,深度至下卧层表面（　　）。

A.10mm 以下　　B.5~10mm　　C.10mm±1mm　　D.15mm

94.采用统计通过法测试路面对交通噪声影响时,应对测试路段交通流中的车辆进行分类。第1类:小客车;第2类:双轴的货车、公共汽车以及大客车;第3类:双轴以上的货车、公共汽车以及大客车。三类车辆的测试数量分别要求不少于(　　)辆,其余车辆可不予测量。

A.100、30、30　　　　　　　　B.80、50、30
C.80、50、50　　　　　　　　D.50、30、30

95.拖车法测定路面对轮胎噪声,要求测试车声学性能应在新车首次应用进行检验,每(　　)年应检验一次。

A.0.5　　B.2　　C.0.5~1　　D.1~2

96.拖车法测试噪声,应保证有效测试路段长度不少于(　　)m,且测试路段内路面类型及材料应相同或相近。

A.100　　B.200　　C.500　　D.1000

97.拖车法测试噪声时,以每20m为一个小路段,通过平均20m测试的噪声数据得到每个传声器315~5000Hz频率范围内1/3倍频程的(　　)。

A.总A计权声压级　　　　　　B.时间平均A计权声压级
C.平均总A计权声压级　　　　D.时间A计权声压级

二、判断题(正确的划"√",错误的划"×",请填在题后的括号里,每题1分)

1.公路路基路面现场测试结果与正确规范地选择测试位置密切相关。不同的选择方法,可能会得到截然相反的测试结论。　　　　　　　　　　　　　　　　　　　　(　　)

2.在保证测试结果代表性的前提下,为减少对工程实体的影响,道路钻芯取样一般选择标线位置。　　　　　　　　　　　　　　　　　　　　　　　　　　　　　　　(　　)

3.公路路基路面现场测试常用的选点方法有均匀法、随机法、定向法、连续法和综合法五种。　　　　　　　　　　　　　　　　　　　　　　　　　　　　　　　　(　　)

4.从路面上钻取的芯样可以用于测试厚度、密度、强度等多项指标。　　　　(　　)

5.进行路面混合料试样现场取样时,可不整层取样,但试样应保证完整。　　(　　)

6.进行现场取样时,对钻孔或被切割的路面坑洞,应采用棉纱等材料吸干留下的水分后,用同类型材料填补压实。　　　　　　　　　　　　　　　　　　　　　　　　(　　)

7.路基路面纵断面高程测试步骤是依次将水准尺竖立在中线的测定位置上,连续测定全部测点,并与水准点闭合。　　　　　　　　　　　　　　　　　　　　　　　　(　　)

8.路基路面中线偏位测试,根据待测点 P 的施工桩号在道路上标记,从设计资料中查出或计算出该点的设计坐标,用经纬仪(全站仪)对该坐标进行放样并标记放样点 P',PP' 的长度即为中线偏位。　　　　　　　　　　　　　　　　　　　　　　　　　　　　(　　)

9.路基路面几何尺寸测试方法适用于测试路基路面的宽度、纵断面高程、横坡、中线偏位,以评价道路线形和几何尺寸。　　　　　　　　　　　　　　　　　　　　　(　　)

10.采用几何数据测试系统采集路面横坡、纵坡、路线曲率半径时,如对测试结果存在异议,需用平面(水准)测量结果进行校核。　　　　　　　　　　　　　　　　　(　　)

11.挖坑法测量路面结构厚度时应采用两把钢尺,一把钢板尺平放横跨于坑的两边,用另

一把钢尺在坑的中部位置垂直伸至坑底,测量的距离即为测试层的厚度,精确至1mm。( )

12. 短脉冲雷达测试沥青路面面层厚度时,雷达波在各层中的传播时间可自动识别得到,结合电磁波在路面材料中的传播速度,计算面层厚度。( )

13. 路面结构层厚度检测,一般应与压实度灌砂法或钻芯取样法一起进行。( )

14. 灌砂法测试压实度时,应在挖出并密封的全部材料中取有代表性的试样,放在铝盒或洁净的搪瓷盘中,采用烘干法、酒精燃烧法、微波炉测试等方法测其含水率。( )

15. 用大型灌砂筒测试压实度时,应从挖出的全部材料中取不少于2000g的代表性试样,称量质量,测定其含水率。( )

16. 挖坑灌砂法测试路面基层或底基层压实度时,试坑深度应为整个碾压层厚度。( )

17. 灌砂筒下部圆锥体内砂的质量不随量砂的改变而发生变化,原有标定数据可以使用。( )

18. 灌砂法测试压实度时,地表面处理是否平整对试验结果影响不大。( )

19. 灌砂法测定水泥稳定土的现场压实度时,应称取试坑中取出的全部湿材料质量,并测定含水率,计算其干密度。( )

20. 核子仪采用散射方式宜用于测试厚度不大于30cm的土基、基层材料或非硬化水泥混凝土等可以打孔材料的密度及含水率。( )

21. 用人工取土器测试黏性土及无机结合料稳定细粒土密度,如在施工过程控制或质量评定时,环刀中部应处于压实层厚的1/3深度。( )

22. 环刀法测得的密度是环刀内土样所在深度范围内的平均密度,它可以代表整个碾压层的密度。( )

23. 对沥青路面进行压实度测定,采用核子密湿度仪检验时应与环刀法进行相关性标定试验。( )

24. 采用核子密度湿度仪测定沥青混合料面层的压实密度时,采用透射方式。( )

25. 对于填石路堤,应采用灌砂法来检测压实度。( )

26. 每换一批量砂,都需要重新测试圆锥体内砂的质量和松方密度,且试坑内回收的量砂未经处理不得重复使用。( )

27. 平整度指标σ值越大,则路面平整性越差。( )

28. 连续式平整度仪的工作测量速度不宜小于12km/h。( )

29. 连续式平整度仪输出的测量结果是IRI。( )

30. 颠簸累积仪法测定路面平整度,测试结果VBI越大,说明路面平整性越差。( )

31. 手推式断面仪与车载式激光平整度仪表征平整度的指标相同,都采用国际平整度指数IRI。( )

32. 车载式颠簸累积仪测试的平整度指标称为IRI。( )

33. 连续式平整度仪不适用于有较多坑槽、破损严重的路面,而车载式颠簸累积仪可用于这种路面的测试。( )

34. 车载式颠簸累积仪测试车辆在路面通行时,采用后轴与车厢之间的单向位移累积值表示路面的平整度。( )

35. 车载式激光平整度仪简称激光平整度仪,为激光断面类测试仪。（   ）

36. 当3m直尺法用于测试沥青路面施工过程中的质量时,应以单尺方式测试,且测试位置应选在接缝处;其他情况一般以连续10尺方式测试。（   ）

37. 单尺测试路面的平整度计算,以3m直尺与路面的最大间隙为测定结果。连续测定10尺时,只要10个最大间隙的平均值合格就可以判定满足要求。（   ）

38. 连续式平整度仪法可采用人力拖拉或汽车牵引。（   ）

39. 反应类平整度测试设备所测得的指标是驾驶员和乘客直接感受到的平整度指标。（   ）

40. 贝克曼梁法测路面弯沉时,梁的测头应放在轮轴后方3~5cm处。（   ）

41. 在测定半刚性基层沥青路面的弯沉时,用3.6m贝克曼梁测的回弹弯沉比用5.4m贝克曼梁测得的结果偏大。（   ）

42. 土的承载比(CBR)试验结果采用贯入量为2.5mm时单位压力与标准压力之比。（   ）

43. 回弹法测定的水泥混凝土路面抗压强度,不作为混凝土路面的强度评定、仲裁试验或工程验收使用。（   ）

44. 承载板测试土基回弹模量时,在逐级加载卸载过程中应做到每次加载至预定荷载(P)后,稳定1min,立即读记两个百分表数值,然后轻轻放开千斤顶油门卸载至0,待卸载稳定1min后再次读数。（   ）

45. 承载板法适用于室内测定土基回弹变形值,并经过计算求得土基回弹模量。（   ）

46. 落球仪测试土质路基模量时,地表湿度、重车反复作用、材料粒径和级配均对路基的测试结果影响较大。如材料的粒径越大,地面较湿,路基模量则会偏小。（   ）

47. 落球仪测试时,应保证球冠底部距测点表面的距离为0.5m,且每个测点只能测试1次,在同一位置不能重复测试。（   ）

48. 进行土基回弹模量测试时,如果承载板与土基接触比较紧密,可以省略预压,直接加载。（   ）

49. 贝克曼梁测路基路面回弹弯沉方法适用于路基及沥青路面,不适用于路基冻结后检测。（   ）

50. 采用两台贝克曼梁对双侧轮迹同时进行回弹弯沉值测试时,可用左右两侧两个轮迹测点的平均值作为弯沉计算值。（   ）

51. 当采用5.4m贝克曼梁测试弯沉时,可以不进行支点变形修正。（   ）

52. 弯沉包括总弯沉和回弹弯沉,是反映路基路面压实程度的技术指标。（   ）

53. 自动弯沉仪测定的弯沉值可以直接用于路基或路面的强度评定。（   ）

54. 落锤式弯沉仪(FWD)测试路面的动态弯沉,并用来反算路面的回弹模量。（   ）

55. 承载板测定土基回弹模量试验中,刚性承载板的板厚为20mm、直径为$\phi300mm$。（   ）

56. 回弹仪测试混凝土板的强度时,每个混凝土板的测区数不宜少于10个,相邻两测区的间距不宜大于1m。（   ）

57. 回弹法、超声回弹法适用于快速测试水泥混凝土路面的抗压强度,可以与取芯法一起供强度评定、仲裁试验或工程验收时使用。（　　）

58. 采用回弹仪测试混凝土表面,应对 10 个测区的回弹值进行平均,即为混凝土的表面强度。（　　）

59. 回弹值换算混凝土强度时,有条件的宜通过试验建立专用测强曲线,无条件时可通过平均回弹值及平均碳化深度查表确定混凝土强度换算值。（　　）

60. 回弹法与超声回弹法测试混凝土路面强度时,每一测区内相邻两个测点的间距不宜小于 30mm。（　　）

61. 超声回弹法进行混凝土抗弯强度推算时,应取第一条件值与第二条件值的平均值作为混凝土抗弯强度评定值。（　　）

62. 取芯法适用于测试水泥混凝土路面的抗压强度。（　　）

63. 取芯法进行强度计算时,若 3 个试件中最大值或最小值中有一个与中间值的差值超过中间值的 15% 时,则取中间值为测试值,且精确至 0.1MPa；如两个测值与中间值的差值超过此规定,则试验结果无效。（　　）

64. 激光构造深度仪既适用于沥青混凝土路面,也适用于水泥混凝土路面的构造深度检测。（　　）

65. 摆式仪测量路面摩擦系数时,测值需要换算成标准温度 25℃ 的摆值。（　　）

66. 横向力系数测试车更换测试轮胎后,可以直接开展测量工作。（　　）

67. 摆式仪测试路面摩擦系数,当空气温度为 20℃ 时,测试结果不进行温度修正。（　　）

68. 摆式仪测定路面的抗滑性能时,摆锤在路表面滑动的长度越大,则摆值越小。（　　）

69. 路表构造深度是指一定面积的路表面凹凸不平的开口孔隙的平均深度。（　　）

70. 激光构造深度仪所测的构造深度可以直接用于评定路面的抗滑性能。（　　）

71. 测试路面构造深度与摩擦摆值的抗滑性方法,均要求同一处平行测定不少于 3 次。（　　）

72. 构造深度为规定区域内路表面开口空隙的深度,又称宏观纹理深度。根据测试区域和计算模型的不同,简称主要有 TD、SMTD、MPD 等。（　　）

73. 手工铺砂法取 3 次构造深度测试值的平均值作为试验结果,准确至 0.01mm,且当平均值小于 0.2mm 时,结果记作 0.2mm。（　　）

74. 数显式摆式仪是在不改变原有指针式摆式仪基本结构与工作原理的基础上,零位标定、摆值读取均由角度传感器和控制程序自动完成,降低了测试结果的误差,提高了稳定性和精确度。（　　）

75. 新建沥青路面表层的渗水系数不应在路面成型后立即测定。（　　）

76. 为防止粗型沥青混凝土路面渗水试验发生侧渗,可以增加外圈的密封宽度。（　　）

77. 路面错台测试位置应选在接缝高差最大处。（　　）

78. 避开水泥混凝土板块崩边的位置,将深度尺垂直于高出一侧,将测头顶至与沉降面接触为止,待稳定后读数,即为该处的错台高度 D。（　　）

79. 二级公路路面车辙测试的基准测量宽度,应以形成车辙部位的一个设计车道作为基准测量宽度。（　　）

80. 采用横断面尺测试路面车辙时,应与道路中心线垂直,每隔100m一点,将钢尺垂直立于路面上,读取横断面尺底面与路面之间的高差。如断面的最高处或最低处明显不在测试点上,应加密测点。( )

81. 路面表观损坏测试方法适用于测试沥青路面和水泥混凝土路面的裂缝、坑槽、断板等表观损坏,可采用人工法和视频法。( )

82. 沥青路面的纵向、横向和不规则裂缝等单根裂缝,主要采用钢卷尺或钢直尺测量其长度与宽度,缝宽与缝长按照测量的最大值计。( )

83. 采用贝克曼梁弯沉仪测试混凝土路面脱空时,应采用5.4m贝克曼梁,且当测试板角或板边位置时,后轴轮胎外侧边缘应距纵缝、横缝50~100mm。( )

84. 采用FWD分别测试同一板块板中、板边中点和板角位置的弯沉,当弯沉比值$\lambda_1 > 3.0$或弯沉比值$\lambda_2 > 2.0$时,可判定为脱空。( )

85. 探坑法应根据病害的严重程度确定开挖矩形形状的边长。对于裂缝或车辙,应在病害边缘位置进行画线确定开挖边长$L_{纵}$、$L_{横}$。( )

86. 探坑法记录各层厚度时,可用钢尺测量横断面上、中、下面层不同位置的厚度值,取平均值作为该层厚度。( )

87. 对于无专用测温孔的运料卡车,可在运料车的混合料上部侧面采用插入式温度计测试,即为现场温度。( )

88. 层间黏结强度测试方法适用于测试和评价黏结层与沥青混凝土层、水泥混凝土层等两种不同材料之间的层间黏结强度,不适用测试与桥面板之间的黏结强度。( )

89. 采用扭剪试验进行层间黏结强度试验时,应依据黏结层及以上部分的厚度是否大于15mm,按照薄层扭剪试验或厚层扭剪试验两种方法安装扭剪试验仪进行测试。( )

90. 统计通过法与拖车法均为测试噪声的方法,前者适用于测试交通噪声,用于评价路面对公路交通噪声影响;后者适用于测试路面轮胎噪声,用于评价不同路面类型对车辆轮胎噪声的影响。( )

91. 风速不大于5m/s的天气及雨天可以进行统计通过法和拖车法噪声测试。( )

92. 统计通过法的声级测试是选择测量1/3倍频程谱、平均时间用"快"挡,测量最大A计权声压级。( )

93. 统计通过指数作为统计通过法测试路面对交通噪声影响指标,与交通流中车辆的类型、标准速度、声级有关。( )

94. 拖车法测试噪声的标准车速分为50km/h、80km/h和100km/h三档。( )

95. 在拖车法测试车测定交通噪声的同时,应连续测定测试车的实际运行速度,计算每20m小路段的平均车速与测试路段的平均车速,此速度均要求不得偏离标准速度$v_{re}(1 \pm 15\%)$。( )

三、多项选择题(每题所列的备选项中,有两个或两个以上正确答案,选项全部正确得满分,选项部分正确按比例得分,出现错误选项本题不得分,每题2分)

1. 路基路面现场检测应进行现场抽样,可分为以下( )方法。
   A. 选点 B. 分层 C. 钻芯取样 D. 切割取样

2.综合法进行路基路面现场测试选点,通常有沿道路( )连续选择测区,测区内( )选择测点;或者沿道路( )均匀确定测区,测区内( )选取测点等。
   A.横向　　　　　B.纵向　　　　　C.随机法　　　　D.定向法

3.采用综合法对路基路面现场测试选点,可以同时按照( )选点方法中两种以上选点方法的规定,确定测点位置。
   A.均匀法　　　　B.随机法　　　　C.定向法　　　　D.连续法

4.现场钻芯和切割取样方法适用于( )。
   A.水泥混凝土面层　　　　　　B.沥青混合料面层
   C.无机结合料稳定基层　　　　D.公路路基

5.沥青路面钻取的芯样可用于测定( )。
   A.路面厚度　　　　　　　　　B.马歇尔稳定度
   C.密度　　　　　　　　　　　D.空隙率

6.路基边坡坡度可采用( )方法测试。
   A.全站仪法　　　　　　　　　B.水准仪法
   C.经纬仪法　　　　　　　　　D.坡度测量仪法

7.以下水泥混凝土路面板纵、横缝顺直度测试步骤中,正确的是( )。
   A.在待测试路段的直线段上将尼龙线对齐20m长的纵缝两端并拉直
   B.将尼龙线沿板宽对齐面板横缝两端并拉直
   C.用钢直尺量测纵缝(横缝)与尼龙线的最大间距即为该处纵缝(横缝)顺直度
   D.纵缝(横缝)顺直度均应准确至0.5mm

8.关于几何数据测试系统,以下说法正确的是( )。
   A.测试当日的风速不超过4级
   B.当路面有严重坑槽、车辙时,测试车速宜为30~80km/h
   C.每行驶5000km或更换轮胎时承载车应进行距离标定
   D.距离标定长度为1000m

9.《公路路基路面现场测试规程》(JTG 3450—2019)规定的路面厚度测试方法有( )。
   A.挖坑法　　　　　　　　　　B.钻芯法
   C.短脉冲雷达法　　　　　　　D.几何数据测试系统

10.钻芯测试路面厚度方法适用于( )的厚度测试。
   A.基层或砂石路面　　　　　　B.沥青面层
   C.水泥混凝土路面板　　　　　D.能够取出完整芯样的基层

11.采用挖坑法测定路面厚度,应开挖测试层材料直至( )。
   A.超过测试层的底面　　　　　B.层位底面
   C.下一层的顶面　　　　　　　D.下一层的底面

12.挖坑法和钻芯法测试路面厚度的测试报告应包括的技术内容有( )。
   A.现场测试位置信息(桩号、路面结构层类型等)
   B.各测试位置的路面厚度实测值
   C.路面厚度设计值、路面厚度偏差

D. 测试路段厚度的平均值、标准差、代表值
13. 短脉冲雷达测试路面厚度不适用于介电常数较高的筑路材料铺筑的路面,如( )。
   A. 潮湿路面　　　　　　　　　　B. 沥青混凝土路面
   C. 水泥混凝土路面　　　　　　　D. 富含铁矿渣集料路面
14. 采用短脉冲雷达测试系统测试路面厚度,需要进行( )标定。
   A. 距离　　　　　　　　　　　　B. 测试系统
   C. 温度范围　　　　　　　　　　D. 芯样波速
15. 挖坑灌砂测试压实度的方法不适用于测试( )结构的压实度。
   A. 路面基层或底基层　　　　　　B. 砂石路面
   C. 填石路堤　　　　　　　　　　D. 有大孔洞或大空隙
16. 根据( ),灌砂筒可以选择直径为 $\phi100$、$\phi150$、$\phi200$ 和 $\geqslant\phi250$ 四种类型。
   A. 填料最大粒径　　　　　　　　B. 测试层厚度
   C. 标定罐尺寸　　　　　　　　　D. 基板孔径
17. 挖坑灌砂法测试路基路面的压实度,应先进行( )准备工作。
   A. 对结构层填料进行击实试验,得到最大干密度
   B. 选用灌砂设备
   C. 标定灌砂筒下部圆锥体内砂的质量
   D. 标定量砂的松方密度
18. 挖坑灌砂测试压实度时,关于量砂的要求以下说法正确的是( )。
   A. 粒径 0.30~0.60mm 清洁干燥的砂,约 20~40kg
   B. 使用前须洗净、烘干、筛分至合格并放置 24h 以上,使其与空气的湿度达到平衡
   C. 用过的量砂不能重复使用
   D. 若回收量砂中混有杂质,洗净烘干并筛分至合格可以使用
19. 采用挖坑灌砂法测定压实度时,( )条件宜选用小型灌砂筒测试。
   A. 集料最大粒径小于 13.2mm　　B. 填石路堤
   C. 测定层厚度不超过 150mm　　　D. 沥青贯入式路面
20. 以下方法中,( )属于路基路面现场压实度的测试方法。
   A. 挖坑灌砂法　　　　　　　　　B. 环刀法
   C. 沉降差法　　　　　　　　　　D. 钻芯法
21. 沥青路面压实度测试及质量评定时,标准密度可以选择( )。
   A. 试验室标准密度　　　　　　　B. 最大理论密度
   C. 试验路段密度　　　　　　　　D. 现场实测密度
22. 测试沥青混凝土路面面层压实度的方法有( )。
   A. 核子密湿度仪法　　　　　　　B. 环刀法
   C. 无核密度仪　　　　　　　　　D. 钻芯法
23. 核子密湿度仪测试路基路面压实度可按( )方式进行。
   A. 直接透射　　　　　　　　　　B. 折射
   C. 反射　　　　　　　　　　　　D. 散射

24. 环刀法测试压实度适用于现场测试( )的密度,计算施工压实度。
   A. 细粒土
   B. 龄期为 7d 的无机结合料稳定材料
   C. 龄期不超过 2d 的无机结合料稳定细粒土
   D. 砂粒式沥青混凝土

25. 采用环刀法测试压实度,以下( )说法正确。
   A. 施工过程或质量评定时,通常取土环刀中部处于压实层厚的 1/2 深度
   B. 对黏性土、砂性土、硬塑土及无机结合料稳定细粒土,可采用取土器落锤将环刀打入压实层中,挖出环刀削去环刀两端余土并修平
   C. 修平环刀中试样,擦净环外壁,称取环刀与试样合计质量,准确至 0.01g
   D. 自环中取具有代表性的试样(不少于 100g)测试其含水率

26. 钻心测试路面压实度,对于沥青路面取芯时间的规定为( )。
   A. 普通沥青路面通常在第 1 天取样
   B. 普通沥青路面通常在第 2 天取样
   C. 改性沥青及 SMA 路面宜在第 3 天以后取样
   D. 普通沥青、改性沥青及 SMA 路面均宜在第 2 天以后取样

27. 以下( )是关于核子密湿度仪的正确说法。
   A. 每 12 个月进行一次校验
   B. 测试沥青混合料面层密度时,确定的材料湿密度可直接计算压实度
   C. 开机测量后,测试人员退出核子仪 2m 以外
   D. 采用直接透射时,一组测值不应少于 13 点

28. 现场无核密度仪为快速测试( )的沥青路面各层沥青混合料的密度方法,计算的压实度结果不宜用于评定验收。
   A. 当日铺筑   B. 铺筑第 2 天
   C. 开放交通半年   D. 未开放交通

29. 下列( )是评价路基路面的平整度技术指标。
   A. 合格率   B. 最大间隙   C. 标准差   D. 国际平整度指数

30. 关于手推式断面仪测试平整度,以下说法正确的是( )。
   A. 测试速度宜为 50~80km/h
   B. 进行相关性试验时要求对试验段重复 5 次测试
   C. 以 100m 为计算区间
   D. 用国际平整度指数作为评价指标

31. 手推式断面仪测试平整度的结果受以下( )因素影响。
   A. 仪器放置时间   B. 行驶距离
   C. 温度   D. 湿度

32. 以下技术指标中,可以反映路面平整性的有( )。
   A. 最大间隙   B. 标准差
   C. 国际平整度指数   D. 横向力系数

33. 下列测定路面平整度的方法中,属于断面类的方法有( )。
    A. 3m 直尺法   B. 激光路面平整度测定仪法
    C. 连续式平整度仪法   D. 车载式颠簸累积仪法

34. 以下关于平整度测试设备,说法正确的是( )。
    A. 平整度的测试设备分为断面类及反应类两大类
    B. 断面类设备实际上是测定路面表面凹凸情况
    C. 反应类设备是测定路面凹凸引起车辆振动的颠簸情况
    D. 常用的断面类设备是车载式颠簸累积仪

35. 平整度测试方法有( )。
    A. 3m 直尺法   B. 连续平整度仪法
    C. 手推式断面仪法   D. 车载颠簸累积仪法

36. 采用 3m 直尺测定法时,在测试路段路面上选择测试地点的要点是( )。
    A. 施工过程中质量检测需要时,测试地点根据需要任意确定
    B. 一般情况下应以行车道一侧车轮轮迹带(距车道线 0.8~1.0m)作为连续测定的标准位置
    C. 每一个测试位置应前后选择 3 处测定
    D. 对旧路面已形成车辙的路面,应以车辙中间位置为测定位置

37. 连续式平整度仪自动采集位移数据时,以下正确的说法是( )。
    A. 测定间距为 100mm
    B. 每一计算区间为 100m
    C. 100m 输出一次计算结果
    D. 每一计算区间的路面平整度以该区间测试结果的位移值表示

38. 将车载式颠簸累积仪的测试结果与国际平整度指数建立相关关系时,应做到( )。
    A. 按照 IRI 值每段间距大于 1.0 的范围选择不少于 4 段不同平整度的路段
    B. 按选定的测试速度用颠簸累积仪测试每个路段的反应值,重复 5 次取平均值
    C. 用精密水准仪分别测量标定路段两个轮迹的纵断高程,采样间隔为 250mm
    D. 用 IRI 标准计算程序对纵断面测量值进行模型计算,得到两个轮迹的 IRI 值,取平均值

39. 有关沥青混凝土面层弯沉测试评定中,下列说法正确的有( )。
    A. 测得弯沉代表值越大,说明路面强度越高
    B. 当路面温度不是 20℃±2℃时,必须对测值进行温度修正
    C. 代表弯沉值的计算中,目标可靠指标 β 应根据不同道路等级进行选择
    D. 弯沉应在最不利季节测定,否则应进行季节修正

40. 贝克曼梁弯沉仪常用的规格有( )m,杠杆比一般为 2:1。
    A. 5.4   B. 7.2   C. 1.2   D. 3.6

41. 用贝克曼梁法测弯沉,以下哪些情况不用对测值进行温度修正( )。
    A. 测量路基弯沉   B. 测量时路表面温度为 20℃
    C. 测量水稳基层的路表面弯沉   D. 沥青面层厚度不足 50mm

42. 现场测定土基回弹模量的方法主要有( )。
   A. 承载板法   B. CBR 值法
   C. 贝克曼梁法   D. 落球法

43. 在用承载板法测定土基回弹模量试验中,下列说法正确的有( )。
   A. 安置承载板前,应在土基表面撒干燥洁净的细砂填平土基凹处
   B. 采用逐级加载、卸载的方法,测出每级荷载下相应的土基回弹模量
   C. 计算各级荷载的回弹变形值,采用 E_i 公式计算相应于各级荷载下的土基回弹模量
   D. 当两台贝克曼梁百分表读数之差小于平均值的 30% 时,取平均值

44. 用承载板法测试土基回弹模量时,测定完成后还要测定测点的( )。
   A. CBR   B. 含水率   C. 压实度   D. 密度

45. 采用承载板测试土基回弹模量,受下列( )因素影响。
   A. 土基含水率   B. 各级压力下的影响量
   C. 测点的密度   D. 荷载压强

46. 承载板法测定土基回弹模量时,需要采用公式计算各级压力下的影响量 a_i,该值与( )参数有关。
   A. 载重汽车的后轴重、前后轴距、总影响量
   B. 加劲小梁距载重汽车后轴距离
   C. 承载板的直径、压力
   D. 后轴载重为 60kN 的标准车

47. 路面弯沉测试前,应首先检查( )。
   A. 承载板接地情况   B. 轮胎充气压力
   C. 百分表灵敏度   D. 制动性能

48. 以下( )方法测试的是路面的总弯沉值。
   A. 自动弯沉仪   B. 落锤式弯沉仪
   C. 贝克曼梁弯沉仪   D. 激光式高速路面弯沉测试仪

49. 激光式高速路面弯沉测试仪是利用多普勒测速原理,测试地面在荷载作用下的垂直下沉速度,再通过分析程序计算出最大弯沉及弯沉盆数据。测试数据还应进行( )修正。
   A. 温度   B. 坡度
   C. 与贝克曼梁弯沉仪的相关性   D. 与落锤式弯沉仪的相关性试验

50. 在春季 17℃ 条件下,采用 5.4m 贝克曼梁测试 8cm 厚沥青路面的弯沉值,应进行修正的是( )。
   A. 支点变形修正   B. 温度修正
   C. 季节修正   D. 轴载修正

51. 关于落锤式弯沉仪(FWD)测试路表弯沉试验,以下说法正确的是( )。
   A. 承载板直径为 300mm,呈十字对称分成四部分,底部有固定橡胶片
   B. 用于反算路面结构层模量时,传感器总数应不少于 7 个
   C. 牵引 FWD 行驶的速度不宜超过 50km/h
   D. 每个测点重复测试应不少于 5 次

52. 采用动力灌入锥测定混凝土路面的 CBR 值,应先根据( )试验参数计算贯入度,然后代入公式计算 CBR 值。
    A. 锤击次数　　　　　　　　　B. 落锤质量
    C. 落距　　　　　　　　　　　D. 贯入量

53. 采用贝克曼梁法测试路面回弹弯沉,测试步骤正确的是( )。
    A. 在测试路段布置测点,测点应在路面行车车道的轮迹带上,并用白油漆或粉笔画上标记
    B. 将试验车后轮轮隙对准测点前 3~5cm 处的位置上
    C. 将弯沉仪插入汽车后轮之间的缝隙处,安装百分表并调零
    D. 测定者吹哨发令指挥汽车缓缓前进,当表针转动到最大值时,迅速读取初读数 L_1。汽车仍在继续前进,待汽车驶出弯沉影响半径(3m 以上)后停车,待表针回转稳定后读取终读数 L_2

54. 自动弯沉仪测试路面弯沉时,有必要对测试的弯沉值数据进行以下( )修正。
    A. 支点变形修正　　B. 温度　　　　　C. 横坡　　　　　D. 相关性

55. 落锤式弯沉仪可用于( )。
    A. 测定路面的动态弯沉　　　　　　B. 测定路面的静态回弹弯沉
    C. 测试水泥混凝土路面板底脱空　　D. 反算路基路面各层材料的回弹模量

56. 以下关于落锤式弯沉仪测试方法,说法正确的是( )。
    A. 落锤式弯沉仪测定的动态弯沉可换算为贝克曼梁的静态回弹弯沉
    B. 落锤式弯沉仪测定的是静态弯沉
    C. 落锤式弯沉仪测定的是动态总弯沉
    D. 落锤式弯沉仪测定的是静态回弹弯沉

57. 现场检测水泥混凝土路面强度,可以采用以下( )方法。
    A. 回弹仪法　　　　　　　　　　B. 低应变法
    C. 落球仪法　　　　　　　　　　D. 超声回弹法

58. 回弹法测试水泥混凝土强度时,出现以下( )情况,需要进行回弹仪保养。
    A. 在钢砧上的率定值不合格　　　　B. 回弹仪遭受严重撞击或其他损害
    C. 回弹仪弹击超过 2000 次　　　　D. 对测试值有怀疑

59. 超声回弹法的测试条件包括( )。
    A. 混凝土的密度为 $1.9~2.5g/cm^3$
    B. 板厚大于 100mm
    C. 龄期大于 14d,强度已达到设计强度的 75%
    D. 环境温度为 -4~40℃

60. 回弹仪测试水泥混凝土强度方法,应合理布设测区和测点,具体要求包括( )。
    A. 每个混凝土板的测区数不宜少于 10 个,相邻两测区间距不宜大于 2m,且均匀分布,避开板边板角
    B. 测区表面应清洁、干燥、平整,必要时可用砂轮清理、磨光,且无残留粉尘或碎屑
    C. 一个测区面积不宜大于 200mm×200mm

D. 每一个测区 16 个测点,相邻两测点的间距、测点距路面边缘或接缝间距均不宜小于 30mm

61. 超声回弹法不适用于测试( )情况的混凝土。
   A. 厚度小于 100mm 的混凝土
   B. 隐蔽或外露局部缺陷区
   C. 裂缝或微裂区,包括路面伸缩缝和工作缝
   D. 路面角隅钢筋和边缘钢筋处,特别是超声波与钢筋同向时

62. 超声回弹法测量超声声时值时,以下( )说法正确。
   A. 同一测区内布置 3 条测轴线作为换能器布置区
   B. 发射与接收两个换能器直径与应与测轴线重合,中心应与测距线重合
   C. 超声波仪振幅应调至 20～30mm
   D. 测点 1 与测点 2、测点 3 的间距分别为 350mm、450mm

63. 关于取芯法测试混凝土路面强度,以下( )说法正确。
   A. 可以测试劈裂强度和抗压强度,芯样直径为 150mm,高度与直径比为 1
   B. 芯样试件内不得含有钢筋或钢纤维
   C. 锯切后的试样应进行端面磨平处理
   D. 芯样直径量测方法为在两端相互垂直的位置上测量,取算术平均值

64. 高速公路竣工验收,下列关于路面横向力摩擦系数检测过程描述,正确的有( )。
   A. 检测前不需要对路面进行清扫
   B. 检查测试轮胎,调整气压至 0.35MPa
   C. 检测时测试速度需采用 50km/h
   D. 检测过程中沿正常行车轨迹行驶

65. 以下( )可以测试路面的抗滑性。
   A. 电动铺砂仪法
   B. 横向力系数测试系统
   C. 摆式仪法
   D. 动态旋转式摩擦系数测试仪法

66. 以下( )因素影响路面的抗滑性。
   A. 车辆情况
   B. 气候条件
   C. 路面平整度
   D. 路面表面特性

67. 下列情况中,( )说明路面抗滑性能越好。
   A. 摆值越大
   B. 构造深度越大
   C. 横向力系数越大
   D. 制动距离越长

68. 路面的摩擦系数可采用( )测试。
   A. 摆式仪法
   B. 铺砂法
   C. 动态旋转式摩擦系数测试仪法
   D. 横向力系数测定车法

69. 摆式仪的橡胶片达到以下( )条件时,应更换新橡胶片。
   A. 端部在长度方向上磨损超过 1.6mm 或边缘在宽度方向上磨耗超过 3.2mm
   B. 新橡胶片应先在干燥路面上测试 10 次
   C. 有油类污染时
   D. 使用期达到 1 年

70. 下列关于手工铺砂法,说法正确的是( )。

A. 量砂应干燥、洁净、匀质,粒径为 0.15~0.30mm

B. 测点应选在行车道的轮迹带上

C. 同一处平行测定不少于 3 次,3 个测点间距 3~5m

D. 为避免浪费,量砂应回收重复使用

71. 单轮式横向力系数测定系统,有关技术参数要求为( )。

A. 测试轮偏置角为 19.5°~20°

B. 测试轮夹角为 15°

C. 测试轮标准气压为(70±3.5)kPa

D. 测试轮静态垂直标准荷载为(2000±20)N

72. 使用单轮式横向力系数测定系统测定路面摩擦系数,以下说法正确的是( )。

A. 测试系统不需要供水装置

B. SFC 值需要速度修正

C. SFC 值需要温度修正

D. 报告包括横向力系数的平均值、标准差、代表值及现场的测试速度和温度等

73. 关于手工铺砂仪测试路表面的抗滑性,下列说法正确的是( )。

A. 量砂筒的容积为(25±0.15)mL

B. 量砂粒径 0.15~0.30mm,干燥洁净

C. 同一处应间距 3~5cm 平行测试不少于 3 次

D. 尽可能将砂摊成圆形,量取两个垂直方向的直径,取平均值

74. 使用电动铺砂仪,需要在玻璃板上标定摊铺的量砂厚度(t_0),计算 t_0 与( )参数有关。

A. 量砂质量　　　　　　　　　B. 铺砂仪铺砂宽度

C. 玻璃板上 50mL 量砂摊铺的长度　　D. 量砂体积

75. 以下( )选项为激光构造深度仪测试值与手工铺砂法测试值的相关性试验内容。

A. 相关系数不小于 0.97

B. 选择 4 段不同构造深度各 100m 作为试验路段

C. 每个试验路段上用砂铺法测试构造深度至少 10 点

D. 承载车的行驶速度为 30~50km/h

76. 采用动态旋转式摩擦系数测试仪(DF)测试路面的摩擦系数,要求( )。

A. 橡胶片的固定压力为 11.8N,如橡胶片厚度小于 3mm 应及时更换

B. 测量范围为 20~80km/h,控制单元显示圆盘旋转时速达到 90km/h,开始测试

C. 在测试过程中,始终应保持连续放水

D. 同一测点测试 3 次,如不满足极差要求,则应清扫测点重新测试

77. 以下关于路面渗水系数测试方法,描述正确的是( )。

A. 渗水系数表征路面的渗透性能,是沥青路面水稳定性的重要指标

B. 路面渗水系数与空隙率有很大关系,也是反映沥青混合料级配组成的间接指标

C. 一个测试路段应选择 5 个测点测试渗水系数

D. 分别记录量筒内水面下降至 100mL、500mL 的时间,若 3min 水面无法下降至

500mL 则记录 3min 的渗水量

78. 沥青路面的渗水系数测试时,一般以水面从( )下降至( )所需的时间为准。
    A. 100mL　　　B. 500mL　　　C. 300mL　　　D. 700mL

79. 以下路基路面损坏的现场测试方法中,( )测试方法适应于测试水泥混凝土路面。
    A. 路面错台　　　　　　　　B. 路面车辙
    C. 路面表观损坏　　　　　　D. 路面脱空

80. 路面错台测试方法有( )。
    A. 3m 直尺法　　　　　　　B. 基准尺法
    C. 深度尺法　　　　　　　　D. 水准仪(全站仪)法

81. 沥青路面车辙的测试方法有( )。
    A. 横断面尺法　　　　　　　B. 基准尺法
    C. 激光车辙仪法　　　　　　D. 车载式颠簸累积仪法

82. 水泥混凝土路面表观损坏测试中,需要用测量面积表示的损坏类型有( )。
    A. 裂缝　　　B. 破碎板　　　C. 坑洞　　　D. 接缝料损坏

83. 弯沉法测试水泥混凝土路面脱空可以为路面养护处治提供依据,该方法适用于( )弯沉仪。
    A. 贝克曼梁　　B. 落锤式　　C. 自动　　　D. 激光式

84. 采用落锤式弯沉仪进行脱空测试时,可采用( )方法之一进行脱空判定。
    A. 截距值　　　B. 斜率值　　　C. 弯沉比值　　　D. 弯沉测值

85. 关于 FWD 测试混凝土路面脱空,下列说法正确的是( )。
    A. 当测试板角或板边位置时,承载板边缘应距纵缝、横缝不大于 200mm
    B. 当测试板中位置时,承载板中心与板中心应重合
    C. 脱空测试应避开晴天正午前后温度较高及显著负温度梯度(夜晚或清晨)时段
    D. 脱空测试宜选择早晚板块上下表面温差较小时段,或凉爽多云、阴天温差变化不大的天气

86. 探坑法测试路面结构病害,报告的技术内容包括( )。
    A. 测试位置信息,如桩号、路面结构类型等
    B. 开挖矩形尺寸
    C. 路面结构病害测试记录、开挖剖面图和图像资料
    D. 相应测试层位的材料弹性模量、含水率

87. 测试沥青混合料在摊铺过程中的摊铺温度及碾压过程中的压实温度,均可以采用红外摄像仪测试,应( )。
    A. 记录最高温度　　　　　　B. 记录最低温度
    C. 计算最大温差　　　　　　D. 采用温度场图片形式保存数据

88. 沥青喷洒法测试施工材料用量,可以采用( )法进行。
    A. 受样盘　　　B. 牛皮纸　　　C. 地磅　　　D. 面积

89. 沥青混合料碾压过程中测试压实温度,可采用( )法。
    A. 插入式温度计　　　　　　B. 电测温度计

C. 非插入式温度计红外温度计 D. 红外摄像仪

90. 对于路面半刚性基层透层油深度测试,下列说法正确的是( )。
    A. 检测工作应在透层油基本渗透或喷洒48h后进行
    B. 凿孔直径应为φ150mm
    C. 测量前需将芯样晾干
    D. 将芯样顶面圆周平均分成8等份并分别测量等分点处透层油渗透深度

91. 层间黏结强度测试方法有( )。
    A. 拉拔试验   B. 拉伸试验
    C. 扭剪试验   D. 剪切试验

92. 关于层间黏结强度测试,下列说法正确的是( )。
    A. 拉拔试验的拉伸速率为(25 ± 15)kPa/s
    B. 要求每个位置需要测试3个点,每个测点间距不小于500mm,总间距控制在2m内
    C. 拉拔试验指标为拉拔强度,扭剪试验指标为最大扭矩
    D. 每个位置的3个测试值应不超过其平均值的20%,否则整个试验作废

93. 以下( )属于统计通过法测试路面对交通噪声影响时,选择测试路段的内容。
    A. 路段表面应潮湿、无明细污染,路面技术状况良好,且应避免选择有接缝的路段
    B. 测试路段应顺直,长度不小于60m(交通流平均速度不小于100km/h时,长度不小于100m),纵坡不大于1%
    C. 新铺设道路不宜测试交通噪声,应在通车1年后进行测试
    D. 测试路段背景噪声不应太大,一般要求现场其他活动所产生的噪声的A计权声压级应至少比测量时交通噪声的大声级低10dB

94. 统计通过法测试路面对交通噪声影响,选择测试路段时对遮挡物的要求有( )。
    A. 测试路段,传声器周围25m范围内没有任何声反射物体,如建筑物、声屏障等
    B. 应避免护栏对测量结果的影响。如果需要测试该路段,应移除护栏或采用吸声材料覆盖后再测试
    C. 应避免有高大植物的路段
    D. 路侧有边沟或其他显著低注处时,应至少离开车道中心线5m

95. 统计通过法进行噪声和车速测试,包括( )测试项目。
    A. 声级测试   B. 频谱测试
    C. 实际运行速度测试   D. 速度测试

96. 关于统计通过法的传声器与声测装置,下列说法正确的是( )。
    A. 传声器一般按照测试行车方向右侧最外侧车道噪声的方式进行布设,且距测试车道中心线的水平距离应为(8 ± 0.1)m
    B. 将传声器固定在选定测试路段纵向中间位置
    C. 安装声测装置,应确保传声器位于车道路表面上方(1.2 ± 0.1)m高度处,并安装防风罩
    D. 在车辆中心点通过传声器时应测量车辆的速度,准确至1km/h。

97. 对出现下列( )情况的车辆,统计通过法应不予测试或从测试结果中剔除。

A. 测试车辆与前后车辆的 A 计权声压级差小于 6dB
B. 最大声压级与其他交通车辆等背景噪声产生的总声压级之差小于 10dB
C. 在测试车辆与某一车辆在测试位置几乎同时产生最大声压级,以致峰值难以分开
D. 车速低于 50km/h 的车辆

98. 拖车法测试路面对轮胎噪声影响,所用测试标准轮胎应符合(　　)要求。
   A. 测试过程中标准轮胎充气压力为 200kPa ± 10kPa
   B. 新标准轮胎首次测试前,应以与测试时大致相等的速度在公路上行驶不少于 400km
   C. 在每次正式测试之前至少行驶 30min,对轮胎进行预热
   D. 轮胎花纹磨损深度大于 1.0mm、有明显变形或使用时间超过 15 个月时,应予以更换

99. 出现(　　)情况时,交通噪声测量可能会受干扰,需要对受噪声干扰的每个小路段进行筛查。
   A. 当某一个小路段内车速变化较大,或者存在明显的加速、减速时
   B. 弯曲半径过小,或纵坡大于 6% 的路段
   C. 当测试的抗外部背景噪声能力不满足要求时
   D. 路表面有接缝或坑槽等病害时

四、综合题[根据所列资料,以选择题的形式(单选或多选)选出正确的选项。每道大题 10 分,包括 5 道小题,每小题 2 分,选项部分正确按比例得分,出现错误选项该题不得分]

1. 高速公路路基施工完成后进行压实度检测工作,现场采用挖坑灌砂方法测定路基压实度,请回答以下问题。
(1)挖坑灌砂法试验适用于以下(　　)的压实度检测。
   A. 基层　　　　　B. 路基土　　　　　C. 填石路堤　　　　　D. 砂石路面
(2)下列(　　)不是标定灌砂筒下部圆锥体内砂质量的步骤。
   A. 按规定方法向灌砂筒内装砂并称取砂的质量,以后每次标定均维持该砂的质量
   B. 将装有一定质量砂的储砂筒放在标定罐上,打开开关让砂流出至不再下流时,关闭开关,取下灌砂筒,称取筒内剩余砂的质量
   C. 将灌砂筒轻轻移至玻璃板上,打开开关让砂流出,直至砂不再流出关闭开关,取走灌砂筒
   D. 收集并称量玻璃板上砂的质量
(3)灌砂法测定过程中,下列(　　)操作会使测定结果偏小。
   A. 测定层表面不平整而操作时,未先放置基板测定粗糙表面的耗砂量
   B. 标定砂锥质量时,未先流出一部分与试坑体积相当的砂而直接用全部的砂来形成砂堆
   C. 开凿试坑时,飞出的石子未捡回
   D. 所挖试坑的深度只达到测定层的一半

(4)测压实度正确的试验步骤为(　　)。

①移开灌砂筒并取出试坑内的量砂以备下次再用;②移开灌砂筒并清理测点表面;③测定粗糙面上砂锥的质量;④将装有量砂的灌砂筒放置在基板中心;⑤放置基板使基板中心对准测点;⑥在灌砂筒内装入量砂,把灌砂筒放在基板上,使灌砂筒中心正好对准基板中心,打开灌砂筒,测定灌入试坑内砂的质量;⑦沿基板中心向下挖坑至下一结构层顶面,并尽快称量所挖出试样的质量和含水率;⑧选点并将表面清理干净。

A.⑧⑤④③②⑦⑥①　　　　　　　B.⑧⑤④③②⑤⑦⑥①
C.⑧⑤③②④⑤⑦⑥①　　　　　　　D.⑧④③②⑤⑦⑥①

(5)灌砂法试验得出试坑材料湿密度为 2.30g/cm³,含水率为 5.5%,该材料室内标准击实试验最大干密度为 2.25g/cm³,则该测点压实度为(　　)。

A.92.40%　　　　B.96.60%　　　　C.96.90%　　　　D.102.20%

2.某高速公路沥青混凝土面层进行抗滑性能测试,路面温度为30℃。采用摆式仪法测试,其中一个测试位置处共测试 3 个测点,其摩擦摆值的平均值分别为 78、77、80。该路面抗滑摆值设计值为 76,请回答以下问题。

(1)摆式仪橡胶片应及时更换,更换条件为(　　)。

A.橡胶片使用 1 年后　　　　　　　B.端部在长度方向上磨耗超过 1.6mm
C.边缘在宽度方向上磨耗超过 3.2mm　　D.有油类污染时

(2)检测每个单点时,应(　　)。

A.每个测点测定 5 次
B.如 5 个摆值中最大值与最小值的差值大于 3,应重新操作直至符合要求为止
C.当路面喷水后,应连续测试 5 次摆值
D.如 5 个摆值中最大值与最小值的差值不大于 3,取 5 个摆值的平均值作为该测点的抗滑值

(3)该测点的抗滑值为(　　)。

A.78　　　　　B.78.3　　　　　C.78.0　　　　　D.80

(4)抗滑值的温度修正如下表所示,对于温度修正下列说法正确的是(　　)。

温度 T(℃)	0	5	10	15	20	25	30	35	40
温度修正值 ΔF	−6	−4	−3	−1	0	+2	+3	+5	+7

A.路面温度为30℃,测得的摩擦摆值必须换算成标准温度20℃时的摆值
B.换算后的抗滑值为81.3
C.换算后的抗滑值为75
D.换算后的抗滑值为81

(5)下列描述不正确的是(　　)。

A.如果标定时摆锤在地面上的滑动长度小于126mm,则摆值越小,造成摩擦系数偏小
B.摆式仪回摆高度越小,摆值越小,表明摩擦阻力越大
C.摆式仪测试路面摩擦系数也可以采用数字式摆式仪测试
D.该测试点抗滑性不合格

3. 某三级公路进行升级改造，为了解路基状况，检测机构用承载板法测定土基回弹模量。请回答以下问题。

(1) 该试验需要以下( )等设备。
　　A. 千斤顶　　　　B. 测力计　　　　C. 贝克曼梁　　　　D. 温度计

(2) 试验过程中用到的刚性承载板的直径为( )mm。
　　A. 450　　　　　B. 300　　　　　C. 200　　　　　D. 150

(3) 试验过程中，采用千斤顶进行逐级加载、卸载，当加载的荷载大于0.1MPa时，每级增加的荷载为( )MPa。
　　A. 0.02　　　　　B. 0.04　　　　　C. 0.05　　　　　D. 0.1

(4) 测定总影响量 a 时，最后一次加载卸载循环结束后取走千斤顶，重读取两只百分表初读数，然后将测试车辆开出10m外，读取终读数，总影响量 a 为( )。
　　A. 两只百分表初读数与终读数之差的平均值
　　B. 两只百分表初读数平均值与终读数平均值之差
　　C. 两只百分表初读数平均值与终读数平均值之差，再乘以贝克曼梁杠杆比
　　D. 两只百分表初读数与终读数之差的平均值，再除以贝克曼梁杠杆比

(5) 测量试验点土样含水率，当最大粒径为26.5mm时，取样数量约为( )。
　　A. 60　　　　　B. 120　　　　　C. 250　　　　　D. 500

4. 某高速公路建设单位对沥青路面进行质量评定，请回答以下问题。

(1) 检测的关键项目包括( )。
　　A. 弯沉值　　　　B. 平整度　　　　C. 压实度　　　　D. 厚度

(2) 实测项目不合格的是( )。
　　A. 厚度的代表值小于设计厚度减去代表值偏差
　　B. 压实度代表值小于规定值
　　C. 路面横向力系数测定的代表值小于设计值
　　D. 单点厚度值小于极值

(3) 下列说法正确的是( )。
　　A. 用摆式仪测得的摆值表征路面抗滑能力
　　B. 车载式激光平整度仪测试的指标是 IRI，单位是 m
　　C. 回弹弯沉值可以反映路基、路面的综合承载能力，回弹弯沉值越大，承载能力越小
　　D. 采用路面钻芯机在现场钻取试样时，钻取芯样的直径不宜小于最大集料粒径的3倍

(4) 评定路面渗水系数，下列说法正确的是( )。
　　A. SMA路面渗水系数规定值≤120mL/min
　　B. 其他沥青混凝土路面的规定值≤200mL/min
　　C. 测试方法采用透水试验
　　D. 检测频率为每200m测1处

(5) 进行路面宽度检测，下列说法正确的是( )。
　　A. 路面宽度包括行车道、路缘带、变速车道、爬坡车道、硬路肩和紧急停车带的宽度
　　B. 用钢卷尺沿中心线垂直方向水平量取路面各部分的宽度，准确至0.005m

C.测量不得将尺紧贴路面量取

D.测量时不得使用皮尺

◆◆ 习题参考答案及解析 ◀◀◀

一、单项选择题

1. D

【解析】《公路路基路面现场测试规程》(JTG 3450—2019)规定了如下五种常用的路基路面现场测试选点方法。

选点方法	规 定
均匀法	将道路沿纵向或横向进行等间距划分,并在划分点处做好标记,在划分点上布置测点
随机法	按照规定选取测试区间、测试断面或测点
定向法	选取轮迹带或出现裂缝、错台、板角等具有某个特征或指定的位置作为测点
连续法	按相应标准的规定,沿道路纵向间距连续、均匀布置测区
综合法	同时按照上述两种以上选点方法的规定,确定测点位置

2. B

【解析】定向法:选取轮迹带或出现裂缝、错台、板角等具有某个特征或指定的位置作为测点,保证测试结果具有可靠性和代表性。

3. D

【解析】钻芯机的钻头直径通常有 $\phi 50mm$、$\phi 100mm$ 或 $\phi 150mm$。路面钻芯取样,宜选择钻头直径大于集料最大粒径的 3 倍。对沥青混合料及水泥混凝土路面通常采用 $\phi 100mm$;对无机结合料稳定基层,细粒土可采用 $\phi 100mm$,粗粒土可采用 $\phi 150mm$。

4. A

【解析】与无损间接测试方法相比,钻芯取样开展的测试工作更为直观,更易让人接受和信服,所以很多仲裁试验仅采信通过钻芯取样得到的试验结果。

5. D

【解析】《公路路基路面现场测试规程》(JTG 3450—2019)规定,量取路基路面宽度时,不再按照公路等级要求测量精度,均为 0.001m。

6. B

【解析】依据《公路路基路面现场测试规程》(JTG 3450—2019)路基路面横坡测试步骤。

7. A

【解析】《公路路基路面现场测试规程》(JTG 3450—2019)规定,用塞尺量测接缝处水平尺下基准面与位置较低板块的高差最大值,作为该接缝处的相邻板高差。

8. B

【解析】《公路路基路面现场测试规程》(JTG 3450—2019)规定,几何数据测试系统进行系统偏差标定的里程限值为 100km。

9. C

【解析】钻芯法测定路面厚度,应沿芯样圆周对称的十字方向量取表面至分界面的高度,共4处,计算其平均值;钻芯测试沥青路面基层透层油渗透深度时,对将芯样顶面圆周平均分为8等份测量渗透深度,进行数据处理。

10. B

【解析】路面厚度测试,应计算一个测试路段厚度的平均值、标准差,并计算厚度代表值,以便进行质量评定。

11. C

【解析】评定路段内路面结构层厚度代表值为厚度的算术平均值的下置信界限值,即 $X_L = \overline{X} - \dfrac{t_\alpha}{\sqrt{n}}S$。

12. D

【解析】路基路面的压实度是通称,根据结构材料不同,采用的标准密度也不相同。

13. C

【解析】《公路路基路面现场测试规程》(JTG 3450—2019)将旧规范"放置足够的时间"修正为"放置24h以上"。

14. B

【解析】应重复测量3次,取其平均值。

15. C

【解析】为避免干扰,要求核子密湿度仪的测试位置应距路面边缘或其他物体的最小距离不得小于30cm,核子仪周围8m不能存在其他射线源(新规范修订为8m)。

16. B

【解析】提前关闭储砂筒的开关,会造成试坑内所灌砂的质量小于实际值,计算试坑的体积则会偏小,因而计算的现场实测密度偏大,压实度也随之偏大。

17. C

【解析】用中灌砂筒测试时,对于细粒土,不少于200g;对于各种中粒土,不少于1000g;对于粗粒土或水泥、石灰、粉煤灰等无机结合料稳定材料,宜将取出的材料全部烘干,且不少于2000g。

18. A

【解析】标定量砂松方密度过程中,首先需要标定灌砂筒下部圆锥体内砂的质量。

19. A

【解析】此情况下,下部不能被砂正常填充,试坑内填砂质量偏小,则换算的坑洞体积亦偏小,因此计算土的湿密度偏大。土的含水率不变,则干密度偏大,压实度亦偏大。

20. D

【解析】计算压实度的先后顺序应为:①标定量砂的松方密度 $\rho_s = m_a/V$;②称量并计算填满试坑所用砂的质量 m_b;③计算试坑材料的湿密度 $\rho_w = m_w/(m_b/\rho_s)$;④计算试坑材料的干密度 $\rho_d = \rho_w/(1+0.01w)$。

21. C

【解析】土路基采用压实度评价压实质量,可采用灌砂法、环刀法测试。土石或填石路堤的压实程度则不采用压实度指标,而是采用压实沉降差法测试碾压过程中的沉降差来评价。

22. D

【解析】无核密度仪法为沥青路面密度的快速测试方法,测试结果不宜用于评定验收。

23. B

【解析】《公路路基路面现场测试规程》(JTG 3450—2019)中环刀法测试压实度,增加了选择平行试验的测点要求:应在现场选取位置相邻的两处作为平行试验的测点。

24. A

【解析】《公路路基路面现场测试规程》(JTG 3450—2019)T 0923 规定,天平分度值不大于 0.01g,称量环刀、环刀及试样的合计质量应准确至 0.01g。

25. C

【解析】计算两次平行试验结果的差值,若不大于 $0.03g/cm^3$,取其算术平均值作为测试结果;若大于 $0.03g/cm^3$,则应重新测试。

26. C

【解析】核子密湿度仪密度的测试范围为 $1.12 \sim 2.73g/cm^3$,其密度的测试允许误差不超过 $\pm 0.03g/cm^3$。

27. B

【解析】因无核密度仪仅适用于快速测试沥青路面各层沥青混合料的密度,故测试结果应与钻芯法压实度测试结果进行相关性试验。

28. B

【解析】温度对无核密度仪测试结果影响较小,被测材料表面的含水率对其测试结果影响较大。因此,测试时,无核密度仪显示的湿度一般应在 0~10 之间,测试结果才具有一定可靠性。一般选择干燥的路面部位进行测试。

29. D

【解析】依据土石路堤或填石路堤压实沉降差测试方法[《公路路基路面现场测试规程》(JTG 3450—2019)T 0926]。

30. C

【解析】《公路路基路面现场测试规程》(JTG 3450—2019)将 3m 直尺法测试路表平整度所采用的最大间隙测量器具的精度,由原来规定的 0.2mm 修订为"分度值不大于 0.5mm"。

31. B

【解析】平整度的测试方法分为断面类和反应类。断面类包括 3m 直尺、连续式平整度仪、车载式激光平整度仪、手推式断面仪;目前国内车载式反应类平整度仪主要有颠簸累积仪。国际平整度指数 IRI 为车载式激光平整度仪和手推式断面仪测试平整度指标。

32. C

【解析】IRI、σ、VBI、δ_m 分别为国际平整度指数、标准差、颠簸累积值、最大间隙。颠簸累积仪的测试指标是单向累积值 VBI(cm/km)。

33. B

【解析】 将车载式颠簸累积仪输出的 VBI 值,通过相关性试验的回归公式,以 100m 为计算区间换算成 IBI,相关系数应不小于 0.99。

34. C

【解析】 以换算国际平整度指数(IRI)值作为技术指标,以 m/km 计,保留 2 位小数。

35. C

【解析】 自动采集间距为 100mm(即 10cm),人工采集间距为 1.5m,每一计算区间为 100m。

36. A

【解析】 B、C、D 选项分别为 3m 直尺、连续式平整度仪、车载式颠簸累积仪、车载式激光平整度仪和手推式断面仪直接采集的数值。

37. C

【解析】 采用 3m 直尺进行单尺测试路面平整度的计算,以 3m 直尺与路面的最大间隙为测试结果;连续测试 10 尺时,判断每尺最大间隙是否合格,并计算合格率及 10 个最大间隙的平均值。

38. D

【解析】 连续式平整度仪以标准差(σ)表征路面的平整度,以 mm 计。

39. D

【解析】 当为施工过程中质量检测需要时,测试地点根据需要决定;进行路面工程质量检查验收或路况评定时,应按 D 选项选择测点位置;对已形成车辙的路面,取一侧车辙中间位置为测点位置。

40. B

【解析】 车载式颠簸累积仪测试速度宜为 30~80km/h。

41. D

【解析】 手推式断面仪是一种用于连续采集和测量路面信息的高精度仪器,要求测量的最大速度为 0.8km/h。

42. A

【解析】 贝克曼梁的测试指标为回弹弯沉,落锤式弯沉仪测试动态弯沉。无滚动弯沉。

43. B

【解析】 贝克曼梁法适用于土基厚度不小于 1m 的粒料整层表面,也适用于既有道路表面测试路基路面的综合回弹模量。

44. B

【解析】 贝克曼梁法现场测试回弹弯沉值,然后计算土基回弹模量。CBR 法、贯入仪法均为通过不同的试验,计算现场的 CBR 值。承载板法通过逐级加载、卸载的方法,测出每级荷载下相应的土基回弹变形值,然后计算求得土基回弹模量。

45. D

【解析】 当两个百分表读数差小于平均值的30%时,读数取平均值,超过30%时应重测。当回弹变形值超过1mm时,即可停止加载。

46. B

【解析】 回弹模量越大,表示承载能力越大;回弹弯沉值越大,表示承载能力越小;CBR值越大,表示路基强度越大;CBR越大,表示回弹弯沉越小。

47. C

【解析】 弯沉是在规定的荷载作用下,路基或路面表面产生的总垂直变形值(总弯沉)或垂直回弹变形值(回弹弯沉),以0.01mm计。

48. C

【解析】 加载车的技术参数要求见下表。

后轴标准轴载(kN)	单侧双轮荷载(kN)	轮胎气压(MPa)	单轮传压面当量圆面积(mm^2)
100±1	50±0.5	0.7±0.05	(3.56±0.20)×10^4

49. D

【解析】 贝克曼梁适于测试路基及沥青路面的回弹弯沉,以评价其承载能力。采用5.4m梁测弯沉时,一般可不进行支点变形修正。

50. B

【解析】 B、C、D选项均与测试土基模量有关,其中落球仪法测值与岩土材料的动态模量具有较好的相关性。

51. B

【解析】 测点的回弹弯沉值计算: $L_T = 2(L_1 - L_2)$,式中,L_1为车轮中心临近弯沉仪测头时百分表的最大读数(0.01mm),L_2为汽车驶出弯沉影响范围后待百分表稳定后的终读数(0.01mm)。

52. A

【解析】 落球仪法可以快速测试黏土、粉土、砂石土路基的压缩模量和回弹模量。贝克曼梁法既可以测试土基回弹模量,又可以测试路基路面的回弹弯沉。承载板法适用于测试土基回弹模量。动力锥灌入仪法适用于现场快速测试无机结合料路基、路面CBR值,用于估计强度。

53. D

【解析】 当沥青路面温度超过20℃±2℃时,对厚度大于50mm的沥青路面,进行弯沉值温度修正的步骤有:计算沥青层平均温度;查图确定温度修正系数;计算修正后回弹弯沉值。

54. B

【解析】 使用贝克曼梁和自动弯沉仪测定的均为静态弯沉,前者测试回弹弯沉值,后者测试总弯沉值。

55. C

【解析】 进行对比试验,按规定方法进行数据处理,得到贝克曼梁测值和自动弯沉仪测值之间的相关性关系式,相关系数R应不小于0.95。

56. D

【解析】 落锤式弯沉仪组件包括荷载发生装置、弯沉检测装置、控制系统与牵引车等。

57. A

【解析】荷载小于 0.1MPa 时,每级增加 0.02MPa,以后每级增加 0.04MPa。为了使加载和计算方便,加载数值可适当调整为整数。

58. A

【解析】本方法适用于采用回弹仪、超声波检测仪按综合法快速测试混凝土强度,回弹仪要求混凝土厚度不小于 100mm。

59. B

【解析】回弹值率定应在每天测试完毕后率定一次,在测定过程中对回弹值有怀疑时也应进行率定。

60. C

【解析】采用回弹仪法,每个混凝土板的测区数不宜少于 10 个,每个测区选取 16 个测点,去掉 3 个最大值和 3 个最小值,取其余 10 个值计算测区平均回弹值。

61. D

【解析】测点数不应少于构件测区数的 30%。

62. A

【解析】回弹法选择测区时,每个测区面积不宜大于 200mm×200mm;超声回弹法每个测区面积不宜小于 150mm×550m。

63. A

【解析】超声回弹法测量的是超声声时值,计算的是超声波的声速值。

64. A

【解析】双轮组式横向力系数测试系统检测规定,路面洒水厚度范围为 0.5~1.0mm。

65. C

【解析】现行规范要求,摆式仪测试时,摆在路面上滑动长度为 126mm±1mm。

66. C

【解析】摆式仪测定路面的摩擦摆值,用以评定路面在潮湿状态下的抗滑能力。

67. C

【解析】路面温度为 T 时测得摩擦摆值的修正公式为:$BPN_{20} = BPN_T + \Delta BPN$,温度修正值 ΔBPN 如下表,可见当路面温度≥20℃时修正系数大于 0,说明高温条件下测得的摩擦摆值偏小。

温度 T(℃)	0	5	10	15	20	25	30	35	40
温度修正值 ΔF	-6	-4	-3	-1	0	+2	+3	+5	+7

68. A

【解析】工程质量评定要求摩擦系数和构造深度两个指标。横向力系数测试系统有单轮式和双轮式两种。单轮式横向力系数测试车要求测试轮胎标准气压为 (3.5±0.2)MPa;双轮式横向力系数测试车则要求测试轮气压为 (70±3.5)kPa。根据 SFC 值的速度修正公式:$SFC_{标} = SFC_{测} - 0.22(v_{标} - v_{测})$,说明检测速度越快,检测结果越小。

69. C

【解析】 要求每个测点5个摆值中最大值与最小值的差值不得大于3,计算5个摆值的平均值作为该测点的摆值BPN_T,取整数。

70. A

【解析】 铺砂法包括手工铺砂法和电动铺砂法,均适用于测试沥青路面及无刻槽水泥混凝土路面表面构造深度,用以评定路面表面抗滑性能。

71. A

【解析】 要求摊砂时尽可能摊成圆形并不得在表面留有浮动的余砂。试验时表面留有浮动余砂,则会造成砂的摊铺直径减小,计算构造深度值则偏大。具体如公式:$TD = 1000V/(\pi D^2/4) = 31831/D^2$,式中,$TD$为构造深度,$V$为砂的体积,$D$为摊平砂的平均直径。

72. B

【解析】 手工铺砂仪的量砂筒容积为(25 ± 0.15)mL;电动铺砂仪的标准量筒容积为50mL。

73. A

【解析】 这一步骤的目的是A选项。当量筒中水面下降速度变慢时,用双手轻压渗水仪使其底部的气泡完全排出,直至水自排水孔顺畅排出。然后再次加水进行渗水试验。

74. A

【解析】 基准尺法、深度尺法的测试结果直接作为路面错台高度D。水准仪(全站仪)法的测试结果不能直接作为路面错台高度D,需计算间接缝的相对高程、差值的绝对值作为路面错台高度D。经纬仪法不能用于测试路面的错台高度D。

75. C

【解析】 量测的是接缝处基准尺下基准面与位置较低板块的高差,即为路面错台高度D。

76. B

【解析】 新规范采用R_U代表沥青路面的车辙深度,取R_{U_1}和R_{U_2}中的最大值作为断面的最大车辙深度R_U。

77. C

【解析】 横断面尺刻度间距50mm,长度不小于一个车道宽度,测量结果准确至1mm。

78. D

【解析】 按照矩形测量其横断面切向和垂直方向最外边的长度和宽度计算测量面积,矩形应覆盖该处面积。

79. B

【解析】 采用贝克曼梁弯沉仪测试,当单点弯沉测试值大于0.2mm可判定为该处脱空。

80. A

【解析】 弯沉比λ_1为混凝土板角处的弯沉值与板中处的弯沉值之比,即$W_{板角}/W_{板中}$;λ_2为混凝土板边中点处的弯沉值与板中处的弯沉值之比,即$W_{板边}/W_{板中}$。

81. D

【解析】 应开挖成矩形,开挖第二层以后的各层开挖宜每边比上一层对应边长缩短

150mm,即成为台阶状,台阶宽度不宜小于100mm。

82. A

【解析】 沥青混合料出厂温度或运输至现场温度应在运料卡车上测试,每车测试1次。

83. C

【解析】 在测试位置插入温度计150mm以上,并跟着向前走,如料堆向前滚,拔出后重新插入,注视温度变化值至不再继续上升为止,读记温度。

84. A

【解析】 应仔细插入路面混合料压实层一半深度处,轻轻压紧温度计旁边被扰动的混合料,直至温度计不再继续上升为止,读记温度。然后再次插入下一个测点处。

85. D

【解析】 测温时,需要直接对准测量的沥青混合料表面连续测试3次以上,直至最后3次温度差值不大于1℃,读记最后一次测试温度。

86. D

【解析】 沥青混合料压实温度有多种测试方法。对于插入式温度计与非插入式温度计红外温度计法,一处测试不得少于3个测点,取平均值作为测试温度;对于红外摄像仪法,则是一个区域测试1次。

87. A

【解析】 受样盘法测试施工材料用量时,应采取A选项的规定。

88. B

【解析】 当2个测试值之差不超过平均值的10%时,取其算术平均值作为洒布沥青用量的试验结果,否则应重新试验。

89. A

【解析】 计算单个测点的渗透深度,应去掉3个最小值,计算其他5个渗透深度的算术平均值。

90. B

【解析】 对于无结合料基层(如级配碎石)透层油渗透的深度测试,如上要求凿孔深度不小于50mm。对于有结合料基层(如水泥稳定材料)透层油渗透的深度测试,芯样直径为100mm或150mm,高度宜不少于50mm。

91. C

【解析】 待黏结剂涂布后应养护、完全固化后,用刀具沿拉头边缘小心切割一个环槽,深度至下卧层顶面。然后进入下一步试验。

92. B

【解析】 扭剪试验要求人工匀速推动扭杆,使得扭杆30s±5s内转动90°,同时需要确保扭杆扭剪盘与测试路面表面或试件表面平行(角度小于10°),记录最大破坏扭矩。

93. A

【解析】 在测点处采用钻芯机钻出一个环槽,内径为100~102mm,深度至下卧层表面10mm以下。

94. A

【解析】三类车辆的测试数量分别要求不少于100、30、30辆。其中,第2类和第3类测量总量不少于80辆。

95. D

【解析】要求测试车声学性能应在新车首次应用进行检验。当关键部件更换时,应检验一次;同时每1~2年应检验一次。

96. A

【解析】测试路段应顺直,保证有效测试路段长度不少于100m,且测试路段内路面类型及材料应相同或相近。

97. B

【解析】通过平均20m测试的噪声数据得到每个传声器315~5000Hz频率范围内1/3倍频程的时间平均A计权声压级。计算整个路段的交通噪声指数,应采用平均总A计权声压级。

二、判断题

1. √

2. ×

【解析】依据《公路路基路面现场测试规程》(JTG 3450—2019),新建道路钻芯取样一般选择标线位置。

3. √

4. √

5. ×

【解析】沥青路面现场钻心或切割应整层取样,试样应完整,以便用于测定路面厚度、密度(或压实度)及强度指标等。

6. √

7. ×

【解析】是将水准仪架设在路面平顺处调平,将水准尺竖立在设计高程的纵断面位置上,以路线附近的水准点高程作为基准,连续测试全部测点,并与水准点闭合。

8. √

9. ×

【解析】还适用于测试路基边坡、水泥混凝土路面相邻板高差和纵、横缝顺直度。

10. √

11. ×

【解析】将直尺平放横跨于坑的两边,用钢直尺在坑的中部位置垂直伸至坑底,测量坑底至直尺下缘的距离即为测试层的厚度,准确至1mm。

12. ×

【解析】由雷达波识别软件自动识别各层分界线,得到雷达波在各层中的双程走时时间(Δt),计算面层厚度 $T = v \cdot \Delta t/2$。

13. √
14. √
15. ×

【解析】用大型灌砂筒测试时,宜将取出的材料全部烘干并称量质量,测定其含水率。

16. √
17. ×

【解析】量砂改变会影响砂的流速、流量和密度,必然影响灌砂筒下部圆锥体内砂的质量,需要重新标定。

18. ×

【解析】地表面处理要平,只要表面凸出一点(即使1mm),使整个表面高出一薄层,其体积便算到试坑中了,再加上基板厚度,将较大程度地影响试验结果。因此凿洞前,需要先放上基板测试一次粗糙表面消耗的量砂,只有在非常平整的情况下方可省去此步骤。

19. ×

【解析】当为水泥、石灰、粉煤灰等无机结合料稳定土时,采用试坑中取出稳定土的烘干质量计算干密度。

20. ×

【解析】直接透射方式宜用于上述条件,散射方式宜用于测试沥青混合料面层的压实密度或硬化混凝土等难以打孔材料的密度。

21. ×

【解析】受压实功影响,压实层从上到下,密度由大变小,因此在施工过程控制或质量评定时,环刀中部应处于压实层厚的1/2深度。

22. ×

【解析】压实层的密度从上到下依此由大变小,所以环刀法测得的密度不能代表整个碾压层的平均密度。应测试压实层上、中、下各层的密度,取平均值。

23. ×

【解析】核子仪在使用前,应在试验段上确定与标准方法的相关性。在沥青混合料大规模施工前,应确定核子仪法与钻芯取样法的相关性。在基层或路基大规模施工前,应确定核子仪法与挖坑灌砂法的相关性。

24. ×

【解析】应采用散射方式。核子密度湿度仪的散射方式宜用于测试沥青混合料面层的压实密度或硬化混凝土等难以打孔材料的密度。

25. ×

【解析】应采用压实沉降差法测试土石路基或填石路堤的压实程度。

26. √
27. √
28. ×

【解析】速度宜为5km/h,最大不得超过12km/h。

29. ×

【解析】连续式平整度仪输出的测量结果是标准差 σ；国际平整度指数 IRI 是车载式激光平整度仪和手推式断面仪的指标。

30. √
31. √
32. ×

【解析】车载式颠簸累积仪测试的平整度指标是VBI(颠簸累积值)，换算值为国际平整度指数(IRI)。

33. ×

【解析】两种方法均不适用于较多坑槽、破损严重的路面测试。

34. √
35. √
36. √
37. ×

【解析】连续测定10尺时，判断每个测定值是否合格，计算合格率及平均值。

38. √
39. √
40. ×

【解析】贝克曼梁的测头应放在轮轴前方 3~5cm 处。

41. ×

【解析】用3.6m贝克曼梁测试回弹弯沉值时，需要进行结果修正。修正计算公式为：$l_t = (L_1 - L_2) \times 2 + (L_3 - L_4) \times 6$，可以看出弯沉仪支点变形修正是把修正值加回来，说明 3.6m 梁测值偏小。

42. ×

【解析】如贯入量为5mm时的承载比 CBR_5 大于 $CBR_{2.5}$ 时，试验应重做。如结果仍然如此，则应采用5mm时的承载比。

43. √
44. √
45. ×

【解析】承载板法适用于现场测定土基回弹变形值。

46. ×

【解析】对岩土类材料，落球仪测试的路基模量偏大，且粒径越大，偏差越大。地表润湿时，测试结果明显偏小，而重车反复作用路段的测试结果明显偏大。

47. √
48. ×

【解析】用千斤顶开始加载，注视测力环或压力表，至预压0.05MPa，稳压1min，使承载板与土基紧密接触，同时检查百分表的工作情况是否正常，然后放松千斤顶油门卸载，稳压1min后，将指针对零或其他合适的初始位置上，记录初始读数。

49. √

50. ×

【解析】采用两台贝克曼梁同时进行双侧轮迹回弹弯沉值测定时,分别测试的是两个独立测点。

51. ×

【解析】当采用5.4m贝克曼梁测试弯沉时,一般可以不进行支点变形修正;当支点发生变形时,则需要进行修正。如采用3.6m贝克曼梁测试弯沉,当支点发生变形时也需要进行修正。

52. ×

【解析】弯沉反映路基路面的承载能力;反映路基路面压实程度的指标为压实度。

53. ×

【解析】自动弯沉仪测试的指标为总弯沉值,需要与贝克曼梁测试回弹弯沉的方法进行对比,换算成回弹弯沉值,才能用于路基路面的强度评定。

54. √

55. √

56. ×

【解析】每个混凝土板的测区数不宜少于10个,相邻两测区的间距不宜大于2m。

57. ×

【解析】回弹法、超声回弹法是快速测试方法,回弹法测试水泥混凝土路面的抗压强度,超声回弹法测试水泥混凝土路面的抗弯强度,不作为水泥混凝土路面强度评定、仲裁试验或工程验收时使用。

58. ×

【解析】回弹仪测试混凝土的表面强度,是根据回弹值和碳化深度进行推算获得的。其中,回弹值取10个测区回弹值的平均值;碳化深度应在测区凿洞,用酚酞酒精溶液洒在洞内壁边缘处,量测计算。

59. √

60. √

61. ×

【解析】应取二者中的小者作为混凝土抗弯强度评定值。

62. ×

【解析】也适用于测试水泥混凝土路面的劈裂强度。

63. ×

【解析】劈裂强度精确至0.01MPa,抗压强度精确至0.1MPa。

64. √

65. ×

【解析】应换算成标准温度20℃的摆值BPN_{20}。

66. ×

【解析】更换的新轮胎在正式测试前,应试测约2km。

67. ×

【解析】应是路面温度为20℃时,空气温度不代表路面温度。

68. ×

【解析】路面表面摩擦阻力越大,回摆高度越小,即摆值越大。

69. √

70. ×

【解析】不能直接用来评定路面的抗滑性能,应换算成铺砂法的构造深度后才能评定。

71. √

72. √

73. ×

【解析】当平均值小于0.2mm时,试验结果以"<0.2mm"表示。

74. √

75. ×

【解析】新建沥青路面的渗水试验,宜在沥青路面碾压成型后12h内完成。

76. √

77. √

78. √

79. ×

【解析】无车道区划线时的二级公路,路面车辙测试的基准测量宽度按上述规定选取。对于有车道区划线时的二级公路、高速及一级公路,以发生车辙的一个车道两侧标线宽度中点到中点的距离为基准测量宽度。

80. ×

【解析】应每隔200m一点。

81. √

82. ×

【解析】缝宽按照该条裂缝宽度最大值计,缝长按照沿裂缝走向累积长度计算。

83. ×

【解析】当测试板角或板边位置时,后轴轮胎外侧边缘应距纵缝、横缝100~200mm。当只测试受荷板的板角弯沉时,可将贝克曼梁测头放置于距接缝50~100mm处,贝克曼梁的支座与测点不应在同一块板上。

84. ×

【解析】当弯沉比值 $\lambda_1 > 3.0$,且弯沉比值 $\lambda_2 > 2.0$ 时,可判定为脱空。

85. ×

【解析】对于坑槽或龟裂病害时,应在病害边缘位置进行画线确定开挖边长 $L_{纵}$、$L_{横}$。

86. ×

【解析】探坑法记录各层厚度时,可用500mm钢尺沿坑槽四角及每边中间部位测量不同断面的厚度,取平均值作为该层厚度。调查车辙病害时,采用路面切缝机垂直车辙方向横向切割整个面层,用钢尺测量横断面上、中、下面层不同位置的厚度值。

87. ×

【解析】 对于无专用测温孔的运料卡车,可在运料车的混合料上部侧面采用插入式温度计测试,在拌和厂测试的为混合料出厂温度,在运输至现场后测试的为现场温度。

88. ×

【解析】 层间黏结强度测试方法适用于测试和评价封层、黏层、透层及防水层(统称黏结层)与沥青混凝土层、水泥混凝土层、桥面板(统称结构层)等两种不同材料之间的层间黏结强度,也可以评价结构层-黏结层-结构层的黏结强度。

89. √

90. √

91. ×

【解析】 统计通过法噪声测试,大风天气(一般要求风速不大于5m/s)及雨天不应进行测试。测试时环境空气温度应在10~35℃(气候分区为夏凉区时为5~30℃),且尽可能在空气温度接近20℃时进行测试。拖车法噪声测试时,现场风速不宜超过10m/s,其他环境要求同上。

92. ×

【解析】 声级测试是在车辆经过的时候,使用时间计权"快"挡("F"挡)测量最大A计权声压级,准确至0.01dB。频谱测试是推荐测量1/3倍频程谱、平均时间用"快",在车辆经过A计权声压级达到其大值时采集频谱。

93. ×

【解析】 计算统计通过指数,除上述参数外,还需要车辆类别相应的加权因子。

94. ×

【解析】 标准车速分为50km/h、80km/h和110km/h三档。测试速度50km/h时,测试路段的曲率半径应不小于250m;测试速度80km/h时,曲率半径应不小于500m;测试速度110km/h时,曲率半径应大于1000m。

95. ×

【解析】 计算每20m小路段的平均车速,不得偏离标准速度$v_{re}(1±15\%)$;计算测试路段的平均车速,则不得偏离标准速度$v_{re}(1±5\%)$。

三、多项选择题

1. ACD

【解析】 依据《公路路基路面现场测试规程》(JTG 3450—2019),现场抽样分为选点方法、钻芯和切割取样方法。

2. BCD

【解析】 依据《公路路基路面现场测试规程》(JTG 3450—2019),综合法进行路基路面现场测试选点通常采用连续法+随机法或者均匀法+定向法等方法。即沿道路纵向连续选择测区,测区内随机选择测点;或者沿道路纵向均匀确定测区,测区内定向选取测点等。

3. ABCD

【解析】 依据《公路路基路面现场测试规程》(JTG 3450—2019),选点法现场抽样规定了常用的5种方法,其中综合法是指同时按照均匀法、随机法、定向法、连续法4种方法中两种以上选点方法的规定来确定测点位置的。

4. ABC

【解析】 公路路基现场取样为原状土样或扰动土样,可采用钻机、取土器、挖土法或四分法等。

5. ABCD

【解析】 沥青路面芯样可用于测定路面结构层厚度,还可以测定沥青混合料的密度、空隙率、马歇尔稳定度等指标。

6. AD

【解析】 水准仪法测纵断面高程;水准仪(全站仪)法测横坡;经纬仪(全站仪)法测中线偏位。

7. ABC

【解析】 水泥混凝土路面板纵、横缝顺直度采用钢直尺量测,准确至1mm;其相邻板高差用塞尺量测,应准确至0.5mm。

8. ACD

【解析】 几何数据测试系统不适用于在有严重坑槽、车辙等病害的路面进行测试。开始测试时,应均匀加速至测试速度,测试车速宜为30～80km/h。

9. ABC

【解析】 挖坑法、钻芯法属于有损检测路面厚度方法,短脉冲雷达测试为无损检测方法。几何数据测试系统适用于连续采集路面横坡、纵坡、路线曲率半径,用以评价道路几何线形。

10. BCD

【解析】 挖坑法适用于基层或砂石路面的厚度测试。

11. BC

【解析】 采用挖坑法测定路面厚度,应开挖这一层材料直至层位底面,即下一层的顶面;采用钻芯法,则钻孔深度应超过测试层的底面。

12. ABCD

【解析】 路面厚度测试报告必须包括4个选项的内容,才能对路面厚度进行质量评定。

13. ACD

【解析】 短脉冲雷达测试方法适用于测试沥青路面面层厚度;不适用于潮湿路面或用富含铁矿渣集料等介电常数较高的材料铺筑的路面,因其会影响路面的介电常数及电磁波的传播速度,从而导致路面厚度计算不准确。

14. ABD

【解析】 距离标定需要根据承载车的使用情况按需进行;测试系统标定需将金属板放置在天线正下方,启动控制软件进行;为准确计算出路面厚度,必须采用芯样准确进行路面材料的波速标定或获取介电常数。目前,雷达测试系统均表现出一定的温度适应性,能够满足测试需求,对温度不再规定。

15. CD

【解析】挖坑灌砂法适用于现场测试基层或底基层、砂石路面及路基结构的压实度，不适用于填石路堤等有大孔洞或大空隙的结构压实度测试。

16. AB

【解析】灌砂筒应根据填料粒径（最大粒径）及测试层厚度选择不同尺寸的灌砂筒，并符合规定要求。

17. ABCD

【解析】依据《公路路基路面现场测试规程》（JTG 3450—2019）的规定。

18. AB

【解析】现场灌砂完毕后，应取出储砂筒内的量砂以备下次试验时再用。对于试坑内回收的量砂未经处理不得重复使用，若量砂未混入杂质，回收后经烘干、过筛，并放置24h以上，使其与空气的湿度达到平衡后可以继续使用；若量砂中混有杂质，则应废弃。

19. AC

【解析】见下表。

测试方法	适应性	灌砂筒类型		填料最大粒径（mm）	适宜的测试层厚度（mm）
挖坑灌砂法	适用于现场测试基层或底基层、砂石路面及路基结构的压实度，评价结构层的压实质量（不适用于填石路堤等有大孔洞或大空隙的结构压实度测试）	小型	φ100	<13.2	≤150
		中型	φ150	<31.5	≤200
		大型	φ200	<63	≤300
			≥φ250	≤100	≤400

20. ABCD

【解析】现场压实度测试方法包括灌砂法、环刀法、钻芯法、核子法、无核法、沉降差法。

21. ABC

【解析】依据《公路工程质量检测评定标准 第一册 土建工程》（JTG F80/1—2017），沥青路面压实度的标准密度可选用试验室标准密度（以沥青拌和厂取样实测的马歇尔试件毛体积密度）、最大理论密度（以真空法实测）和试验路段的密度。

22. ACD

【解析】钻芯法适用于压实沥青路面钻取芯样的沥青混合料密度；核子密湿度仪法适用于测试路基、路面材料的密度和含水率；无核密度仪适用于现场快速测试当日铺筑且未开放交通的沥青路面各层沥青混合料的密度；环刀法适用于现场测试细粒土及龄期不超过2d的无机结合料稳定细粒土。

23. AD

【解析】核子密湿度仪测试压实度可采用散射和直接透射两种方式进行。

24. AC

【解析】环刀法适用于测定细粒土及无机结合料稳定细粒土(龄期不超过2d)的现场密度,计算施工压实度,评价结构层的压实质量。

25. ACD

【解析】人工取土器测试黏性土及无机结合料稳定细粒土密度,可用取土器落锤将环刀打入压实层中至要求深度,挖出环刀,削去两端余土并修平。人工取土器测试砂性土或砂层密度,如为湿润砂土不宜使用击实锤和定向筒,应挖出一个直径较环外径略大的砂土柱,将环刀垂直压入至要求深度;如为干燥砂土不能挖成砂土柱时,可直接将环刀压入或打入土中至要求深度。无机结合料稳定细粒土和硬塑土密度测试可以采用电动取土器。

26. BC

【解析】钻孔取样应在路面完全冷却后进行。对普通沥青路面通常在第2天取样,对改性沥青及SMA路面宜在第3天以后取样。

27. ABC

【解析】采用散射法时,一组测值不应少于13点,取平均值作为该段落的压实结果。

28. AD

【解析】现场无核密度仪为快速测试当日铺筑且未开放交通的沥青路面各层沥青混合料的密度方法,计算的压实度结果不宜用于评定验收。

29. BCD

【解析】测定平整度的方法不同,采用的技术指标也不同。B、C、D 选项分别为3m 直尺、连续式平整度仪、车载式激光平整度仪(或手推式断面仪)采用的平整度指标。合格率为3m 直尺法测定平整度的质量评定指标。

30. CD

【解析】A、B 选项为车载式激光平整度仪的测试要求。

31. ABCD

【解析】手推式断面仪测试平整度的结果受4个选项的影响,故使用前应进行系统标定。

32. ABC

【解析】横向力系数是路面抗滑性指标。

33. ABC

【解析】依据路基路面平整度测试原理,3m 直尺法、连续式平整度仪法和激光平整度仪法属于断面类测试方法,车载式颠簸累积仪法属于反应类测试方法。

34. AB

【解析】平整度的测试设备分为断面类及反应类两大类,断面类检测设备是测定路面表面凸凹情况的一种仪器,如最常用的3m直尺、连续式平整度仪、激光平整度仪;反应类检测设备是测定由于路面凹凸不平引起车辆颠簸的情况,是人直接感受到的平整度指标,如车载式颠簸累积仪。

35. ABCD

【解析】目前平整度主要有5种测试方法:3m直尺法、连续平整度仪法、车载颠簸累积仪法、激光平整度仪法、手推式断面仪法。

36. BD

【解析】施工过程中质量检测时,测试地点应选在接缝处。对已形成车辙的旧路面,应以车辙中间位置为测试位置。对于抗滑性测试构造深度与摆式摩擦系数,每一个测试位置应测3个测点。

37. ABC

【解析】每一计算区间为100m,平整度的测试结果以标准差表示。

38. ABCD

【解析】颠簸累积仪直接输出颠簸累积值,需按照相关性标定试验得到相关关系,换算成IRI值。

39. CD

【解析】A选项错误:弯沉代表值越大,路面强度越低。B选项错误:现场测试弯沉值以沥青面层平均温度20℃为准,当沥青面层厚度大于50mm时,应进行温度修正,当路面平均温度在20℃±2℃时可不修正(温度修正系数$K=1$),在其他温度测试时,应根据沥青面层厚度与不用基层求取K值予以修正。

40. AD

【解析】弯沉仪长度有3.6m和5.4m两种尺寸。

41. ABD

【解析】测路基顶面弯沉时温度影响系数取1,不存在温度修正。当沥青面层厚度大于50mm时,应进行温度修正,当路面平均温度在20℃±2℃时可不修正(温度修正系数$K=1$)。水稳基层的路表面多为沥青路面,弯沉有必要进行温度修正。

42. ACD

【解析】4种方法均为土基承载力的测试方法。承载板法、贝克曼梁法和落球法[《公路路基路面现场测试规程》(JTG 3450—2019)新增加的方法]是现场测定土基回弹模量的方法,CBR值法测试的是土基CBR值。

43. ACD

【解析】A选项:撒砂的目的是填平土基表面凹处,但细砂不可覆盖全部土基表面。
B选项:采用逐级加载、卸载的方法,测出加载、卸载稳定后的百分表读数,应计算出每级荷载下相应的土基回弹变形计算值 L_i。

C 选项：计算各级荷载下相应的土基回弹模量 $E_i = \frac{\pi D p_i}{4 L_i}(1-\mu_0^2) = 20.7 \times \frac{p_i}{L_i}$，式中，$E_i$ 为相应于各级荷载下土基回弹模量(MPa)；μ_0 为泊松比；D 为承载板直径(300mm)；p_i 为各级承载板加载的单位压力(MPa)。

D 选项：当两台弯沉仪百分表读数之差小于平均值的 30% 时，取平均值，如超过 30% 则应重测。

44. BD

【解析】现场承载板法测试土基回弹模量，测定完成后还需要测定土基的含水率、密度。此为试验报告的技术内容。

45. ABCD

【解析】现场承载板法测试土基回弹模量的影响因素主要包括：荷载压强、百分表读数（回弹变形值）、影响量、土基含水率和密度等。

46. ABC

【解析】《公路路基路面现场测试规程》(JTG 3450—2019)修订了各级压力下的影响量 a_i，为公式计算法。因后轴载重为 60kN 的标准车已不适用，取消了查表法。

47. BD

【解析】测试前，应检查并保持测试用加载车的车况及制动性能良好，轮胎气压应符合规定要求。还需要检查加载车配重、单轮传压面当量圆面积是否符合规定要求等，以保障检测过程中的安全性与准确性。

48. ABD

【解析】4 种方法中，只有贝克曼梁法测试的是回弹弯沉值。

49. ABD

【解析】激光式高速路面弯沉测试仪除了需要温度与坡度修正外，还需要进行与落锤式弯沉仪的相关性试验，且相关系数应不小于 0.90。

50. BC

【解析】温度超出 20℃±2℃，8cm 路面厚度超出 5cm，应进行温度修正外。若在非不利季节测定时，应考虑季节影响系数。采用 5.4m 贝克曼梁，如果无支点变形则不需要修正。

51. BC

【解析】FWD 测试路表弯沉的承载板直径也可以为 450mm。每个测点重复测试应不少于 3 次。

52. AD

【解析】贯入度 (D_d) 计算公式为：$D_d = D/n$，式中，D 为贯入量，n 为锤击次数；CBR 值计算公式为：$\lg(CBR) = a + b \cdot \lg(D_d)$。落锤质量和落距与计算动贯入阻力有关。

53. ACD

【解析】应将试验车后轮轮隙对准测点后 3~5cm 处的位置上，因为车向前行驶。

54. BCD

【解析】应进行温度修正；当横坡超过 4% 时，应进行横坡修正；当测速大于 3.5km/h 时，以及与贝克曼梁弯沉测值对比，应进行相关性试验，对弯沉值予以换算。

55. ACD

【解析】落锤式弯沉仪可用于测定在动态荷载作用下产生的动态弯沉及弯沉盆，并可由此反算路基面各层材料的动态弹性模量，作为设计参数使用。《公路路基路面现场测试规程》(JTG 3450—2019)增加了弯沉法测试水泥混凝土路面板底脱空方法，可以采用落锤式弯沉仪和贝克曼梁弯沉仪。

56. AC

【解析】落锤式弯沉仪是模拟行车作用的冲击荷载下产生那个的瞬间变形，测定的是动态总弯沉。《公路路基路面现场测试规程》(JTG 3450—2019)对落锤式弯沉仪与贝克曼梁法应进行两种测定方法的对比试验未作出强制要求，如果需要，则两者建立回归方程的相关系数 R 应不小于 0.95。

57. AD

【解析】水泥混凝土强度现场测试方法只有 3 种：回弹仪法、超声回弹法和取芯法。低应变法主要适用于检测混凝土结构物的完整性。落球仪法适用于快速测试黏土、粉土、砂石土土质路基的模量(压缩模量和回弹模量)。

58. ACD

【解析】回弹仪遭受严重撞击或其他损害，应由法定计量检定机构进行检定，而非保养。

59. ABD

【解析】强度应达到设计强度的 80% 以上。

60. ABC

【解析】相邻两测点的间距不宜小于 30mm，测点距路面边缘或接缝间距不应小于 200mm。

61. BCD

【解析】回弹法不适用于厚度小于 100mm 的混凝土；超声回弹法不适用于距路面边缘小于 100mm 的部位。

62. AD

【解析】发射与接收两个换能器直径与应与测轴线重合，边缘与测距线相切。超声波仪振幅应调至 25~30mm。

63. BC

【解析】劈裂试验的芯样直径为 150mm,抗压试验芯样直径为 150mm 或 100mm,高度与直径比为 1。芯样直径量测方法为在两端及中部相互垂直的位置上测量,取算术平均值。

64. CD

【解析】单轮式测试车调整气压为 (0.35 ± 0.2) kg/cm^2。双轮式测试车测试速度范围为 $40 \sim 60$ km/h。

65. ABCD

【解析】表征路面抗滑性的指标有构造深度、摩擦系数、横向力系数,具有多种测试方法,如测试构造深度的方法有:手工铺砂仪法、电动铺砂仪法、车载式激光构造深度仪法;测试摩擦系数的方法有:摆式仪法、数字式摆式仪法、动态旋转式摩擦系数测试仪法;测试横向力摩擦的方法有:单轮式和双轮式横向力系数测试系统。

66. ABD

【解析】影响路面抗滑性的因素有:(1)车辆情况:车辆的制动性能、行驶速度及轮胎特性等。(2)气候条件:主要来自路面上的水膜及季节性变化。(3)路面表面特性:轮胎与路面之间摩擦力的大小、道路设计参数、路面材料及构造等。

67. ABC

【解析】路面抗滑性有多种测试方法和表征指标,如构造深度、摆值、摩擦系数、横向力系数,这些指标越大,表明路面抗滑性能越好。但制动距离法则为制动距离越长,抗滑性能越差。

68. ACD

【解析】4 种方法均为路面抗滑性的测试方法[见《公路路基路面现场测试规程》(JTG 3450—2019)],其中 A、C、D 选项可以测试路面的摩擦系数,铺砂法用于测试路面的构造深度。目前公路工程质量检测评定标准对于沥青混凝土和沥青碎石面层,要求摩擦系数采用 A、D 选项两种测试方法。

69. ACD

【解析】橡胶片达到 A、C、D 选项时,应更换新橡胶片。新橡胶片应先在干燥路面上测试 10 次后,才能再用于测试。

70. ABC

【解析】量砂只能在路面上使用一次,不宜重复使用。

71. AD

【解析】横向力系数测试系统有单轮式和双轮式两种,测试系统的技术要求和参数不同,B、C 选项为双轮式的技术参数。

72. BCD

【解析】测试系统包括供水装置,系统应测试在潮湿状态下路面的抗滑性能。

73. ABD

【解析】同一处应间距3~5m平行测试不少于3次,且由同一试验员测试,以中间点的位置表示测试位置。

74. BCD

【解析】摊铺的量砂厚度(t_0)计算公式为:$t_0 = \dfrac{V}{B \times L_0} \times 1000 = \dfrac{100}{L_0}$,式中,$V$为量砂体积,$B$为铺砂仪铺砂宽度,$L_0$为玻璃板上50mL量砂摊铺的长度。

75. ABCD

【解析】激光构造深度仪测试值应按照4个选项内容与手工铺砂法测试值进行相关性试验。

76. AB

【解析】当控制单元显示圆盘旋转时速达到90km/h,关闭驱动开关与供水开关,测试盘降落至路面上开始测试,同时记录。要求同一测点测试3次,最大值与最小值的差值应不大于0.1,取平均值,准确至0.01。否则应重新选择测点进行测试。

77. ABD

【解析】依据新规范,修订为以3个测点渗水系数的平均值作为该测试位置的结果,准确至1mL/min。

78. AB

【解析】对于不到3min水面已下降至500mL的情况,一般待水面下降100mL开始计时,读记水面下降至500mL时的时间。

79. ACD

【解析】路面错台、脱空测试方法可用于水泥混凝土路面,路面错台测试方法适用于测试在构造物端部接头、水泥混凝土路面的错台高度,以评价里面行车舒适程度;路面脱空测试方法是采用弯沉仪测试水泥混凝土路面的底板脱空。路面车辙测试方法适用于沥青路面,路面表观损坏适用于沥青路面和水泥混凝土路面的裂缝、坑槽、断板等,以评价路面技术状况。

80. BCD

【解析】3m直尺法测试路面的平整度。路面错台基准尺法可选择3m或2m直尺。

81. ABC

【解析】车载式颠簸累积仪法是测试路面平整度的方法。

82. BC

【解析】水泥混凝土路面表观损坏测试中,裂缝、边角剥落、接缝料损坏、唧泥及裂缝修补等,主要测量其长度;破碎板、板角断裂、拱起、坑洞、露骨及修补等,主要测量其面积。

83. AB

【解析】4种弯沉仪均可用于路面弯沉测试,但是用于水泥混凝土路面脱空测试的弯沉法适用于贝克曼梁和落锤式弯沉仪。

84. AC

【解析】采用落锤式弯沉仪进行脱空测试时,可采用截距值法和弯沉比值两种测试方法之一进行脱空判定。

85. ACD

【解析】当测试板中位置时,承载板中心与板中心偏差应不大于200mm。

86. ACD

【解析】开挖矩形的边长 $L_{纵}$、$L_{横}$ 不属于报告的技术内容。

87. ABCD

【解析】在测试沥青混合料在摊铺过程中,运输车向摊铺机卸料时可以采用红外摄像仪测试整个料车中的温度场,采用温度场图片形式保存数据,同时记录最高温度、最低温度,计算最大温差。测试沥青混合料的碾压温度,可采用红外摄像仪对准测试区域测试表面温度,要求同上。

88. AC

【解析】沥青喷洒法测试施工材料用量,可以采用受样盘法和地磅法。新规范增加了地磅法,去掉了牛皮纸受样的方法。

89. ABD

【解析】测试沥青混合料在摊铺过程中的压实温度,应随机选择初压开始、复压和终压形成等各个阶段的测点测试。现行规范推荐 A、B、D 选项三种测试方法。

90. CD

【解析】新规范修订了有结合料材料和无结合料材料两种情况采用不同的测试方法,前者采用取芯法,后者采用凿孔法。半刚性基层为有结合料材料,透层油深度测试中将"在透层油基本渗透或喷洒48h后进行测试"修订为"在透层油渗透稳定后进行"。芯样直径宜为 $\phi100$mm 或 $\phi150$mm,高度宜不小于50mm。

91. AC

【解析】国际上测试层间黏结强度的方法很多,我国现行规范推荐的方法有拉拔试验和扭剪试验。

92. AB

【解析】拉拔试验指标为拉拔强度,扭剪试验指标为扭剪切强度。每个位置的3个测试值应不超过其平均值的20%,否则该位置的测试结果应舍弃。

93. BD

【解析】路段表面应干燥、无明细污染,路面技术状况良好,且应避免选择有接缝的路段。新铺设道路不宜测试交通噪声,应在通车6个月之后进行测试。

94. ABC

【解析】 D选项为选择测试路段的要求,但非对遮挡物的要求。

95. ABD

【解析】 实际运行速度属于拖车法测试噪声的项目,与标准速度进行偏差比较。

96. BCD

【解析】 传声器一般按照测试行车方向右侧最外侧车道噪声的方式进行布设,且距测试车道中心线的水平距离应为(7.5±0.1)m。当布设条件有限时,在保证安全的前提下可布设在左侧。

97. ABCD

【解析】 除4个选项的情况外,非匀速行驶的车辆或横向位置明显偏离测试车道中心轴线、明显产生不正常噪声的测试车辆(如可能由于排气系统的故障、车体摇晃或鸣笛等而产生的噪声)的情况,均不予测试或从测试结果中剔除。

98. ABD

【解析】 每次测试之前,检查标准轮胎胎面花纹老化、磨损和变形情况;标准轮胎安装完成并检验合格后,在每次正式测试前至少行驶15min,对轮胎进行预热。

99. ABCD

【解析】 在噪声测定时,如有临近车道交通车辆通过,或出现距传声器距离小于2m的隧道、桥梁、护栏等结构物时,也需要对受噪声干扰路段进行筛查。

四、综合题

1. (1) ABD　　(2) B　　(3) AC　　(4) B　　(5) C

【解析】

(1) 本方法适用于在现场测定基层(或底基层)、砂石路面及路基结构压实度测试。

(2) B选项是标定量砂松方密度的步骤。

(3) A选项会造成灌入试坑的砂偏多,换算的坑体积会偏大,压实度则会偏小;B选项会使得标定的灌砂筒下面的圆锥体内的砂量(m_2)偏大,计算试坑内的砂量偏小(即置换的试坑体积偏小),则压实度偏大;C选项说明试坑内湿土质量损失,使其湿密度偏小,则压实度也偏小;路基上部比下部压实要密实,D选项会偏大。

(4) 依据《公路路基路面现场测试规程》(JTG 3450—2019) T 0921。

(5) 路基土的干密度为:$2.3/(1+0.055)=2.18\text{g/cm}^3$,压实度为:$(2.18/2.25)\times 100\%=96.90\%$。

2.（1）ABCD　　（2）ABD　　（3）A　　（4）AD　　（5）BD

【解析】

（1）橡胶片的有效期为一年。当橡胶片端部在长度方向上磨耗超过1.6mm、边缘在宽度方向上磨耗超过3.2mm及有油类污染时,应更换橡胶片。

（2）当路面喷水后,第一次测试的摩擦摆值不计,再连续测试5次摆值。

（3）取3个值的平均值,取整数,作为测试位置抗滑性的摩擦系数指标,用BPN表示。

（4）换算公式为：$BPN_{20} = BPN_T + \Delta BPN$。

（5）摆式仪回摆高度越小,摆值越大,表明摩擦阻力越大。该测试点摩擦摆值BPN为81,大于设计值,抗滑性合格。

3.（1）ABC　　（2）B　　（3）B　　（4）C　　（5）D

【解析】

（1）不需要测试路面温度。

（2）土基回弹模量试验要求刚性承载板的直径为300mm。

（3）当加载的荷载小于0.1MPa时,每级增加的荷载为0.2MPa,以后逐级增加0.4MPa。

（4）总影响量a计算公式为：$a = $（百分表初读数平均值－百分表终读数平均值）×贝克曼梁杠杆比。

（5）土基回弹模量试验,在试验点测定含水率的取样规定为：最大粒径不大于4.75mm,取样数量约120g;最大粒径不大于19.0mm,取样数量约250g;最大粒径不大于31.5mm,取样数量约500g。

4.（1）CD　　（2）ABC　　（3）ACD　　（4）ABD　　（5）ACD

【解析】

（1）沥青路面质量评定的关键项目除压实度和厚度外,还有矿料级配与沥青含量。

（2）厚度的代表值小于设计厚度减去代表值偏差时,相应分项工程评为不合格;如未超出,则按单点测定值是否超过单点合格值计算合格率。压实度代表值小于规定值时,相应分项工程评为不合格。路面横向力系数测定的代表值小于设计或验收标准时,相应分项工程评为不合格。

（3）车载式激光平整度仪测试的指标是国际平整度指数IRI,单位是m/km。

（4）路面渗水系数测试方法采用渗水仪。

（5）用钢卷尺沿中心线垂直方向水平量取路面各部分的宽度,准确至0.001m。

【第三部分】
模拟试卷及参考答案

模拟试卷(一)

一、单项选择题(总共30道题,每题1分,共计30分)

1. 根据《公路工程质量检验评定标准 第一册 土建工程》(JTG F80/1—2017),沥青路面压实度的检测频率为每200m每压实层测1处,对于双向6车道每压实层应测(　　)。
   A. 3处　　　　　B. 6处　　　　　C. 12处　　　　　D. 8处

2. 根据《公路工程质量检验评定标准 第一册 土建工程》(JTG F80/1—2017),1~3km的土方路基属于(　　)。
   A. 单位工程　　　　　　　　B. 分项工程
   C. 分部工程　　　　　　　　D. 工序工程

3. 某路段压实度检测结果为平均值 $\bar{k}=96.3\%$,标准差 $S=2.2\%$,则压实度代表值 K 为(　　)(注: $Z_\alpha=1.645$, $t_\alpha/\sqrt{n}=0.518$)。
   A. 92.7%　　　　B. 99.9%　　　　C. 95.2%　　　　D. 97.4%

4. 弯沉测试方法有多种,测定回弹弯沉的是(　　)。
   A. 贝克曼梁法　　　　　　　B. 自动弯沉仪法
   C. 落锤式弯沉仪法　　　　　D. 摆式仪测定法

5. 路基工作区是指汽车荷载通过路面传递到路基的应力与路基土自重应力之比大于(　　)的应力分布深度范围。
   A. 0.02　　　　B. 0.01　　　　C. 0.2　　　　D. 0.1

6. 灌砂法测定压实度时,对量砂以下正确的是(　　)。
   A. 必须使用标准砂
   B. 对量砂没有要求
   C. 用过的量砂不能重复使用
   D. 使用的量砂粒径0.30~0.60mm、清洁干燥;应先烘干,并放置足够时间,使其与空气的湿度达到平衡

7. 路面在车轮作用下产生沉降,当车轮荷载卸除后,路面便向上回弹,其回弹变形值是(　　)。

A. 回弹弯沉值　　　　　　　　　　　　B. 总弯沉
C. CBR　　　　　　　　　　　　　　　D. 回弹模量

8. 连续式平整度仪测定路面平整度时,每一计算区间的路面平整度以(　　)。
A. 该区间测定结果的标准差 σ_i 表示,单位 mm
B. 该区间测定结果的标准差 σ_i 表示,单位 cm
C. 该区间测定结果的标准差 σ_i 表示,无单位
D. 该区间测定结果的合格率表示,单位%

9. 公路路面宽度测量的数据准确至(　　)。
A. 0.001m　　　B. 0.005m　　　C. 0.01m　　　D. 0.05m

10. 公路养护应根据公路技术状况指数等指标制定养护方案,以下(　　)代表公路技术状况指数。
A. PQI　　　B. MQI　　　C. RQI　　　D. PCI

11. 反映土可塑性大小的指标是(　　)。
A. 液性指数　　　　　　　　　　　　B. 塑性指数
C. 塑限　　　　　　　　　　　　　　D. 液限

12. 压实土在(　　)状态时,强度最高。
A. 最佳含水率　　　　　　　　　　　B. 偏干状态
C. 偏湿状态　　　　　　　　　　　　D. 不一定

13. 当采用钻机取原状土样时,土样直径不得小于(　　)cm。
A. 25　　　B. 20　　　C. 15　　　D. 10

14. 土工织物刺破强力试验时,试验机的加载速率要求为(　　)。
A. 50mm/min±5mm/min　　　　　B. 100mm/min±10mm/min
C. 200mm/min±10mm/min　　　　D. 300mm/min±10mm/min

15. 粗集料的密度、表观密度、毛体积密度的大小顺序为(　　)。
A. 毛体积密度>表观密度>密度　　　B. 密度>毛体积密度>表观密度
C. 密度>表观密度>毛体积密度　　　D. 表观密度>毛体积密度>密度

16. 现从工地取砂样240g,测得含水率为3%的砂,则干燥后的质量为(　　)。
A. 247g　　　B. 233g　　　C. 237g　　　D. 226g

17. 级配碎石目标配合比曲线确定后,还需要进行级配的(　　)确定。
A. 离散度　　　　　　　　　　　　　B. 均匀性
C. 关键筛选择　　　　　　　　　　　D. 合理变化范围

18. 对于需水量较大的水泥(如火山灰水泥、粉煤灰水泥、复合水泥和掺火山灰质混合材的普通水泥),进行胶砂强度检验时,应先检验胶砂流动度,若流动度小于180mm,须以(　　)的整数倍递增的方法将水灰比调整至胶砂流动度不小于180mm。
A. 0.02　　　B. 0.2　　　C. 0.01　　　D. 0.1

19. 水泥胶砂强度检验方法(ISO法)规定,制备水泥胶砂试样的比例为(　　)。
A. 水泥:标准砂=1:3,W/C=0.5　　　B. 水泥:标准砂=1:3,W/C=0.45
C. 水泥:标准砂=1:2.5,W/C=0.5　　D. 水泥:标准砂=1:2,W/C=0.45

20. 将混凝土试件的成型侧面作为受压面置于压力机中心并对中,施加荷载时,对于强度等级为 C30～C60 的混凝土,加载速度取( )。
    A. 0.3～0.5MPa/s   B. 0.5～0.8MPa/s
    C. 0.8～1.0MPa/s   D. 1.0MPa/s

21. 测定水泥混凝土凝结时间的试验方法,采用( )。
    A. 针入度法   B. 压入法
    C. 贯入阻力法   D. 流动度法

22. 选择压力机合适的加载量程时,一般要求达到的最大破坏荷载应在所选量程的( )。
    A. 50%左右   B. 30%～70%
    C. 20%～80%   D. 10%～90%

23. 用水泥稳定中粒土和粗粒土时,水泥剂量不宜超过( )。
    A. 3%   B. 5%   C. 6%   D. 7%

24. 在进行石灰稳定土无侧限抗压强度试验时,试件养生时间应为( )。
    A. 6d   B. 7d   C. 14d   D. 28d

25. 我国道路石油沥青按( )指标进行分级。
    A. 针入度   B. 软化点   C. 针入度指数   D. 黏度

26. 石油沥青的化学组分中,( )在低温能结晶析出,降低沥青的低温延展能力。
    A. 沥青质   B. 饱和分   C. 胶质分   D. 蜡

27. 气候分区为 1-4-1 的地区,第一个数字 1 代表( )。
    A. 高温气候区   B. 低温气候区
    C. 雨量气候区   D. 温度气候区

28. 密级配沥青混凝土混合料采用连续型或间断型密级配沥青混合料,空隙率大致为( )。
    A. 2%～10%   B. 3%～6%
    C. 4%～6%   D. 3%～12%

29. 车辙试验的目的是检验沥青混合料的( )性能。
    A. 抗滑   B. 抗裂   C. 抗疲劳   D. 热稳定

30. 制备一个标准马歇尔试件,大约需要称取( )沥青混合料。
    A. 1000g   B. 1200g
    C. 1500g   D. 2000g

二、判断题(总共 30 道题,每题 1 分,共计 30 分)

1. 路基土石方工程的外观鉴定标准,路基边坡坡面平顺、稳定、曲线圆滑、无亏坡。如不符合要求时,只记录不扣分。   (   )
2. 承载板法测定的土基回弹模量可作为路面质量评定指标。   (   )
3. 沥青路面压实度评定中,保证率的取值与检测点数量有关。   (   )
4. 压实沉降差法测试土石路堤或填石路堤,应沿道路纵向每隔 20m 作为一个观测断面,每个观测断面沿横断面方向每隔 5～10m 均匀布设沉降观测点,每个沉降观测点位上埋放一固定物(一般为钢球),确保施工和测试过程中水平方向位置不变。（   ）

5. 对于高速公路,水泥混凝土面层和沥青混凝土面层均不允许采用 3m 直尺法进行路面平整度检测评定。（   ）

6. 落锤式弯沉仪(FWD)测定的是路面动态弯沉,并用来反算路面的回弹模量。（   ）

7. 路面渗水系数宜在路面成型后 12h 内完成试验。（   ）

8. 利用激光构造深度仪测出的构造深度与铺砂法测试结果不同,两者没有良好的相关关系。（   ）

9. 采用摆式仪测定路面抗滑值,当路面试验温度是 20℃ 且厚度大于 5cm 时,应进行温度修正。（   ）

10. 沥青路面损坏调查中,重度损坏的权重为 1.0。（   ）

11. 土的比重是指土在 105～110℃ 下烘至恒量时的质量与同体积 4℃ 蒸馏水质量的比值。（   ）

12. 土的烧失量指土灼烧后质量的减少。（   ）

13. 击实土可被击实至完全饱和状态。（   ）

14. 土工合成材料的单位面积质量是指单位面积的试样在标准大气条件下的质量。（   ）

15. 集料可能全部通过或允许有少量筛余(不超过 10%)的最小标准筛筛孔尺寸,称为最大粒径。（   ）

16. 一个良好的集料级配,要求空隙率最小,总表面积也不大。（   ）

17. 石料的磨光值越高,表示其抗滑性越好;石料的磨耗值越高,表示其耐磨性越差。（   ）

18. 测定水泥标准稠度用水量的目的是为配制标准稠度水泥净浆,用于测定水泥凝结时间和安定性。（   ）

19. 水泥强度等级是以水泥试件 28d 抗压强度确定的。（   ）

20. 采用标准养护的混凝土试件,拆模后可放在温度为 20℃±2℃ 的不流动的水中进行养护。（   ）

21. 混凝土抗折强度试验,一组三个标准试件的极限破坏荷载分别是 33.50kN、34.24kN、39.67kN,则最后的试验结果是 4.77MPa。（   ）

22. 目前,在工地和试验室,通常采用测定拌合物的流动性,并辅以直观经验评定黏聚性和保水性三方面结合的方法反映混凝土拌合物的和易性。（   ）

23. 石灰粉煤灰稳定土,要求使用的粉煤灰中 SiO_2、Al_2O_3 和 Fe_2O_3 的总含量应大于 80%,烧失量不应超过 20%,比面积宜大于 $2500cm^2/g$。（   ）

24. 采用 EDTA 滴定法检测现场无机结合料的灰剂量,如现场所用素土、水泥或石灰改变,必须重做标准曲线。（   ）

25. 沥青的针入度越大,表示沥青的黏度越大。（   ）

26. 在沥青延度试验中,如发现沥青细丝浮于水面或沉入槽底,可以向水中加入酒精或食盐。（   ）

27. 表干法、水中重法、蜡封法测定压实沥青混合料密度试验,规定试验标准温度均为

25℃±0.5℃。 ( )
28. 密级配沥青混凝土必须采用连续型密级配的矿质混合料。 ( )
29. 测定标准马歇尔试件的稳定度时,应先将试件在60℃±1℃恒温水槽中保温60min。
( )
30. 马歇尔稳定度试验可用于评价沥青混合料的高温稳定性。 ( )

三、**多项选择题**(总共20道题,每题2分,共计40分,每道题有两个或两个以上正确答案,选项全部正确得满分,选项部分正确按比例得分,出现错误选项该题不得分)

1. 施工单位应有完整的施工原始记录、试验数据、分项工程自查数据等质量保证资料,质量保证资料应包括( )等。
   A. 所用原材料、半成品和成品质量检验结果
   B. 材料配比、拌和加工控制检验和试验数据
   C. 地基处理、隐蔽工程施工记录和大桥、隧道施工监控资料
   D. 施工日志

2. 根据《公路工程质量检验评定标准 第一册 土建工程》(JTG F80/1—2017),分项工程是依据不同的( )来划分的。
   A. 施工工艺   B. 材料
   C. 施工任务   D. 施工工序

3. 沥青路面钻孔取样可用来测定( )。
   A. 路面厚度   B. 混合料密度
   C. 材料级配   D. 空隙率

4. 灌砂法现场测定路基土密度时,在已知( )和( )的基础上,首先计算( ),然后计算( )。(按顺序填写选项答案)
   A. 试坑材料的湿密度 ρ B. 试坑材料的干密度 ρ_d
   C. 填满试坑所用的砂的质量 m_b D. 量砂的密度 ρ_s

5. 以下关于平整度测试设备说法,正确的是( )。
   A. 平整度的测试设备分为断面类及反应类两大类
   B. 断面类设备实际上是测定路面表面凹凸情况
   C. 反应类设备是测定路面凹凸引起车辆振动的颠簸情况
   D. 常用的反应类设备是车载式颠簸累积仪

6. 采用贝克曼梁法检测路面弯沉时,测试步骤正确的是( )。
   A. 在测试路段布置测点,测点应在路面行车车道的轮迹带上,并用白油漆或粉笔画上标记
   B. 将试验车后轮轮隙对准测点后3~5cm处的位置上
   C. 将弯沉仪插入汽车后轮之间的缝隙处,安装百分表并调零
   D. 测定者吹哨发令指挥汽车缓缓前进,当表针转动到最大值时,迅速读取百分表的初读数 L_1;汽车仍在继续前进,待汽车驶出弯沉影响半径(3m以上)后停车。待表针

回转稳定后读取百分表的终读数 L_2

7. 公路技术状况评价内容包含( )。
   A. 路面　　　　　　　　　　B. 路基
   C. 桥隧构造物　　　　　　　D. 沿线设施

8. 下列( )是反映土的物理性能指标。
   A. 含水率　　　B. 干密度　　　C. 孔隙率　　　D. 饱和度

9. 关于酒精燃烧法测定土的含水率,描述正确的是( )。
   A. 是一种快速简易测定法,适用于不含有机质和盐渍土的土
   B. 要求酒精纯度为90%
   C. 试验时用滴管注入放有试样的称量盒中,直至盒中出现自由液面为止
   D. 点燃盒中酒精,燃至火焰熄灭。将试样冷却数分钟后,再次加入酒精,重新燃烧,共燃烧三次

10. 下列关于土工合成材料垂直渗透试验,说法正确的是( )。
    A. 主要用于反滤设计　　　　　B. 用于确定土工织物的渗透性能
    C. 只适用于土工织物及复合土工织物　　D. 采用耐静水压试验

11. 针片状颗粒是一种有害颗粒,由于它过于细长或扁平,在混合料会产生( )的影响。
    A. 容易折断　　　　　　　　B. 增大空隙
    C. 增大吸水率　　　　　　　D. 降低强度

12. 采用网篮法可以同时测出( )指标。
    A. 表观密度　　　　　　　　B. 毛体积密度
    C. 表干密度　　　　　　　　D. 吸水率

13. 影响水泥体积安定性的因素有( )。
    A. 游离 MgO　　B. SO_3　　C. 游离 CaO　　D. SiO_2

14. 试验室检验混凝土拌合物的工作性,主要通过检验( )方面来综合评价。
    A. 流动性　　　B. 可塑性　　　C. 黏聚性　　　D. 保水性

15. 水泥混凝土配合比设计中,耐久性是通过( )控制的。
    A. 最大水灰比　　　　　　　B. 最小砂率
    C. 最小水泥用量　　　　　　D. 最大用水量

16. 对于无侧限抗压强度试验,计算的精密度或允许误差要求若干次平行试验的变异系数 $C_v(\%)$ 应符合下列( )规定。
    A. 小试件不大于10%　　　　B. 中试件不大于10%
    C. 大试件不大于15%　　　　D. 中试件不大于15%

17. 评价沥青与矿料黏附性的试验方法有( )。
    A. 水煮法　　　　　　　　　B. 水浸法
    C. 亲水系数法　　　　　　　D. 比色法

18. 按我国目前道路石油沥青的质量标准,评价沥青抗老化能力的试验方法主要有( )。

A. 蒸发损失试验　　　　　　　　B. 薄膜烘箱加热试验
C. 旋转薄膜烘箱加热试验　　　　D. 燃烧试验

19. 沥青混合料的高温稳定性,在实际工作中通过(　　)方法进行评价。
    A. 马歇尔试验　　　　　　　　B. 浸水马歇尔试验
    C. 车辙试验　　　　　　　　　D. 劈裂试验

20. 我国现行规范采用(　　)指标表征沥青混合料的耐久性。
    A. 空隙率　　　　　　　　　　B. 饱和度
    C. 矿料间隙率　　　　　　　　D. 残留稳定度

四、综合题[根据所列资料,以选择题的形式(单选或多选)选出正确的选项。总共5道题,每题10分,共计50分。每小题2分,选项部分正确按比例得分,出现错误选项该题不得分]

1. 下表为采用环刀法和灌砂法测定土密度的试验记录,根据试验数据回答下列问题。

试验方法	环刀法			灌砂法		
试验次数		1	2		1	2
试验数据	环刀容积(cm³)	60	60	试洞内湿土质量(g)	3578	3643
	环刀质量(g)	50	50	试洞内砂质量(g)	2450	2507
	环刀+湿土质量(g)	161.0	159.8	标准砂密度(g/cm³)	1.28	1.28
	环刀+干土质量(g)	147.0	146.0			

(1) 根据环刀法试验结果,该土的密度为(　　)。
    A. 1.85g/cm³　　　　　　　　B. 1.83g/cm³
    C. 1.84g/cm³　　　　　　　　D. 1.87g/cm³

(2) 根据环刀法试验结果,该土的含水率为(　　)。
    A. 14.4%　　　　　　　　　　B. 14.5%
    C. 14.6%　　　　　　　　　　D. 14.7%

(3) 根据灌砂法试验结果,该土的密度为(　　)。
    A. 1.86g/cm³　　　　　　　　B. 1.865g/cm³
    C. 1.84g/cm³　　　　　　　　D. 1.87g/cm³

(4) 根据《公路土工试验规程》,测定土的密度方法有(　　)。
    A. 烘干法　　　　　　　　　　B. 比重瓶法
    C. 灌水法　　　　　　　　　　D. 蜡封法

(5) 用灌砂法测定试洞容积时,其准确度和精密度受(　　)因素影响。
    A. 标定罐的深度对砂的密度有影响
    B. 储砂筒中砂面的高度对砂的密度有影响
    C. 砂的颗粒组成对试验的重现性有影响
    D. 以上说法均不对

2. 下表所示为某试验室采用负压筛析法检测P·C 32.5水泥试样的试验结果。

序号	水泥试样质量（g）	水泥筛余物质量（g）	水泥筛余百分数（%）	试验筛修正系数	修正后水泥筛余百分数（%）	
					单值	平均值
1	25.00	0.28	1.1	0.93	1.0	1.0
2	25.00	0.28	1.1		1.0	

请根据试验结果回答下列问题。

(1) 该水泥试样的细度还可以采用(　　)试验。
　　A. 勃氏法　　　　　　　　　　B. 水筛法
　　C. 手工筛析法　　　　　　　　D. 比表面积法

(2) 填写水泥试验记录表应包括(　　)内容。
　　A. 样品名称:硅酸盐水泥
　　B. 品种、规格:P·C 32.5
　　C. 试验依据:《公路工程水泥及水泥混凝土试验规程》(JTG 3420—2020)
　　D. 试验日期

(3) 关于水泥负压筛析试验,描述正确的是(　　)。
　　A. 筛析试验前,应把负压筛放在筛座上,盖上筛盖,接通电源,检查控制系统,调节负压至4000~6000Pa范围内
　　B. 称取试样50g,置于洁净的负压筛中,盖上筛盖,放在筛座上
　　C. 开动筛析仪连续筛析2min,此期间如有试样附着在筛盖上,可轻轻敲击筛盖使其落下
　　D. 当工作负压小于4000Pa时,应清理吸尘器内水泥,使负压恢复正常

(4) 水泥筛余百分数结果计算,正确的说法为(　　)。
　　A. 水泥试样筛余百分数 $F = \frac{m_s}{m} \times 100\%$,其中,$m$ 为水泥试样质量、m_s 为筛余物质量
　　B. 试验结果计算应精确至0.01%,表中结果计算错误
　　C. 试验结果计算应精确至0.1%,表中结果计算正确
　　D. 平行试验的结果不应该相同

(5) 试验结果修正,以下(　　)说法正确。
　　A. 表中试验筛修正系数表达正确
　　B. 为使试验结果可比,应采用试验筛修正系数方法进行细度修正
　　C. 试验筛修正系数 $C = F_n/F_t$,F_n 为标准样在已知标准筛上的筛余百分数,F_t 为标准样在试验筛上的筛余百分数
　　D. 试验筛修正系数应为0.80~1.20,否则试验筛不能用于检验水泥细度

3. 关于新拌水泥混凝土坍落度试验,请回答以下问题。

(1) 以下(　　)是对坍落度指标的正确描述。
　　A. 坍落度表达混凝土拌合物的工作性
　　B. 坍落度代表混凝土拌合物的流动性
　　C. 为保证混凝土施工,应选择较大的坍落度

D. 大流动性混凝土应测定其坍落扩展度值
(2) 进行水泥混凝土坍落度试验,应注意(　　)。
   A. 应先用湿布抹湿坍落度筒、铁锹、拌和板
   B. 混凝土可以采用拌和机或人工拌和
   C. 测定坍落度,应垂直提起坍落度筒,且操作过程应在5~10s内完成
   D. 从开始装料到提坍落度筒的整个过程,应在120s内完成
(3) 装料与插捣混凝土,要求(　　)。
   A. 将漏斗放在坍落度筒上,脚踩踏板
   B. 将拌制的混凝土试样分三层均匀地装入坍落度筒内,每层装入高度稍大于筒高的1/3
   C. 每层由外向中心沿螺旋方向用捣棒均匀插捣25次
   D. 插捣底层时应插至底部;插捣其他两层时,应插透本层并插入下层20~30mm,插捣应垂直压下,不得冲击
(4) 试验结果表述正确的为(　　)。
   A. 用钢尺量出筒高与坍落后混凝土试样之间的垂直距离,即为坍落度值
   B. 坍落度实测值以mm为单位,精确至1mm
   C. 坍落度实测值以mm为单位,精确至5mm
   D. 若坍落度测定值为32mm,则其试验结果应修约为30mm
(5) 关于评价混凝土的保水性与黏聚性,以下正确的说法是(　　)。
   A. 用捣棒在已坍落的混凝土锥体侧面轻轻敲打,锥体突然倒塌、部分崩裂或发生石子离析,则表示黏聚性不好
   B. 观察整个试验过程中水分从拌合物中析出的程度,评价保水性
   C. 如坍落度筒提起后无稀浆或仅有少量稀浆自底部析出,则表示此混凝土拌合物的保水性良好
   D. 混凝土拌合物的保水性不良时,应调整水灰比

4. 请回答下列沥青混合料配合比设计的有关问题。
(1) 制备沥青混合料试件,下列正确的说法是(　　)。
   A. 用于高速公路及一级公路的密级配沥青混凝土试件,应双面各击实75次,且粗集料的公称最大粒径不得超过26.5mm
   B. 普通沥青混合料应严格按照现行规范提供的拌和与压实温度制备试件
   C. SMA沥青玛𹨺脂碎石混合料试件尺寸为φ152.4mm×95.3mm,双面各击实50次
   D. 制备试件可采用击实法,也可以采用旋转压实法
(2) 用于沥青混合料的矿料,其工程级配的选用要求有(　　)。
   A. 应根据公路等级、气候条件、交通条件等选择
   B. 密级配沥青混合料一般选择F型混合料
   C. 沥青稳定碎石(ATB)可选用中粒式与粗粒式级配类型
   D. SMA沥青玛𹨺脂碎石混合料采用间断级配,现行规范建议选用SMA-13和SMA-16
(3) 确定一块标准马歇尔试件所需沥青混合料的数量,需要下列(　　)环节。

A. 已知沥青混合料的密度,可按标准试件体积计算,再乘以系数1.03获得

B. 一块标准马歇尔试件,大约需要1200g沥青混合料

C. 调整后沥青混合料质量 = $\dfrac{要求试件高度 \times 原用混合料质量}{所得试件高度}$,按此公式调整试件的沥青混合料用量

D. 计算试件毛体积密度：$\rho_f = \dfrac{m_a}{m_f - m_w}$

(4) 应绘制油石比(或沥青含量)与( )物理-力学指标的关系图。

A. 沥青混合料体积参数:毛体积密度、稳定度、空隙率、沥青饱和度、流值、矿料间隙率

B. 沥青混合料力学指标:稳定度、流值

C. 沥青混合料物理指标:毛体积密度、空隙率、沥青饱和度、矿料间隙率

D. 沥青混合料所有指标:毛体积密度、最大理论密度、空隙率、沥青饱和度、矿料间隙率、稳定度、流值

(5) 确定沥青混合料的最佳油石比OAC,下列( )步骤正确。

A. 通常OAC为OAC_1与OAC_2的平均值,并应检验OAC在曲线中所对应的VV和VMA值是否能满足规范规定的最小VMA值的要求,且OAC宜位于VMA凹形曲线最小值的贫油一侧

B. $OAC_1 = (a_1 + a_2 + a_3 + a_4)/4$。其中,$a_1$、$a_2$、$a_3$、$a_4$分别为在关系曲线图中求取相应于密度最大值、稳定度最大值、空隙率中值、沥青饱和度范围中值的沥青用量

C. OAC_2为各项指标均符合技术标准(不含VMA)的沥青用量范围$OAC_{min} \sim OAC_{max}$中值

D. 若在$OAC_{min} \sim OAC_{max}$范围内,密度或稳定度未出现峰值时,可直接以目标空隙率所对应的沥青用量作为OAC_1,但其必须介于$OAC_{min} \sim OAC_{max}$内,否则应重新进行配合比设计

5. 新建某高速公路土基施工中,对某一路段上路床压实质量进行评定,压实度检测结果如下表所示,已知保证率=95%,$t_{0.95}/\sqrt{15} = 0.455$,压实度的规定值为96%。请回答以下问题。

序号	1	2	3	4	5	6	7	8
压实度(%)	98.5	95.3	93.0	99.3	96.2	92.6	95.9	96.7
序号	9	10	11	12	13	14	15	
压实度(%)	96.5	95.9	92.8	95.6	99.2	95.8	94.6	

(1) 该路段的压实度代表值为( )。
 A. 94.9% B. 95.1% C. 95.9% D. 95.0%

(2) 该路段的压实度极值为( )。
 A. 91% B. 96% C. 94% D. 无极值要求

(3) 该路段的压实度合格率为( )。
 A. 70% B. 80% C. 90% D. 95%

(4) 该路段的压实度被评为( )。

A. 合格 B. 不合格 C. 优秀 D. 良好

(5)进行压实度检测时可采用(   )。

A. 灌砂法 B. 核子密度仪法

C. 如为细粒土可采用环刀法 D. 无核密度仪法

模拟试卷(一)参考答案

一、单项选择题

1. A	2. B	3. C	4. A	5. D	6. D	7. A	8. A	9. A	10. B
11. B	12. B	13. D	14. D	15. C	16. B	17. D	18. C	19. A	20. B
21. C	22. C	23. C	24. B	25. A	26. D	27. A	28. B	29. D	30. B

二、判断题

1. ×	2. ×	3. ×	4. √	5. ×	6. √	7. √	8. ×	9. ×	10. ×
11. √	12. ×	13. ×	14. √	15. ×	16. √	17. ×	18. √	19. ×	20. ×
21. ×	22. √	23. ×	24. √	25. ×	26. √	27. √	28. ×	29. ×	30. √

三、多项选择题

1. ABC	2. ABD	3. ABCD	4. DCAB	5. ABCD
6. ABCD	7. ABCD	8. ABCD	9. ACD	10. ABC
11. ABD	12. ABCD	13. ABC	14. ACD	15. AC
16. BC	17. ABC	18. BC	19. AC	20. ABCD

四、综合题

1. (1) C	(2) A	(3) A	(4) CD	(5) ABC
2. (1) BC	(2) BCD	(3) ACD	(4) AC	(5) ABCD
3. (1) BD	(2) AB	(3) ABCD	(4) BD	(5) ABC
4. (1) AD	(2) A	(3) ABC	(4) BC	(5) ACD
5. (1) A	(2) A	(3) B	(4) B	(5) ABC

模拟试卷(二)

一、单项选择题(总共30道题,每题1分,共计30分)

1. 公路工程质量鉴定抽查中,路面面层的权值为( )。
   A. 1   B. 1.5   C. 2   D. 3

2. 某灰土层7d无侧限抗压强度标准为0.85MPa,抽样检测时得到的强度平均值为0.90MPa,其强度( )。
   A. 合格   B. 不合格   C. 无法确定   D. 可以确定

3. 评定为不合格的分项工程,经加固、补强或返工、调测,满足设计要求后,下列说法( )正确。
   A. 无法评定
   B. 合格
   C. 仍为不合格
   D. 可重新进行检测评定

4. 摆式仪测定路面摩擦系数,所用的橡胶片的有效使用期从出厂日期算起为( )。
   A. 12个月   B. 6个月   C. 2年   D. 3年

5. 需要进行回弹弯沉值温度修正时,可根据t_0查图确定。t_0为( )。
   A. 路表温度
   B. 测定前5天平均气温的平均值
   C. 路表温度和测定前5天平均气温的平均值之和
   D. 以上表述均不对

6. 沥青混合料出厂温度应( )。
   A. 每车检1次   B. 每2车检1次
   C. 每车检2次   D. 每车检3次

7. 进行沥青路面车辙测试时,针对内外侧轮迹带的车辙深度R_{u1}和R_{u2},以( )作为断面的车辙深度。
   A. 其中最小值   B. 两者平均值
   C. 其中最大值   D. 两者之差值

8. 采用灌砂法检测路基压实度过程中,打开灌砂筒开关,让砂流入试洞内。关闭开关,仔细取走灌砂筒,然后称量( )m_4,准确至1g。
   A. 流入试坑内砂的质量   B. 灌砂筒内剩余砂的质量
   C. 灌砂筒下部圆锥体内砂的质量   D. 标定罐内砂的质量

9. 以下( )适用于现场土基表面,通过逐级加载、卸载的方法测出每级荷载下相应的土基回弹变形,经计算求得土基回弹模量。

A. 贝克曼梁法 B. 承载板法
C. CBR 法 D. 贯入仪法

10.采用人工调查路面表观损坏的测试方法,应由两名测试人员组成一个测试组,沿(　　)徒步调查。

A. 行车道 B. 中央分隔带
C. 路肩 D. 车道线

11.(　　)可以判定黏土所处的稠度状态。

A. 液性指数 B. 塑性指数
C. 塑限 D. 液限

12.下列(　　)不能作为土的分类依据。

A. 土的颗粒组成特征 B. 土的塑性指标
C. 土中有机质含量 D. 土的结构

13.用以评定土基承载能力的指标是(　　)。

A. 塑性指数 B. 渗透系数
C. CBR 值 D. 曲率系数

14.土工合成材料的有效孔径 O_{90} 表示(　　)。

A. 占总重90%的土颗粒通过该粒径
B. 占总重10%的土颗粒通过该粒径
C. 占总重95%的土颗粒通过该粒径
D. 占总重5%的土颗粒通过该粒径

15.采用容量瓶法测定砂的表观密度,若两次平行试验结果之差值大于(　　),应重新取样进行试验。

A. $0.01g/cm^3$ B. $0.02g/cm^3$
C. $0.05g/cm^3$ D. $0.1g/cm^3$

16.矿粉加热安定性试验,是将矿粉置于蒸发皿或坩埚中,在煤气炉或电炉上加热至(　　),冷却后观察矿粉颜色的变化。

A. 200℃ B. 175℃ C. 150℃ D. 135℃

17.集料的公称最大粒径是指(　　)筛孔尺寸。

A. $P=100\%$ B. $P=90\%\sim100\%$ 的最小
C. $P=100\%$ 的最小 D. $A_i>10\%$ 的最大

18.采用维卡仪测定水泥初凝时间,以试针距底板的距离为(　　)作为水泥净浆达到初凝状态的判定标准。

A. $3mm\pm1mm$ B. $4mm\pm1mm$
C. $5mm\pm1mm$ D. $6mm\pm1mm$

19.一组水泥28d抗折强度试验结果为4.8MPa、5.0MPa、5.8MPa,则该组水泥的抗折强度(　　)。

A. 5.2MPa B. 5.4MPa
C. 5.0MPa D. 4.9MPa

20. 坍落度试验适用于公称最大粒径不大于 31.5mm,坍落度不小于( )的混凝土。
   A. 5mm   B. 10mm   C. 15mm   D. 20mm

21. 混凝土的强度等级是以立方体抗压强度标准值确定的,其含义即具有( )保证率的抗压强度。
   A. 85%   B. 90%   C. 95%   D. 98%

22. 桥梁用 C40 混凝土,经设计配合比为水泥:水:砂:碎石 = 380:175:610:1300,采用相对用量表示为( )。
   A. 1:1.61:3.42;W/C = 0.46   B. 1:0.45:1.61:3.42
   C. 1:1.6:3.4;W/C = 0.46   D. 1:0.5:1.6:3.4

23. 水泥稳定细粒土基层集中厂拌法施工时,水泥最小剂量为( )。
   A. 3%   B. 4%   C. 5%   D. 6%

24. 无机结合料稳定土无侧限抗压强度试验每组试件,对大试件至少需要( )。
   A. 6 个   B. 13 个   C. 9 个   D. 15 个

25. 沥青 25℃条件下针入度试验,要求标准针及附件总质量为( )。
   A. 50g   B. 100g   C. 150g   D. 200g

26. 沥青环球法软化点试验,要求加热起始温度为( )。
   A. 0℃   B. 5℃   C. 10℃   D. 15℃

27. 气候分区为 1-3-2 的地区,数字 3 代表( )。
   A. 高温气候区   B. 低温气候区
   C. 雨量气候区   D. 温度气候区

28. 工程中常用的( )是典型的密实-悬浮结构。
   A. 沥青混凝土   B. 沥青碎石
   C. 排水沥青碎石   D. 沥青玛蹄脂碎石

29. 沥青混合料车辙试验的评价指标为( )。
   A. 稳定度   B. 残留稳定度
   C. 动稳定度   D. 残留强度比

30. 沥青混合料标准马歇尔试件的高度要求为( )。
   A. 63.5mm ± 1.3mm   B. 65.5mm ± 1.5mm
   C. 95.3mm ± 1.3mm   D. 95.3 mm ± 2.5mm

二、判断题(总共30道题,每题1分,共计30分)

1. 对沥青混凝土面层进行外观质量鉴定时,半刚性基层的反射裂缝计作施工缺陷,应扣分并及时进行灌缝处理。( )
2. 对于土方路基压实度评定,标准密度的测定方法是重型击实试验法。( )
3. 当平均墙高达到或超过 6m 且墙身面积不小于 1200m² 时,为大型挡土墙,每处应作为分项工程进行评定。( )
4. 用连续平整度仪测定平整度评定工程质量时,所选取的测定位置应距车道标线 80~100cm。( )

5. 铺砂法适用于测定路基构造深度。（　）
6. 回弹模量越大，表示土基的承载能力越大；回弹弯沉值越大，表示承载能力越小。（　）
7. 用贝克曼梁法测定高速公路土基回弹弯沉时，加载车的后轴轴载一般为 60kN。（　）
8. 沥青路面渗水试验时，若水面下降速度较慢，3min 内无法下降至 500mL，则应测试 3min 内的渗水量。（　）
9. 检测沥青喷洒数量时，应在距两端 1/3 长度沿宽度的任意位置上进行测试。（　）
10. 采用拖车法测试噪声，要求在测试轮胎传声器一侧 1m 范围内的测试路面应相同或表面声阻抗特性相近。（　）
11. 制备原状土试件可以采用击实法。（　）
12. 做土的有机质含量试验时，溶液由橙黄色经蓝绿色突变为橙红色时，即为终点。（　）
13. 变水头渗透试验适用于黏质土。（　）
14. 土工织物厚度是在无任何压力条件下，正反两面之间的距离。（　）
15. 在同批粗集料料堆上取料时，应先铲除堆角处无代表性的部分，再在料堆的顶部和底部取大致相同的若干份试样，组成一组试样。（　）
16. 粗集料压碎值试验应准确称取试样 3kg，分两层装入圆模，使得试样表面距圆模上口 10mm。（　）
17. 沸煮法主要检测水泥中是否含有过量的游离 CaO、游离 MgO 和 SO_3。（　）
18. 评价水泥质量时，凡氧化镁、三氧化硫、凝结时间的任一项不符合国家标准规定时，则该水泥为不合格品。（　）
19. 水泥抗压强度试验，以一组三个试件得到的 6 个抗压强度算术平均值为试验结果。如 6 个测定值中有一个超出其平均值的 ±15%，舍去该结果，而以剩下 5 个的平均数为结果，如 5 个测定值中再有超过 5 个结果平均数的 ±15%，则该次试验结果作废。（　）
20. 对混凝土拌合物流动性大小起决定作用的是用水量的大小。（　）
21. 水泥混凝土路面的设计标准采用 28d 龄期的水泥混凝土抗弯拉强度。（　）
22. 水泥混凝土的凝结时间是通过贯入阻力试验方法测定的。（　）
23. 水泥稳定土可以采用普通水泥、矿渣水泥、火山灰水泥，但宜选用终凝时间在 6h 以上的水泥，快硬水泥、早强水泥以及已受潮变质的水泥不应使用。（　）
24. 无机结合料无侧限抗压强度试件养生期间，对试件质量损失所作规定为：小试件不得超过 2g，中试件不得超过 5g，大试件不得超过 10g。（　）
25. DSR 试验测得沥青的复合剪切模量 G^* 和相位角 δ，通过计算 $G^*/\sin\delta$ 和 $G^* \cdot \sin\delta$ 可以评价沥青的弹、黏性，并确定沥青性能 PG 分级等级。（　）
26. 对于最大粒径大于 13.2mm 的集料，应采用水浸法试验评价沥青与集料的黏附性。（　）
27. 测定沥青环球软化点，要求起始温度为 5℃±0.5℃，杯中水温在 5min 内调节至升温速度维持在 5℃/min±0.5℃/min。（　）

28. 我国现行密级配沥青混凝土马歇尔试验技术标准中,控制高温稳定性的指标有稳定度和流值。( )

29. 沥青混合料残留稳定度指标是指试件浸水7d后的稳定度。( )

30. 对同一沥青混合料或同一路段路面,车辙试验应至少平行试验3个试件。当3个试件动稳定度变异系数≤20%时,取其平均值作为试验结果;变异系数>20%时,应分析原因,并追加试验。如计算动稳定度值大于6000次/mm,记作>6000次/mm。( )

三、多项选择题(总共20道题,每题2分,共计40分;每道题有两个或两个以上正确答案,选项全部正确得满分,选项部分正确按比例得分,出现错误选项该题不得分)

1. 土工合成材料处置层的基本要求包括( )。
   A. 土工合成材料应无老化,外观无破损,无污染
   B. 土工合成材料应紧贴下承层,按设计和施工要求铺设、张拉、固定
   C. 土工合成材料的接缝搭接、黏接强度和长度应符合设计要求,上、下层土工合成材料搭接缝应交替错开
   D. 下承层平整度、拱度符合设计施工要求

2. 关于工程质量鉴定,下列说法正确的是( )。
   A. 工程质量鉴定得分以分部工程为评定单元
   B. 分项工程中各实测项目规定分值之和为100
   C. 分部工程实测得分与抽检项目合格率和权值有关
   D. 按分部工程、单位工程、工程建设项目逐级评定

3. 下列关于钻芯法测试路面压实度的说法,正确的是( )。
   A. 适用于沥青路面
   B. 芯样直径为 ϕ100mm
   C. 芯样可晾干或用电风扇吹干不少于24h
   D. 标准密度可采用试验室实测的马歇尔试验密度、试验路段钻孔取样密度或最大理论密度

4. 回弹弯沉值可以用于( )。
   A. 竣工验收 B. 交工验收
   C. 新建路面结构设计 D. 计算路基回弹模量

5. 影响横向力系数大小的因素有( )。
   A. 测试车行驶速度 B. 路面温度
   C. 路面状况 D. 路面厚度

6. 3m直尺法的测试要点为( )。
   A. 将3m直尺摆在测试地点的路面上
   B. 目测3m直尺底面与路面之间的间隙情况,确定间隙为最大的位置
   C. 用有高度标线的塞尺塞进间隙处,量记最大间隙的高度,精确至0.2mm
   D. 无论什么情况,每1处连续检测10尺,按上述步骤测记10个最大间隙

7. 关于路面结构强度系数,以下选项叙述正确的是(　　)。
   A. 为路面设计弯沉与实测代表弯沉之比
   B. 用 SSI 表示
   C. 评价路面结构变形
   D. SSI 越大,表明路面结构强度降低越小

8. 关于土的击实特性,下列说法正确的是(　　)。
   A. 增大击实功可提高干密度
   B. 粗颗粒含量增多,最大干密度增大
   C. 土处于最佳含水率时,压实效果最好
   D. 粗颗粒含量增多,最大干密度减小

9. 关于土的 CBR 值试验,下列说法错误的是(　　)。
   A. 应先通过试验求得试料的最大干密度与最佳含水率
   B. 所有试件均按同一最佳含水率制备
   C. 制备好试件后,应泡水 2 昼夜
   D. 将泡水终了的试件进行贯入试验

10. 土工合成材料用作反滤材料,主要检测以下(　　)水力指标。
    A. O_{95}　　　　　　　　　　　B. 垂直渗透系数
    C. 拉伸强度　　　　　　　　　D. 梯度比

11. 细集料级配参数指(　　)。
    A. 细度模数　　　　　　　　　B. 分计筛余百分率
    C. 累计筛余百分率　　　　　　D. 通过百分率

12. 集料试验取样量的多少取决于(　　)。
    A. 最大粒径　　　　　　　　　B. 公称最大粒径
    C. 试验项目　　　　　　　　　D. 试验频数

13. 水泥细度的表征指标可采用(　　)。
    A. 粗度　　　　　　　　　　　B. 45μm 方孔筛筛余量
    C. 细度模数　　　　　　　　　D. 比表面积

14. 测得混凝土坍落度值后,应进一步观察其黏聚性。具体做法是用捣棒轻轻敲击混凝土拌合物一侧,若混凝土试体出现(　　),说明其黏聚性差。
    A. 突然折断　　　　　　　　　B. 崩解、石子散落
    C. 底部明显有水流出　　　　　D. 表面泌水

15. 确定混凝土配合比的三个基本参数是(　　)。
    A. 水灰比　　　　　　　　　　B. 砂率
    C. 单位用水量　　　　　　　　D. 单位水泥用量

16. 石灰工业废渣稳定土施工前,应取有代表性的样品进行下列试验(　　)。
    A. 石料压碎值试验　　　　　　B. 土的颗粒分析
    C. 石灰有效钙镁含量　　　　　D. 碎石含泥量试验

17. 沥青针入度作为条件黏度,在测定时采用了(　　)的规定条件。

A. 温度 B. 标准针质量
C. 贯入时间 D. 沥青试样深度

18. 采用旋转薄膜烘箱加热试验评价沥青的抗老化能力的指标有( )。
A. 质量变化 B. 残留针入度比
C. 残留10℃延度 D. 残留15℃延度

19. 沥青混合料马歇尔试验可以测定( )指标。
A. 稳定度 B. 流值
C. 动稳定度 D. 马歇尔模数

20. 测定沥青混合料的物理力学性质,可采取( )方法成型试件。
A. 击实 B. 轮碾
C. SGC D. GTM

四、综合题[根据所列资料,以选择题的形式(单选或多选)选出正确的选项。总共5道题,每题10分,共计50分。每小题2分,选项部分正确按比例得分,出现错误选项该题不得分]

1. 某试验室测定两种不同土的界限含水率,试验结果如下:第1种土液限 $w_L=60\%$, 塑性指数 $I_p=30$;第2种土液限 $w_L=40\%$, 塑性指数 $I_p=15$。根据以上试验数据,回答有关土的界限含水率问题。

(1) 第1种土的塑性指数高于第2种土,说明( )。
A. 第1种土含黏粒多于第2种土,可塑性比第2种土高
B. 第1种土含黏粒多于第2种土,可塑性比第2种土低
C. 第1种土含砂粒多于第2种土,可塑性比第2种土高
D. 第1种土含黏粒少于第2种土,可塑性比第2种土低

(2) 采用液塑限联合测定法,下列说法正确的是( )。
A. 锥重76g,锥入深度为17mm时所对应的含水率为液限
B. 锥重100g,锥入深度为20mm时所对应的含水率为液限
C. 锥重76g,锥入深度为2mm时所对应的含水率为塑限
D. 锥重100g,锥入深度为5mm时所对应的含水率为塑限

(3) 含水率接近塑限的土样时,下列关于土的密实度对锥入深度影响的描述,正确的是( )。
A. 无影响 B. 土越密实,锥入深度越大
C. 土越密实,锥入深度越小 D. 以上说法均不正确

(4) 土的含水率略高于塑限时,塑性指数越高的土搓成的土条( )。
A. 越细 B. 越长 C. 越粗 D. 越短

(5) 关于液塑限指标,下列说法正确的是( )。
A. 第1种土为高液限土
B. 两种土均为高液限土
C. 土由可塑性状态向半固体状态过渡的界限含水率称为塑限

D. 土从塑性状态向流动状态过渡的界限含水率称为液限

2. 针对检测细集料中含泥量及泥块含量的有关试验,回答下列问题。

(1)测定砂中含泥量,可以采用下列( )试验方法。

A. 筛洗法　　　　　B. 沉降法　　　　　C. 亚甲蓝试验　　　　　D. 砂当量试验

(2)细集料的砂当量和亚甲蓝值的区别在于( )。

A. 砂当量和亚甲蓝值均用以评定细集料的洁净程度

B. 砂当量适用于测定细集料中所含的黏性土或杂质的含量

C. 亚甲蓝值适用于确定细集料中是否存在膨胀性黏土矿物

D. 亚甲蓝试验适用于粒径小于2.36mm或0.15mm的细集料,不适用于矿粉

(3)砂当量试验时,测得砂的含水率为1.5%,则应称取( )湿砂进行试验。

A. 101.5g　　　　　B. 121.8g　　　　　C. 138g　　　　　D. 120g

(4)砂当量的试验步骤中,下列说法正确的有( )。

A. 将湿砂样用漏斗仔细地倒入加有冲洗液(试筒100mm刻度处)的竖立试筒中,除去气泡,润湿试样,然后放置10min

B. 开动机械振荡器,在30s±1s的时间内振荡90次

C. 将冲洗管直接插入试筒底部,慢慢转动冲洗管并匀速缓慢提高,直至溶液达到380mm刻度线为止

D. 缓慢匀速向上拔出冲洗管,使液面保持在380mm刻度线处,在无扰动的情况下静置20min±15s

(5)关于砂当量值,正确的说法有( )。

A. 砂当量值 $SE = \dfrac{h_2}{h_1} \times 100$,以百分率计,用整数表示

B. 砂当量值越小,表明砂越洁净

C. h_1为试筒中絮凝物和沉淀物的总高度

D. h_2为试筒中目测集料沉淀物的高度

3. 请回答试验室测定沥青混合料马歇尔试件的毛体积密度的相关问题。

(1)关于采用哪种方法测定沥青混合料的毛体积密度,说法正确的是( )。

A. 表干法与水中重法原理相同

B. 试验测得沥青混合料马歇尔试件的吸水率为1.5%,应采用表干法

C. 采用表干法的适用条件为沥青混合料马歇尔试件的吸水率小于0.5%

D. 当沥青混合料马歇尔试件的吸水率大于2%时,应采用蜡封法或体积法

(2)沥青混合料毛体积密度的试验步骤如下,顺序正确的是( )。

①对从工程现场钻取的非干燥试件,可先称取水中质量和表干质量,然后用电风扇将试件吹干至恒重,再称取在空气中的质量。

②除去试件表面的浮粒,称取干燥试件在空气中的质量。

③选择适宜的浸水天平(或电子秤),最大称量应满足试件质量的要求。

④将溢流水箱水温保持在25℃±0.5℃。挂上网篮,浸入溢流水箱的水中,调节水位,将天平调平并复零,把试件置于网篮中(注意不要使水晃动),浸水3~5min,称取水中质量。

⑤结果计算。
⑥从水中取出试件,用洁净柔软的拧干湿毛巾轻轻擦去试件的表面水(不得吸走空隙内的水),称取试件的表干质量。

  A. ①②③④⑥⑤   B. ③②④⑥①⑤
  C. ③①②⑥④⑤   D. ①③②⑥④⑤

(3)沥青混合料的毛体积密度试验,应注意( )。
  A. 选择浸水天平或电子天平,当最大称量在 3kg 以下时,感量不大于 0.1g;当最大称量在 3kg 以上时,感量不大于 0.5g。因此,称量试件质量应根据天平的感量读数,准确至 0.1g 或 0.5g
  B. 对从路上钻取的非干燥试件,用电风扇将其吹干至恒重的时间一般不少于 12h;当不需要进行其他试验时,也可用 60℃ ±5℃ 的烘箱烘干至恒重
  C. 称取试件的水中质量时,若天平读数持续变化,不能很快达到稳定时,应延长试件吸水稳定的时间
  D. 称取试件的表干质量,要求从试件拿出水面到用擦拭结束不宜超过 5s,且应擦去称量过程中流出的水

(4)关于结果计算,下列( )选项正确。
  A. 试件的毛体积密度 $\rho_f = \dfrac{\rho_w m_a}{m_f - m_w}$,式中 ρ_w 为常温水的密度,取 $1g/cm^3$
  B. 试件的毛体积相对密度与毛体积密度可以相互换算,$\rho_f = \gamma_f \cdot \rho_w$
  C. 毛体积相对密度与毛体积密度的计算结果,均取 3 位小数
  D. 试件的吸水率,按公式 $S_a = \dfrac{m_f - m_a}{m_f - m_w} \times 100$ 计算,取 1 位小数,以百分率(%)计

(5)关于测定沥青混合料试件的毛体积密度,( )说法合理。
  A. 表干法可测定密级配沥青混凝土(AC)、沥青玛琋脂碎石混合料(SMA)、沥青稳定碎石(ATB)等吸水率不大的沥青混合料试件的毛体积密度
  B. 沥青混合料的毛体积密度与油石比按抛物线的规律变化
  C. 已知沥青混合料的毛体积密度、理论最大密度,可以计算其各项体积参数
  D. 沥青混合料试件的空隙率,可按公式 $VV = \left(1 - \dfrac{\gamma_f}{\gamma_t}\right) \times 100\%$ 计算,精确至 0.1%

4. 某试验室按质量法进行混凝土的配合比设计。混凝土设计强度等级为 C40,强度标准差为 4.5MPa,设计坍落度为 30~50mm。选用 42.5 级硅酸盐水泥,富裕系数 $\gamma_c = 1.16$;中砂;最大粒径为 20mm 石灰岩碎石。混凝土假定密度采用 $2450kg/m^3$,碎石的回归系数 $\alpha_a = 0.53$,$\alpha_b = 0.20$,砂率取用 32%,单位用水量选用 190kg。该混凝土工程处于一般环境,要求最大水灰比限定值为 0.60,最小水泥用量限定值为 $280kg/m^3$。请回答下列问题。

(1)计算初步配合比,下列正确的结论为( )。
  A. 水泥实际强度为 49.3MPa;混凝土的配制强度为 47.4MPa
  B. 水泥实际强度为 42.5MPa;混凝土的配制强度为 44.5MPa
  C. $W/C = 0.50$;初步配合比为水泥:水:砂:碎石 = 380:190:602:1279

D. $W/C = 0.46$；初步配合比为水泥：水：砂：碎石 $= 413 : 190 : 591 : 1256$

(2) 试拌初步配合比,实测坍落度为 25mm。确定混凝土基准配合比的正确说法是(　　)。

　　A. 可采取增加水泥浆的措施提高坍落度

　　B. 可采用机械强制搅拌的措施提高坍落度

　　C. 若增加普通减水剂,减水率 10%,掺量 0.2%,则基准配合比为水泥：水：砂：碎石 $= 380 : 190 : 602 : 1279$

　　D. 若增加普通减水剂,减水率 10%,掺量 0.2%,则基准配合比为水泥：水：砂：碎石 $= 413 : 171 : 597 : 1269$

(3) 试拌基准配合比检验强度满足要求,且混凝土拌合物的实测密度为 $2416 kg/m^3$,则下列正确的说法是(　　)。

　　A. 混凝土的计算密度为 $2451 kg/m^3$

　　B. 因混凝土的实测密度与计算密度的相对误差较小,无须进行密度校正

　　C. 试验室配合比为水泥：水：砂：碎石 $= 380 : 190 : 602 : 1279$

　　D. 试验室配合比为水泥：水：砂：碎石 $= 413 : 171 : 597 : 1269$

(4) 实测施工现场砂的含水率为 2.5%,碎石的含水率为 1.5%,混凝土施工配合比为(　　)。

　　A. 水泥：水：砂：碎石 $= 380 : 156 : 617 : 1298$

　　B. 水泥：水：砂：碎石 $= 380 : 136 : 623 : 1311$

　　C. 水泥：水：砂：碎石 $= 413 : 137 : 612 : 1288$

　　D. 水泥：水：砂：碎石 $= 413 : 130 : 610 : 1275$

(5) 若用小型搅拌机拌制混凝土,容量为 $0.4 m^3$（出料）。每次投入 2 袋水泥（50kg/袋）,则各材料的投入量为(　　)。

　　A. 水泥 $= 152 kg$　　　　　　　　B. 水泥 $= 100 kg$

　　C. 水 $= 50 kg$,砂 $= 158 kg$,碎石 $= 337 kg$　　　D. 水 $= 41 kg$,砂 $= 162 kg$,碎石 $= 342 kg$

5. 对某四车道高速公路沥青路面进行弯沉检测,使用贝克曼梁法(5.4m),检测温度为 22℃,路面厚度为 4cm,测得回弹弯沉值的平均值为 23.8(0.01mm),计算的标准差为 3.5(0.01mm),保证率系数取 1.645。请回答下列问题。

(1) 该路面的弯沉值的代表值为(　　)(0.01mm)。

　　A. 27.8　　　　B. 29.6　　　　C. 23.8　　　　D. 18

(2) 每公里四车道的检测点数应为(　　)。

　　A. 80　　　　B. 160　　　　C. 40～80　　　　D. ≥200

(3) 当路面的弯沉代表值不符合设计验收弯沉值要求时,下列(　　)说法正确。

　　A. 评为不合格

　　B. 可将超出 $(2~3)S$ 的弯沉特异值舍弃

　　C. 对舍弃的弯沉值大于 $(2~3)S$ 的点,应找出其周围界限,进行局部处理

　　D. 应返工,重新进行检测评定

(4) 对该路面的弯沉值(　　)。

A. 应进行温度修正　　　　　　　　B. 应进行支点修正
C. 不进行支点修正　　　　　　　　D. 不进行温度修正

(5) 该路面设计验收弯沉值为 30(0.01mm),则质量评定为(　　)。

A. 合格　　　　B. 不合格　　　　C. 优秀　　　　D. 良好

模拟试卷(二)参考答案

一、单项选择题

1. A	2. C	3. D	4. A	5. C	6. A	7. C	8. B	9. B	10. C
11. A	12. D	13. C	14. B	15. A	16. A	17. B	18. B	19. D	20. B
21. C	22. A	23. B	24. B	25. B	26. B	27. B	28. A	29. C	30. A

二、判断题

1. ×	2. √	3. ×	4. √	5. ×	6. √	7. ×	8. √	9. √	10. ×
11. ×	12. √	13. √	14. ×	15. ×	16. √	17. ×	18. ×	19. ×	20. ×
21. √	22. √	23. √	24. ×	25. √	26. ×	27. ×	28. √	29. ×	30. √

三、多项选择题

1. ABC	2. ACD	3. ACD	4. ABD	5. ABC
6. ABC	7. ABD	8. ABC	9. BCD	10. ABD
11. BCD	12. BC	13. BD	14. AB	15. ABC
16. ABC	17. ABC	18. ABCD	19. ABD	20. ABCD

四、综合题

1. (1) A	(2) ABC	(3) C	(4) AB	(5) AC
2. (1) ACD	(2) ABC	(3) B	(4) ABD	(5) AC
3. (1) B	(2) B	(3) AB	(4) BCD	(5) ABD
4. (1) AC	(2) ABC	(3) ABC	(4) A	(5) BD
5. (1) B	(2) B	(3) AD	(4) CD	(5) A

模拟试卷(三)

一、单项选择题(总共30道题,每题1分,共计30分)

1. 土方路基施工段落较短时,压实度评定应全部符合( )的要求。
   A. 规定值
   B. 规定极值
   C. 规定值 -2 个百分点
   D. 规定值 -1 个百分点

2. 在排水工程管节预制的质量评定中,如发现麻面总面积超过所在面面积的( )应进行处理。
   A. 2%
   B. 3%
   C. 5%
   D. 10%

3. ( )为水泥混凝土面层实测项目中的关键项目。
   A. 弯拉强度、平整度
   B. 抗压强度、弯沉值
   C. 弯拉强度、板厚度
   D. 板厚度、平整度

4. 采用灌砂筒测定压实度,在灌砂过程中,如果储砂筒内的砂尚在下流时即关闭开关,则( )。
   A. 坑的体积也会小于实际值,现场实测密度偏大,压实度也会偏大
   B. 坑的体积也会大于实际值,现场实测密度偏小,压实度也会偏小
   C. 不影响压实度
   D. 坑的体积也会小于实际值,现场实测密度偏小,压实度也会偏小

5. 用车载式颠簸仪测定路面平整度时,( )。
   A. VBI 越大,说明路面平整度越好,舒适性也越好
   B. SFC 越大,说明路面平整度越好,舒适性也越好
   C. VBI 越小,说明路面平整度越好,舒适性也越好
   D. SFC 越小,说明路面平整度越好,舒适性也越好

6. 高温条件下用摆式仪测定的沥青面层摩擦系数比低温条件下测得的摩擦摆值( )。
   A. 大
   B. 小
   C. 一样
   D. 不一定

7. 用铺砂法测定路面表面构造深度,若细砂没有摊铺好,表面留有浮动余砂,则试验结果( )。
   A. 表面留有浮动余砂,试验结果偏大
   B. 表面留有浮动余砂,试验结果偏小
   C. 表面留有浮动余砂不影响试验结果
   D. 作废

8. 用承载板测试土基回弹模量,每次加载至预定荷载后,稳定1min,立即读记两台弯沉仪

百分表数值,然后轻轻放开千斤顶油门卸载至 0,(　　)读数。

  A. 待卸载稳定 1min 后再次   B. 直接

  C. 待卸载稳定 2min 后再次   D. 不需要

9. 对某高速公路施工现场沥青混凝土矿料级配进行检测时,实测结果应满足(　　)要求。

  A. 生产配合比   B. 经验配合比

  C. 目标配合比   D. 矿料级配范围

10. 沥青路面辙槽深度(　　)的为轻度;辙槽深度(　　)以上的为重度。

  A. >3mm, >5mm   B. 10~15mm, >15mm

  C. >10mm, >15mm   D. >5mm, 10~15mm

11. 土的塑性指数表达式为(　　)。

  A. $I_p = w_l - w_p$ B. $I_p = w_p - w_l$

  C. $I_p = \dfrac{w - w_p}{w_l - w_p}$ D. $I_p = \dfrac{w - w_l}{w_l - w_p}$

12. 采用烘干法测定细粒土的含水率,称取代表性试样应不小于(　　)g。

  A. 30   B. 50   C. 100   D. 200

13. 测定土基回弹模量时,每级荷载下的回弹变形值 =(　　)。

  A. 加载读数 – 卸载读数   B. 加载后读数 – 加载前读数

  C. 卸载后读数 – 卸载前读数   D. 累计卸载后读数 – 卸载前读数

14. (　　)指标表征土工织物的孔径特征。

  A. 孔径   B. 渗透系数

  C. 有效孔径   D. 通过率

15. 粗集料的压碎值试验,压力试验机应按 1kN/s 速度均匀地加荷到(　　),并稳荷 5s,然后卸荷。

  A. 100kN   B. 200kN

  C. 300kN   D. 400kN

16. 规准仪法用于测定水泥混凝土用粗集料的(　　)指标。

  A. <26.5mm 的颗粒含量   B. 级配

  C. 坚固性   D. 针、片状颗粒含量

17. 砂的细度模数应采用(　　)粒度范围的累计筛余计算。

  A. 0.075~4.75mm   B. 0.075~9.5mm

  C. 0.15~4.75mm   D. 0.15~9.5mm

18. 水泥胶砂强度试验,有时需要先进行胶砂(　　)试验。

  A. 流动度   B. 坍落度

  C. 稠度   D. 分层度

19. 勃氏法检测水泥的细度,采用(　　)指标表示。

  A. 80μm 方孔筛筛余量   B. 45μm 方孔筛筛余量

  C. 总表面积   D. 比表面积

20. 进行水泥稳定碎石无侧限抗压强度试验时,应根据试验材料类型和一般工程经验选择合适量程的测力计和试验机,对被测试件施加的压力应选在量程的(　　)范围内。
   A. 20%~80%　　　　　　　　　　B. 10%~90%
   C. 5%~95%　　　　　　　　　　 D. 15%~85%

21. 混凝土经试拌坍落度、黏聚性、保水性均满足设计要求,此时的配合比称作(　　)。
   A. 初步配合比　　　　　　　　　B. 试验室配合比
   C. 基准配合比　　　　　　　　　D. 施工配合比

22. 测定混凝土劈裂抗拉强度除用于评价混凝土的受拉抗裂性和与钢筋的黏结力外,还可以用于评价其(　　)。
   A. 抗剪切性能　　　　　　　　　B. 干缩和温缩裂缝
   C. 抗折性能　　　　　　　　　　D. 抗震性能

23. 无机结合料稳定材料的冻融试验,如试件平均质量损失率超过(　　),即可停止试验。
   A. 2%　　　　B. 3%　　　　C. 5%　　　　D. 10%

24. 无机结合料稳定材料抗冲刷试验方法,要求水泥稳定类和二灰稳定类标准试件的标准养生龄期分别为(　　)。
   A. 7d、28d　　　　　　　　　　 B. 14d、28d
   C. 28d、90d　　　　　　　　　　D. 28d、180d

25. (　　)指标反映改性沥青的弹性。
   A. 针入度指数　　　　　　　　　B. 弹性恢复率
   C. 延度　　　　　　　　　　　　D. 当量软化点

26. 下列(　　)指标与沥青的耐久性相关。
   A. 针入度　　　B. 软化点　　　C. 延度　　　D. 密度

27. SMA沥青混合料的配合比设计的关键参数之一是(　　)。
   A. ρ_f　　　　　　　　　　　　B. ρ_b
   C. VCA_{mix}　　　　　　　　　　D. VCA_{DRC}

28. 对于集料吸水率不大于3%的沥青混合料,其理论最大相对密度采用(　　)测定。
   A. 蜡封法　　　　　　　　　　　B. 水中重法
   C. 真空法　　　　　　　　　　　D. 表干法

29. 测定吸水率不大于2%的沥青混合料的毛体积密度,可采用(　　)法。
   A. 蜡封　　　　　　　　　　　　B. 水中重
   C. 真空　　　　　　　　　　　　D. 表干

30. 沥青混合料配合比设计中,沥青含量指(　　)之比。
   A. 沥青质量与沥青混合料质量　　B. 沥青质量与矿质混合料质量
   C. 沥青质量与集料质量　　　　　D. 沥青质量与矿粉质量

二、判断题(总共30道题,每题1分,共计30分)

1. 路基横断面的几何尺寸不包括纵坡坡度。　　　　　　　　　　　　　　　(　　)

2. 路基除压实度指标需分层检测外,其他检查项目均在路基完成后才进行测定。（   ）
3. 用挖坑法测定路面结构厚度时,开挖面积应尽量得大。（   ）
4. 在测试路面交通噪声的过程中,每 4h 及测试结束时用声校准器对测声系统(包括传声器)整体敏感性检查一次。如果校准读数相差超过 0.5dB,所有的中间测试应被视为无效。
（   ）
5. 在灌砂法试验中,沿基板中孔凿洞(洞的直径与灌砂筒一致),试洞的深度应等于测定层厚度。（   ）
6. 核子仪工作时,所有人员均应退到距仪器 5m 以外的地方。（   ）
7. 摆式仪用来测定沥青路面和水泥混凝土路面的抗滑性能,用以评定路面在潮湿状态下的抗滑能力。（   ）
8. 测试沥青混合料在摊铺过程中的压实温度,应随机选择初压、复压和终压结束等各个阶段的测点进行测试。（   ）
9. 采用贝克曼梁法测定路面回弹弯沉时,读出加载后车轮中心临近弯沉仪测头时百分表的最大读数 L_1、汽车驶出弯沉影响半径后百分表的读数为 L_2,计算回弹弯沉值为 $L_T = L_1 - L_2$ (0.01mm)。（   ）
10. 公路路面技术状况调查包括沥青路面、水泥混凝土路面、砂石路面和路基。（   ）
11. 酒精燃烧法适用于快速简易测定土(含有机质的土和盐渍土除外)的含水率。（   ）
12. 土的击实试验采用重型击实。（   ）
13. 土的直剪试验,当剪切过程中测力计百分表无峰值时,剪切至剪切位移达 6mm 时停止。（   ）
14. 土工合成材料的伸长率是对应于最大拉力时的应变量。（   ）
15. 道瑞磨耗试验是评定公路路面表层所用粗集料抵抗车轮撞击及磨耗的能力,以磨耗值 AAV 评价。（   ）
16. 采用洛杉矶式磨耗机,粗集料磨耗后应通过 1.7mm 的方孔筛,洗净留在筛上的试样,烘干至恒量,通常烘干时间不少于 4h。（   ）
17. 集料的表观密度、表干密度和毛体积密度的计算结果应准确至小数点后 2 位。
（   ）
18. 水泥比表面积是评价水泥细度的一项指标。现行《通用硅酸盐水泥》只规定 P·Ⅰ、P·Ⅱ型硅酸盐水泥的细度采用比表面积指标。（   ）
19. 硅酸盐水泥的矿物组成中,C_3S 的早期强度低后期强高。（   ）
20. 当水泥混凝土保水性差时,应适当增大砂率予以调整。（   ）
21. 水泥混凝土轴心抗压强度试验可以采用 ϕ150mm × 300mm 圆柱体或 150mm × 150mm × 300mm 棱柱体为标准试件。（   ）
22. 对于同种混凝土,其立方体抗压强度试验结果高于轴心抗压强度试验结果。（   ）
23. 石灰稳定土快速养生试验中,在到达规定养护龄期的最后一天,需要在 60℃ ±1℃ 的恒温水槽中浸水。（   ）
24. 半刚性基层稳定材料的抗冻性是以标准养护 28d 的试件,经 5 次冻融循环后的饱水无侧限抗压强度与冻前饱水无侧限抗压强度之比来评价的。（   ）

25. 沥青的 PI 值越高,沥青对高温的敏感性越低,因此路用沥青应该选择 PI 值高的沥青。
(　　)

26. 确定制作沥青混合料试件拌和与压实温度的方法,可通过测定沥青黏度,绘制黏温曲线,按规定要求确定适宜的等黏温度。当缺乏沥青黏度测定条件时,也可按规范查表选用,并根据沥青品种和标号做适当调整。对大部分聚合物改性沥青,通常在普通沥青的基础上提高 10~20℃;掺加纤维时再提高 10℃ 左右。(　　)

27. 南方地区铺筑沥青路面与北方地区相比,选择沥青标号要低。(　　)

28. 弯曲流度仪法(BBR)测定沥青的弯曲蠕变劲度和 m 值,是一项评价沥青低温性能非常重要的试验方法。测量的沥青弯曲蠕变范围为 20~1000MPa。(　　)

29. SMA 与 OGFC 混合料具有相同的特点。(　　)

30. 液体石油沥青宜采用针入度较大的石油沥青,使用前按先加热沥青后加稀释剂的顺序,掺配煤油或柴油,经适当搅拌稀释制成。掺配比例根据使用要求由试验确定。(　　)

三、多项选择题(总共20道题,每题2分,共计40分;每道题有两个或两个以上正确答案,选项全部正确得满分,选项部分正确按比例得分,出现错误选项该题不得分)

1. 分部工程质量鉴定得分与下列(　　)内容有关。
   A. 实测项目　　　　　　　　B. 资料
   C. 外观　　　　　　　　　　D. 基本要求

2. 以下检查项目中,要求采用数理统计方法进行评定的是(　　)。
   A. 路基压实度　　　　　　　B. 路面弯沉值
   C. 路面厚度　　　　　　　　D. 水泥混凝土抗压强度

3. 公路按技术等级可以分为(　　)等。
   A. 高速公路　　　　　　　　B. 汽车专用路
   C. 二级公路　　　　　　　　D. 四级公路

4. 短脉冲雷达测定路面厚度适用于(　　)。
   A. 新、改建路面质量验收　　　B. 旧路面的厚度调查
   C. 材料过度潮湿路面　　　　　D. 高含铁量矿渣集料的路面

5. 下列关于连续式平整度仪测定路面平整度的说法,正确的有(　　)。
   A. 连续式平整度仪的标准长度为 3.6m
   B. 测量时速度应保持匀速
   C. 测量速度最大不应超过 15km/h
   D. 自动采集位移数据的测定间距设定为 100mm

6. 使用单轮式横向力系数测定系统测定路面摩擦系数,以下描述正确的是(　　)。
   A. 测试系统不需要供水装置
   B. SFC 值需要速度校正
   C. 报告包括横向力系数的平均值、代表值、标准差及现场的测试速度和温度
   D. SFC 值需要温度校正

7. 计算龟裂、坑槽、松散、车辙等的修补面积,涉及以下(　　)参数。
   A. 实测长度 B. 影响长度
   C. 实测宽度 D. 影响宽度

8. 杠杆压力仪法测土的回弹模量,叙述正确的是(　　)。
   A. 预压进行 1~2 次,每次预压 1min
   B. 每级加载时间为 1min,记录千分表读数
   C. 卸载 1.5min 时,再次记录千分表读数
   D. 土的回弹模量由 3 个平行试验的平均值确定,且单个值与平均值相差应不超出 5%

9. 扰动土样制备试件可采用(　　)方法。
   A. 压样法 B. 击实法
   C. 振动法 D. 预压法

10. 下列(　　)试验属于土工合成材料物理性能试验。
    A. 厚度试验 B. 垂直渗透性能试验
    C. 拉伸试验 D. 单位面积质量测定

11. 关于细集料亚甲蓝试验,下列说法正确的是(　　)。
    A. 确定细集料中是否存在膨胀性黏土矿物
    B. 适用于 <2.36mm(或 0.15mm)的细集料,也适用于矿粉
    C. 当细集料 $P_{0.075}$ <3% 时,可不进行该项试验,认为合格
    D. 亚甲蓝值用 MBV 表示,该值越小,说明细集料试样越洁净

12. 用于水泥混凝土的砂,应对(　　)有害杂质有所控制。
    A. 泥或泥块 B. 有机质 C. 轻物质 D. 三氧化硫

13. 硅酸盐水泥的矿物组成中,(　　)是强度的主要来源。
    A. 硅酸三钙 B. 硅酸二钙
    C. 铝酸三钙 D. 铁铝酸四钙

14. 混凝土按坍落度的大小可划分为(　　)混凝土。
    A. 干硬性 B. 塑性
    C. 流动性 D. 大流动性

15. 某水泥混凝土的设计坍落度为 30~50mm,经配合比设计、试拌,测得坍落度为 25mm,较佳的调整措施为(　　)。
    A. W/C 不变,增加水泥浆量 B. 增减单位用水量
    C. 减少砂率 D. 采用减水剂

16. 无机结合料稳定材料养生试验规定(　　)。
    A. 试件有明显的边角缺损,应作废
    B. 质量损失指含水率的减少
    C. 质量损失包括由各种不同原因从试件上掉下的混合料
    D. 质量损失:小试件≤1g,中试件≤4g,大试件≤10g;否则应作废

17. 评价沥青混合料水稳定性的试验方法有(　　)。
    A. 马歇尔试验 B. 冻融劈裂试验

C. 浸水系数试验　　　　　　　　　D. 浸水马歇尔试验
18. SMA 沥青混合料具有(　　)特点。
　　A. 间断密级配　　　　　　　　　B. 间断开级配
　　C. 沥青和矿粉用量较多　　　　　D. 使用机制砂,且用量少
19. 表达改性沥青低温柔韧性的指标有(　　)。
　　A. 脆点　　　　　　　　　　　　B. 当量脆点 $T_{1.2}$
　　C. 5℃延度　　　　　　　　　　　D. 黏韧性
20. 沥青混合料的主要技术性质包括(　　)。
　　A. 高温稳定性　　　　　　　　　B. 低温抗裂性
　　C. 耐久性　　　　　　　　　　　D. 抗滑性

四、综合题[根据所列资料,以选择题的形式(单选或多选)选出正确的选项。总共5道题,每题10分,共计50分。每小题2分,选项部分正确按比例得分,出现错误选项该题不得分]

1. 进行土的 CBR 试验时应先做土的击实试验,请回答下列问题。
(1) 关于土的击实曲线,下列说法正确的有(　　)。
　　A. 与饱和曲线不相交
　　B. 与饱和曲线有交叉点
　　C. 有峰值
　　D. 若曲线不能绘出明显的峰值点,应进行补点或重做
(2) 关于土的击实试验,下列说法正确的有(　　)。
　　A. 含水率需要进行两次平行试验
　　B. 轻型击实试验的锤重为 2.5kg
　　C. 颗粒粒径为 40mm 的土应采用内径为 152mm 的试筒
　　D. 密度计算结果保留小数点后两位
(3) 测定试件 $CBR_{2.5}$、$CBR_{5.0}$ 分别为 15.7%、16.1%,则该组试件的 CBR 结果为(　　)。
　　A. 15.7%　　　B. 16.1%　　　C. 15.9%　　　D. 无法确定
(4) 如果 CBR 试验的 p-l 贯入曲线开始段是凹曲线,且与纵坐标交点为正值,应进行原点修正,修正后贯入量 2.5mm 的 p 值(　　)。
　　A. 比测读的 p 值大　　　　　　B. 比测读的 p 值小
　　C. 不变　　　　　　　　　　　　D. 可大,可小
(5) 关于 CBR 试验泡水测膨胀量,下列说法正确的有(　　)。
　　A. 泡水期间,槽内水面应保持在试筒顶面以上约 25mm
　　B. 试件泡水时间 1 昼夜
　　C. 试件泡水时间 4 昼夜
　　D. 若延长试件泡水时间,对膨胀量测值影响不大
2. 有关水泥混凝土抗压强度的问题如下,请依题意回答下列问题。
(1) 关于水泥混凝土试件的养护,下列正确的方法是(　　)。

A. 试件成型后应立即用不透水的薄膜覆盖表面

B. 试件拆模前后的标准养护温度均为 20℃±5℃,相对湿度为 95%

C. 混凝土试件可以在温度为 20℃±2℃ 的不流动的 $Ca(OH)_2$ 饱和溶液中养护

D. 标准养护室内的试件应放在支架上,彼此间隔 10~20mm,为使试件表面保持潮湿,可以采用水直接冲淋

(2) 水泥混凝土抗压强度试验,试件受压速度控制正确的是(　　)。

A. 低于 C30 的混凝土,加荷速度取 0.3~0.5MPa/s

B. C30~C60 的混凝土,加荷速度取 0.5~0.8MPa/s

C. 高于 C60 的混凝土,加荷速度取 0.8~1.0MPa/s

D. 所有混凝土试件均应缓慢同速加荷

(3) 一组水泥混凝土试件的抗压强度试验结果如下:极限破坏荷载分别为 860.24kN、722.85kN、670.49kN,抗压强度计算正确的选项是(　　)。

A. 33.4MPa　　　　　　　　　　　　B. 32.1MPa

C. 33.37MPa　　　　　　　　　　　　D. 试验结果无效

(4) 混凝土抗压强度、抗压强度标准值与强度等级,下列表述正确的是(　　)。

A. C30 指混凝土的设计强度为 30MPa

B. 测定一批混凝土试件的抗压强度,计算其抗压强度平均值一定大于其抗压强度标准值

C. 设计强度等级为 C30 的混凝土,即该混凝土的抗压强度标准值为 30MPa

D. 抗压强度标准值是按数理统计方法计算得出的,即一批混凝土试件中实测抗压强度低于该值的概率应不超过 5%

(5) 下列(　　)描述了混凝土立方体抗压强度与轴心抗压强度之间的关系。

A. 混凝土的立方体抗压强度与轴心抗压强度都是指标准试件单位面积所承受的极限荷载

B. 混凝土立方体抗压强度试验的标准试件较轴心抗压强度的标准试件小,因而抗压强度低于轴心抗压强度

C. 混凝土立方体抗压强度试验因受环箍效应,其测定值低于轴心抗压强度

D. 一般地,混凝土轴心抗压强度为立方体抗压强度的 0.7~0.8 倍

3. 用于某高速公路的沥青混合料进行室内车辙试验,该工程处于 1-2 气候分区。请回答下列问题。

(1) 车辙试验结果与技术标准如下表所示,结果计算正确的选项是(　　)。

试件编号	时间 t_1(min)	时间 t_2(min)	t_1 时的变形量 d_1(mm)	t_2 时的变形量 d_2(mm)
1	45	60	5.27	6.04
2	45	60	5.14	5.92
3	45	60	5.63	6.37
动稳定度(1-2 区)	不小于			800 次/mm

A. 单个值为:818 次/mm,808 次/mm,851 次/mm;试验结果为:818 次/mm

B. 单个值为:818 次/mm,808 次/mm,851 次/mm;试验结果为:826 次/mm

C. 单个值为:654 次/mm,646 次/mm,681 次/mm;试验结果为:660 次/mm

D. 单个值为:654 次/mm,646 次/mm,681 次/mm;试验结果为:681 次/mm

(2)沥青混合料车辙试验的条件为(　　)。
   A. 轮压 0.7MPa,温度 60℃　　　　B. 轮压 1.0MPa,温度 60℃
   C. 轮压 0.7MPa,温度 50℃　　　　D. 轮压 1.0MPa,温度 30℃

(3)表征沥青混合料抗车辙能力的指标有(　　)。
   A. 马歇尔稳定度　　　　　　　　B. 残留稳定度
   C. 动稳定度　　　　　　　　　　D. 马歇尔模数

(4)该沥青混合料的抗车辙能力不显著,采取以下(　　)措施可加以提高。
   A. 选择 20℃常温条件试验　　　　B. 采用改性沥青
   C. 添加抗车辙剂　　　　　　　　D. 设计间断级配

(5)经马歇尔试验测得该沥青混合料的毛体积密度为 2.355g/cm³,则制备一块车辙试件需要沥青混合料(　　)。
   A.10.60kg　　　　　　　　　　　B.10.92kg
   C.21.83kg　　　　　　　　　　　D. 或 A 或 B 或 C

4. 某试验室检测一种沥青的三大性能指标,结果如下表所示。请就该种沥青的试验结果回答以下问题。

序　号	技　术　指　标		
	针入度(25℃)(0.1mm)	延度(15℃)(cm)	软化点(℃)
1	80	114	51.1
2	77	121	51.3
3	76	126	—
试验结果	78	>100	51.2

(1)试验结果处理,下列(　　)表述正确。
   A. 针入度 3 次平行试验结果极差未超出 4(0.1mm),结果计算与表示正确
   B. 延度结果处理与表示均正确
   C. 软化点试验结果处理不正确,应准确至 0.5℃
   D. 软化点应平行试验 3 次

(2)该沥青适用于(　　)气候分区。
   A.1-2　　　　　　　　　　　　　B.1-3
   C.2-2　　　　　　　　　　　　　D.2-4

(3)有关沥青针入度指数 PI 与针入度-温度感应系数 A,说法正确的是(　　)。
   A. 该沥青 $A = 0.03888, PI = 0.19$
   B. 该沥青 $A = 0.03859, PI = 0.24$
   C. A 值越高,表明沥青的高温稳定性越好,但沥青易老化
   D. PI 值越高,表明沥青的高温稳定性越好,但沥青易老化

(4)反映沥青感温性的指标有(　　)。

A. 软化点 B. 针入度
C. 针入度-温度感应系数 D. 针入度指数

(5) 关于沥青的技术性能,以下( )说法正确。

A. 针入度表征沥青的条件黏度,有条件者应测定60℃动力黏度,采用绝对黏度指标真实反映沥青的黏度

B. 根据PI值,可以判定该沥青属于溶-凝胶型结构,筑路性能较好

C. 该沥青的PI在 $-1.5 \sim +1.0$ 范围内,为A级沥青

D. 采用诺模图法确定PI值,需测定3个或3个以上不同温度的针入度,而不需要沥青的软化点

5. 用连续平整度仪测定某一级公路沥青混凝上面层的平整度,检测结果如下表所示,如果规定值 $\sigma = 1.2$ mm,请回答以下问题。

序号	1	2	3	4	5	6	7	8	9	10
平整度 σ_i (mm)	1.1	1.2	1.0	1.0	1.4	1.1	0.9	0.9	1.0	1.2
序号	11	12	13	14	15	16	17	18	19	20
平整度 σ_i (mm)	1.1	1.1	1.0	1.3	0.9	1.0	1.2	1.0	1.3	1.1

(1) 该路段平整度的平均值为( )。

A. 1.2mm B. 1.1mm
C. 1.0mm D. 1.3mm

(2) 该路段平整度的合格率为( )。

A. 85% B. 80%
C. 90% D. 75%

(3) 用连续式平整度仪检测路面的平整度,以下说法正确的是( )。

A. 标准差作为评价指标

B. 可用于评定路面的施工质量和使用质量

C. 不适用已有较多坑槽、破损严重的路面

D. 平均值作为评价指标

(4) 连续式平整度仪自动采集位移数据时,测定间距为( ),每一计算区间的长度为( )。

A. 15cm B. 10cm
C. 100m D. 150m

(5) 下列测定路面平整度的方法中属于断面类的方法有( )。

A. 3m直尺 B. 激光路面平整度测定仪
C. 连续式平整度仪 D. 车载式颠簸累积

模拟试卷(三)参考答案

一、单项选择题

1. A	2. A	3. C	4. A	5. C	6. B	7. A	8. A	9. A	10. B
11. A	12. B	13. A	14. C	15. B	16. D	17. C	18. A	19. D	20. A
21. C	22. B	23. C	24. C	25. B	26. C	27. D	28. C	29. D	30. A

二、判断题

1. √	2. √	3. ×	4. ×	5. √	6. ×	7. ×	8. ×	9. ×	10. ×
11. √	12. ×	13. √	14. √	15. √	16. √	17. ×	18. ×	19. ×	20. √
21. √	22. √	23. ×	24. ×	25. ×	26. √	27. √	28. √	29. ×	30. √

三、多项选择题

1. ABC	2. ABCD	3. ACD	4. AB	5. BD
6. BCD	7. AD	8. ABD	9. AB	10. AD
11. ABCD	12. ABCD	13. AB	14. ABCD	15. AD
16. ABD	17. BD	18. ACD	19. BC	20. ABCD

四、综合题

1. (1) ACD	(2) ABCD	(3) B	(4) A	(5) AC
2. (1) AC	(2) ABC	(3) A	(4) ACD	(5) AD
3. (1) B	(2) A	(3) CD	(4) BCD	(5) BC
4. (1) ABC	(2) BCD	(3) AD	(4) ACD	(5) ABCD
5. (1) B	(2) A	(3) ABC	(4) BC	(5) ABC